本书由中国教育发展基金会资助出版

中国高校教育基金会年度发展报告

（2025）

《中国高校教育基金会年度发展报告》编写组 / 编著

ANNUAL REPORT ON DEVELOPMENT OF
CHINA UNIVERSITY EDUCATION FOUNDATION (2025)

社会科学文献出版社
SOCIAL SCIENCES ACADEMIC PRESS (CHINA)

编写说明

  《中国高校基金会年度发展报告（2020）》出版迄今已近四年。这四年间，我国高等教育事业步入新的发展阶段，《教育强国建设规划纲要（2024—2035年）》也正式颁布实施，统筹推进教育科技人才体制机制一体改革的战略部署，给我国高等教育事业带来了前所未有的机遇。为精准把握行业脉搏，回应发展关切，在中国教育发展基金会的持续支持下，《中国高校教育基金会年度发展报告（2025）》编撰工作正式启动。

  本报告延续过往传统，汇集了业内众多专家/学者及高校教育基金会一线从业人员。报告聚焦教育强国背景下高校教育基金会的创新发展，重点围绕高校教育基金会的筹资实践、特色筹资策略、筹款路径设计、校友会与基金会协同、资源拓展助力科技成果转化、基金投资路径、信托机制嵌入、捐赠文化培育、内部控制建设及筹款人胜任力构建等核心议题，进行了深入的理论探讨与实践分析。总报告部分对我国高校教育基金会行业的整体发展态势及面临的挑战进行了梳理与呈现。

  参与本报告编撰工作的包括北京大学教育基金会秘书长李宇宁、浙江大学教育基金会秘书长刘峥嵘、上海交通大学教育发展基金会秘书长汪雨申、复旦大学教育发展基金会秘书长刘莉、北京师范大学教育基金会秘书长李胜兰、北京理工大学教育基金会副秘书长余海滨、中国政法大学教授赵廉慧、浙江大学中国科教战略研究院研究员林成华、杭州市西湖教育基金会理事刘旻昊、四川电子科技大学教育发展基金会副秘书长雷蕾，以及华北电力大学副教授、华北电力大学世界一流大学教育基金研究中心主任杨维东。

  本书由中国教育发展基金会副理事长侯慧君作序。

序　言

　　建成教育强国是近代以来中华民族梦寐以求的美好愿望，是实现以中国式现代化全面推进强国建设、民族复兴伟业的先导任务、坚实基础、战略支撑。习近平总书记在全国教育大会上对新时代新征程加快建设教育强国进行系统部署，对教育事业高质量发展提出了明确要求。

　　建设教育强国，龙头是高等教育。《教育强国建设规划纲要（2024—2035年）》（以下简称《纲要》）提出，要"增强高等教育综合实力，打造战略引领力量"。而健全教育战略性投入机制是构建自强卓越的高等教育体系的重要保障。在我国高等教育多元投入机制形成与优化过程中，高校基金会①作为大学导入捐赠资金的重要枢纽和促进社会力量支持大学发展的新型平台，与所在高校同频共振，自觉将筹资募款、保值增值等工作融入高等教育强国建设进程中，推动自身发展与高校战略发展的深度融合、高效联动，在衔接公益与教育、联通校内发展需求与校外资源供给等方面发挥了重要作用。伴随着这一过程，近年来以"双一流"建设高校为主的各级各类高校，愈加重视外部资源拓展工作，重点通过高校基金会，与社会力量密切互动交流，战略对接点、公益焊接点日益增多，社会力量捐赠高等教育规模不断扩大，一流大学基金会支持一流大学发展的作用日益凸显。

　　在深入贯彻党的二十大和二十届二中、三中全会精神，落实全国教育大会部署，高质量推进教育强国建设的新征程中，教育、科技、人才"三位一体"融合发展的战略导向，新质生产力对拔尖创新人才的内在需求，社会力量对高等教育资助模式的迭代与演进，都对新发展阶段高校基金会创新发展提出了更高要求。当前，世界形势变乱交织，不确定性日益增加，高校的资源拓展及高校基金会自身发展也面临诸多挑战。新的历史条件下，充分发掘

---

①　即高校教育基金会，本书同时使用这两个表述。

高校基金会的战略价值，做好高校基金会工作，引导规范社会力量投入和捐赠教育，既是对《纲要》的贯彻落实，也是健全教育战略性投入机制的重要抓手。作为高等教育保障机制改革的重要平台、促进公益慈善事业高质量发展的关键力量，我国高校基金会应有新作为新担当，守正创新，凝聚合力，全面助力高等教育强国建设。

高校基金会的创新发展，离不开行业研究的持续加强。从 2017 年开始，中国教育发展基金会先后资助《中国大学教育基金会发展报告（2018）》《中国高校基金会年度发展报告（2020）》的出版发行。其中，《中国大学教育基金会发展报告（2018）》是第一本系统性观察高校基金会行业的报告。它记录了高校基金会的成长历程，全面反映了行业发展现状。该报告聚焦高校基金会突发事件应对、院系筹资模式、财务风险防范、投资管理、校友关系维护等方面议题并进行深入研究，注重实践操作，参考性很强。此次即将出版的《中国高校教育基金会年度发展报告（2025）》，聚焦教育强国背景下高校基金会的创新发展，是深入贯彻党的二十大和二十届二中、三中全会精神，落实全国教育大会和教育强国建设部署的具体体现，是中国教育发展基金会支持行业发展的最新理论与实践成果。报告的参与者既有"双一流"高校基金会的从业者，也有社会力量举办的新型高校基金会的负责人，还有关注研究高校基金会多年的资深专家学者。报告既从境外筹资实践、特色筹资策略、筹款路径设计等核心业务角度展现高校基金会发展的新成果，也从文化培育、内部控制、部门协同等方面探究高校基金会发展的新路径。报告在对信托机制、筹款人胜任力指标体系建构进行深入研究的同时，还记录了高校基金会通过资源拓展工作助力科技成果转化的生动实践。三本报告全面记录了高校基金会行业三十余年的发展历程，从理论、实践等多个维度对高校基金会进行了深入剖析，已经成为在行业内具有影响力的品牌出版物。我们希望本报告的出版，能够为相关政策制定提供有益参考，为相关领域研究提供翔实资料，为推动高校基金会行业健康发展贡献力量。

下一步，我们将继续与高校基金会携手前行，积极寻求支持和服务高校基金会创新发展的新思路和新举措，致力于共同搭建高校、企业、社会深度融合的协同育人经费筹措合作机制，凝聚公益力量全面助力教育强国建设。

中国教育发展基金会副理事长

侯慧君

目 录

总报告

筹资篇

协同篇

投资篇

综合篇

总报告

教育强国建设进程中的中国高校基金会

杨维东[*]

一　我国高校基金会行业发展概览

（一）国内高校基金会总体情况

1. 总体数量

通过中国社会组织网以"大学""高校""学校""学院"等关键词进行查询，截至 2024 年 12 月 15 日，共检索到符合条件的相关基金会 978 家，其中民政部注册登记的高校基金会 19 家（包括东北大学附属的张学良教育基金会），省级及以下注册登记的高校基金会 959 家。经过筛选，本报告将不符合高校基金会典型特征的机构排除在外，包括大学二级学院或附属机构基金会，如 2023 年新成立的广东省中山大学孙逸仙纪念医院医学教育基金会等；校友自发成立的基金会，如北京中国科学技术大学新创公益基金会、深圳市中国刑警学院校友会公益基金会、北京财贸学院校友促进教育基金会等；附属中学、附属小学、附属医院和中职学校的基金会，如 2023 年成立的江西省南昌大学第一附属医院医疗救助与健康促进基金会、2022 年成立的上海交通大学附属中学教育发展基金会、2021 年成立的海口市北京师范大学海口附属学校教育发展基金会等。

经过筛选，最终确定的具有典型高校基金会特征的基金会数量为 802 家，其中包括独立学院基金会、中外合作办学高校基金会、异地办学高校基金会及民办高校基金会，如宁波大学科学技术学院教育发展基金会、杭州市临安区杭州电子科技大学信息工程学院教育发展基金会、杭州市西湖大学发展基金会、深圳市深圳北理莫斯科大学教育发展基金会、天津茱莉亚学院教育发展基金会、贵州省茅台学院教育发展基金会等，这也与前两部发展报告的统计口径保持了一致。与 2020 年相比，高校基金会的数量增加了近 200 家，呈现持

---

[*] 杨维东，华北电力大学副教授，华北电力大学世界一流大学教育基金研究中心主任。

续增长的趋势。基金会在全国 1308 所本科学校（截至 2024 年 6 月 20 日的数据）的覆盖率逐渐提升。

2. 分布情况

从区域分布来看，高校基金会的数量总体上与所在省份经济实力、教育资源丰沛程度呈正相关关系。东部地区高校基金会数量最多，共有 436 家，占全国的 54.4%。与之相比，中部地区有 154 家，西部地区有 139 家，而东北地区仅有 73 家（见图 1）。

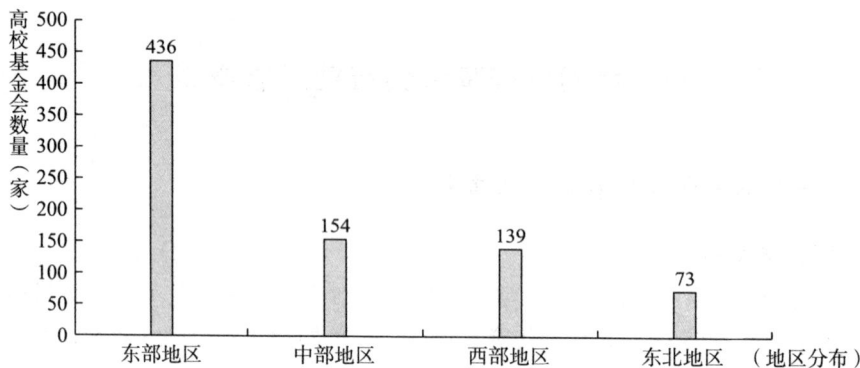

图 1　2024 年高校基金会地区分布情况

资料来源：全国社会组织信用信息公示平台。

从具体的省份分布情况来看，由于江苏高校众多，相应的江苏的高校基金会数量最多，达到 99 家。浙江和广东分别拥有 72 家和 60 家，位居其后。北京和山东的高校基金会数量也超过了 50 家（见图 2）。此外，湖北、上海、湖南、陕西和四川的高校基金会数量也位居前列，其中既有高校数量因素的影响，也缘于部分省份出台了财政资金配比政策，引发了高校成立基金会的热潮。

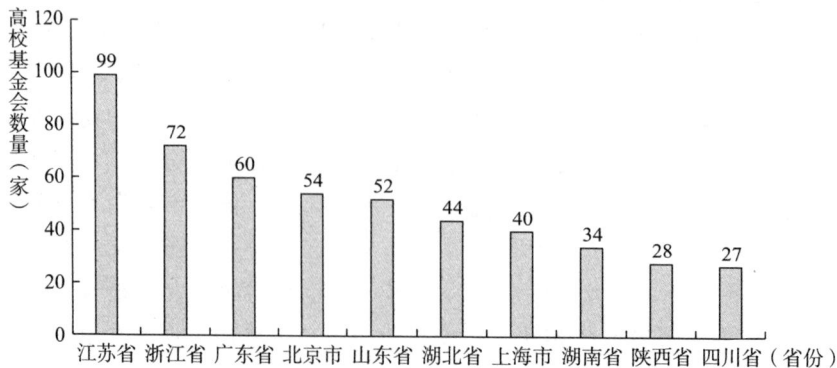

图 2　2024 年高校基金会数量排名前十的省份

资料来源：全国社会组织信用信息公示平台。

3. 历史演变

1990 年 5 月 7 日，作为延安大学捐赠资金的募集与管理机构，延安教科文发展基金会正式成立；1993 年，福建集美大学教育发展基金会的前身集美大学筹建委员会教育发展基金会成立，1994 年集美大学成立后，1997 年其更名为集美大学教育发展基金会，2006 年按规定在福建省民政厅重新登记，正式定名为福建集美大学教育发展基金会；1993 年 4 月，中国科学技术大学教育基金会的前身中国科技大学少年班超常教育基金会正式成立，1998 年 4 月其更名为中国科学技术大学教育基金会。最近成立的是 2024 年 11 月在吉林省民政厅注册登记的白城师范学院教育基金会。

从 1994 年开始，我国高校基金会进入快速增长阶段，总体上呈现"缓慢增长—密集注册—稳定发展"的特征。2004 年《基金会管理条例》的出台和 2009 年中央财政配比政策的出台，是高校基金会特别是中央高校基金会发展进程中两个重要的增长节点。其后，随着各省份陆续出台财政配比政策，高校基金会的数量稳定增长，预计这一增长趋势在未来几年仍将持续（见图 3）。

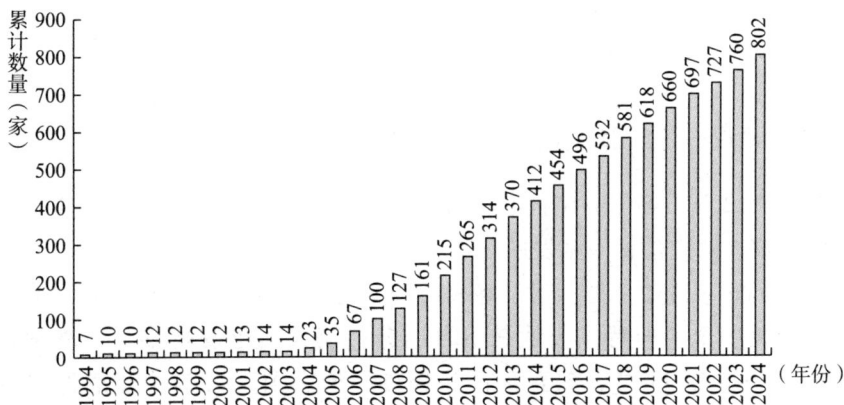

图 3　1994~2024 年高校基金会发起成立趋势

资料来源：全国社会组织信用信息公示平台。

4. 类型特征

截至 2024 年 12 月 23 日，全国社会组织信用信息公示平台显示，全国现有处在正常状态的基金会 10330 家。按照前述标准进行筛选后，高校基金会共有 802 家，约占基金会总规模的 7.8%。从登记管理机关类型来看，在 802 家高校基金会当中，有 19 家的登记管理机关为民政部，这些基金会的所属高校均为"双一流"建设高校，此外，除河南大学外，其余 18 家是中央高校。

除了在民政部注册登记的基金会，其余 783 家高校基金会在各省、市级民政部门（包括社会组织管理局、社会团体管理局、市级行政审批服务局相应窗口）注册登记（见图 4）。

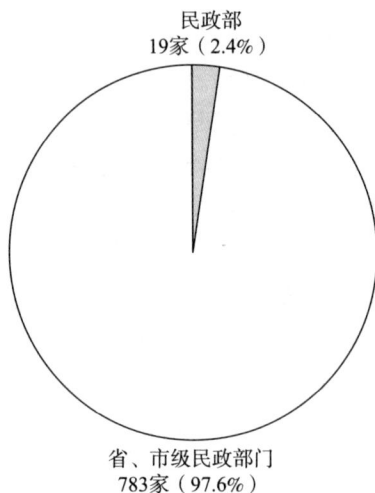

民政部
19家（2.4%）

省、市级民政部门
783家（97.6%）

图 4 高校基金会管理机关类型构成
资料来源：全国社会组织信用信息公示平台。

（二）"双一流"建设高校基金会情况

2022 年 2 月，经国务院批准，第二轮"双一流"建设高校及建设学科名单由教育部、财政部、国家发展改革委正式发布，新增 7 所高校入选"双一流"建设行列，"双一流"建设高校总数共达 147 所。与首轮不同，第二轮建设名单的一个鲜明特点，就是不再区分一流大学建设高校和一流学科建设高校。2024 年 11 月，教育部部长怀进鹏向全国人大常委会报告"双一流"建设工作情况时指出，"双一流"建设 8 年多来取得显著成效。与高校基金会相关的内容方面，怀进鹏指出，近年来通过协同支持，建立健全了中央引导、地方支持、高校自筹、社会参与的多元投入机制，强化多元投入保障。

1. 基金会覆盖情况

在 147 所"双一流"建设高校中，除了国防科技大学、海军军医大学、空军军医大学、外交学院、中国人民公安大学、天津医科大学和西藏大学这 7 所高校之外，其余的建设高校均已成立基金会。成立最晚的两家"双一流"

建设高校基金会，分别是 2022 年 7 月成立的上海体育学院教育发展基金会和 2022 年 10 月成立的天津市天津中医药大学教育发展基金会。从隶属关系来看，教育部直属的 75 所高校早在 2011 年前就已全部发起成立了教育基金会，而隶属于统战部、工业和信息化部、国家民委等部门的高校也大多发起成立了教育基金会。总的来说，在 147 所"双一流"建设高校中，共有基金会 140 家，基本实现了全覆盖。按照"聚焦优势学科，适度扩大'双一流'建设范围"的总体思路，未来"双一流"即将扩容，相应地，"双一流"建设高校基金会数量也将进一步增加。

2. 捐赠收入

"双一流"建设高校是我国高等教育的"排头兵"，在资源拓展与基金会建设方面同样走在前列。因此，在捐赠收入部分，我们将重点介绍 140 所"双一流"建设高校的筹资情况。需要说明的是，由于不同高校基金会的管理水平参差不齐，大学品牌差距较大，捐赠收入等信息的公开情况也存在较大差异，在全国范围内掌握 802 家高校基金会捐赠收入等相关数据困难较大。同时，"双一流"建设高校以外的其他高校，除了西湖大学、香港中文大学（深圳）、宁波东方理工大学（暂名）、昆山杜克大学等高校附属基金会筹资能力尚可之外，其他高校及其基金会的资源拓展能力尚处在培育期。总的来说，在不考虑新型大学举办者大额股票捐赠的情况下，"双一流"建设高校之外的其他类型高校基金会，年度筹资金额合计在 20 亿~30 亿元。然而，筹资收入的多少，并不一定完全等同于高校基金会自身的公益价值与战略潜能，部分并非"双一流"建设高校的附属基金会，依然打造了许多"小而美"的校园公益项目。

2020~2023 年，"双一流"建设高校基金会的捐赠收入呈现略有起伏、总体稳定的特征。2020 年，清华大学教育基金会获得两亿股万科股票捐赠，使当年"双一流"建设高校基金会的捐赠收入达到 160.13 亿元。不过，2021 年、2022 年分别下降至 136.32 亿元和 117.00 亿元，2023 年小幅回升至 119.29 亿元（见图 5）。

除了捐赠收入的总体情况之外，本报告还列举了 2021~2023 年 140 家"双一流"建设高校基金会年度捐赠收入处在前 10 位的机构情况，这些高校大多是地处东部地区的高水平研究型大学，从 2023 年的情况来看，仅北京、上海两个城市就有 5 所高校（见表 1）。

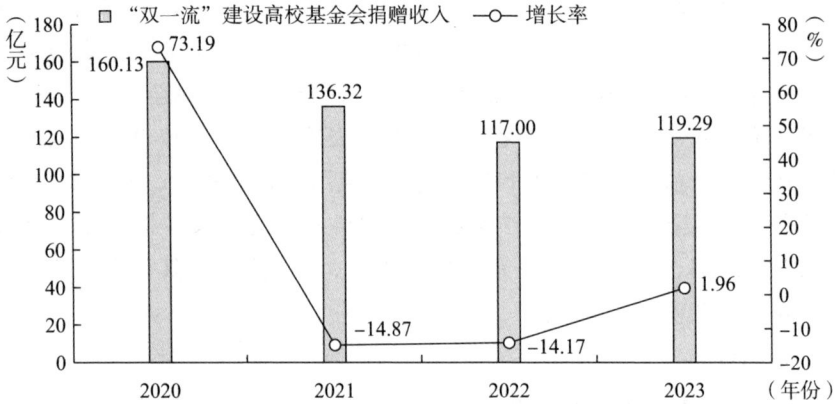

图 5　2020～2023 年"双一流"建设高校基金会捐赠收入及其增长率

资料来源：各高校基金会年度工作报告。

表 1　2021～2023 年"双一流"建设高校基金会年度捐赠收入 TOP10

单位：亿元

排名	2021 年	2022 年	2023 年
1	清华大学（20.09）	清华大学（24.14）	浙江大学（25.03）
2	上海交通大学（17.02）	浙江大学（15.06）	清华大学（14.94）
3	浙江大学（12.28）	北京大学（8.33）	北京大学（11.35）
4	北京大学（8.82）	北京师范大学（4.03）	武汉大学（5.68）
5	厦门大学（6.65）	北京理工大学（4.02）	上海交通大学（4.16）
6	武汉大学（5.02）	上海交通大学（3.61）	南京大学（3.04）
7	华中科技大学（4.67）	厦门大学（3.44）	复旦大学（2.97）
8	北京师范大学（3.37）	武汉大学（2.60）	东南大学（2.65）
9	华南师范大学（2.58）	中国科学院大学（2.44）	厦门大学（2.32）
10	云南大学（2.46）	南京大学（2.18）	北京师范大学（2.04）

资料来源：各高校基金会年度工作报告。

从基金会筹资能力来看，由于"双一流"建设高校的办学水平、综合实力、校友基础以及社会声誉存在明显差异，即便是在目前各个高校日益重视筹资与基金会工作的情况下，"双一流"建设高校当中的少数几所高水平研究型大学，依然在筹资过程中表现出强大的捐赠资金吸附能力。以 2023 年的捐赠收入为例，年度捐赠收入超过 5 亿元的基金会虽仅有 4 家，但其合计金额达到了 57.01 亿元，在全部"双一流"建设高校基金会捐赠资金总额中占比高达 47.79%，展现出明显的"头部效应"。与之相比，年度捐赠收入低于

1000万元的"双一流"建设高校基金会共有35家，募集捐赠资金合计仅有1.55亿元，筹资能力相对薄弱。

从处在中间位次的高校基金会来看，年度捐赠收入处在1000万~1亿元的高校基金会数量最多，达到84家，捐赠资金合计为29.67亿元；年度捐赠收入处在1亿~5亿元的高校基金会有17家，捐赠资金合计为31.07亿元。此类高校基金会筹资基础较好，校友基础扎实，在筹资渠道拓展、资源获取和品牌影响力构建方面积累了一定经验，同时，已建立了一支相对专业的筹资队伍。在面向社会力量筹募捐赠资金过程中，这些高校基金会是蕴含巨大潜力、极具示范作用、值得下大气力助推的基金会群体。2023年"双一流"建设高校基金会年度捐赠收入分布情况如图6所示。

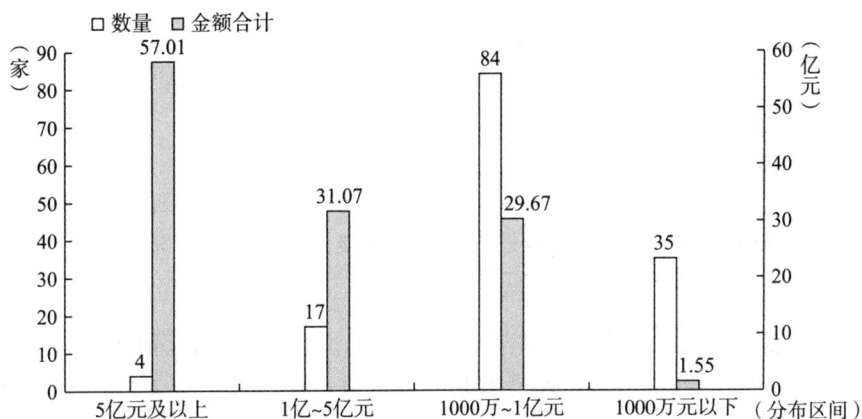

图6 2023年"双一流"建设高校基金会年度捐赠收入分布情况

资料来源：各高校基金会年度工作报告。

3. 净资产规模

净资产相当于美国大学捐赠基金的概念，它是一家高校基金会的"家底"，是可持续保值增值的基础，也代表了过往多年的经营与付出。一般来说，高校基金会的净资产规模是筹资回报与支出策略的共同结果。与美国大学不同，我国高校主动筹措的留本基金不多，可自由支配的非限定捐赠资金也不多。同时，部分高校还要求基金会每年转入大学财务一定规模的资金，而这远远高于社会组织公益支出的比例要求。再者，当前投资事务面临各种制度约束，高校基金会保值增值的主动性不强，扩大净资产规模并对其进行有效资产管理的积极性不高。多种原因导致高校基金会净资产主要由限定性捐赠项目中尚未执行完毕的捐赠资金构成。

具体来看，2020~2023年，"双一流"建设高校基金会的净资产规模呈现逐年温和增长的态势，年均增长 50 亿元（见图 7）。整体来看，即便面临一些特殊困难，高校基金会在我国经济发展外部压力加大、内部困难增多的复杂严峻形势下，依然实现了资产的稳步增长，显示出了高校基金会的成长韧性，展示了其发展潜力。加上"双一流"建设高校之外的其他类型高校基金会，如中外合作办学高校、民办新型研究型大学等设立的高校基金会，各级各类高校基金会的净资产规模在 900 亿元左右，未来三年或将突破千亿元规模。

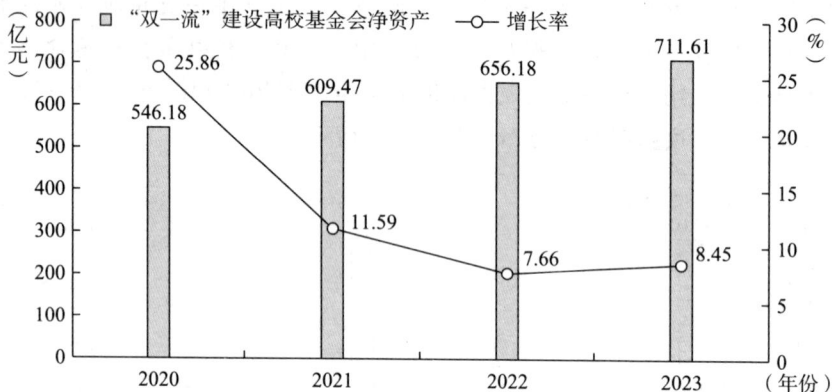

图 7 2020~2023 年"双一流"建设高校基金会净资产及其增长率

资料来源：各高校基金会年度工作报告。

与年度捐赠收入部分的表述类似，我们将 2021~2023 年 140 家"双一流"建设高校基金会中净资产处在前 10 位的高校进行了整理，如表 2 所示。整体来看，净资产规模与筹资情况呈现较大的关联性，但同时也受到历史积累、支出策略、大额捐赠项目执行进度、捐赠来源等方面因素的综合影响。

表 2 2021~2023 年"双一流"建设高校基金会净资产 TOP10

单位：亿元

排名	2021 年	2022 年	2023 年
1	清华大学（168.14）	清华大学（180.45）	清华大学（181.73）
2	北京大学（76.12）	北京大学（78.78）	浙江大学（85.79）
3	浙江大学（49.82）	浙江大学（62.73）	北京大学（83.85）
4	上海交通大学（29.94）	上海交通大学（27.10）	上海交通大学（29.36）
5	北京师范大学（17.62）	北京师范大学（19.17）	北京师范大学（19.97）
6	南京大学（13.39）	南京大学（14.24）	南京大学（15.66）
7	复旦大学（10.62）	中国科学院大学（11.41）	武汉大学（14.74）
8	武汉大学（10.39）	武汉大学（11.26）	复旦大学（12.08）

排名	2021 年	2022 年	2023 年
9	中国科学院大学（9.44）	复旦大学（10.65）	中国科学院大学（11.32）
10	中国人民大学（9.09）	中国科学技术大学（9.60）	中国科学技术大学（9.93）

资料来源：各高校基金会年度工作报告。

从分布情况来看，140 家"双一流"建设高校基金会在不同净资产规模区间的分布差异愈加明显，高净资产区间的基金会虽数量不多，但在资金规模方面却占据重要地位。以 2023 年为例，净资产规模在 10 亿元及以上的基金会仅有 9 家，然而其净资产合计却高达 454.51 亿元，占全部"双一流"建设高校基金会净资产的 63.86%，其中处在前三位次的高校基金会，其净资产合计就超过了 350 亿元，占比接近一半。与之相对的是，净资产规模在 1 亿元以下的高校基金会数量最多，达到了 66 家，但其净资产合计仅为 29.92 亿元，整体资金体量较小。在中间的净资产规模分布中，5 亿~10 亿元的基金会数量为 16 家，净资产合计为 114.99 亿元；1 亿~5 亿元的基金会数量为 49 家，净资产合计为 112.28 亿元。2023 年"双一流"建设高校基金会净资产分布情况如图 8 所示。

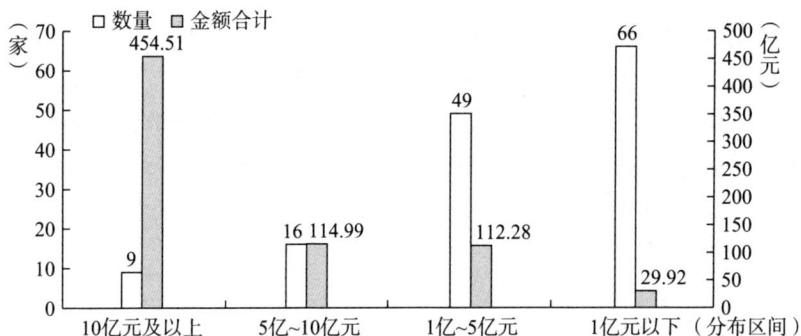

图 8　2023 年"双一流"建设高校基金会净资产分布情况

资料来源：各高校基金会年度工作报告。

4. 公益支出及财务贡献率

对高等教育及其他场景的公益支出，是高校基金会公益价值的重要体现，也是高校基金会存在于大学体系的根本原因。一方面，作为基金会，相关法律法规与政策要求基金会的支出达到一定比例，特别是具有公开募捐资格的少数几所高校基金会，如西安交通大学教育基金会、中国科学技术大学教育基金会，此类基金会开展慈善活动的年度支出，不得低于上一年总收入的

70%。另一方面，在当前高校"过紧日子"背景下，日常运营资金缺口逐渐加大，学校管理层对基金会公益支出的需求愈加迫切。图9呈现了2020~2023年"双一流"建设高校基金会公益支出及其增长率的波动性变化情况。整体来看，公益支出在2021年达到高点后，在2022年、2023年有所回落，稳定在80亿元左右的规模。

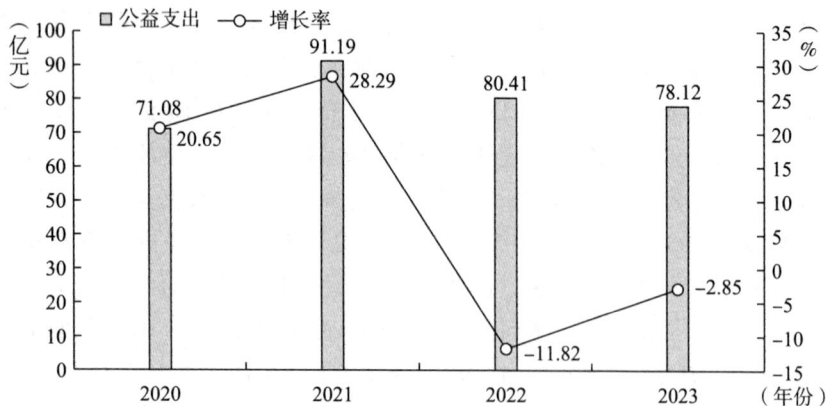

图 9　2020~2023 年"双一流"建设高校基金会公益支出及其增长率

资料来源：各高校基金会年度工作报告。

高校基金会的财务贡献率是指基金会的公益支出占到当年所在学校决算收入（不包括上年结余部分）的比例。我们根据年报当中高校基金会的公益支出规模，结合"双一流"建设高校2023年财务信息公开数据，对高校基金会的财务贡献率进行了统计，其中占比超过5%的有两所大学，分别是清华大学和北京大学。2021~2023年"双一流"建设高校基金会公益支出处在前10位的高校如表3所示。

表 3　2021~2023 年"双一流"建设高校基金会公益支出 TOP10

单位：亿元

排名	2021 年	2022 年	2023 年
1	清华大学（20.39）	清华大学（16.12）	清华大学（16.85）
2	北京大学（7.66）	北京大学（7.67）	北京大学（8.29）
3	厦门大学（6.34）	浙江大学（3.72）	浙江大学（5.38）
4	浙江大学（5.30）	厦门大学（3.68）	武汉大学（2.40）
5	上海交通大学（4.01）	北京师范大学（3.07）	厦门大学（2.28）
6	北京师范大学（3.23）	上海交通大学（2.90）	上海交通大学（2.23）

排名	2021 年	2022 年	2023 年
7	复旦大学（2.36）	复旦大学（2.13）	华中科技大学（2.16）
8	武汉大学（2.04）	华中科技大学（1.97）	南京大学（1.96）
9	中国人民大学（1.87）	武汉大学（1.87）	北京师范大学（1.64）
10	南京大学（1.76）	南京大学（1.68）	复旦大学（1.62）

资料来源：各高校基金会年度工作报告。

从贡献率分布情况来看，2023 年，首批"双一流"建设高校当中的一流大学建设高校基金会的平均财务贡献率为 3.38%，所有"双一流"建设高校基金会的平均财务贡献率为 1.34%（见图 10）。

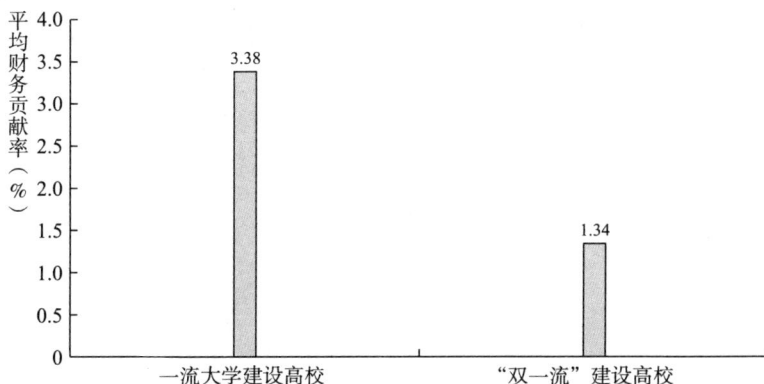

图 10　2023 年一流大学建设高校基金会与"双一流"建设高校基金会财务贡献率对比

资料来源：各高校基金会年度工作报告。

（三）部分高校基金会特征呈现

除了上述"双一流"建设高校基金会整体情况之外，本报告还有针对性地选取了部分高校基金会的局部特征进行呈现，这些特征与筹资及基金会发展密切相关，值得持续关注。

1. 首轮世界一流大学建设高校筹资与校友组织架构

与其他类型的基金会不同，高校基金会离不开校友的支持，也应与校友会实现高质量协同。首轮"双一流"建设工程包括了 42 所世界一流大学建设高校，如前所述，除了国防科技大学之外，其他 41 所高校都发起成立了基金会。本报告对首轮 41 所世界一流大学建设高校的校友会与基金会的组织搭建情况进行了收集整理，更进一步的分析可参见本报告后续内容。

总体而言，我国高校校友会与基金会的组织架构主要呈现两种典型模式。一是一体化模式，即校友会与基金会合署办公，通常将校友管理机构、基金会秘书处以校内行政部处的身份嵌入学校行政体系，人力资源共享，内部事务管理高度整合，部分高校还将理事会、校董会的职能也纳入其中。二是双翼模式，即校友会与基金会各自独立运作，人员职责分明，分别设置管理机构，校友事务由校友会负责，基金会则作为独立的法人实体或管理机构运行，双方在人员、场所和资源配置上相对独立。

在首轮41所世界一流大学建设高校中，采用一体化模式的高校有26所，占比为63.4%，如中国人民大学、复旦大学、武汉大学、中山大学、四川大学等；采用双翼模式的高校有15所，占比为36.6%，如清华大学、北京大学、北京师范大学、上海交通大学、湖南大学等（见图11）。整体来看，目前越来越多的高校采用校友会与基金会合署办公模式，工作协同程度日益提升。值得注意的是，校友会与基金会事务的整合，不同的学校会有不同的策略，甚至同一学校在不同的发展阶段，也会有不同的解决方案。例如，南京大学经历了从合署办公到分署办公，近年来又回到合署办公的过程。

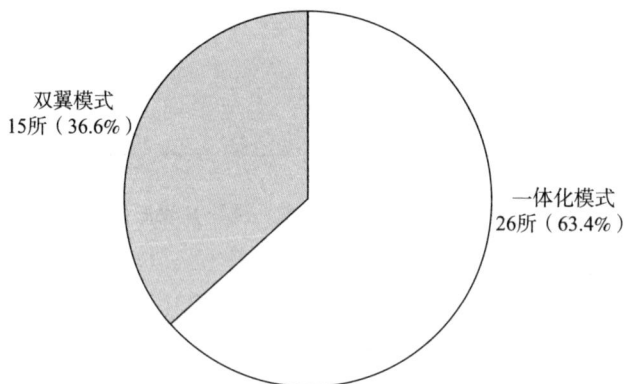

图11　首轮41所世界一流大学建设高校校友会与基金会组织架构分布情况
资料来源：笔者调研。

2. C9高校基金会人员规模

高校基金会专职人员是所在高校捐赠资金管理的主要工作力量，是基金会日常运营和高效运转的重要保障，包括秘书长、副秘书长，以及负责项目管理、资源拓展、支撑保障、保值增值、品牌宣传、捐赠人关系维护等工作的人员。打造一支专业性强、稳定性高、责任心强的工作团队，对高校基金会赢得捐赠人信任，高质量完成项目管理至关重要。

根据 C9 高校基金会年报，本报告整理了 2020~2023 年这 9 家高校基金会的人员情况，需要说明的是，由于高校基金会人力资源体系与所在高校存在重合，同时在校友会与基金会合署办公模式下，部分人员的工作职责也多有交叉。总的来说，C9 高校基金会的专职工作人员数量近年来保持相对稳定，也有浙江大学等个别高校基金会实现了人员规模的快速增长，这与筹资情况呈现高度的正相关性，反映出其在资源拓展方面的积极扩张态势（见图 12）。

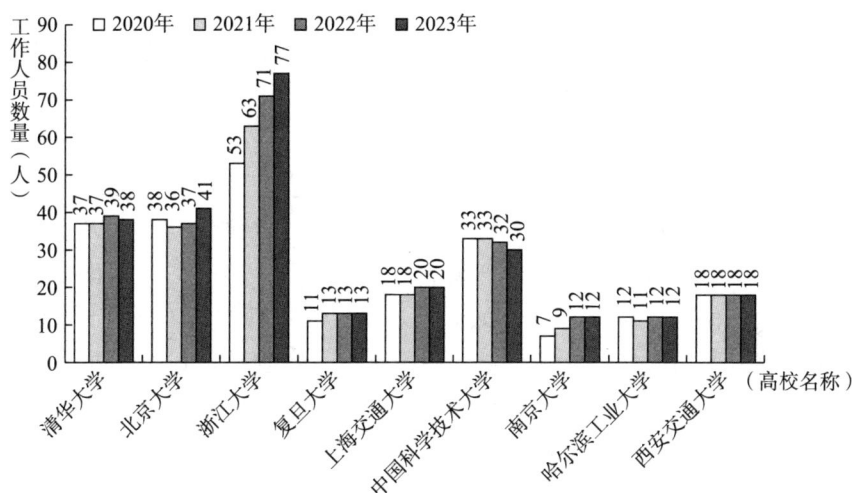

图 12　2020~2023 年 C9 高校基金会专职人员数量

资料来源：各高校基金会年度工作报告。

二　高校基金会行业发展特征综述

在第一节基于数据与趋势对高校基金会行业发展现状展开分析的基础上，本报告还将对行业发展特征进行综述，以期相对全面地呈现高校基金会这一特殊组织形式最近几年的发展情况。2020~2024 年，高校基金会行业在内外部多种因素的影响之下，在治理、促进策略、政策环境等方面发生了若干变化，其中既有积极因素的助推，也有一些负面信息的消极影响。总体来看，这些特征具体表现在以下几个方面。

（一）高校基金会工作与校友事务呈现融合特征

最近几年，与筹资及校友事务相关的高校行政部门在机构设置方面发生了一些显著变化。许多过去将校友会与基金会分设的高校，开始将校友会与基金会进行合署办公，进而形成一体化模式。从规模来看，这些高校基金会的净资产大多在 20 亿元以下。由于种种原因，这个层次的高校过去曾将这两个机构单独设置为两个处级单位。最近几年，按照一体化模式调整重组了组织架构的高校，大多以发展联络办、合作发展处、校友事务与发展工作处等名义开展工作，这些高校包括南京大学、重庆大学、中国人民大学，也有部分高校正在酝酿类似机构改革。不过，清华大学、北京大学、上海交通大学等捐赠资金规模较大、基金会管理专业性要求较高的高水平研究型大学，依然采取的是校友会与基金会分设策略。除此之外的绝大多数高校，则从一开始就将校友会与基金会工作合并运营管理。

总的来说，对捐赠资金体量一般、基金会运行规模不大的高校而言，校友会与基金会合署办公，能够增强校友会与基金会两个板块的协同性，方便两个团队之间的工作沟通，更容易形成相关工作一盘棋的局面。因此，浙江大学、复旦大学等捐赠资金体量可观的高校，依然采用的是一体化模式，以期实现校友工作与筹资事项的高效联动。不过，即便采取双翼模式的高校，近年来也着力加强校友会与基金会的协同工作，特别是加强与校友企业的对接，以凝聚校友、校友企业家和社会各方兴学力量，统筹吸引更多社会资源通过基金会渠道支持学校发展。

（二）省级财政捐赠配比政策覆盖面进一步扩大

上一部年度发展报告提到除了中央财政配比政策之外，我国部分省份也借鉴中央财政的支持方式，出台了类似的配比奖励政策，如 2020 年以前，有浙江、山东、北京、深圳、厦门、海南等省份出台地方财政配比政策；2020 年以后，又有上海、河南、湖北、江西、山西、广西、广东、福建等省份出台捐赠配比政策。此外，浙江、深圳、山东等地还根据情况变化，对之前出台的捐赠配比政策进行了修订。如 2020 年，湖北省安排 11 亿元省属本科高校"双一流"建设资金，大力支持高校"双一流"建设，其中捐赠收入财政配比奖补资金达 2.5 亿元，对认定合格的捐赠收入总额，按比例给予高校奖补，奖补比例最高达到 120%，引导和鼓励社会各界向湖北省高校捐赠，进一步拓宽高校资金来源渠道。

再如福建省，2023 年省属学校捐赠配比专项资金执行期满后，2024 年福建省政府批复同意新增设立省属学校捐赠配比专项资金，执行期为 2024 ~ 2026 年。2024 年年初，预算安排省属学校捐赠配比专项资金 1800 万元。相较于福建省，广西壮族自治区的配比额度略高，2021 年出台的《自治区直属公办本科学校捐赠收入财政配比资金管理办法》明确，广西对自治区直属公办本科学校接受的捐赠收入实行配比资金补助，年度总额以 1 亿元为上限。

从配比策略角度来看，2022 年山东省修订的《省属本科高校多渠道筹资收入财政配比资金管理办法》，将高校捐赠收入财政配比政策，优化升级为多渠道筹资收入财政配比政策，将高校为地方经济社会发展提供科研服务、技术服务、培训服务、仪器设备共享服务及开展产学研合作等取得的收入新纳入配比范围，进一步扩大了财政配比的覆盖领域。广西的捐赠配比则根据"多受捐多配比"的累进原则，对 100 万元以下（含）、100 万~2000 万元（含）、2000 万元以上的捐赠，分别按照 1：0.3、1：0.5、1：1，在 1 亿元总额度内配比，年度捐赠收入总配比资金超过 1 亿元时，以 1 亿元为上限，根据高校配比资金的权重按比例进行分配。

总的来说，这些地方性捐赠配比政策的出台与修订，在一定程度上提高了地方高校多元化筹资的积极性，并且正在形成捐赠配比政策的层次性特征，为地方高校基金会的可持续发展营造了良好的政策环境。不过，从整体来看，地方财政配比政策还存在一些提升空间。一方面，由于地方财政实力有限，我国中西部地区如内蒙古、宁夏、四川、青海等省份，尚未出台捐赠配比政策，东部地区如江苏、河北等省份，同样没有出台相应的捐赠配比政策。从政策初衷来看，越是财力紧张越是需要通过捐赠配比政策的激励机制，培育省属、市属高校的多元化筹资意识，从而形成长周期的良性循环。另一方面，即便在目前出台捐赠配比政策的省份，受多种因素影响，捐赠配比政策仍未得到有效落实，高校获得的捐赠配比资金无法兑现，这也在一定程度上影响了高校的募捐积极性。

（三）校友日益成为高校捐赠资金的主要贡献群体

作为大学拥有的最宝贵财富和无形资源，校友是大学潜在捐赠的主要贡献群体，也是高校基金会重要的目标捐赠来源。从捐赠来源来看，30 余年来高校基金会经历了若干个阶段。20 世纪 90 年代初，在国内高校校友规模尚未扩大、社会财富尚在积累、校友回馈风气还未兴起之时，国内高校所获得的捐赠以邵逸夫、包玉刚等港澳地区爱国人士的回馈资金为主。21 世纪以来，房地产、互联网等行业新业态造就了一批超高净值人群，他们开始有选择地在高等教育领域进行回馈。不过，在当时，他们更倾向于向海外大学或是国内为数不多的几所标志性顶尖大学捐赠，这导致非顶尖高校校友捐赠金额不高，顶尖高校校友捐赠金额占比同样不高。

近 10 年来，上述态势发生了微妙变化，随着高校主要领导愈加重视筹资工作，加之各级财政捐赠配比政策的助力，各个高校，特别是"双一流"建设高校所发起设立的基金会开始逐渐发挥作用，纷纷利用校庆等场景，积极面向校友进行筹资，校友在各个学校捐赠人中的占比逐渐提高，日益成为当前高校基金会捐赠资金的主要贡献群体。2020年以来，面向高校的亿元捐赠，大部分都是重大校庆日节点的校友回馈。总体来看，近年来大额校友捐赠层出不穷，校友捐赠已经成为各个高校校庆活动的标准配置。目前，包括清华大学在内，国内高水平研究型大学的校友捐赠参与率与捐赠金额占比均逐年提高。不过，与美国顶尖大学，特别是普林斯顿大学等私立大学相比，我国高校校友捐赠率、捐赠活动参与率依然偏低。动员更多的校友参与校园公益活动，支持教育事业发展，任重道远。

（四）股权捐赠在高校基金会收入中占比越来越高

2009年12月4日上午，唐氏（中国）投资有限公司将在浙江浙大网新集团公司的部分股权和捐赠股权所派生的投资收益捐赠给浙江大学教育基金会。根据框架协议，2010~2017年，唐氏（中国）投资有限公司向浙江大学教育基金会完成1亿元人民币的股权捐赠。自此，陆续有多位国内捐赠人开始尝试股权捐赠。2019年开始，牧原股份董事长秦英林以个人名义多次向西湖教育基金会进行股权捐赠；2020年，万科向清华大学捐赠的市值约53亿元的万科股票，更是创造了最大股权捐赠纪录；2023年3月起，韦尔股份董事长虞仁荣多次向宁波东方理工大学教育基金会无偿捐赠其持有的公司无限售条件流通股，合计捐赠价值数十亿元；2024年3月，在中欧国际工商学院建院30周年之际，段永平向中欧教育发展基金会捐赠了价值1亿元的证券。

除了上述股权捐赠之外，还有一些股权捐赠用于兴办新型大学，如由河仁慈善基金会创办的福耀科技大学（暂名），首期捐资的100亿元就来源于福耀集团董事局主席曹德旺十几年前所捐赠的股票。不过，这些捐赠并没有进入相应的高校基金会体系，在此不再详述。同时，此类捐赠尽管规模可观且社会影响力较大，但大多不是校友针对母校以股权捐赠形式进行的回馈行为。

随着我国高等教育实现了从大众化到普及化的历史性跨越，越来越多的大学校友成为上市公司董事长或实际控制人，特别是互联网服务、储能设备、船舶制造、集成电路、计算机设备等资本密集型产业和技术密集型产业，顶尖高校校友更是相对集中。未来，更多的股权、股票捐赠或许会通过这一路径进行。从此类校友企业家的捐赠偏好来看，由于他们持有的大部分财富都是以股权形式存在的，他们更倾向于在不改变控股权的前提下，通过股权捐赠的方式向母校回馈，这在一定程度上也能够避免对自身企业现金流产生影响。仅 2023~2024 年，就有多笔亿元以上大额股权捐赠，如上海交通大学校友张炜向学校捐赠 50 万股比亚迪股份，市值超过 1.2 亿元；作为用友网络实际控制人，江西财经大学校友王文京在校庆期间捐赠了 1 亿元的公司股份；华熙生物董事长赵燕向山东大学捐赠其所持有的部分公司股票，总市值超过 4 亿元；北京大学校友、天佑德集团董事长李银会，向北京大学捐赠价值 1 亿元企业股权，成立"北京大学天佑德教育发展基金"。2021 年，美团创始人兼 CEO 王兴捐赠母校清华大学，设立"清华大学兴华基金"，也是通过股票捐赠形式实现的。此外，近几年，浙江大学、中南大学、北京航空航天大学等高校，也都接受过来自校友的大额股票捐赠。

一般来说，股票捐赠涉及金融产品设计、风险分析与防范、入账与税收处理、投后波动管理、资产交易与处置等各方面问题，稳妥地处理股权捐赠事务具有一定的挑战性。这对资金管理规模较大、体系运转完善的高校基金会而言，接收股权捐赠与办理相关手续难度不大，而对于各方面尚处于摸索期的高校基金会来说，如果预案设计或实操环节处置不当，可能带来一系列的附加风险。特别是对于未上市公司股权捐赠，由于其企业不确定性较大、风险较高，且资产流动性极低，高校基金会接收、持有该类型股权需要更加谨慎。正因为如此，哈尔滨工业大学教育基金会等机构为了更好地管理股票等捐赠资产，还专门成立了专业的投资公司。未来，捐赠股票或将成为高校捐赠资金筹募的新趋势，这也对高校基金会的治理能力提出更高要求。

（五）投资策略整体更加趋于稳健

从哈佛、耶鲁等海外世界一流大学捐赠基金管理运作实践来看，每当大学所属基金会资产规模达到一定量级时，资产管理与保值增值必然会被提上日程，事实上，捐赠基金的积累往往是投资与筹资共同作用的结果。目前，捐赠基金衍生的投资收益已经成为美国大学年度预算当中非常重要的支撑力量，这也得益于美国大学专业的捐赠基金投资管理体系。2024 财年，8 所常春藤大学当中有 6 所的投资收益率高于 7%，哥伦比亚大学的投资收益率更是超过了 10%。哈佛大学 9.6% 的投资收益率，将大学捐赠基金总额推至 532 亿美元的高位，对大学的财务贡献率则常年维持在 45%~50%。[①]

---

① 《【海外资讯】八大藤校捐赠基金业绩出炉　耶鲁业绩落后　公立大学出黑马》，https://mp.weixin.qq.com/s/T7YM6DPySC4IY3jQ5AwQXQ，最后访问日期：2025 年 3 月 9 日。

　　我国高校基金会开展体系化筹资工作时间不长，可供投资的资金体量不大。在资产类别繁多、节奏起伏多变的国内外资本市场中开展投资活动，对高校及其基金会来说是极具挑战性的新生事物，并没有太多经验可供借鉴。整体来看，即便是资金体量巨大的个别头部高校，其投资也尚处在小步慢走的探索阶段。近年来，在高校基金会双重管理模式下，社会组织管理与教育系统两个方面，针对投资相关的制度要求越来越多、越来越细化，这导致我国高校基金会出现投资目标和风险承受力不匹配的情况。同时，由于缺乏必要的投资容错机制与激励机制，多数高校基金会对风险抱有"零容忍"态度。策略方面，自投资理念进入"保本"区间后，目前绝大多数高校基金会采取最为保守的大额存单、定期储蓄等方式进行资金管理。即便是之前在投资方面有所探索的部分高校基金会，近年来在投资方面也更加稳慎，更多地从风险控制角度看待捐赠资金保值增值问题。总的来说，由于受到的制度约束更为多元，高校基金会在投资方面日趋保守。

　　在经济增长速度放缓的情况下，谨慎的资金管理方式或可规避一定的投资风险，然而从长周期来看，随着高校基金会资产规模的快速扩大，保守的投资策略会错失将捐赠基金规模稳步扩大的机会。

　　投资工作若运作得当，不仅能在保值增值方面体现基金会平台价值，还能从价值投资角度助力科创发展与科技成果转化等工作，这不仅是高校基金会对捐赠人负责的基本态度，还能够极大地增强捐赠人对高校及其基金会的信任，向外界彰显高校基金会，甚至是高校本身的专业化管理水平，助力募资工作的进一步开展。下一步，引导我国高校处理好捐赠资金风险与收益的关系，形成明确的投资操作指引，培育多元资产配置意识，已经成为促进我国高校基金会高质量发展的关键性问题之一。

　　从路径来看，在当前全球经济复苏势头不稳、动能减弱的背景下，提升我国高校基金会资金管理水平，处理好自主投资与委外管理的关系，应有创新举措。全国社保基金作为我国资产管理者和机构投资者的"国家队"，长期以来坚持安全性、收益性和长期性原则，专业化程度高，抵御风险能力强，在兼顾基金安全和保值增值方面表现良好，其秉持的长期投资、价值投资、责任投资理念，与高等教育场景也高度吻合。因此，在探索建立更加符合高等教育发展规律与基金投资运营要求的管理体制和运行机制过程中，社保基金是值得信赖的专业化受托机构，这也是坚持系统观念，统筹推进高等教育保障机制改革的创新举措。具体而言，可设立教育专门账户委托社保基金专业团队进行资产管理，面向尚未组建专业化投资团队的高校基金会，按照自愿参与的原则，引导捐赠资金进入专门账户管理。社保基金以代管方式研究制订稳健的差异化资产配置计划，主动识别、防范各类法律合规风险，定期向社会和有关高校公布基金收支、管理和投资运营情况，同时商定收益分红比例，明确退出机制。通过机制创新盘活近千亿规模的存量资源，为教育强国建设奠定坚实财力基础。

（六）社会力量捐赠模式日益兴起

从 2020 年以来高校基金会行业的发展情况来看，除了常规的校友或非校友一对一式的捐赠模式之外，近几年伴随着公益慈善场景的变化以及高校基金会的日益显性化，高等教育公益领域又出现了一种新型的一对多式的捐赠模式。不同于单一校友的捐赠，此类一对多式的捐赠模式大多是基于机构公益场景，由社会力量附属基金会或办事处等机构实施，以奖助学金项目为主。

小米公益基金会开展的人才培养项目，可以说是一对多式社会力量捐赠模式的代表。截至 2024 年，小米公益基金会于 2020 年设立的"小米奖助学金"项目，已覆盖 60 所高校，累计资助 1.2 万名高校学生；2022 年启动的"小米青年学者"项目，已覆盖 30 所高校，预计支持青年学者超过 800 位。这两个项目规划捐赠总金额均为 5 亿元，未来将覆盖国内 100 所高校，以支持国内高校相关行业人才培养。2024 年 11 月，在比亚迪成立 30 周年暨第 1000 万辆新能源汽车线下发布会上，比亚迪董事长王传福宣布比亚迪设立 30 亿元慈善基金计划，聚焦教育慈善、高校教育和大众科普，为国家培养更多科技人才。据介绍，在这 30 亿元慈善基金中，一部分资金将分批捐赠给全国多所高校用于设立奖学金；另一部分资金将用于为全国中职以上的院校、博物馆和科技馆捐赠新能源解剖车，作为科普展具，以此激发学生们对汽车技术和工业制造的兴趣，助力培养更多卓越的工程师。尽管没有公布具体的资助与实施方案，但从性质来看，此次比亚迪的 30 亿元捐赠也将有部分属于上述一对多式社会力量捐赠模式。对于高校基金会而言，在具体实践中如何顺应捐赠方的策略变化，设计满足捐赠方需求的筹款产品，从而在众多高校当中脱颖而出，这无疑是一个值得深入思考的问题。

这种一对多式社会力量捐赠模式，类似于海外的联合资助。这种资助模式是一种基于共同目标、共同区域开展的共性资助方式。亚马逊创始人贝佐斯的前妻麦肯齐·斯科特等捐赠人已在探索联合资助模式，通过资助同一议题下的多家机构，鼓励机构间搭建合作网络，提升公益机构解决问题的能力，从而扩大捐赠的影响力。2019 年，麦肯齐·斯科特与贝佐斯离婚，获得了亚马逊约 4% 的股份，当时价值约 370 亿美元，成为世界上最富有的女性之一。截至 2024 年 12 月，麦肯齐·斯科特创立的 Yield Giving 网站显示，她已为 2325 个非营利团队提供了超过 173 亿美元的资助资金，其中包括 42 家以社区大学为主的高等教育机构，不过其中鲜有顶尖高校，同时这些流向高校的资助很少以奖助学金方式开展，而是以非限定性捐赠为主，充分尊重公益机构的专业性和自主性。[①]

事实上，早期面向内地高校捐赠的爱国港澳人士，大多采取此种捐赠模式，如繁星般遍布全国高校的逸夫楼、英东楼，以及在内地 38 所高校设立"优秀大学生奖励计划"的曾宪梓教育基金会，就是这种一对多式社会力量捐赠模式的具体体现。近年来，一对多式社会力量捐赠模式再次兴起，只不过捐赠主体、捐赠用途都已经发生了显著变化。目前采用这一模式的捐赠机构，除了上述小米、比亚迪之外，还有基于学科条线的捐赠机构，如侧重农业领域的大北农集团、侧重网络安全领域的奇安信集团、侧重教育资助领域的香港智华基金有限公司等。此外，也有机构通过这种模式打造公益社群，如唐仲英基金会发起的"唐仲英德育奖学金"，截至 2024 年，已在中国 22 所高校设立，至今已奖励近万名品学兼优、热心公益的优秀大学生。

（七）捐赠内容与品类愈加多样

除了前述的股权捐赠之外，高校基金会接受的捐赠内容与品类也呈现多样化特征。近年来，瓷器、字画、档案等捐赠物品，部分也是通过高校基金会转入校园，移交至博物馆、档案馆等相关部门。

2021 年，清华大学教育基金会向学校档案馆移交了杨绛先生遗嘱执行人吴学昭女士捐赠给学校的《杨绛日课全唐诗录》原始手稿和出版的手稿影印本图书。吴学昭女士受赠这些珍贵手稿后，决定将其捐赠给清华大学。清华大学教育基金会代表学校接受了吴学昭女士的捐赠，之后移交至清华大学档案馆。2024 年，在敦煌学泰斗常书鸿先生 120 周年诞辰之际，常书鸿先生之子常嘉煌先生向浙江大学教育基金会捐赠一批珍贵照片、音像制品、手稿等物品，支持浙江大学开展敦煌艺术方面的相关研究。这些蕴含深厚文化内涵的捐赠物品，彰显了高校基金会在整合校内外文化资源过程中的重要作用。

除了上述常规的文物、档案捐赠之外，近年来高校基金会所接受的非货

---

① Yield Giving, https://yieldgiving.com/，最后访问日期：2024 年 12 月 31 日。

币捐赠，呈现多样化、实用化特征。2022 年，在中国政法大学建校 70 周年期间，依文服饰股份有限公司向学校捐赠价值 51 万元的校庆志愿者服饰；2023 年，在深圳长江家具有限公司的大力支持下，北京大学百周年纪念讲堂观众厅座椅全部换新，这是继 2000 年、2010 年之后，深圳长江家具有限公司第三次捐赠观众厅座椅；2024 年，浙江大学收到了杭州一家数字科技有限公司捐赠的价值 1 亿元的算力服务，开了国内高等教育领域新质生产力捐赠的先河，为学校科研、教学、创新创业等提供算力支持，助力数字经济和人工智能的高质量发展。在促成上述捐赠过程中，所在高校的基金会都发挥了重要的支撑与衔接作用。

2024 年，全国高校内第一座由校友捐献的苏式园林——南京大学香雪海园正式开园，该园由近百位南京大学苏州校友共同捐资，历时 14 年完成。北京大学校友厉伟在捐资支持母校化学学院新楼建设的同时，还发动一批北京大学校友捐赠工程设计、管理软件、推广宣传等价值数千万元的服务。2024 年，华南理工大学校友吴建东向学校捐赠新西兰 450 亩综合用地的使用权；早在 2022 年，华南理工大学校友宁一海以南非能源冶金基地有限公司名义，向母校捐赠 750 亩（50 公顷）位于南非能源冶金经济特区的综合用地，无偿使用期限 70 年，用于为华南理工大学毕业生提供创业和实习机会、为华南理工大学校友企业提供开拓非洲市场的发展机遇。尽管这些捐赠并不一定完全通过学校的基金会进行，但这些捐赠实实在在地支持了学校事业发展，也为拓宽高校基金会发展思路、丰富资源拓展路径提供了素材。

不过，受过往类似负面案例的影响，高校基金会接受非货币捐赠愈加谨慎，风险防范意识较过去大幅提升，更加在意后续衍生而来的维护运营成本，更加倾向于能够解决实用性问题的非货币捐赠，或是具有文化传承元素的实物捐赠。在程序方面，高校基金会也更加关注评估、尽调等合规性流程，非货币捐赠接收流程日益规范。

（八）马太效应

当前，我国高校基金会在筹资过程中呈现的马太效应越来越明显。经过 30 余年的筹资实践，我国高校已经形成了一超（浙江大学）、双雄（北京大学、清华大学）以及多强（北京师范大学、上海交通大学、武汉大学、复旦大学、中山大学、南京大学等）的总体发展格局。我国高校在筹资方面呈现明显的不均衡特征。2023 年，浙江大学筹集社会捐赠超过 25 亿元人民币，是同为一流大学建设高校的兰州大学的 43 倍，其净资产是兰州大学的 46 倍。

高校间资金筹集能力、渠道开拓能力以及资金管理水平都存在较大差异，头部高校对教育捐赠资源的吸附能力越来越强，马太效应愈加明显，不均衡现象呈现加剧态势。

一般来说，办学历史悠久、校友体量巨大、知名度与美誉度较高的高等教育机构，获得捐赠的可能性要远高于其他大学。2023年，捐赠收入位居前五的高校基金会，其筹资收入占"双一流"建设高校基金会筹资总额的51.28%；资产规模位居前五的高校基金会，其资产规模占"双一流"建设高校基金会资产规模的56.30%。从校际筹资能力对比来看，以2023年筹资金额为例，首轮41所世界一流大学建设高校基金会的平均筹资水平为2.33亿元，但有33所高校未达到这一平均水平。头部高校对教育捐赠资源的吸附能力越来越强，马太效应愈加明显。

不可否认，高校筹资情况与所在区域经济社会发展程度、社会捐赠资源总量密切相关。捐赠资金本身也应相对集中，从而实现捐赠资金使用的规模效应。在我国，当前捐赠文化与捐赠意识尚待培育，巨额捐赠仍然属于稀缺资源，能够在校庆期间获得巨额捐赠的高校，大多是排名居前的东部发达地区高校。然而，要提升我国高校捐赠资金筹措能力，促进高校基金会可持续发展，还应从高等教育均衡发展角度进行统筹考虑。通过多元化筹资能力的培育，激励与引导政策的出台，缓解中西部地区高等教育资源分布不均衡的问题。针对这一问题，2018年出台的《中央高校捐赠配比专项资金管理办法》，按照正向激励、适当倾斜原则，在体现"多受捐多配比"正向激励原则的同时，对困难地区、发展薄弱以及捐赠基础相对较弱的中央高校予以适当倾斜，按单笔1万元（含）以上的合格捐赠收入实行配比。政策施行以来，在提高此类高校筹资积极性、引导社会资源支持学校发展方面发挥了积极作用。尽管如此，从我国高校基金会总体发展格局来看，中西部地区高校基金会依然存在捐赠资金不足、发展程度不高、发展潜力释放不充分等问题，不均衡现象依然存在，且呈现加剧态势。

除了上述几个方面的特征之外，近年来高校还呈现高校附属医院筹资势头迅猛、高校座椅冠名蔚然成风等特征，在此不再一一展开论述。

三　高校基金会与公益慈善事业创新发展

近年来，我国各级各类高校多元化筹资意识逐步形成，社会力量支持高等教育的氛围日渐浓厚，校友大额捐赠频频出现。在这一过程中，大学所属的教育基金会作为获取社会力量支持、传承公益文化的协调与联络机构，正与所在高校同频共振，自觉将筹资、投资等工作融入高等教育强国建设进程中，推动自身发展与高校战略发展的深度融合、高效联动。更为重要的是，作为我国公益慈善领域的一支战略性新兴力量，高校基金会在衔接公益与教育、联通校内大学发展需求与校外公益供给资源等方面发挥了重要作用。特别是在校园公益方面，高校基金会已经积累了许多经验，蕴藏的巨大潜力正在逐步释放。

（一）高校基金会的公益属性

2024年9月，新修改的《中华人民共和国慈善法》（以下简称《慈善法》）正式施行。其中第3条明确，慈善活动是指自然人、法人和非法人组织以捐赠财产或者提供服务等方式，自愿开展的公益活动，具体包括扶贫、济困；扶老、救孤、恤病、助残、优抚；救助自然灾害、事故灾难和公共卫生事件等突发事件造成的损害；促进教育、科学、文化、卫生、体育等事业的发展；防治污染和其他公害，保护和改善生态环境等。

从发展宗旨来看，绝大部分高校基金会的宗旨明确为推动我国教育事业发展，提高教育质量和学术水平，弘扬大学的文化和理念，争取国内外组织和个人的支持和捐助，或是致力于加强所在大学与国内外各界的联系和合作，募集办学资金，奖励、资助大学师生，具体表现在为学校基础设施建设、教学科研、队伍建设、对外交流、学生培养、校园文化建设及其他与学校事业发展有关的项目提供切实有力的资金支持。

相应地，高校基金会的业务范围也大多是支持教学与研究设施的改善；资助教学研究、科学与技术研究项目及著作出版；邀请或者聘任国际知名学者来华讲学及任教；设立奖学金、助学金及奖教金；资助有益于学生综合素质拓展的各项活动；促进科学、文化、体育、环保事业的发展等，教育公益色彩鲜明。应该说，教育公益慈善的出发点和落脚点与传统意义上的慈善场景有所不同，但它同样也是宏观公益慈善领域的重要分支，是中国特色公益慈善事业不可或缺的组成部分。

不仅如此，高校基金会还依托大学雄厚的综合实力，结合高校定点帮扶等活动，开展了多个维度、各个层次的社会公益活动，进一步彰显了高校基金的公益属性，丰富了教育公益的内涵。以北京交通大学教育基金会为例，从2014年开始，学校基金会针对西部偏远山区当地孩子和村民"过河难"问题，发挥自身桥梁土木专业优势精准策划了"爱心小桥"项目，吸引了广大师生的积极参与，项目实施以来先后在贵州、云南、重庆等边远贫困地区的国家级贫困县修建了 5 座"爱心小桥"，得到了当地群众的广泛认可。再如四川大学教育基金会创设的儿童先心病患者救治公益项目，该项目面向社会筹措资金，由四川大学教育基金会进行监督管理，由四川大学华西第二医院儿童先心病筛查治疗团队负责实施，主要开展老少边穷地区先心病防治宣讲及筛查救治工作。项目实施以来，大大缓解了高寒高海拔与边远地区儿童先心病筛查难、筛查率低的问题，挽救了数百位患儿生命，有效减轻了家庭与社会的医疗负担。

明确高校基金会的公益属性，有助于更为客观地呈现自身的公益职能与业务领域，消除外界对行业的误解，也有助于与相关方更好地进行公益协同，创造更大的公益价值。然而，这种公益属性的有效发挥，依然需要以所在高校为支撑建立资源筹募体系。这种必要的"依附性"而非"独立性"，事实上也为高校基金会额外赋予了诸多潜在资源，更加有利于彰显自身的公益价值，谋求更大的公益增量。

（二）校园公益与高校基金会可持续发展

在面向社会开展公益活动的同时，高校基金会更多地针对高校场景履行自身职责。从公益项目开展情况来看，除了人才培养、教学科研、师资建设、基础设施等常规发展项目之外，近年来，随着高校捐赠资金募集进程的加快，由高校基金会发起设立的各类校园公益项目也层出不穷。北京航空航天大学教育基金会"开学第一天·温暖基金"项目，北京理工大学教育基金会、中国科学院大学教育基金会发起的校园急救等项目吸引了大量关注，也获得了广大在校生力所能及的支持。这些针对性、互动性强的校园公益项目，能够引导当代大学生全方位感知公益力量，厚植公益情怀，在人生的"最初一公里"就开始增强社会责任感，树立向善理念。在这一过程中，高校基金会作为特殊类型公益慈善组织的战略定位也得以充分彰显。

依托校园场景开展校园公益，高校基金会责无旁贷。习近平总书记强调，"青年的价值取向决定了未来整个社会的价值取向，而青年又处在价值观形成和确立的时期，抓好这一时期的价值观养成十分重要"。[1] 据统计，截至 2023年底，全国共有高等学校 3074 所，各种形式的高等教育在学总规模 4763.19

---

[1] 《青年要自觉践行社会主义核心价值观》，http://cpc.people.com.cn/xuexi/n/2015/0720/c397563-27331773.html，最后访问日期：2025 年 3 月 9 日。

万人，此外，全国共有高等教育专任教师 207.49 万人。[①] 面向这部分近 5000 万人规模的特定人群开展公益精神培育，对传承整个中华民族的公益慈善文化至关重要。特别是应抓住本科四年这一价值观养成的关键期，针对本科生群体开展公益精神培育，既是对育人规律及学生成长规律的遵循，也是维系母校与学生情感以及推动高校基金会自身可持续发展的必然选择。

在这一方面，尽管存在诸多根本性差异，部分海外高校的做法依然值得借鉴。以美国高校为例，以常春藤大学为代表的私立顶尖大学，将本科生校友视为最重要的财富，在教学、科研、后勤保障等方面用心提升本科生满意度，同时引导本科生积极参与志愿服务等公益项目，以期全方位培育其公益情怀。此外，美国大学尤为注重本科生校友捐赠率，他们认为，不管金额大小，即便几美元的参与，也是大学凝聚力的体现，彰显着一种特殊的校友情感与母校情结。尽管目前相关的大学排名不再赋予该指标一定权重，各大高校依然十分重视校友捐赠率的提升。在这一过程中，高校的筹资机构也获得了持续发展的校友基础，其既是校园公益项目的策划者、组织者，也是最终的受益者。

从我国情况来看，厦门大学等部分高校也在这一方面进行了有益探索。"箪食瓢饮 衔环涌泉"捐赠项目，是由厦门大学教育发展基金会联合厦门大学深圳校友会于百年校庆之际发起设立的公益项目，项目基于已实行十余年的"学生免费白米饭及矿泉水"传统，策划设立了"学生免费白米饭及矿泉水"捐赠项目，依托项目设计，发挥基金会在高校"三全育人"的独特作用，以期将公益育人的重要任务融入教育事业，将"感恩、责任、奉献"装进学生胸怀，赓续厦大人的感恩血脉。此外，厦门大学于 2024 年启动了"一岁一礼"项目，每位厦门大学在校学生都可在生日当天凭身份证和学生卡在指定餐厅专门窗口免费领取一碗生日面。可以预见的是，这些厦大学子未来在事业有成、具备回馈母校条件之后，也一定会优先支持学校事业发展。国外相关的研究也印证了这一点，Drezner（2018）以校友捐赠为例，探讨了社会认同与校友参与的交汇点，他认为，校友捐赠不仅体现的是个人对学校的认可，也是大学长期培养的结果，他进而提出建议，如果能够在捐赠者和受助者之间建立一个映射关系，从而让捐赠者看到过去自己曾受资助的影子，那么就会大大地拉近社交距离，从而提高捐赠的可能性和捐赠金额。

[①] 《2023 年全国教育事业发展基本情况》，http://www.moe.gov.cn/fbh/live/2024/55831/sfcl/2024 03/t20240301_1117517.html，最后访问日期：2025 年 3 月 9 日。

面向未来，高校基金会应更加注重对 Z 世代群体公益精神的培育，根据新时代当代大学生，特别是本科生可塑性强、主动性强等特点，按照其成长规律分阶段、有层次地开展公益精神培育工作，尽早将校园公益培育融入本科生价值观培育体系，加强与本科生管理部门、后勤保障部门的沟通，设计更多的本科生公益项目，资助更多的本科生开展公益活动。

（三）高校基金会与社会公益组织的多维度协同

如前所述，近年来，作为社会组织领域当中的独特分支，伴随着我国教育强国建设进程的加快，高校基金会，特别是"双一流"建设高校基金会，得到了蓬勃发展。这些高校基金会在服务本校、做好校园公益的同时，面向社会公益领域也投放了部分捐赠资源，在扶贫济困、助学助教、突发事件应对等领域都发挥了重要作用。在具体实施过程中，部分高校基金会还积极开拓外部公益资源，不断探索公益资源倍增新机制，与不同领域、不同区域、不同场景的社会公益力量开展多维度协作。通过资源协同，为校园公益引入了关键资金，这也放大了公益效果。

在既往双向协作探索的基础上，进一步加强高校基金会与其他社会公益力量的协作，打通协作堵点，畅通合作道路，值得进行更深层次的战略性思考。下一步，应搭建更多的交流对话平台，利用好上亿人规模的校友群体，引导教育公益融入社会公益体系，触动、激活更多的潜在公益资源，通过公益协作实现社会公益质的有效提升和量的合理增长，共同推动我国公益慈善事业高质量发展。

1. 提升资源整合水平

尽管我国高校基金会行业发展迄今仅有 30 年历史，但是依托庞大的校友群体，特色鲜明、优势突出，已成为一支重要的新兴公益力量。高质量开展公益项目，并不仅仅需要资金资源，学术资源、人才资源、平台资源、传播资源，都是高校基金会所具备的、能够通过公益协作发挥重要作用的战略资源，这也是高校基金会的公益价值有待被进一步挖掘的重要方面。下一步，应充分发挥高校校友群体分布面广、资源集聚能力强的组织优势，发掘高校基金会自身蕴含的巨大潜力，构建新型公益合作模式。

2024 年 11 月，在腾讯公益慈善基金会互联网公益峰会项目的支持下，由北京师范大学教育基金会、北京大学教育基金会主办，华北电力大学世界一流大学教育基金研究中心协办，北京大学生命科学学院、山水自然保护中心支持的"中国高校公益创新系列研讨会——高校 OECMs 保护网络建设专题会"在北京举办，研讨会以"新逻辑 新范式 新伙伴：协作视角下的高校 OECMs 保护项目"为主题，邀请全国 30 余所高校的基金会、团委负责人及生物多样性相关专业老师共同探讨校园生物多样性保护方案及创新筹资模式，特别是探讨了如何引导校友、在校生等群体通过志愿服务、资金捐赠等形式嵌入校园 OECMs 体系相关问题。会后，武汉大学、上海交通大学、复旦大学、中国科技大学等高校基金会围绕校园生物多样性保护议题，协同相关部门凝练了若干品牌项目。应该说，这些研讨会是对高校的自然、人文及校友资源进行融合，在高校基金会与社会基金会之间创造更多合作空间的积极探索。

2. 提升项目协作治理水平

项目是公益行动实施的基础，也是公益体系发挥作用的出发点和落脚点。高校基金会与央企、民营企业等社会公益机构进行协作，应以打造特色公益项目为突破口，立足满足更多人群的公益需求，不断创造新公益的有效供给，围绕校园生物多样性保护、在校生志愿精神与公益理念培育、教育科技人才一体化推进、科技教育与人文教育协同、大学生就业、海外人才引进、新质生产力发展等重点议题，推出更多符合在校生、年轻校友等人群多样化、个性化需求的公益项目。

2024 年举办的第六届"双一流"高校基金会创新发展论坛，首次设置校园公益项目展示交流环节。西湖大学、北京理工大学、电子科技大学、中国科学技术大学、北京师范大学等高校基金会进行了项目展示，从项目缘起、受益人群、筹资方向、筹资策略等方面对各自项目进行了全方位展示。马云公益基金会、腾讯公益慈善基金会、阿里巴巴公益基金会、快手公益基金会、新基石科学基金会、万科公益基金会等社会组织相关负责人对项目进行了点评。该展示会旨在搭建高校基金会与社会基金会交流平台，在项目设计初始端就吸收各方面意见建议，同时通过需求侧与供给侧联动的方式探讨更多合作前景，促进整个基金会行业的高质量韧性发展。

3. 探索人员协作新通道

《慈善法》第 97 条规定，国家采取措施弘扬慈善文化，培育公民慈善意识。学校等教育机构应当将慈善文化纳入教育教学内容。国家鼓励高等学校培养慈善专业人才，支持高等学校和科研机构开展慈善理论研究。上述有关人才的表述，也为高校基金会与社会基金会加强人才协作指明了方向。

推动公益慈善事业高质量发展，根本靠人才。针对当前公益组织队伍建设过程中存在的一些共性问题，可在高校基金会与社会基金会协作过程中，围绕服务国家战略和经济社会发展重点问题，通过设立临时性专班、工作组等形式，共同推进某项具体工作。同时，针对相对稳定的某项中长期工作，也可尝试以相互派驻工作人员、交叉任职的方式开展工作，加深相互了解，增进彼此共识。目前，部分高校基金会已在这一方面进行了有益探索。此外，在志愿者培育方面，高校基金会依托高校，在志愿者供给方面具有得天独厚的优势，通过建立志愿者协作机制，扩大志愿者群体规模，提高校园 Z 世代青年公益活动的参与程度。

4. 通过品牌协作赋能

打通不同公益品类的壁垒，调动高校基金会参与积极性，对用好公益资源能够起到事半功倍的作用。未来，应按照系统集成的思路加强高校基金会间的公益品牌协作，构建常态化对话交流机制，提升公益慈善的整体效能，进一步拓展"新公益"空间，助力我国慈善事业高质量发展。

在品牌协作方面，长期以来，包括高校基金会在内，我国的公益机构在传播与品牌打造方面存在一定的短板。在互联网条件下，高校不仅是开展校园公益项目的主力军、校园公益文化的策源地，还能够在打造公益品牌方面发挥积极作用。应适度借鉴商业领域品牌传播策划经验，与互联网企业发起的基金会充分联动，依托校园公益场景打造特色品牌项目，扩大公益项目流量池，提高公益机构美誉度。同时，目前局部式、片段式的探索相继进入了瓶颈期，只有通过持续的公益协作，以全局观念和系统思维谋划推进公益事业，推动各领域各方面的公益资源同向发力、形成合力，才能适应新的公益慈善发展环境。

（四）首届高校公益周活动回顾

1. 基本情况

新发展格局之下，推动高校基金会更好地履职尽责，实现高质量发展，需要更多的行业基础设施提供必要支撑。近年来，中国教育发展基金会充分发挥自身的行业枢纽作用，致力于通过不断优化行业发展基础设施，促进高校基金会之间、高校基金会与社会基金会之间的经验和成果分享，构建高校基金会战略发展共同体。从 2019 年开始，中国教育发展基金会依照民政部对互联网公开募捐的政策要求，结合高校基金会行业发展特点，携手有关机构打造了高等教育场景专属的新型公开募捐平台，旨在凝聚行业发展共同体意识，形成校园公益项目的集束与平台效应，提高校园公益项目的品牌化、规范化程度，同时引导高校基金会规避募捐风险，合法合规开展公开募捐。

2022 年，为切实落实立德树人根本任务，积极营造校园公益文化氛围，中国教育发展基金会以"益青春 益同行"为主题举办了首届"高校公益周"活动（以下简称"公益周"），30 余所高校基金会在中国教育发展基金会的帮助指导下发起筹款活动，动员校友等社会力量以互联网慈善募捐的方式，支持大学生支教、志愿服务活动、学生社团活动等公益实践。"公益周"期间，共有 32 家高校提交"公益周"报名意向，经审核后正式上线筹款项目 42 个，在集中劝募周期内，参与人数达到 76912 人次。

2. 主要特点

（1）从方式来看，"公益周"以联合行动倡议的方式发起

高校基金会行业的可持续发展，既需要以机构为中心的个体化探索，也离不开行业共同的协作式创新实践，"公益周"正是这样一个由中国教育发展基金会发起，30 多所高校基金会共同参与的联合行动倡议，旨在通过完善高校基金会协作平台体系与募捐网络，丰富校园公益内涵，打造高能级公开募捐平台，完善关键性行业发展基础设施，不断提升行业募捐"软实力"。此外，"公益周"还凝聚了行业发展的共同体意识，探索了一条高校基金会之间、高校基金会与社会基金会之间的高质量协同发展之路。

（2）从目标来看，"公益周"以构建校园公益参与式生态体系为目标

此次"公益周"项目以提升校园公益的参与性、可及性为出发点和落脚点，面向高校基金会提供公开募捐与平台支持，融合多种公益资源和公益力量，助力校园多维度公益参与体系的构建。在公开募捐模块设计过程中，活动还借鉴了一些社会基金会的有益经验，结合校园公益场景和学生社团活动特点，引入"一起捐"募捐模块，累计共有近 4 万人次参与。这种参与式、示范式公益项目，在一定程度上放大了公益效果，在细微之处促进了公益理念的知行合一，引导当代青年更加主动地践行社会主义核心价值观。

（3）从过程来看，"公益周"以协同、协调、协作为发展路径开展

从具体路径来看，"公益周"的共同生产与价值共创进程，是按照协同（Collaboration）、协调（Coordination）、协作（Cooperation）的"3C"路径推进的，体现了相关参与各方的价值共创意愿，彰显了公益项目集束式开展的协同增效作用，这也是高校基金会行业发展 30 年来，首次开展的基于协作关系形成的互推互促形式的募捐行动。尽管这种公益共同生产的"3C"模式还处在初创阶段，但从开展路径、资源配置和行动策略角度来看，该模式体现了针对高校基金会公益赋能的创新性，也体现了"公益周"对行业发展理念更新所具有的重要意义。

（五）打造公益慈善事业创新示范区的有关举措

当前，在新的历史条件下，我国高校基金会既是高等教育保障机制改革的重要平台，也是促进公益慈善事业高质量发展的关键推动力量，进入了新的发展机遇期。从教育维度来看，党的二十大报告首次将教育、科技、人才作为专章阐述并一体部署，党的二十届三中全会进一步提出，"统筹推进教育科技人才体制机制一体改革，健全新型举国体制，提升国家创新体系整体效能"，这些表述对高校基金会的支撑能力建设提出了更高要求。从公益慈善维度来看，党的二十届三中全会审议通过的决定提出："支持发展公益慈善事业。"未来，应推出一系列有针对性的鼓励与扶持政策，助力高校基金会这一特殊的组织形式高质量发展。具体来讲，应处理好以下几个方面的关系。

1. 在自身定位方面，发展高校基金会应处理好高等教育属性与公益慈善属性的关系

高校基金会由大学发起，面向大学开展资助项目，天然地具有高等教育属性，而与此同时，高校基金会又是依法成立、符合相关法律法规规定，以面向社会开展慈善活动为宗旨的非营利性组织。《慈善法》第3条规定，自然人、法人和非法人组织以捐赠财产或者提供服务等方式，自愿开展的促进教育、科学、文化、卫生、体育等事业发展的活动，属于慈善活动。《慈善法》的这一表述，进一步明确了高校基金会的交叉属性。对承担双重职能、肩负双重使命的高校基金会而言，推动教育事业的发展，就是通过慈善的方式推动社会发展；培育校园公益文化，传播校园公益理念，就是培育社会公益文化，传播社会公益理念。

2. 在路径规划方面，发展高校基金会应处理好中国道路与国际经验的关系

从对捐赠资金的依赖程度来看，不同于美国私立大学，我国高校的经费来源以财政经费与事业收入为主，短时间内不可能形成捐赠基金及其收益占据半壁江山的局面。从公益理念培育角度来看，美国社会整体的公益氛围较为浓厚，大学生在步入校园之前，已经或多或少地从家庭或社区当中感受到了公益理念，参与了一些社会公益活动。在此基础上，美国大学在筹资工作过程中，会重点关注在校生或年轻校友对母校的情感维系、捐赠习惯的养成。相对而言，我国校园公益理念的传播则要从基础做起，是一个从0到1的过程。《慈善法》第97条明确，国家采取措施弘扬慈善文化，培育公民慈善意识。然而，如何在校园培育慈善意识、弘扬慈善文化，怎样有针对性地借鉴海外世界一流大学系统性筹资实践，并将其与全面贯彻党的教育方针、落实立德树人根本任务相结合，需要进一步探讨与研究。

3. 在引导策略方面，发展高校基金会应处理好规范运行与激发活力的关系

与自身具有的交叉属性相对应，相较于其他社会组织，高校基金会在运行过程中同时受到多部门、多维度、多轮次的政策监管，合规要求相对较高。从组织活力情况来看，尽管行业发展迄今已有 30 余年，但整体而言，高校基金会的行业基础设施尚不健全，对高等教育的组织支撑能力不足，组织活力尚未激活。统筹推进教育、科技、人才事业发展，高等教育是一个重要抓手，而高校基金会能够成为这个抓手的重要支撑。未来，应处理好规范运行与激发活力的关系，在坚持依法合规运营的同时，在公开募捐特定人群认定、公益支出比例确定等方面探索制定差异化措施，通过非传统性的公益慈善助推手段，为高校基金会更好地发挥作用营造良好的政策环境，充分调动高校基金会的积极性、主动性、创造性。

4. 在助推模式方面，发展高校基金会应处理好率先发展与协同发展的关系

不同于扶贫、养老、助残、自然灾害救助等传统公益慈善场景，高校基金会具有场景特殊、潜在捐赠者群体特殊、捐赠回馈手段显性、社会认可度高的特点，具备高成长性与率先发展的特质。然而，实现公益慈善在我国的均衡发展，应坚持系统观念，按照"一体推进、示范带动、系统实施、点线面相结合"的总体思路，通过协同共创与战略联合，加强高校基金会与社会基金会、企业基金会之间的协同联动，打造"慈善+教育""慈善+教育+环保""慈善+教育+体育""慈善+教育+科技"等新型慈善矩阵，这促使公益慈善各要素、各方面相互配合、相互协同，不断提升公益慈善在不同行业和领域的浸润与覆盖程度，实现公益捐赠资金社会影响和实施效果的倍增效应。

总体来说，建设中国特色高校基金会，将其打造成为公益慈善事业创新示范区，既要借鉴西方发达国家世界一流大学的成功经验，又要立足中国传统公益慈善文化和高等教育现实情境，跳出公益慈善审视高等教育公益慈善的固有框架，不断探索新的助推范式和发展策略，扩大社会力量支持高等教育的规模，加大支持的力度。通过打造公益慈善事业创新示范区，更好地支撑教育、科技、人才一体推进战略，在促进公益慈善事业高质量发展过程中助力高等教育强国建设，推动中国特色慈善事业不断向纵深发展。

四　教育强国建设进程中高校基金会的新型战略价值

习近平总书记指出，"建设教育强国是一项复杂的系统工程，需要我们紧紧围绕立德树人这个根本任务，着眼于培养德智体美劳全面发展的社会主义建设者和接班人，坚持社会主义办学方向，坚持和运用系统观念，正确处理支撑国家战略和满足民生需求、知识学习和全面发展、培养人才和满足社会需要、规范有序和激发活力、扎根中国大地和借鉴国际经验等重大关系"。[①]上述论断为教育强国建设擘画了宏伟蓝图，也为高校基金会的未来发展，特别是新型战略价值的有效发挥指明了方向。

（一）高校基金会新型战略价值的内涵

加快"双一流"建设，是以习近平同志为核心的党中央做出的重大战略决策，是建设教育强国的引领性、标志性工程，是关键引擎，是实现中国式现代化的战略支撑。从近几年的筹资实践来看，部分高校基金会，特别是高水平研究型大学所属基金会，已经开始逐步嵌入"双一流"建设发展进程，在衔接内外部资金，补充学校发展资金等方面发挥积极作用。不过，总的来说，作为教育强国建设体系的重要组成部分，同时也是高校多元化筹资的关键平台，高校基金会在我国成建制运行的时间不长，良性运转的体制机制还不尽完善，引导社会力量支持、捐赠高等教育的渠道还不畅通，组织的整体贡献度不够突出，支撑教育强国建设的能力还需进一步提升。此外，公益环境以及经济形势的变化也使高校基金会面临巨大的挑战，进一步挖掘自身的新型战略价值，成为高校基金会未来适应变革、实现高质量发展的关键。

强国必先强教育，强教育必先强资源。在全面深化教育领域综合改革，推进教育高质量发展，建设教育强国背景下，高校基金会仅仅做好常规动作，按照原有模式运营，已经不能够满足高校对外部战略发展资金的迫切需求，无法构建与"双一流"建设相匹配的资源供给体系，不能实现高校与社会力量的高质量互动。更为重要的是，在教育、科技、人才一体推进战略进程中，只有通过传统价值的迭代，更好地发挥高校基金会的新型战略价值，释放组织活力，才能推动高等教育战略性投入机制的加速形成。

习近平总书记强调："战略是从全局、长远、大势上作出判断和决策。"[②]高校基金会的新型战略价值，并非局限于当前的财务支撑作用，更应着眼未

---

① 《习近平在全国教育大会上强调　紧紧围绕立德树人根本任务　朝着建成教育强国战略目标扎实迈进》，https://www.news.cn/20240910/600279eea70d44f5b84d62fda461ed20/c.html，最后访问日期：2025 年 3 月 9 日。

② 《更好把握和运用党的百年奋斗历史经验》，http://www.qstheory.cn/dukan/qs/2022-06/30/c_1128786667.htm，最后访问日期：2025 年 3 月 9 日。

来、立足长远，把握战略主动和历史机遇，为巩固教育特别是高等教育基础性、先导性、全局性地位，有效发挥其作用，提供战略性支撑。高校基金会的新型战略价值，体现为一种系统性托举与全局性保障，涉及对全球高等教育发展态势、教育强国建设战略定位，以及教育、科技、人才一体发展等若干重大问题的战略性考量，涉及与现有财务保障模式的衔接与匹配，对高校基金会所在高校以及"双一流"建设进程都具有至关重要的战略意义。

（二）高校基金会新型战略价值的主要特征

高校基金会的新型战略价值，建立在过去30多年来行业发展演进的基础之上，同时又在新的发展阶段被赋予了新的时代特征，突出表现在：作为高等教育战略性投入体系的重要组成部分，高校基金会能够更加准确地把握"质"和"量"的辩证统一关系，既追求捐赠资金量的积累与合理增长，又注重质的有效提升，逐渐在高校多元化筹资进程中发挥愈加显性的作用。除此之外，高校基金会的新型战略价值，还体现在以下几个方面。

1. 系统性

高校基金会是按照相关法律法规要求，由大学发起的，经主管教育部门同意并在民政部门正式注册成立的筹款与捐赠资金管理机构，其职能是通过资金募集、项目管理等行为，单向服务于所在大学的建设事业（杨维东，2015）。总的来说，高校基金会存在的最大价值就是服务于其所在大学，这是这个特殊组织机构的底色，也决定了高校基金会的行事风格与发展策略。从这个角度来看，大学与其基金会构建了一个完整的筹资体系，在资源拓展过程中获得各类支持。

而在教育强国建设背景下，高校基金会新型战略价值的系统性特征将更加明显，在高校吸纳外部资源过程中发挥的重要衔接作用也将更加突出。高校基金会发起或参与的筹资项目，可能是跨越校际边界的联合筹资探索，也可能是围绕某个学科的纵深筹资实践，系统性地与外部社会力量或利益相关方进行的资源交互将更加频繁。更为重要的是，大学筹资将不再是零敲碎打的片段式筹资，而是更加注重系统性、整体性，更加强调各项筹资单元之间的内在联系和相互作用，以及战略性投入机制的整体效应。在这一过程中，高校基金会的相关工作也将系统性融入高校的各个领域、各个环节，显示度、参与度日益提升。

2. 协同性

不同于其他基金会组织，高校基金会的独特性体现在它的跨界属性方面，教育属性与公益属性同时附加到高校基金会之上，这本身也代表了教育与公益的协同性。不过，这种跨界属性并不是均衡体现的，高校基金会更多地存在于高等教育场景，蕴含的教育元素相对更多，展现的教育属性也更为明显，并且筹资对象相对固定，筹资时点周期性更强。

高校基金会新型战略价值所蕴含的协同性特征，并不仅仅体现在教育与公益的协同方面。财政资金与社会力量资金的协同、捐赠人与高校之间的协同、高校之间的协同、高校内部院系部处之间的协同，都是新型战略价值多层次、全方位协同性特征的体现。在高等教育资源拓展过程中，这种协同所产生的巨大增益价值，能够产生"1+1＞2"的整体效果。然而，长期以来这种协同关系并没有在我国高校完全建立，特别是高校基金会与社会基金会之间的协同也没有得到应有重视。在本报告的其他章节，我们还将专门介绍相关内容。

3. 针对性

高校基金会新型战略价值的有效发挥，并非仅仅依赖于动辄过亿元的巨额捐赠资金，也不限于少数几所顶尖高水平研究型大学的校友捐赠。这种针对性是指高校基金会能够结合高校自身的发展战略，在教育强国建设框架下，为人才培养、科学研究、服务社会、文化传承创新和国际交流合作提供有力支撑。特别是能够结合基础研究、交叉学科、立德树人等特定事项，高校基金会能够整合战略资源，实现高效、集中的资源供给。

这些资助项目可能是具有重大战略意义的大工程、大项目，也可能是关乎师生日常生活的身边小事，可能涉及国际高校交流，也可能是大学生乡村实践。总的来说，高校基金会新型战略价值的针对性特征，更多地体现为指向更加精准、用途更加聚焦，能够减少筹与用脱节的现象。特别是能够将捐赠项目落实到人、具体到事，其针对的是高校师生，支撑的是"双一流"建设进程，提升的是中国高等教育的国际影响力、竞争力和话语权。

4. 渐进性

总的来说，由于高等教育体制与办学模式存在根本性差异，我国高校的财务供给模式以及高校基金会资助模式，不太可能像海外顶尖私立大学那样，捐赠及其投资收益占据半壁江山，完全发挥捐赠资金的财务"压舱石"作用。未来，我国高校基金会的战略发展路径是建立在"双一流"建设进程之上的，我们对这一点应有清醒认识。因此，高校基金会的发展路径，需要在大学多元化筹资实践中逐步探索，实现渐进式发展，这也是高校基金会新型战略价值的典型特征之一。

正因为如此，高校基金会在资源拓展过程中，也应注重内控体系建设，防范和化解潜在风险，既避免难以预测且属于偶然事件的"黑天鹅"事件，又避免高概率发生却又屡屡被人忽视、最终有可能酿成大危机的"灰犀牛"事件。从高校近年来的筹资情况来看，此类事件均已发生且对高校乃至行业产生了一定的负面影响。

（三）高校基金会新型战略价值的主要体现

毋庸讳言，"双一流"建设，离不开一流的经费保障和财务支撑。从海外世界一流大学的建设与发展历程来看，尽管机构名称、人员规模及职能作用存在差异，但大学所属基金会或承担类似职能的机构，如发展事务部、资源拓展办公室等，在支撑其所在大学可持续发展方面扮演着关键角色，体现了多个方面的战略性支撑价值。在教育强国建设进程中，高校基金会能够全方位嵌入各个高校的战略发展，通过一体融合、一体发展为高校提供战略资源，其战略价值体现在以下几个方面。

1. 高校基金会是导入社会力量支持教育强国建设的重要渠道

习近平总书记在党的二十大报告中指出，扎实推进共同富裕，完善分配制度，构建初次分配、再分配、第三次分配协调配套的制度体系。党的二十届三中全会审议通过的《中共中央关于进一步全面深化改革　推进中国式现代化的决定》进一步提出，"完善收入分配制度""构建初次分配、再分配、第三次分配协调配套的制度体系"。从资源供给角度来看，在第三次分配所关注的领域当中，教育特别是高等教育长期以来都是慈善捐赠最受瞩目的领域。近年来，多家高校基金会获得校友、企业基金会等社会各界的亿元以上股票或现金捐赠，广受社会关注。

在通过第三次分配相应机制导入社会力量支持大学发展的过程中，作为捐赠资金流入渠道，高校基金会在其中发挥了重要的引入与衔接作用。此外，由社会力量直接举办的新型办学主体，其所属基金会在吸纳捐赠资金方面发挥了积极作用。在教育强国建设进程中，通过第三次分配相应机制，依托高校基金会建立社会力量导入新机制，有利于畅通社会力量参与高等教育的渠道，拓宽高校多元化筹资渠道，对促进高等教育高质量发展意义重大。

2. 高校基金会是高等教育战略性投入机制改革的战略抓手

加快"双一流"建设，培养更多拔尖创新人才，为建设教育强国、推进中国式现代化做出新的更大贡献，离不开充足的教育投入与持续的资源供给，需要多渠道的资金保障。根据所在高校发展需要，募集校友、企业、社会基金会等各个方面的捐赠资金，是高校教育基金会的天然使命，也是这一特殊组织形式的最大价值所在。海外一流大学，特别是美国私立大学，在募捐方面有着悠久的历史，各种配套机制日益成熟，哈佛等顶尖大学经年累积的捐赠基金已经达到了富可敌国的量级。从筹资角度来看，2023年，美国高等教育募捐总额接近600亿美元；从单个学校来看，2023年，哈佛大学筹集各类捐赠资金近15亿美元，仅直接用于当年支出的部分就达到了5亿美元，接近哈佛大学65亿美元年度预算的1/10。[①] 加州大学洛杉矶分校、密歇根大学安娜堡分校等传统公立大学，在筹集捐赠资金方面也有着不俗表现。在这些公立大学募捐过程中，其所属的基金会发挥了关键性作用。总之，在发达国家高校的发展过程中，差异化的经费获取机制已经成为一流大学可持续发展的先决条件。

作为大学保障体系的重要组成部分，捐赠及其投资收益已构成大学重要的资金来源，以普林斯顿大学为例，2023财年仅投资收益拨付部分一项就占到了当年预算收入的65%。与之相比，目前我国高等教育资助模式中财政投入比例过高，高校筹资渠道相对单一。在当前我国经济下行压力加大，财政收入增速放缓的背景下，高等教育的财政投入很难实现高速增长。相对于学费上涨等常规手段，发挥高校基金会的办学经费筹措与捐赠资金管理职能，引导高校通过多元化筹资积极拓展增量资源，虽社会关注度相对较低，但却是政策工具箱中的重要选项，有望成为高等教育保障机制改革的战略抓手。更为重要的是，高校基金会的深度融入与高校保障机制的改革，还能带动大学其他模块的管理变革与组织重构，在大学发展过程中具有重要的战略价值。总的来说，依托高校基金会平台，战略性推进大学保障机制改革与资源保障体系重塑，构建具有中国特色的高等教育战略性投入机制，意义重大且时机已经成熟。

3. 高校基金会是盘活校友潜在资源支持高校发展的关键枢纽

习近平总书记在中共中央政治局第五次集体学习时强调，"建设教育强国是全党全社会的共同任务"。[②] 学校、家庭、社会要紧密合作、同向发力，积极

---

① 《Giving to U. S. College and Universities at $58 Billion in Fiscal Year 2023》，https：//www. case. org/resources/giving-us-college-and-universities-58-billion-fiscal-year-2023，最后访问日期：2025年3月9日。

② 《习近平在中共中央政治局第五次集体学习时强调　加快建设教育强国　为中华民族伟大复兴提供有力支撑》，https：//www. news. cn/politics/leaders/2023-05/29/c_1129654921. htm，最后访问日期：2023年3月9日。

投身教育强国实践，共同办好教育强国事业。在建设教育强国事业的潜在支持者当中，校友群体是重要的战略性资源之一。从数量来看，1978年以来，截至2022年，我国大学生毕业人数总计1.43亿人，其中本科及以上学历毕业人数约7505万人，占我国总人口的比例约为5.4%。校友既是高等教育的受益者，也是未来教育强国建设的支持者、参与者。从捐赠体量来看，近年来我国高校获取的亿元以上的大额捐赠，绝大多数是由校友回馈实现的。

横向对比来看，2023年，在580亿美元的美国大学筹资总额当中，校友（不包括校友企业和校友基金会）捐赠占比为20.7%，达到了120亿美元。正因为看到了校友群体的战略价值，海外一流大学往往将基金会或相应机构与校友、公共关系等机构一体化运作，统筹推进大学资源拓展工作。2022年以来，南京大学、重庆大学、中国人民大学等过去将基金会、校友会分设的高校，也在积极探索通过职能整合的方式进行组织重构，以更好地发挥基金会的资源拓展功能。从基金会治理层面来看，理事会或所属的投资等委员会的多元化构成，体现出高校致力于衔接内外资源的努力。以校友为主体的教育基金会外部理事或委员，不仅可在筹资过程中率先垂范，更可依托所在行业的人脉关系，为高校带来更多捐赠资金或其他资源，这也会随之形成一种示范与带动效应，推动大学筹资进入良性循环。

目前，我国高校尚未建立校友捐赠统计体系，在校友价值挖掘方面还有较大提升空间。通过何种激励机制和促进策略，将校友这一社会精英人群从高校发展的受益者、旁观者，转变为积极参与者、支持者，形成支持高校发展的合力，需要进行战略性思考和系统性布局，这也是高校基金会的重要价值所在。事实上，校友的捐赠支持，本身就是大学办学质量的价值回馈。不仅如此，高校基金会及其海外分支机构还能在海外校友筹款过程中发挥重要作用，可为高校及其海外校友会提供必要保障与支撑，推动高校校友工作与统战工作同频共振，更好地传播中国文化和中国声音。

4. 高校基金会是大学捐赠资金管理的新型平台

在大学运营管理过程中，某一特定资金来源对大学财务的贡献程度并不是一成不变的，往往会随着经济社会发展、大学职能等因素的变化而变化。目前，在海外一流大学，特别是美国私立大学，由捐赠资金长期结余衍生的投资收益，已经占到大学年度运营资金的1/3，对预算收入的贡献度已经超过了政府拨款、捐赠收入当年可用部分、学费等常规资金来源，这也使大学对存量捐赠资金进行专业化管理的需求日益强烈。早在1896年，在时任校长Eliot主导下，哈佛大学便制定了系统的投资政策。其后，哈佛大学积极寻求资产配置最优模式，不断扩大投资规模。从收益率这个关键指标来看，虽然2022财年略有亏损，但是2023财年实现了近10%的正收益，特别是2021财年33.6%的投资收益率，使得哈佛大学十年期收益率依然处在较高水平。经过多年的专业化管理，目前哈佛大学的捐赠资金存量规模已经超过了500亿美元，使其成为全球规模最大的大学捐赠基金。

目前，我国高校基金会在国内的发展历程较短，对捐赠基金运作的规律性认识还在深化当中。2023年，首轮一流大学建设高校基金会投资收益为12.25亿元，其中清华大学教育基金会投资收益为4.95亿元。近年来，受全球资本市场波动加剧影响，全行业投资收益有所收窄。不过，相较于传统金融机构的投资模式，高校基金会具有其特殊的资源禀赋，未来高校基金会的资金管理潜力巨大，特别是随着科创基金、校友股权捐赠基金等多元资金的融入，其管理方式将更加灵活多样，资产规模也将持续扩大，能够成为大学资金管理的新型平台。

不同于海外大学将投资事务交由投资管理公司运营的模式，我国高校基金会承担了捐赠资金的保值增值职能。在合法、合规、安全的前提下开展投资活动，实现存量捐赠资金的保值增值，能够彰显高校基金会在资金管理方面的巨大价值。事实上，投资本身也是和筹资工作同步开展的。投资工作运作得当，在长期维度上实现明显的保值增值效果，本身就是对捐赠人负责的基本态度，能够极大地提升捐赠人对基金会的信任感，向外界展示高校基金会，甚至是高校本身的专业化管理水平和美誉度，助力筹资工作可持续开展。

我国高校基金会行业发展30余年来，随着校友等社会力量向高校捐赠资金规模的攀升，高校基金会资产规模持续扩大，形成了近千亿元规模的捐赠基金池，对存量捐赠资金进行专业化管理的需求日益强烈。管好用好这笔资金，并使其规模伴随着高等教育强国建设进程不断扩大，进而形成战略性储备，是大学管理者面对的新挑战。

5. 高校基金会是面向当代大学生传承公益文化的校园载体

高校教育基金会这一特殊组织形式的战略价值，不仅仅体现在捐赠资金筹募、资源链接等方面，还能在传承公益文化、提高青年学子利他意识方面发挥积极的促进作用，具有一定的柔性价值。30余年来，各级各类高校附属基金会围绕立德树人根本目标，依托常规性校园资助项目，在丰富奖助学金内涵、完善所在高校资助体系方面开展了大量卓有成效的工作。

互联网条件下，在高校教育基金会的项目工具箱中，小额募捐项目成为最能调动在校大学生参与公益、营造校园公益氛围、培育青年学生捐赠回馈意识的项目之一。近年来，北京师范大学、湖南大学、北京理工大学、电子科技大学、暨南大学、中国科学院大学等高校教育基金会，相继打造了一系列面向年轻校友与在校生等新生代人群的小额募捐项目，通过将线上募捐与线下活动深度融合，培育高校未来的潜在捐赠者、支持者，同时在校园中培育公益慈善土壤，厚植公益情怀，这也是高校教育基金会将自身工作有机融入学校立德树人总体格局的创新之举。从这个意义上来讲，高校基金会不仅是接受物质捐赠的平台，更是一个能够传承公益慈善精神，于潜移默化中厚植乐善好施、守望相助传统文化的校园载体。

6. 高校基金会是开展基础研究的新型杠杆

加强基础研究是实现我国高水平科技自立自强的迫切要求，也是建设世界科技强国的必由之路。作为基础研究的主力军和国家战略科技力量的重要组成部分，近年来高水平研究型大学面向国家重大战略需求，取得了一系列重大原创性科技成果，但也面临研发经费供给不足，与企业科技力量协同不充分等问题。党的二十届三中全会审议通过的决定提出，要完善竞争性支持和稳定支持相结合的基础研究投入机制，鼓励有条件的地方、企业、社会组织、个人支持基础研究。近年来，腾讯、阿里、小米等社会力量在支持科研人员实现更多科技突破方面进行了许多有益探索，积累了一定经验。目前，我国社会捐赠资金支持科技创新的潜力尚待深入挖掘，如何用好政府与社会力量两种资源，实现科技投入的价值增益与资源倍增，放大资助效果，值得进一步探索。而高校基金会恰恰处在内外衔接，供给与需求交汇的场景之中，具有诸多先发优势。在加强高水平研究型大学基础研究过程中，充分发挥高校基金会的战略价值，通过利用资源杠杆撬动更多的资源进入高水平研究型大学，对完善基础研究投入机制、创新资助模式至关重要。

总之，高校及其所属基金会能够获得捐赠资金，本身就代表了社会各界对学校的一种认同感，其获得的捐赠资金越多，这种认同感就越强烈。因此，在高等教育情境下，高校谋求捐赠意向的达成，进而获得捐赠资金，要以大学发展战略为导向，与社会各界构建良性互动关系，实现内外部资源的融通、整合与拓展，通过扩大"朋友圈"，逐步扩大"支持圈""捐赠圈"。在教育、科技、人才一体推进的进程中，如果运用得当，高校基金会能够在发展要素集成、校友通道回馈、公益价值增益、利益相关方优势互补等方面发挥多重作用，结合中国式现代化、建设教育强国进程，回答好"高校基金会何为"这个时代命题。

五 面向未来的中国高校基金会：发展机遇、运营挑战、时代要求与发展路径

高校基金会作为大学运营管理体系的重要组成部分，近年来在汇聚社会资源、支持所在高校发展方面做出了积极贡献。然而，如前文所述，在加快推进教育高质量发展进程中，我国高校基金会的独特组织优势尚未得到充分释放，战略价值有待进一步深入挖掘。同时，当前世界经济增长乏力，经济全球化和多边主义遭遇阻碍，募集捐赠资金面临挑战。在全面深化教育领域综合改革、建设教育强国背景下，高校基金会在做好规定动作的同时，通过怎样的路径优化举措实现高质量资源供给，促进高校与社会力量的"双向奔赴"，需要更多的战略性思考。本章内容将对高校基金会面临的发展机遇与运营挑战，以及可能的时代要求与发展路径进行分析。

（一）高校基金会面临的发展机遇

加快"双一流"建设，是以习近平同志为核心的党中央做出的重大战略决策，是建设教育强国的引领性、标志性工程，是推动教育、科技、人才一体发展的关键引擎。8年多来，"双一流"建设高校扎实推进，取得了显著成效。加快"双一流"建设，离不开持续稳定的财务供给，需要更多渠道、更大体量的资金保障。目前，中央引导、地方支持、高校自筹、社会参与的多元投入机制初步建立，资金来源渠道日益多元，为推动"双一流"建设高校改革发展提供了有力保障。

伴随着"双一流"建设高校多元投入机制的变革，高校基金会也迎来了新的战略发展机遇期。未来，大学多元化筹资与高校基金会事业，将会是教育强国建设进程中高等教育竞争的一条全新赛道。对高校基金会而言，乘势构建现代大学筹资体系，形成学校中长期发展的战略支撑，已经成为大学发展过程中的一道必答题。此外，在未来几年，高校基金会还会迎来以下几个方面的战略发展机遇。

1. 多元化筹资日益受到各方重视，高校基金会呈现蓄势待发态势

近年来，"双一流"建设高校愈加重视外部资源拓展工作，相继召开资源拓展或筹资工作会，同时也通过附属基金会、联合实验室等平台，与社会力量开展了多种形式的互动与交流，战略对接点日益增多，捐赠资金等社会力量资助规模逐渐扩大。2024年底，武汉大学校友华生为母校捐建"珞珈书

院",打造具有武大特色的学术文化地标。然而,与海外世界一流大学资金来源渠道多元化特征相比,我国"双一流"建设高校的多元投入机制仍不够健全,社会力量参与渠道仍不够畅通,资源拓展及筹资能力与建设世界一流大学的需求还很不匹配。从捐赠情况来看,2023 年,"双一流"建设高校基金会共向学校转入 77.68 亿元,仅占到建设高校当年 6000 亿元左右决算收入的1.3%,而全国高校的平均占比还不足 0.5%。教育部部长怀进鹏在向全国人大常委会报告"双一流"建设工作情况时指出,建设高校资金来源仍以财政拨款为主,撬动社会力量投入的能力还需提升。在十四届全国人大常委会第十二次会议联组会议上,财政部副部长郭婷婷也表示,下一步要优化实施捐赠配比政策,发挥各级教育基金会的作用,引导和激励社会力量共同支持"双一流"建设,鼓励高校积极争取各类资源投入"双一流"建设。

2. 公益慈善制度体系日益健全,为高校基金会发展提供了法治保障

习近平总书记强调:"支持志愿服务、慈善事业健康发展。"[①] 党的二十届三中全会审议通过的决定提出:"支持发展公益慈善事业。"2024 年 9 月 5日,修改后的《慈善法》正式施行,配套法规、规章和规范性文件也逐步完善,慈善领域法律规范体系基本建立。从公益慈善领域来看,作为公益慈善机构的重要分支,高校基金会的外部制度体系也日益完善,为推动自身筹资等各项工作高质量发展提供了更强有力的法治保障。

3. 分配制度体系逐步优化,为高校基金会带来了新的机遇

党的二十大报告指出,扎实推进共同富裕,完善分配制度,构建初次分配、再分配、第三次分配协调配套的制度体系。党的二十届三中全会审议通过的决定对此再次进行了明确,同时提出支持发展公益慈善事业。这一系列表述为构建中国特色公益慈善模式指明了方向,营造了良好的制度氛围。与此同时,随着公益慈善概念的逐步拓展,高等教育机构日益成为公益慈善供给侧所青睐的目标对象。此外,从捐赠资源供给方来看,随着新型的股权捐赠、遗嘱捐赠、慈善信托等公益慈善模式的出现与完善,第三次分配的供给规模也会逐步扩大,这必将为高校筹资和高校基金会发展带来新的发展机遇。

4. 教育、科技、人才体制机制一体改革战略,为高校基金会捐赠基金募集注入了新的动力

党的二十大报告首次将教育、科技、人才作为专章阐述并一体部署,党

---

① 《为慈善事业发展提供法治保障》,https://www.xinhuanet.com/government/20240813/89fc20f70 31446b78917d93acce11b6a/c.html,最后访问日期:2023 年 3 月 9 日。

的二十届三中全会进一步提出，"统筹推进教育科技人才体制机制一体改革，健全新型举国体制，提升国家创新体系整体效能"。习近平总书记在全国科技大会、国家科学技术奖励大会、两院院士大会上强调，"科技创新靠人才，人才培养靠教育，教育、科技、人才内在一致、相互支撑"。[①] 在 2024 年全国教育大会上，习近平总书记再次强调，"要统筹实施科教兴国战略、人才强国战略、创新驱动发展战略，一体推进教育发展、科技创新、人才培养"。[②] 从高等教育领域的新要求、新战略来看，2025 年印发的《教育强国建设规划纲要（2024—2035 年）》，更是对多元化筹资与教育基金会工作提出了具体要求。这些表述为高校基金会高质量发展拓宽了思路，使凝练更大规模、更具战略性和系统性的教育、科技、人才项目成为可能，为高校基金会捐赠基金募集工作注入了新的动力。

5. 基础学科、新兴学科、交叉学科等领域的未来发展，为捐赠基金募集提供了新的契机

习近平总书记在科学家座谈会上提出，要加大基础研究投入，鼓励社会以捐赠和建立基金等方式多渠道投入。[③] 在这一进程中，社会捐赠资金能够发挥巨大作用，是可以深入开发的重要战略资源，能够在组建大团队、建设大平台、承担大项目、产出大成果过程中发挥重要作用。目前，已有部分高水平研究型大学在这一方面进行了诸多有益探索，也为更好地发挥高校基金会战略价值积累了经验。从大学关键领域的战略性布局来看，基础研究等战略性场景为捐赠基金募集提供了新的契机，推动捐赠资金筹募与重要研究领域实现新突破深度融合。

（二）高校基金会面临的运营挑战

在看到发展机遇的同时，也应该看到，随着高等教育领域竞争，特别是在资源拓展方面竞争的日益加剧，高等教育领域募捐也进入了红海时代。然而，由于高校基金会组织形式、运营场景、人员组成特殊，同时也受到多重制度约束，未来高校基金会在合规性要求、高等教育捐赠供给主体、公益慈

---

① 《一体推进教育科技人才事业发展》，http://www.moe.gov.cn/jyb_xwfb/s5148/202407/t20240701_1138815.html，最后访问日期：2023 年 3 月 9 日。

② 《习近平在全国教育大会上强调　紧紧围绕立德树人根本任务　朝着建成教育强国战略目标扎实迈进》，https://www.news.cn/20240910/600279eea70d44f5b84d62fda461ed20/c.html，最后访问日期：2023 年 3 月 9 日。

③ 《习近平：在科学家座谈会上的讲话》，https://www.xinhuanet.com/politics/leaders/2020-09/11/c_1126483997.htm，最后访问日期：2023 年 3 月 9 日。

善行业发展、高校基金会行业自身发展等方面依然面临诸多困难和挑战。

1. 合规性要求方面

高校基金会面临的体系化制度要求更加全面、更加细化。从教育场景的要求来看，2020 年，《中央高校捐赠冠名管理暂行规定》出台，对学校以各种形式接受社会捐赠，并以捐赠人或者捐赠人指定的名称对捐赠项目冠名的情形进行约定。从财政方面的要求来看，2024 年 11 月，财政部、教育部印发了《关于进一步加强高等学校内部控制建设的指导意见》，其中专门提到加强教育基金会管理，如规范设置教育基金会组织机构与权力运行机制，强化学校和理事会对基金会的双重领导，规范教育基金会与高等学校之间开展的经济业务活动及资金往来。此外，上述指导意见还提到要规范基金会的筹资与投资行为，各类收入及时足额纳入账户核算，捐赠冠名需符合相关规定等。具体内容详见本报告后续专门的高校基金会内部控制部分。

从民政方面的要求来看，除了《慈善法》的修订之外，与基金会相关的法律法规、部门规章及其他规范性文件近几年也多有更新。2024 年 6 月，民政部网站发布《民政部 2024 年度立法工作计划》，《基金会管理条例（修订草案征求意见稿）》成为明确的立法项目，这意味着这部已施行 20 年的法规即将迎来修订。该条例的修订，将对高校基金会产生重大而深远的影响。在部门规章方面，《慈善组织认定办法》《慈善组织公开募捐管理办法》相继修订，也对高校基金会的公开募捐等工作的开展提出了新的要求。

2. 高等教育捐赠供给主体方面

2024 年召开的中央经济工作会议指出，当前外部环境变化带来的不利影响加深，我国经济运行仍面临不少困难和挑战，主要表现为国内需求不足，部分企业生产经营困难，群众就业增收面临压力，风险隐患仍然较多。由于高校筹资与经济发展密切相关，经济领域出现的新情况新问题，使得面向大学的潜在捐赠资源池事实上有所缩小，这给高校基金会募集捐赠资金带来了挑战，也对科学、专业的筹资工作提出了更高要求。

3. 公益慈善行业发展方面

受中华少年儿童慈善救助基金会 9958 事件影响，当前慈善机构公信力受到一定损害，社会公众对公益慈善事业的认同感有所降低，社会公益类项目筹资金额出现较大幅度下降。尽管高校基金会在所处行业、潜在捐赠人群等多个方面不同于一般社会的公益慈善组织，然而行业的负面影响依然给高校基金会行业发展蒙上了阴影。

在这一背景下，一方面，社会公众减少了自身的捐赠行为，非自我主导的捐赠行为大幅降低；另一方面，捐赠人对捐赠进度、捐赠资金使用效果等方面的关注度越来越高，捐赠问责日益兴起，这也对高校基金会项目管理提出了更高要求。特别是在互联网条件下，每个人都是信息的发布者与传播者，人们获取信息的途径更加通畅、快捷，一旦公益慈善机构的透明度和服务效率不及预期，甚至引发公众对捐款去向和用途的质疑，包括校友在内的捐赠群体会迅速中止捐赠行为或是"用脚投票"，选择其他的公益组织。后续筹资过程中，高校基金会应充分体现高校场景特点，更多地体现高校公益特点，与泛社会公益组织适当区分，同时做好项目管理工作，进一步提高捐赠人服务质量和信息公开水平。这些工作都考验着高校基金会团队的专业能力。

4. 高校基金会行业自身发展方面

总的来说，与海外大学同行业相比，我国高校基金会的行业发展基础设施相对滞后，全行业缺乏差异化评价体系，高校基金会特色发展的差异化路径尚未形成，客观来说，这一点在近几年依然没有得到显著改善。此外，国内民众公益意识、慈善理念尚在培育过程当中，相关法律法规也还在逐步完善，社会公益氛围还不浓厚，包括校友在内的各类人群尚未养成捐赠习惯。

此外，目前我国高校的筹资体系与资源拓展网络顶层设计尚不明晰，基金会工作与校友工作协同程度不高，这也是行业当中各个高校存在的问题。再者，由于长期以来所形成的财政资金使用惯性，高校当中学院及其他附属机构对捐赠资金募集的价值认知还不够全面，吸引社会捐赠、扩大社会合作的意识不强、动力不足、参与程度不高，从"要我筹"向"我要筹"的转换面临重重阻力。

（三）高校基金会高质量发展的时代要求

"十五五"时期是我国迈向 2035 年基本实现现代化的重要五年，对于指导未来五年乃至更长时间的经济社会发展具有重要意义。"十五五"时期，高校基金会的发展也将被赋予全新的战略性内涵，传统的治理方式与募捐思路，已经无法满足教育强国建设的战略需求。新发展阶段，高校基金会高质量发展的时代要求，主要体现在以下几个方面。

1. 坚持和运用系统观念，自觉推动教育、科技、人才一体发展

党的二十大、二十届三中全会对教育、科技、人才工作进行了统筹与部署，全国教育大会在这一方面做出战略性统筹，为高等教育改革创新和高质量发展指明了方向，也对高校基金会提出了新的更高要求。围绕这一新的重大战略命题，在财政资金发挥基础性支撑作用的同时，高校基金会的募集资金以及衍生投资收益，应进一步聚焦教育、科技、人才工作，既要关注常规的"关键小项目"，又要自觉融入一体化发展格局中，创新资助手段与支撑方式，汇聚各个方面的社会资源，为上述三个方面一体推进提供系统性、战略性、针对性的综合性全方位支撑，这也是落实《教育强国建设规划纲要（2024—2035年）》的具体举措。

从资助场景来看，在立足教育、积蓄科技创新、培育人才过程中，高校基金会对人才的支撑最为直接，前期积累的经验也最为丰富。事实上，在海外一流大学的年度预算中，超过一半的资金被用于人才及其他薪酬类项目，捐赠资金也是如此。讲席教授、人才基金以及各类捐资设立的奖助学金，都是我国高校借鉴海外世界一流大学多元化筹资实践，结合我国公益文化场景与高等教育实际，对人才培育体系进行的有益探索。更为重要的是，高校基金会对人才的资助与支撑，是在支撑人才队伍投身教育与科技创新过程中实现的。从这个角度来看，高校基金会对人才的支撑，就是对教育、科技、人才一体发展的系统性支撑，能够收到"四两拨千斤"的效果，也是以实际行动推进教育强国、科技强国、人才强国建设的具体举措。因此，高校基金会在新发展阶段的高质量支撑，应在人才支撑方面率先发力，与其他各类资源协同，集中优势资金强力支撑人才这个第一资源，构筑人才发展的大支撑格局，助推所在高校的人才中心和创新高地建设，推进教育强国建设的进程。

2. 嵌入战略性投入机制变革进程，融入教育强国建设大局

高校基金会的高质量支撑，应体现在各种资源的支撑规模方面。在"双一流"建设与高等教育内涵式发展的关键节点，发挥好资金供给功能，畅通社会力量支持高等教育事业发展渠道，扩大高校基金会的财务支撑规模，推动高等教育投入机制战略性变革是关键。在通过捐赠资金与投资收益两条路径扩大对高校支撑规模的过程中，高校基金会的作用将从点缀、补充转变为高质量支撑，校内外的存在感与显示度也将同步提高，这也是战略性投入机制的题中应有之义。从支撑规模与强度来看，部分海外世界一流大学所属基金会或相关机构的供给潜力已经得到了充分挖掘。即便是传统的公立大学，其所属基金会在扩大财务供给方面发挥了关键性作用。这些功能作用的有效发挥，使同样面临财务紧张局面的海外大学在应对危机过程中显得更加从容。此外，作为教育财务整体工作的分支，高校基金会功能的有效发挥，也是在为建立健全教育强国建设战略性投入机制，加快实现教育财务工作战略性转变贡献力量。特别是对关键领域和关键环节的差异化资助，能够不断强化高校基金会对教育重大战略任务的财力保障能力，为教育强国建设提供更加有力的战略性支撑。

与海外部分国家的高等教育发展模式不同，我国高等教育事业投入的主体是中央财政和地方财政，这也是我国高等教育战略性投入机制的鲜明特征。以中央财政为例，近年来，中央财政坚持把支持加快"双一流"建设作为工作的重中之重，统筹安排各类财政性资金，加大高等教育投入力度，持续稳定地保障了"双一流"建设工作。然而，提高财政资金的支撑强度与发挥捐赠资金等社会力量支持并不矛盾，通过差异化资助体系的构建，能够更好地支持基础学科和交叉学科突破计划等专项工作，这一点在前文多有叙述，在此不再赘述。总之，在健全教育强国建设战略性投入机制，坚持财政和非财政"两条腿"走路，发挥政府和市场"两只手"配置作用过程中，高校基金会能够发挥更大作用，这也是时代赋予高校基金会的新的战略使命。

在高等教育投入机制变革与高校筹资，特别是高校基金会融合发展方面，日本政府设立了 10 万亿日元规模大学基金的做法可供参考。2020 年 12 月，日本内阁首次提出设立 10 万亿日元（约合人民币 4600 亿元）的国际卓越研究型大学基金，将其投资收益用于支持大学开展世界级研发活动。2023 年，在经过两年多的调研与论证后，"国际卓越研究大学"行动计划（Universities for International Research Excellence Program）正式启动，成功申请的大学有望从 10 万亿日元基金池的投资收益中连续 25 年获得资助。值得一提的是，日本政府下决心以此次大学基金设立为契机，系统性推动日本大学的多元化筹资进程。一方面，日本政府要求申请"国际卓越研究大学"的机构更加重视筹资工作，做出捐赠资金年均增长 3% 的承诺；另一方面，政府还将推出增加大学捐赠税收优惠等一系列配套措施，从政策层面鼓励大学募集捐赠资金。同时，政府还鼓励大学招募专业筹资、投资人员，雇佣外部筹资顾问，提高自有捐赠基金管理水平。再者，在大学自有捐赠基金与政府大学基金衔接方面，日本政府开辟了大学自有资金委托科学技术振兴机构（JST）进行专业化投资的通道，还通过 OJT（在职培训）计划、人员轮换等手段，在未来为各个大学培养专业投资人员，持续为大学捐赠基金管理团队赋能。总之，日本政府的做法在资助高水平研究的同时，还推动了大学投入性机制变革和多元化筹资进程。

3. 选取重点领域，集中关键资源重点突破

在财政资金主体资助框架下，提升捐赠资金的支撑品质，一方面高校基金会应做好"配角"，提升对大学常规工作的匹配程度，科学评价既有项目与教学、科研、人才培养等各个方面的适应性与协同性，在推动学校高质量发展过程中同步实现高质量支撑；另一方面高校基金会还要当好"主角"，既关注基金会对所在大学的绝对支撑量级，同时更加注重捐赠资金对特定项目的相对支撑规模。2023 年 2 月，中共中央政治局就加强基础研究进行第三次集体学习时，习近平总书记强调，要稳步增加基础研究财政投入，鼓励社会力量设立科学基金、科学捐赠等多元投入。① 这一表述为高校基金会在基础研究等关键性领域更好地发挥战略价值提供了根本遵循。高校基金会通过优化资助结构，聚焦高校主导或参与的变革性、牵引性基础研究项目，特别是那些财政资金覆盖不到、覆盖不全的创新型项目，集中优势资源，推动支撑品质的有效提升。

从世界范围来看，无论是过去捐赠资金所推动的一系列重大科学研究突破，还是当今耶鲁等世界一流大学正在开展的，以提升人类福祉为目标的全方位筹款行动，或是海外大学为彰显多样性与包容性而推出的 Need Blind 等资助政策，都是集中关键资源在特定领域重点突破的有益探索。如 2024 年 10 月，密歇根大学发起"关注密歇根（Look to Michigan）"主题筹款活动，希望在 5 年内筹集 70 亿美元。从筹款方向来看，密歇根大学设计了四大筹款方向，分别是改变人生的教育（人工智能教学、公共艺术、医学生培训、跨文化交流）；健康与幸福（跨学科研究计划、临床突破、医疗政策）；公民与全球参与（社区合作、伙伴关系）；气候行动、可持续性和环境正义（基础设施、研究、未来领导者）。应该说，选取恰当的重点领域，同时也使大学筹资更具有针对性，更能体现本校在科研等方面的特色。

此外，习近平总书记在全国教育大会上强调，"要深入推动教育对外开放，统筹'引进来'和'走出去'，不断提升我国教育的国际影响力、竞争力和话语权"。② 扩大国际学术交流和教育科研合作，积极参与全球教育治理，为推动全球教育事业发展贡献更多中国力量。在这一过程中，高校基金会和捐赠资金，能够发挥更大的战略性价值。近年来，我国部分高校基金会结合自身实际，在一系列筹款活动中高举高打，融入了诸多国际元素，支持学子前往海外学习交流，拓展学生海外交流的深度和广度，同时在国家战略框架

---

① 《习近平主持中共中央政治局第三次集体学习并发表重要讲话》，https://www.gov.cn/xinwen/2023-02/22/content_5742718.htm，最后访问日期：2025 年 3 月 9 日。

② 《深入推动教育高水平对外开放——八论学习贯彻习近平总书记在全国教育大会上的重要讲话精神》，http://www.moe.gov.cn/jyb_xwfb/s5148/202409/t20240919_1151824.html，最后访问日期：2025 年 3 月 9 日。

下，积极吸引海外一流大学学生来华交流，提升不同文化之间当代大学生交流与沟通水平。

（四）高校基金会的未来发展路径

习近平总书记强调，"守正创新是我们党在新时代治国理政的重要思想方法"。[①] 守正才能不迷失方向、不犯颠覆性错误，创新才能把握时代、引领时代。这一表述也为高校基金会下一步的高质量发展指明了方向。作为高校的有机组成部分，高校基金会在扎根中国大地，走出一条建设中国特色世界一流大学新路过程中，使命光荣、责任重大。同时也应看到，在高校基金会发展的下一个 30 年，高校基金会还能够依托自身组织优势，在常规的奖助学金资助体系之外，发挥关键性、基础性作用，实现对高校发展的高质量支撑，值得系统谋划与战略性思考。特别是要回答好支撑什么、支撑体量多大、如何支撑好等一系列关键性问题，主动融入高校战略发展大局。要做到这一点，需要从以下几个方面着手，夯实高校基金会发展基础，在服务所在高校高质量发展过程中实现自身组织价值。

1. 完善高校基金会行业发展基础设施

高标准建设高校基金会行业基础设施，是促进行业整体均衡发展的重要举措，是推动高校基金会可持续发展的关键，也有利于营造高校募集社会力量捐赠的良好环境。下一步，可依托中国教育发展基金会等机构，充分发挥其引领和协调作用，针对性开展相关政策的学习与交流，制定行业标准与操作指引，联合开展校园筹资等活动。2024 年 11 月，由中国教育发展基金会主办的 2024 年高校基金会座谈会在华南理工大学召开，20 余所高校基金会代表共同探讨了教育公益事业面临的新机遇、新挑战。

在教育捐赠数据统计方面，可依托全国社会组织信用信息公示平台与有关学术机构，建立一套披露及时、数据准确的高校基金会信息公开体系，规范捐赠数据采集和统计行为，减少由于不专业的信息发布所产生的行业误解与误判。此外，还可建立综合绩效评价体系与激励机制，在不同类型高校基金会中遴选高质量示范基金会和示范项目，树立最佳实践标杆和捐赠典型，加强舆论引导，营造良好的捐赠氛围。2022 年 5 月，中国教育发展基金会、中国科学院大学教育基金会启动了"中国高校基金会优秀公益项目案例

---

① 《习近平：必须坚持守正创新》，https://www.gov.cn/yaowen/liebiao/202411/content_6990344. htm，最后访问日期：2025 年 3 月 9 日。

（2022）"征集工作，经过项目初筛、分类汇总、初步审核等环节，共遴选出42个优秀公益项目案例，此次案例征集也为后续更常态化的优秀项目遴选积累了经验。

此外，可引入多元化筹资指标，完善"双一流"建设成效评价办法，及时将高校基金会在战略性投入机制变革中的重要价值体现出来。依托高校现有教育基金研究机构，加强行业研究与人才培养。提升我国高校基金会国际化融入水平，与国际机构和海外大学开展多层次交流。针对高校基金会学校派驻中层干部流动性大、转岗频繁等问题，在短时间内无法根本性解决的情况下，可聚焦"关键少数"，在依托国家教育行政学院等机构开展面向高校领导干部的筹资相关培训工作的同时，开办高校基金会秘书处相关负责人专题培训，缩短秘书长、副秘书长熟悉基金会工作的时间周期，同时丰富高校校内干部培训内容，探索将筹资管理相关课程纳入高校中层干部，特别是院系负责人培训体系，提升高校管理干部筹资意识与筹资能力。健全符合高校特点的筹投资考核和尽职合规免责机制，明确合理容忍正常投资风险的范围，根据投资策略合理确定风险容忍度。

2. 全面提升高校基金会专业化水平

30 年来，我国高校基金会在师生关爱、科研攻关等方面发挥了重要作用，为"双一流"建设与高等教育强国建设事业贡献了力量。然而，在自身管理与服务的专业化方面，全行业还存在较大的提升空间。面对大数据时代、自媒体时代的新挑战，在校友数据信息日益庞杂、捐赠项目不断增多的情况下，我国高校基金会应尽快补齐能力建设短板，提高整体协同程度，最大限度地挖掘外部资源的潜在价值。

提高高校基金会的整体治理水平，特别是项目管理水平，对于高校多元化筹资水平而言，既是目标，也是手段。下一步，应以提高项目管理水平为总抓手，鼓励高校基金会依托所在高校发展特点，凸显与学校发展战略的结合性，与立德树人根本任务的融合性，与基金会发展阶段的协同性，逐步提升高校基金会对学校战略需求的识别力、公益项目的整合力。在这一过程中，基金会自身的品牌影响力、公益辐射力也将会同步增强，院系等校内相关方的参与积极性也将大幅度提升，实现筹资参与由"他驱"向"自驱"转变。

补齐专业化建设短板，持续性赋能是关键。下一步，可通过培训教学、传播案例示范、搭建共享传播平台、联合打造校园公益网红 IP 等方式，加大流量与运营支持力度，引导高校基金会主动转变项目管理观念，提升高校基金会的内容生产和公益议题设置能力。不仅在大额捐赠方面，在校园公益和小额筹资场景中，也应鼓励、支持参与高校依托自身特殊场景，打造公益爆款项目，携手提升高校基金会的集群传播能力，培育具有高互动黏性的小额捐赠群体，为公益项目募款、募人、募关注提供更多支持。

3. 因地制宜逐步优化高校基金会筹资机制

高校在教育、科技、人才方面的发展需要，就是高校基金会筹资项目的关注重点。无论是在设计环节，还是在后续的捐赠人服务与项目执行环节，高校基金会应将项目牢牢锚定在学校战略需求上，不断调校项目本身的聚焦程度，提高服务学校事业发展的综合能力。即便体量不大的"小而美"资助项目，如果定位精准，并且能够与财政资金形成错位支撑格局，也能在很大程度上提高基金会在学校的存在感与显示度。挖掘学校战略需求，设计筹资与发展项目，围绕人才培养、师资队伍建设、科学研究等方面打造一系列特色项目与发展基金，是高校基金会下一阶段的重点工作。

不同于我国高校以逢五逢十校庆为节点的筹资方式，海外大学更多的是通过全方位筹款行动模式，以一种周期性、全天候的方式进行筹资。在一系列全触点、持续性筹资项目的支撑下，海外大学筹资体系逐渐成熟。这种持续性筹资项目的打造，考验的是高校基金会的长期价值，也是一所高校在内涵式发展过程中办学成果和人才培养质量的长期反映。在设计校友筹资项目过程中，针对校友这种"稀缺资源"，基金会应面向重点校友持续推送学校各个条线、各个重要议题的需求与进展，为打造持续性筹资项目奠定良好基础。

此外，高校基金会的功能作用具有鲜明的时代特征，会随着时代变迁与高等教育事业发展而动态变化。从大学发展阶段来看，资金需求早期以楼宇、校园设施、学生宿舍为主，其后学生奖助学金、讲席教授、人才基金的资金需求日益增加，再后又聚焦于大流行病应对、气候变化、公共安全等领域，其演变过程始终围绕大学核心优势与服务社会职能展开。如何利用好捐赠资金，借助公益慈善的力量解决所处时代的重要问题，是后续我国高校基金会筹资机制优化的重点。

4. 引导院系在筹资过程中发挥更多能动性

从海外世界一流大学筹资实践可以看出，筹资事务下沉至学院情况非常普遍。一方面，这能够引导院系在学科发展过程中与外部相关方进行充分互动；另一方面，遵循筹用一体原则，不仅提高了筹资的归属感与积极性，还检验了不同院系的治理水平。我国高校院系筹资能力的培育，将是今后一个时期高校资源拓展模式创新的重要方面。

针对资源筹募过程中院系力量参与不足问题，我国高校应借鉴海外大学经验，鼓励院系设立筹资机构，引导院系筹好用好学科发展、学生培养与人才建设专项基金，打造若干院系发展品牌基金，探索形成院系基金池，充分释放院系资源拓展活力，构建校院两级捐赠基金管理模式。此外，还可借鉴哈佛等海外一流大学筹资经验，尝试引导院系成立发展委员会、筹资委员会等资源拓展组织，通过发展委员、筹资联席主席等形式，吸纳一批关心学院发展，具有一定知名度或资源拓展能力的杰出校友参与其中。同时，鼓励学院与社会基金会、知名企业定期进行互动，以此推动筹资、用资与投资事务在院系层面的深度融合，国内北京大学工学院等机构已经在这方面积累了一些经验。不过，在具体实施过程中，也应充分考虑院系学科特点和筹资潜力差异，对此可结合筹资基础与特色基金开展情况，将不同院系及附属机构划分为不同类别，分门别类地推进院系捐赠基金一体化建设。

强化高校基金会对院系的支撑与服务，也是后续工作的重点。在海外世界一流大学的发展事务办公室中，约有50%的工作人员负责院系筹资的支撑工作，他们会根据院系需求，在捐赠者信息、项目管理、财务会计、数据服务等方面为院系筹资提供服务，这在一定程度上提升了院系筹资团队的运营能力。我国高校基金会应探索在内部设立院系筹资服务中心，定期调研走访，了解院系需求，以此深化筹资部门与院系筹资单元的联络与互动，更好地为院系筹资提供专业服务，浙江大学教育基金会设立了医学发展部、院系服务部等机构，进行了有益探索。加强与院系筹资团队的常态化沟通，也能起到规范院系筹资行为，防范筹资风险的作用。

5. 更加重视校园公益项目的设计与实施

与其他公益形式相比，校园公益有着鲜明的自身特点，同时与大额筹资相比，小额筹款更需要精细化的项目设计。因此，依托小额捐赠链条带动校园公益进程，需要创新思维与探索精神，通过多维度关键环节优化提高在校生、年轻校友等潜在捐赠者回馈意愿。因此，应坚持"大校园、大公益"的总体架构设计，做好小额捐赠的中长期发展规划，综合运用新技术、新理念、新模式，学习借鉴商业机构、社会公益组织在营销、公开募捐等场景的有益经验，关照好校内其他相关机构的参与诉求，集聚各方力量指导推进高校公益品牌建设进程。

落实立德树人根本任务，依托高校基金会在校园中开展公益活动，培育公益文化，不是一项暂时性工作，不可一蹴而就，需要驰而不息、久久为功。同时，也应进一步发挥中国教育发展基金会的行业枢纽作用，构建高校公益发展网络，提升对不同区域、不同类型高校基金会的覆盖程度，不断拓展我国高校的校园公益版图，扩大校园公益项目辐射人群。此外，在开展校园公益项目过程中，还应重视大学生以及青年力量的深度参与，鼓励学生科技社团、创业团队参与到公益技术创新队伍中，通过招募和邀约科技团队（个人）、举办科技竞赛、提供扶持资金孵化公益技术及筹款团队等形式，凸显学生群体在校园公益创建与传承过程中的主体地位。

6. 探索新型有组织筹资模式

高等教育实现高质量发展，需要政府、企业、社会、民众等多元主体的协同支持与共同参与。从高等教育公益慈善发展规律来看，校友、企业、社会基金会等高校捐赠方往往是大学发展的相关者、特定领域的合作者，同时也是办学理念的认同者。探索新型有组织筹资模式，就是基于高校与其他相关方已建立的认同与合作关系，立足协同共创，推动教育、科技、人才相关资源及要素，通过教育基金会实现更高水平的整合。

下一步，可策划设立"高等教育强国基金"，面向大学生就业、卓越工程师培养、基础研究、国际交流等议题，通过政府引导基金等形式，鼓励校友、企业、社会基金会积极参与，与社会进行充分的互联互通，形成战略性储备资金池。在国家战略规划布局下，探索跨高校协同筹资模式，在变革性、牵引性项目筹资过程中打破壁垒，推动企业家、慈善家、科学家同频共振，推进高校筹资范式变革。对支持高等教育的个人和集体给予国家级表彰奖励，构建多层级荣誉体系，提高教育捐赠场景吸引力，营造社会力量支持教育事业发展的良好氛围。与联合国教科文组织等国际机构合作，举办世界教育大会。设计跨国筹资项目，充分发挥基金会将高等教育与公益文化相结合的独特优势，开展更多高水平国际合作。伴随着有组织筹资模式的形成，作为高校的"外摆功能区"，高校基金会也将自身职能作用从简单的捐赠资金接收工具，升级迭代为具有合作生态属性的，具备财务支撑、信息汇聚、校友互动、资源共享等特征的创新型全域平台。

7. 着重防范资源拓展过程中的一系列风险

如今，高校基金会行业发展已日趋成熟，应对突发事件的经验也在不断积累。不过，当前高校募捐环境日趋复杂，不确定性日益增加，高校筹资过程中出现的资金风险、人员风险与程序风险与日俱增，这也对大学开展合规募捐提出了更高要求。过去几年，行业整体发展较为稳健，不过依然存在一些负面舆情，给高校筹资带来了一定的负面影响。高校基金会应未雨绸缪，结合内控体系建设及时梳理相关风险点，将出现风险的可能性降至最低点。

以下提供几点建议做参考。

在潜在捐赠人接洽阶段，尽职调查必不可少。捐赠人是否可以履约的决定性因素，在于其自身是否具备履约能力，即捐赠人是否具备与其承诺相对应的财富实力，捐赠标的是否是其自身合法获得且具有支配权力的财产，捐赠人自身的诚信情况如何等背景情况，都是需要在接洽阶段之前进行调查了解的重要内容。通过中国裁判文书网、中国执行信息公开网、企查查、天眼查等多种渠道，或借助律师、会计师等专业人士的力量，尽可能详细地调查潜在捐赠人基本情况、财产状况、法律状态，审查对方提供信息的真实性、准确性及完整性。此举虽不能完全规避风险，但能降低基金会决策人员面临的法律风险，减轻机构责任。

从操作流程来看，应遵循协议前置、到款优先、宣传置后原则。很多高校将协议签约环节嵌入捐赠仪式之中，同时进行公开宣传，这就导致一旦捐赠人未如约履行承诺，高校便会陷入被动的局面。事实上，高校举办捐赠签约仪式并加以宣传，既是作为对捐赠人鸣谢的方式之一，也是借助仪式的宣传扩散效应提升其影响力，吸引更多的捐赠。除非存在特殊情况，一般可以选择在洽谈过后第一时间完成捐赠签约，等到捐赠人履行承诺，完成全部或部分打款后，再举办捐赠仪式并进行公开宣传。

若捐赠款项分期到账，务必约定首次到账比例，同时明确后续打款期限。实践中，经常出现捐赠款分期给付的情况，尤其在奖助学金等评选类捐赠项目中更为常见。在实际执行过程中，高校可在捐赠协议中明确约定首次到账比例及分期期限，同时确保捐赠款项到位后再启动评选等项目执行工作。以防出现项目已启动执行，但捐赠人资金不到位的情况。因此，应提前制定明确的制度进行规范，将收到捐赠款才能启动项目执行纳入捐赠项目管理办法。

六　结语

面向高校基金会的下一个 30 年，应借鉴世界一流大学筹资经验，构建资源拓展的整体性思维体系，对自身的职能与定位进行再思考，做好捐赠资金事务管理的顶层设计与总体规划。在这一过程中，特别是要善于将筹资、用资及投资有机融合，提升这三个模块的协同性，培育一批能推动学校差异化特色发展的品牌基金，助力所在高校卓越发展，以此形成一体化治理体系，加快建立与"双一流"建设相适应的管理模式。需要注意的是，在我国高等教育场景下，高校基金会是服务于高校的基金会，这是高校基金会管理的出发点与落脚点。

总之，在高等教育领域，利用好高校基金会这个重要抓手，谋划好资源拓展与多元化筹资，通过将校友链、捐赠链、合作链三链融合，构建符合我国高校实际的多元化筹资格局。这需要高校基金会走出"舒适区"进行大胆探索，通过"破圈"树立系统观念，以开拓创新找寻解决新矛盾、新问题的思路和办法，不断开辟发展新领域、新赛道，塑造发展新动能、新优势。同时，打造具有中国特色的高校基金会并非权宜之计，而是大学走出"象牙塔"，与经济社会各个方面持续互动，推动高等教育这一准公共产品"共同生产"模式不断完善的常态化举措，这也是跳出教育看教育、立足全局看教育、着眼长远看教育的应有之义。

参考文献

陈子季，2024，《加快教育财务工作战略性转变 强化教育强国建设战略性支撑》，《中国教育报》9 月 24 日，第 1 版。

陈子季，2024，《进一步建立健全财政教育投入持续稳定增长机制》，《中国教育报》7 月 18 日，第 6 版。

杨维东，2015，《中国大学基金会治理问题研究》，中国政法大学出版社。

杨维东，2023，《加快建设具有高质量支撑能力的中国高校教育基金会》，《中国高等教育》第 21 期，第 56~60 页。

杨维东，2023，《优雅而专业的筹资，世界一流大学是如何做到的》，《中国慈善家》第 2 期。

杨维东，2024，《加强高校基金会与其他社会公益力量协作助力公益慈善事业高质量发展》，《公益时报》9 月 3 日，第 12 版。

杨维东、祝军，2022，《高校分类募捐策略分析：美国大学的经验与启示》，《清华大学教育研究》第 6 期，第 48~55 页。

Drezner, N. D. 2018. "Philanthropic Mirroring：Exploring Identity-Based Fundraising in Higher Education." *The Journal of Higher Education* 3：261-293.

筹资篇

中国高校基金会境外筹资实践分析

——以上海交通大学教育发展基金会为例

汪雨申*

随着我国经济的持续繁荣，人才需求日益激增，民众对教育的重视程度显著提升，高等教育逐渐从精英化迈向大众化。为了培养更多优秀人才，高等教育的发展势在必行，然而，这一进程也伴随着教育成本的逐渐攀升。在我国，财政拨款始终是高校经费的重要支柱之一。尽管政府作为高校经费的主要投资者，其教育投入总量持续增长，但教育经费占财政总支出的比例却有所下滑。面对这一挑战，探索多元化的教育经费筹资渠道成为各高校亟待解决的重要课题。《国务院关于印发统筹推进世界一流大学和一流学科建设总体方案的通知》明确指出，高校要不断拓宽筹资渠道，积极吸引社会捐赠，扩大社会合作，健全社会支持长效机制，多渠道汇聚资源，增强自我发展能力。在此背景下，社会捐赠在高校教育经费中的作用日益凸显，其地位愈加重要。社会捐赠不仅能够有效缓解高校经费压力，还能够促进教育资源的优化配置，为高等教育事业的蓬勃发展注入新的活力。

境外捐赠是指来自海外和我国港澳台地区的社会捐赠，来款方式具体表现为通过境外基金会捐赠和通过中国境内的办事处捐赠，主要为海外华侨华人和我国港澳台同胞的捐赠。境外捐赠是我国社会捐赠的重要组成部分，也是我国高校捐赠的主要来源。鉴于中国境内高校基金会普遍起步较晚，且受制于境内经济发展的阶段特征，高校在筹资初期主要依赖于海外和我国港澳台地区的社会捐赠。因此，深入探讨境外捐赠的现状与趋势，对于提升高校基金会的筹资能力，具有深远的借鉴价值和重要意义。本报告以上海交通大学教育发展基金会为例，深入剖析中国高校基金会在境外筹资领域的实践模式，旨在为高校基金会持续拓宽境外筹资渠道提供有价值的参考。

---

* 汪雨申，上海交通大学教育发展基金会秘书长。

一 绪论

（一）研究背景及意义

1. 研究背景

（1）高校基金会概述

高校基金会是高等教育体系中的重要组成部分，它们通常由高等院校依法成立，在民政部门注册登记，属于以基金会形式运营的非营利独立法人组织，主要目的是通过资金募集、管理和使用，支持学校的教育事业、科学研究、人才培养及校园建设等非营利性活动。高校基金会通常有"教育基金会"和"教育发展基金会"两种表述，是高校和社会互动的平台，对凝聚社会力量，加强社会对教育的重视并共同促进教育向好、持续发展有着重要意义。

我国高校基金会起步比较晚，1994 年才有了第一家高校基金会——清华大学教育基金会，同年，浙江大学竺可桢教育基金会（浙江大学教育基金会前身）成立。2001 年，上海交通大学教育发展基金会成立。截至 2001 年，我国高校基金会仅有 16 家。进入 21 世纪后，我国高校基金会数量持续增长。2005 年，我国高校基金会增至 37 家；2010 年，我国高校基金会数量呈爆发式增长，达到 217 家；2015 年，我国高校基金会发展至 455 家。截至 2020 年，我国各级各类高校基金会有 623 家，其中包括独立学院教育基金会、中外合作办学高校基金会、民办高校基金会和异地办学高校基金会（石岩等，2022）。截至 2023 年，全国共有 747 家高校基金会。[①] 筹资是高校基金会最重要的功能之一，随着高校基金会的快速发展，高校基金会的筹资情况也备受关注，海外筹资是高校基金会筹资的重要组成部分，应该受到关注和探讨。

（2）政策法律背景

慈善捐赠立足于第三次分配的基础性制度，是实现共同富裕的重要推手。早在 1993 年 2 月，中共中央、国务院在印发的《中国教育改革和发展纲要》中就明确指出，在坚持把财政拨款作为核心的同时，必须充分调动社会各方面和人民群众的办学积极性，多渠道、多方式筹集教育资金。这是我国高等教育投入政策的一个重大转向。2004 年，我国出台《基金会管理条例》，进

［①］　百度 AI 搜索。

一步规范和促进了高校基金会的发展。2009 年，财政部和教育部联合发布《中央级普通高校捐赠收入财政配比资金管理暂行办法》，决定由中央财政设立配比资金，对中央级普通高校接受的捐赠收入实行奖励补助。2016 年 3 月，第十二届全国人民代表大会第四次会议通过了《中华人民共和国慈善法》，进一步规范了慈善捐赠的方式，为高校拓宽社会资金渠道提供了更加有力的政策支持。2017 年 1 月，教育部、财政部、国家发展改革委在《统筹推进世界一流大学和一流学科建设实施办法（暂行）》中表明，建设"双一流"高校要积极争取社会各方资源，形成多元支持的长效机制。2020 年 10 月，党的十九届五中全会将"全体人民共同富裕取得更为明显的实质性进展"列为 2035 年远景目标。

2021 年 3 月 12 日发布的《中华人民共和国国民经济和社会发展第十四个五年规划和 2035 年远景目标纲要》，强调发挥慈善等第三次分配作用，鼓励社会以捐赠和建立基金等方式多渠道投入教育。2022 年 1 月 26 日发布的《教育部　财政部　国家发展改革委关于深入推进世界一流大学和一流学科建设的若干意见》提出，要引导多元投入，建立健全中央、地方、企业、社会协同投入长效机制，特别是引导建设高校立足优势，扩大社会合作，积极争取社会资源。党的二十大再次强调共同富裕的重要性，中国式现代化的内容之一就是全体人民共同富裕的现代化。在此背景下，慈善捐赠迎来了良好的发展时机。

境外捐赠，特别是来自华侨华人和港澳台同胞的捐赠，构成了我国慈善事业的重要组成部分，并为慈善事业的发展做出了巨大贡献。国家针对华侨华人的捐赠也特地制定了相关的政策和法律。例如，国务院分别于 1982 年 8 月和 1989 年 2 月下发了《关于加强华侨和港澳同胞捐赠进口物资管理的通知》和《关于加强华侨、港澳台同胞捐赠进口物资管理的若干规定》；国家外汇管理局于 1989 年 7 月发布了《关于对华侨港澳台同胞捐赠外汇参加外汇调剂的暂行规定》；海关总署于 1989 年 12 月发布了《中华人民共和国海关对华侨、港澳台同胞捐赠进口物资监管办法》（张秀明，2018）。1999 年 6 月发布的《中华人民共和国公益事业捐赠法》第 15 条规定："华侨向境内捐赠的，县级以上人民政府侨务部门可以协助办理有关入境手续，为捐赠人实施捐赠项目提供帮助。"第 20 条规定："县级以上人民政府侨务部门可以参与对华侨向境内捐赠财产使用与管理的监督。"捐赠法赋予侨务行政部门对华侨捐赠的管理和监督权。此外，国家有关部门还通过免税等方式鼓励捐赠。例如，1998 年，财政部、国务院关税税则委员会、国家税务总局和海关总署印发了

《关于救灾捐赠物资免征进口税收的暂行办法》；2001 年 1 月，财政部、国家税务总局和海关总署联合通过了《扶贫、慈善性捐赠物资免征进口税收暂行办法》等（张秀明，2018）。因此，在这些积极政策和法律背景下，开展高校基金会境外筹资的研究对于提升高校筹资能力具有重要的参考价值。

（3）华侨华人和港澳台同胞是推动中国慈善事业发展的重要力量

近年来，华人慈善事业日趋成熟，从早期通过侨汇向家乡捐资助学，到如今各种慈善机构相继兴起，推动了中国救济与公益事业的发展。其中，仅捐建内地中小学、职业教育、大学等各类教育项目，就占慈善捐赠的一半以上。根据中国国务院侨办统计，2017 年，在接受华侨华人和港澳台同胞捐赠的 16 个省份中，闽、粤、浙、沪 4 个省份受赠金额均超亿元，其受赠金额合计占全国总额的 85.93%，其中，闽、粤 2 个传统侨务大省受赠金额占全国总额的 70.34%。捐赠资金为地方民生改善和社会发展提供了有力支持（邢菁华、张洵君，2022）。可见，华侨华人和港澳台同胞是中国慈善事业发展的重要力量。即使在中国慈善事业蓬勃发展的今天，华侨华人和港澳台同胞在中国慈善事业中仍然占有一席之地。例如，2016 年，全国各级民政部门共接受社会捐赠 55.00 亿元；2017 年，各级政府侨务部门共受理华侨华人和港澳台同胞向境内捐赠的慈善款金额达 29.71 亿元。2016 年，国有及国有控股企业、民营企业、港澳台资和侨资企业、外资（合资）企业四种类型企业的捐赠，占企业总体捐赠的比例分别为 36.70%、49.65%、3.49%、10.16%（张秀明，2018）。

教育是华侨华人捐赠关注的重要领域，大多数华侨华人家族慈善基金会对教育领域进行捐赠，且其中有 9 个将教育作为首要捐赠领域。华侨华人家族慈善基金会中的陈启宗基金会、正大慈善基金会、霍英东基金会、李兆基基金会、李嘉诚基金会、邵逸夫基金会、江苏陶欣伯助学基金会、蔡崇信公益基金会和光华教育基金会的首要捐赠领域均为教育（黄晓瑞、侯雨佳，2019）。大多数华人家族第一代创始人是在战乱时期被迫出洋谋生，青年时期的国难经历以及之后数十年的经商历程，都让他们深刻意识到人才对于祖国经济发展的重要性。另外，教育投资回报率较高，对社会发展和国家富强具有关键作用。正如李嘉诚基金会官方网站十分醒目的标语：教育是一个富有创造力、关爱和重视技术发展的社会的基石。[①] 2024 年 7 月，习近平给包陪庆、曹其镛等祖籍宁波的香港企业家回信，对他们予以亲切勉励。习近平在信中说："多年来，你们传承先辈爱国爱乡的优良传统，积极创新创业、捐资

---

① 李嘉诚基金会官方网站，http://www.lksf.org/our-founder/? lang=zh。

助学，为家乡建设和国家发展贡献力量，用实际行动诠释了薪火相传的爱国心、桑梓情。"[①] 在这样的背景下，高校基金会开展境外筹资具备得天独厚的优势。

2. 研究意义

（1）理论意义

进入 21 世纪，社会捐赠逐渐成为高校筹措教育经费的重要渠道，教育基金会也成为高校吸收和配置社会捐赠的主要机构。随后，相关研究才开始关注高校社会捐赠和教育基金会发展过程中出现的新现状与新问题。与国外研究相比，中国学者对高等教育捐赠的研究大多是对国外高等教育捐赠研究的描述性介绍，也有一些学者对高等教育发展过程中捐赠所起的作用进行了简要分析，还有一些学者谈到了国外捐赠制度对国内教育发展的借鉴作用。

高校基金会领域的首次发文在 2001 年，黄书孟等介绍了浙江大学竺可桢教育基金会（后改名"浙江大学教育基金会"）在基金的管理、运作和筹款上探索的经验；2002 年，高校社会捐赠的研究进入学界视野，孟东军等在高等教育成本分担理论基础上对社会捐赠的现状展开分析，并提出对高校社会捐赠管理的建议。此后的 20 余年，高校社会捐赠和高校基金会的研究相互交织，社会捐赠更多作为大学办学经费筹措的解决手段在研究中出现，高校基金会更多作为大学内部治理和基金会管理的重要议题出现。

国内学者对高校基金会筹资领域的研究主要集中在现状、策略、政策、特征、模式、渠道、存在的问题以及影响因素等方面。李智慧（2022）对高校基金会筹资工作中存在的问题进行了分析，对存在的问题提出了相应的对策。耿雪姣（2024）探讨了新发展阶段对高校基金会筹资工作的新认识及工作举措，剖析了当前筹资工作存在的问题，明确了今后的努力方向和具体工作举措。李门楼、丁苗苗、周迪（2018）从我国高校基金会的筹资现状和特点出发，对我国高校基金会筹资过程中存在的问题进行分析，并在分析的基础上提出相应的对策建议。袁媛、董卓超（2019）以吉林大学为例分析了高校基金会筹资的影响因素。许志俊（2011）对高校基金会筹资现状进行分析，提出了相对应的筹资策略。汤贺凤、郭碧雯（2010）探析了高校基金会的筹资政策。还有学者对不同类型的院校基金会的筹资问题进行了分析，包括"双一流"高校、农业类高校、高职院校、民办高校、研究型高校等，对这些

---

① 《习近平给祖籍宁波的香港企业家的回信》，http://www.xinhuanet.com/politics/leaders/20240801/750e76548fc04c769a0a8bbb8ad0f8b3/c.html，最后访问日期：2025 年 3 月 14 日。

细分领域的筹资情况及问题进行了深入探讨。

从这些文献可以看出，国内学者对于高校基金会筹资相关问题的研究比较少，缺乏系统性，而对于细分到境外筹资相关的研究就更少了，开展高校基金会境外筹资领域的研究分析，对拓宽高校筹资渠道具有重要的参考意义。

（2）实践意义

随着我国高等教育事业的快速发展，高校基金会作为筹集社会资源的重要平台，其作用日益凸显。境外捐赠作为高校基金会筹资的重要组成部分，对于缓解高校经费压力、优化教育资源配置、推动高等教育事业发展具有不可忽视的作用。深入研究境外捐赠的现状与趋势，不仅有助于提升高校基金会的筹资能力，而且对于优化高校资源配置、促进教育公平具有重要意义。

首先，通过深入分析境外捐赠的现状与趋势，可以为高校基金会提供科学的筹资策略和方法。了解境外捐赠的来源、规模、方式和特点，有助于高校基金会更好地把握筹资机会，提升高校基金会的筹资能力。

其次，研究境外捐赠有助于优化高校资源配置。通过分析境外捐赠的流向和使用情况，可以为高校合理配置教育资源提供参考，促进教育资源的优化配置，提高教育质量。

最后，研究境外捐赠对于促进教育公平具有重要意义。境外捐赠往往能够为经济欠发达地区和弱势群体提供更多的教育机会，有助于缩小教育差距，推动教育公平的实现。

综上所述，深入研究境外捐赠的现状与趋势，对于提升高校基金会的筹资能力、优化高校资源配置、促进教育公平具有重要的理论和实践意义。

（二）国内高校境外筹资历史和现状

1. 国内高校境外筹资历史

早在1919年，蜚声世界的著名教育家、杰出的华侨领袖陈嘉庚就在家乡慷慨认捐400万银元筹办厦门大学，其中，100万银元作为筹办费用，300万银元作为经常费用。1921年，厦门大学创立，陈嘉庚开了中国近代教育史上华侨办大学的先河。陈嘉庚先生独立担负厦门大学的几乎所有经费达16年之久，即使面对世界经济危机，仍然抱着"宁可变卖大厦，也要支持厦大"的信念，直至1937年，他又将厦门大学无偿献给国家。

1947年创建于抗战胜利后的海南高等学府——私立海南大学，在其筹备阶段便得到了来自中国香港同胞和南洋地区琼籍侨胞的慷慨资助。"据史料显示，当时的募捐目标是国币268亿4千万元（折合美金143.875万元）。在林少波、韩汉藩、云盈波、梁大鹏、颜任光等人奔走下，一笔笔捐款雪片般从海内外飞来。截至 1948 年海大董事会成立时，已收到捐款国币 1045 亿元，以及港币、美金各 4 万多元。"①

改革开放初期的 20 世纪 80 年代，广东、福建、浙江等侨乡的几所大学建设，得到境外乡亲的热烈响应和大力支持。例如，李嘉诚先生于 1981 年捐赠 3000 万港元筹办汕头大学，后陆续又给汕头大学捐赠超 100 亿港元；② 包玉刚先生于 1981 年捐赠 1000 万美元支持上海交通大学图书馆建设，1985 年捐赠 2000 万美元创立宁波大学，宁波大学建立之初，有近 50 位境外"宁波帮"人士先后捐资超过 2.5 亿元；1985 年成立的五邑大学是中国教育史上第一所由华侨华人和港澳台同胞集体捐建的地方大学，五邑大学在建立初期得到境外乡亲捐资达 2 亿元，校内教学楼、学院楼、宿舍楼等大部分建筑物，均由华侨捐资建成；20 世纪 80 年代，嘉应学院得到境外乡亲投资近 10 亿元，1985 年以来，美国旧金山客属联谊会、香港嘉应商会、香港梅州联会等客属社团，以及曾宪梓、田家炳、熊德龙等累计为嘉应学院捐资达 1.5 亿多元人民币，建设了宪梓大楼、田家炳图书馆等 35 个项目，还设立了嘉应大学教育基金、曾宪梓奖教金、侯庆麟奖学金、罗活活助学金等 12 个奖教奖学助学项目；③ 自 20 世纪 80 年代建校以来，海外华侨华人先后为海南大学捐资达 5000 万元，④ 1986 年落成的"泰坚楼"是黄坚、吴多泰、周成泰三位海南籍华侨共捐资 450 万元建成的，海南大学图书馆最后缺的资金是陈修炳在泰国筹集近 600 万元补上的；⑤ 香港慈善家梁銶琚博士向中山大学捐资兴建梁銶琚堂，霍英东先生为中山大学捐赠了内地首个"中国大学生体育训练基地"（张秀明，2018）。上海交通大学在 20 世纪八九十年代也获得祖籍宁波的华侨华人以及曾宪梓先生、霍英东先生、伍舜德先生等慈善家的捐赠支持。

---

① 《私立海南大学创校纪事》，https://www.hainanu.edu.cn/info/2621/82021.htm，最后访问日期：2025 年 3 月 14 日。

② 《金额屡破纪录！高校为何频频获得"亿元级"捐赠?》，https://m.yunnan.cn/system/2023/08/13/032711683.shtml，最后访问日期：2025 年 3 月 14 日。

③ 《侨乡梅州嘉应学院建校百年 侨胞港澳台胞捐 1.5 亿》，https://www.chinanews.com/hr/2013/11-07/5477316.shtml，最后访问日期：2025 年 3 月 14 日。

④ 张秀明在《改革开放以来华侨华人对中国慈善事业的贡献探析》中提到，有一笔 5000 万元的捐赠。2003 年中国新闻网的一篇文章《通讯：海南籍华人华侨关爱海南大学桑梓情浓》提到，海外琼籍华人华侨对海南大学的捐赠折合资金达 2800 万元。此外，还有 2003 年的几笔捐款，以及 2005 年邢李㷧给海南大学捐赠了 1000 万元。

⑤ 《90%的人都不知道!》，https://www.hainanu.edu.cn/info/2621/81971.htm，最后访问日期：2025 年 3 月 14 日。

2. 国内高校境外筹资现状

通过梳理 C9 高校的基金会年报发现，近年来，高校基金会境外捐赠规模整体呈扩大趋势，是我国高校捐赠的重要来源。2018~2023 年，清华大学的境外捐赠规模达到 9 亿元人民币，北京大学超过 11 亿元人民币，浙江大学达到 7 亿元人民币。其余高校近 5 年来获境外捐赠总额均超过 1 亿元人民币。其中，清华大学和浙江大学的境外捐赠整体趋势向好，在 2020~2023 年，两校境外捐赠的比例显著提升，显示出更强的国际吸引力。

根据 2020~2023 年清华大学的年报数据，2020 年与 2021 年的境外捐赠金额大致相当。然而，2022 年的捐赠额显著增加，超过 10 亿元人民币（如图 1 所示）。这一增长主要得益于王兴基金会的慷慨捐赠，该基金会通过资金形式提供了 13 亿元人民币的支持，以资助清华大学兴华基金。这笔资金用于设立讲席教授职位以及吸引杰出的国际博士研究生。清华大学的境外捐赠主要来自境外法人或者组织，主要包括：比尔及梅琳达·盖茨基金会（以下简称"盖茨基金会"）捐赠支持盖茨基金会及清华大学联合发起成立的全球健康药物研发中心（Global Health Drug Discovery Institute）建设；信兴教育及慈善基金有限公司捐赠支持清华大学蒙民伟人文楼建设；吕志和慈善基金会捐赠支持清华大学生物医学馆项目建设；董氏基金会捐赠支持清华大学战略与安全研究中心发展基金、清华之友—董氏东方奖学金；史蒂芬·施瓦茨曼教育基金会捐赠支持苏世民学者项目；能源基金会（美国）北京办事处捐赠支持全球气候变化与绿色发展研究；美国国际数据集团（IDG）捐赠支持 IDG 资本—清华脑科学发展基金等。

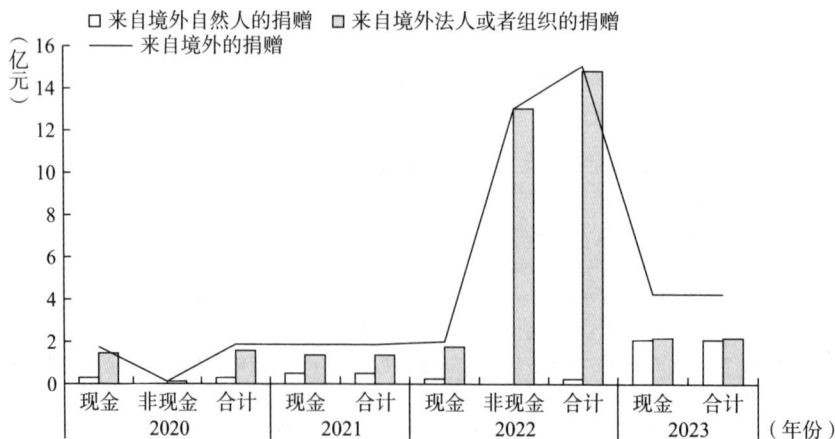

图 1　2020~2023 年清华大学境外捐赠年报数据

资料来源：笔者根据 2020~2023 年清华大学披露的年报数据整理而成。

　　根据 2013~2023 年浙江大学的年报数据，浙江大学的境外捐赠以现金形式为主，唯一的例外是 2016 年，当年的非现金捐赠额达到了 3600 多万元。2021 年及以后的境外捐赠额相较于之前年份有了显著增长（如图 2 所示）。浙江大学与境外很多知名家族以及基金会都保持密切的联系，因此这些家族和基金会都给浙江大学提供了支持。以查济民先生为代表的查氏家族，以包玉刚先生为代表的包氏家族，以曹其镛先生为代表的曹氏家族，以董建成先生为代表的董氏家族，以詹荣良、詹耀良、詹洪良先生为代表的詹氏家族，中国艺术史研究与教育基金发起人胡秀莲女士，李达三先生和叶耀珍女士，以及新鸿基地产郭氏基金会等均给浙江大学提供了慷慨的捐赠与支持。2021 年，浙江大学教育基金会和繁星公益基金签署捐赠协议。繁星公益基金向浙江大学教育基金会捐赠 1 亿美元，用于"计算+生物医疗""计算+农业食品""先进计算"三个创新实验室的科学研究项目。

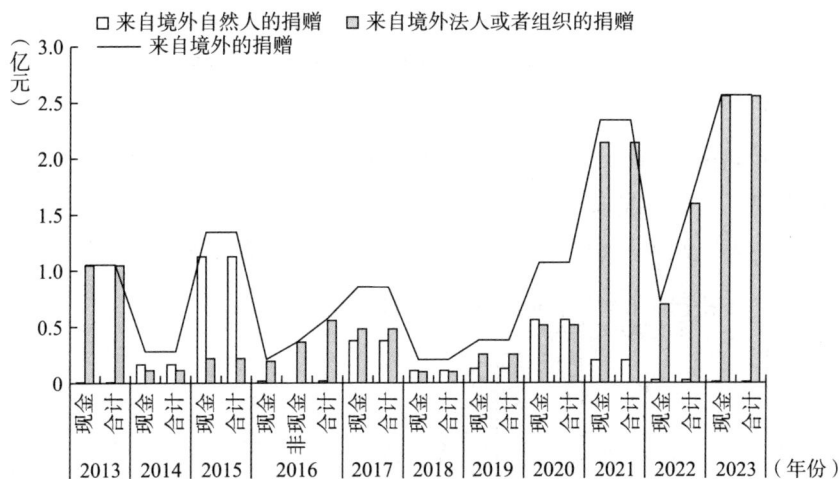

图 2　2013~2023 年浙江大学境外捐赠年报数据

资料来源：笔者根据 2013~2023 年浙江大学披露的年报数据整理而成。

　　根据 2019~2023 年北京大学的年报数据，该校的境外捐赠以现金形式为主。北京大学近几年境外捐赠金额呈现下降趋势，尤其是来自境外法人或者组织的捐赠减少较多（如图 3 所示）。探究其背后的原因，2018 年恰逢北京大学建校 120 周年，因此吸引了大量境外捐赠。然而，部分捐赠款项在 2018 年并未到账，而是延至 2019 年或 2020 年才到账，这就导致境外捐赠金额在统计上呈现下降趋势。据新闻报道，北京大学在 120 周年校庆期间收到的境外捐赠总额超过了 9 亿元人民币。其中，邵氏基金（香港）有限公司捐赠了 5

亿元，信和集团主席黄志祥捐赠了 2 亿元，香港嘉里集团主席郭鹤年捐赠了
1.1 亿元，美籍华人李革和他的妻子赵宁捐赠了 1 亿元，而香港"北大之友"
会董陈上智则捐赠了 5000 万元。

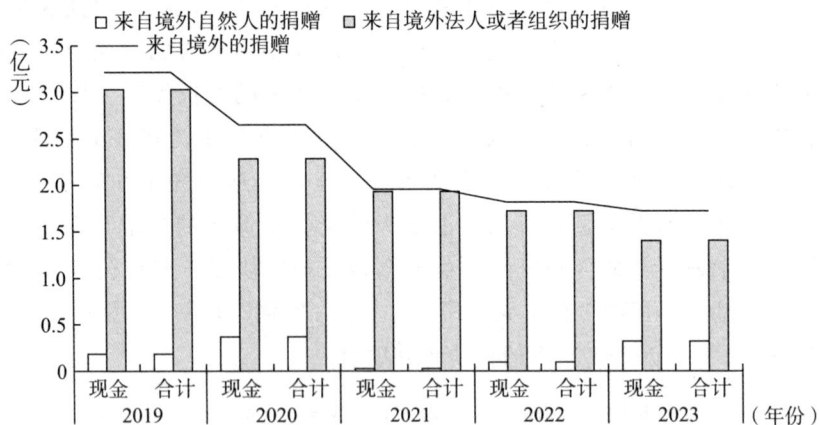

图 3 2019~2023 年北京大学境外捐赠年报数据

资料来源：笔者根据 2019~2023 年北京大学披露的年报数据整理而成。

从图 4 和图 5 可以看出，中国科学技术大学和复旦大学的境外捐赠在某
一年度出现了显著的增长。这种增长源于该年度境外个人对这两所大学的大
额捐赠，这表明此类捐赠具有偶然性特征，其可持续性不强。

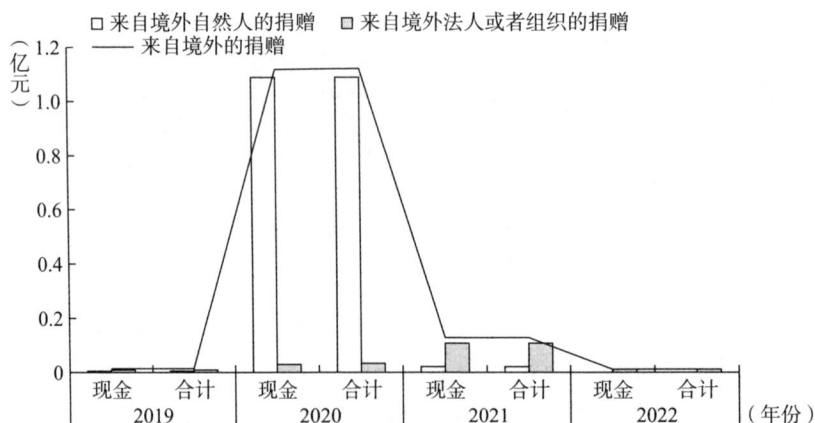

图 4 2019~2022 年中国科学技术大学境外捐赠年报数据

资料来源：笔者根据 2019~2023 年中国科学技术大学披露的年报数据整理而成。

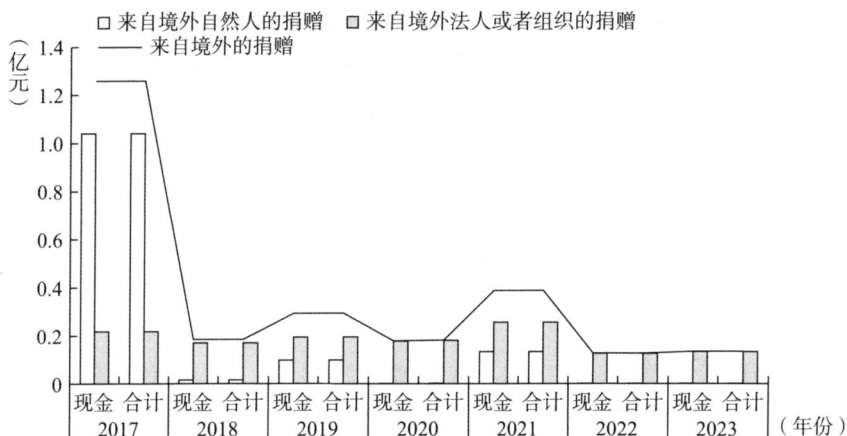

图5　2017~2023年复旦大学境外捐赠年报数据

资料来源：笔者根据2017~2023年复旦大学披露的年报数据整理而成。

二　境内外筹资区别及境外筹资影响因素分析

（一）境外筹资和境内筹资

1. 筹资渠道和筹资方式

筹资渠道是指在社会市场经济环境中客观存在的，能够使得高校教育经费增加的各种资金来源路径。高校基金会的筹资渠道主要包括慈善捐赠等非政府财政支持的资金获取途径和方法。常见的高校基金会筹资渠道有：政府补助、重点企业捐赠、社会贤达捐赠、校友个人捐赠、校友企业捐赠、校友集体捐赠、公益基金会捐赠等。高校基金会境内筹资渠道主要是校友、企业、社会贤达等，而境外筹资渠道主要是个人（包括华侨华人、港澳台同胞、海外的校友等）、侨资企业（一般指的是华侨华人、港澳台同胞、外籍华人在中国大陆投资兴办且其资本占投资总额25%及以上的企业）、基金会（主要是指境内外的华侨华人、侨联系统等发起成立的家族基金会、公募基金会、非公募基金会等）、侨团组织（主要包括同乡会、侨商会、各级华侨华人联合会等华侨华人社会组织），以及国外大型企业的中国办事处等。

国外知名大学基金会的资金筹措渠道，已经打破地域界限，主要面向境外。例如，美国加州大学洛杉矶分校的做法是在东京雇用兼职募捐人，在中国香港、中国台湾、韩国和泰国等地建立校友会；麻省理工学院几年前就与海外校友建立联系，以期发展潜在捐款者。但在中国境内，高校基金会因受限于其发展历史和程度，大部分高校基金会的资金筹措还仅限于高校所在地，只有少数知名高校基金会获得了部分境外校友的大额捐赠。据统计，我国具有境外募捐渠道的高校基金会只有 8 家（在民政部注册的 5 家高校基金会以及暨南大学教育发展基金会、上海交通大学教育发展基金会、上海复旦大学教育发展基金会），所占比例非常低（钱敏，2011）。因此，拓展高校基金会的多元化筹资渠道，境外筹资渠道扮演着至关重要的角色。

高校筹资方式是指可供高校筹集教育资金时所选择的具体形式。我国高校基金会筹资方式常见的有以下几种：依赖校友巨额捐赠筹资方式、年度捐赠等小额捐赠筹资模式、校庆院庆式大额筹款方式、精心设计的项目筹资方式以及校企合作支持科研等方式。境外筹资方式与境内筹资有所不同，境外筹资可依托广大的华侨华人以及境外校友开展。具体而言，可通过举办校友活动、安排校领导拜访以及组织答谢会等形式开展境外筹资。赵文莉提出，我国高校基金会在未来发展过程中，既要立足于大宗筹款运动，也要重视小额捐赠；既要设计普适性的捐赠项目，也要考虑个性化的捐赠需求；既要关注国内企业的捐赠需求，也要寻求海外华侨华人、相关企业的支持（赵文莉，2020）。在高校发展的不同阶段，结合高校自身的实际情况，应当采取不同的筹资方式。有的筹资方式相对简单，操作起来比较容易做出决策；有的则相对比较复杂，对高校造成的影响也有所不同。因此，在采取不同筹资方式时，需经过深思熟虑，进行深入研究。

高校筹资渠道和筹资方式相辅相成、缺一不可。筹资渠道和筹资方式存在紧密的联系，其中筹资方式是高校做出的主观选择形式，而筹资渠道是在高校选定筹资方式之后，通过客观途径增加经费来源的实施手段。我国普通高等学校在进行教育经费筹措时，要充分掌握各种筹资渠道和筹资方式的特色，将二者有机地结合起来。

2. 校友关系维护

高校境内校友关系维护和境外校友关系维护的主要在地域范围和文化差异、沟通方式以及资源利用等方面存在区别。在地域范围和文化差异方面，境内校友主要在大陆，文化背景相同、沟通方便，可以通过定期举办校友活动、邀请校友回校做讲座、成立校友企业合作项目等方式维护校友关系；境外校友涉及国际校友，地域广阔，面对面交流不方便，文化环境多样，沟通需要更多考虑地区文化差异。在沟通方式方面，境内校友主要通过通信工具（如微信、电话等）进行沟通，学校可以建立专门的校友微信群、微博账号等，通过上传学校最新消息、校友的成就等内容，吸引校友的关注和参与；

境外校友使用的社交媒体不一样，大多通过邮件等方式进行交流，由于存在时差，沟通有一定的滞后性。在资源利用方面，境内校友更侧重于合作与发展，境外校友的重点是校友情感的联系和维护。在数字化工具的应用方面，境内校友关系维护可以利用校友信息数据库、校友会网站等数字化工具，提高管理效率和服务水平；境外校友关系维护同样需要数字化工具，但更注重跨国界的信息沟通和资源共享。在维护策略和案例方面，境内校友关系维护策略包括建立校友会、参与志愿者活动、组织聚会等；境外校友关系维护策略需重视留学生校友在教育国际化进程中的作用，建立并完善现代化信息平台。

通过上述分析，可以看出高校在维护境内和境外校友关系时，需要根据不同的地域、文化环境、沟通需求和资源利用特点，采取相应的策略和方法。同时，数字化工具的应用对于提升校友关系维护的效率和效果至关重要。

3. 其他方面

筹资环境和"法律"框架区别：境外筹资需要遵循当地的"法律法规"，而境内筹资主要受中国法律和监管机构的约束。

资产配置和风险控制区别：境外筹资可能涉及更复杂的资产配置和风险控制策略，因为需要考虑外汇风险、"法律"差异等因素；而境内筹资则主要关注人民币资产的配置和风险管理。

流动性要求区别：境外筹资可能面临更高的流动性要求，因为资金流动可能受到更多限制；而境内筹资相对容易满足流动性需求。

筹资方法区别：境外筹资可能更侧重于利用校友网络、校友捐赠活动、与境外企业合作等方式；而境内筹资则可能更侧重于利用社会资源，如加强与境内企业的合作、开展境内校友活动等。

项目设计和执行区别：境外筹资项目可能需要考虑更多因素，如项目的影响力、合作机会等；而境内筹资项目则可能更关注项目在境内的社会和经济影响。

（二）境外筹资影响因素分析

1. 经济因素

华侨华人的经济实力是他们参与中国公益事业的基础。实践证明，侨捐大规模增长的时期，基本上也是海外华侨华人个人事业发展相对顺利、居住国或国际经济形势相对较好的时期。20世纪六七十年代以后，新加坡、泰国、马来西亚、菲律宾、印度尼西亚等华侨华人集中的东南亚国家经济快速发展，为这一地区华侨华人经济的发展提供了条件，华人的经济实力也不断增长，出现了很多跨国企业集团。华侨华人经济的全面发展，使海外侨胞有能力造福桑梓。因此，改革开放后侨捐整体规模和个案规模都有明显的扩大。同样，华侨华人的事业发展情况也会影响侨捐的规模。如 1994～1997 年，泉州每年侨捐都在 4 亿元左右，而在 1997 年东南亚金融危机发生后的 1998～2001 年，泉州侨捐每年减至 3 亿余元（泉州市归国华侨联合会，2012）。

20 世纪八九十年代，中国香港、澳门经济快速发展，涌现了一批社会贤达捐赠支持内地的慈善事业，个体捐赠数量与捐赠者个人经济实力、社会名望基本匹配。例如，李嘉诚对汕头大学的捐资超过 20 亿元；五邑大学在建立初期得到境外乡亲捐资达 2 亿元；嘉应学院得到境外乡亲投资近 10 亿元；宁波大学建立之初，有近 50 位境外"宁波帮"人士先后捐资超过 2.5 亿元；境外乡亲先后为海南大学捐资达到 5000 万元。

另外，中国经济社会发展的形势和需求会直接影响华侨华人捐助中国公益事业的规模、流向和方式。改革开放初期，由于国内基础设施建设落后，华侨华人捐赠多以改善硬件生产、生活设施为主，此外，还有捐建教学楼、医院，捐赠仪器与设备等形式。同时，中国教育发展相对经济发展存在一定程度的滞后性，在贫困地区尤为突出，因此教育成为华侨华人重点捐赠的领域。近年来，由于政府的投入持续增加，教育等方面的硬件设施得到较大改善，侨捐支教、设立基金会扶贫助学逐渐成为侨胞教育捐助的重要方式。

2. 文化因素

文化是一个民族的灵魂，是世代累积沉淀的习惯和信念，渗透于生活的实践中。在中华民族的传统文化中，行善积德的慈善文化源远流长。《易传·文言传·坤文言》中记载："积善之家，必有余庆；积不善之家，必有余殃。"《老子·德经·第四十九章》亦有言："善者，吾善之；不善者，吾亦善之，德善。"此外，"积德累功，慈心于物"以及"勿以恶小而为之，勿以善小而不为"等经典语句，深刻体现了中国传统慈善文化的独特魅力。这些优秀的传统慈善文化不仅影响祖国大陆的中华儿女，也影响无数的华侨华人和港澳台同胞。

华侨华人虽在异国他乡拼搏，但割舍不断的是对祖国、对家乡的血脉和情感。不论是老一辈华侨华人，还是改革开放之后走出去的新华侨华人，他们出生于中国，都对家乡怀有深厚的感情，并有着千丝万缕的联系，关心中华民族的前途命运，也关注祖国同胞的民生问题。对他们而言，捐款赠物、造福桑梓，既是对祖国的一种奉献，也是维系与祖国情感的一种特殊纽带。因此，华侨华人捐助中国公益事业已形成一种历史传承，如陈嘉庚家族，不仅陈嘉庚本人倾尽全力创办厦门大学和集美学村，其女婿李光前、外孙李成义均对中国教育事业热情襄助。这种家族薪火相传的捐助模式充分证明了家族传统、家风传承的重要性。根据 2011 年《亚洲家族慈善调研报告》对家族慈善事业主要激励因素的研究，在对 100 多位华侨华人受访者进行调研中发现，家族价值观与传承、长辈教育与鼓励、家族事业领域、家族传统、强化家族联系、家族管理或税收为主要考虑因素，特别是第一代慈善家对家族所属的地区、种族和文化更具有认同感和责任感。这是中华民族传统的家文化、族群文化、乡土文化、爱国文化的集中体现。

老一辈的华侨华人和港澳台同胞，深受中国传统文化的熏陶，为祖国的慈善事业做出了巨大贡献。新一代的华侨华人和港澳台同胞继续支持慈善事业，一方面源于家族传承的激励，另一方面则受到他们居住地慈善文化的影响。特别是在欧美地区，高校慈善文化底蕴深厚，海外华侨华人受这种文化氛围的熏陶，更倾向于支持高校慈善事业的发展。近年来，华侨华人对欧美名校的捐赠热潮便是明证。2024 年 12 月 5 日，段氏家族向波士顿大学捐赠 3.5 亿元人民币，用于支持计算与数据科学中心开展研究。上海交通大学校友吕凤岐学长、陆伯勋学长都曾向美国高校捐赠，支持相关研究。

3. 政策法律因素

1957 年 6 月，新中国以教育领域为突破口鼓励华侨华人捐资兴办学校，8 月，第一届全国人大常委会第七十八次会议正式批准颁布《华侨捐资兴办学校办法》（全国人民代表大会常务委员会法制工作委员会，2004），对促进侨捐发展发挥了一定作用，在福建、广东两省重点侨乡成效尤为突出。1949～1966 年，福建省华侨捐资兴学款达 5495.34 万元，年均 323.26 万元（福建省教育科学研究所课题组，2007）。在广东省，1949～1965 年，华侨捐助梅县公益事业约 632 万元（梅县华侨志编纂委员会，1991）。改革开放之后，各种鼓励华侨华人捐赠的政策陆续颁布实施，华侨华人捐赠得到较快的增长。据统计，1978 年底至 1987 年，广东省侨捐为 23.8 亿余元（广东省地方史志编纂委员会，1996）。1979～1989 年，福建省侨捐为 8.0 亿余元，其中 1987～1989 年共计 4.9 亿元（山岸猛、刘晓民，2008）。进入 20 世纪 90 年代，随着改革开放的进一步推进，海外侨胞的捐赠热情再度高涨。1993 年，邓小平明确指出，"中国与世界各国不同，有着自己独特的机遇。比如，我们有几千万爱国同胞在海外，他们对祖国作出了很多贡献"，[1] 充分肯定了华侨华人对中国发

---

① 《邓小平侨务思想开拓新时期侨务工作新领域》，https://www.gqb.gov.cn/news/2004/0901/1/883.shtml，最后访问日期：2025 年 3 月 14 日。

展的重要贡献。1995 年，全国侨捐为 41.25 亿元（全国人大常委会法工委国家法行政法室、中国青少年发展基金会，2000）。随着 1999 年《中华人民共和国公益事业捐赠法》和 2016 年《中华人民共和国慈善法》的颁布实施，中国公益事业逐步走上了法治化道路。2007 年 1 月，财政部和国家税务总局发布了《关于公益救济性捐赠税前扣除政策及相关管理问题的通知》，将公益救济性捐赠的免税资格范围扩大到在国家和省级民政部门登记的所有民间组织，扩大了享受税前扣除的公益组织范围，体现了国家对公益组织的支持，对包括华侨华人捐助设立的公益组织在内的民间组织开展公益活动有一定的激励作用（国务院研究室编写组，2007）。以全国侨办系统受理及协助受理的侨捐为例，2007 年捐赠总额为 30.25 亿元（马儒沛，2008）；2008～2013 年共计223.00 亿元，年均 37.17 亿元；2014 年、2015 年分别为 30.68 亿元、27.33亿元；2016 年、2017 年共计 50 多亿元。① 从以上这些例子可以看出，我国一旦推出旨在鼓励华侨华人捐赠的政策法规，境外捐赠的数额就呈现上升趋势。因此，良好的政策制度与法律保障能够促进境外捐赠事业的发展。

三　上海交通大学教育发展基金会境外筹资实践

（一）上海交通大学教育发展基金会境外筹资历史和现状

1. 改革开放以来，上海交通大学教育发展基金会境外筹资历史综述

1981 年 7 月，在党和国家领导人邓小平、王震等同志的关怀下，在改革开放和现代化发展的进程下，香港环球航运集团董事会主席包玉刚先生向上海交通大学捐赠 1000 万美元用于建设一座现代化的图书馆，开了新中国教育界接受境外捐款和以个人姓名命名建筑物的先河。此后，上海交通大学与港澳地区及海外校友的社会贤达一直保持着紧密的联系。多年来，这些热心人士在教学发展、科研支持、学生成长、文化传承等多个方面，为上海交通大学提供了巨大的支持。

在教学发展方面，为实现世界一流大学的建设目标，上海交通大学需要打造一支一流的教学、科研和管理人才队伍。通过捐赠设立奖教金等方式，可以最大限度地调动教师队伍的工作积极性，挖掘他们的学术潜力，真正营

---

① 《华侨华人捐助新中国公益事业研究》，http://www.hprc.org.cn/gsyj/shs/shbzs/201912/t20191
　　225_5065152.html，最后访问日期：2025 年 3 月 14 日。

造人才成长的优良环境。自 2005 年起，周修典每年向上海交通大学慷慨捐赠，用于资助青年一线教师。自 2006 年起，王宽诚教育基金会先后支持设立王宽诚医学奖励基金，用于支持上海交通大学医学院的教学发展，并设立王宽诚讲席教授基金、王宽诚青年学者基金等项目。2011 年，香港利福国际公司董事总经理刘銮鸿先生和夫人捐资 1000 万元人民币设立"鸿文"讲席教授基金。2015 年，唐翔千、唐尤淑圻、唐英年和唐郭好浅，决定向学校再次捐赠 4000 万元人民币设立"唐君远讲席教授基金"。

在科研支持方面，对特定学术研究领域进行专项支持，或广泛支持科学研究，以研究基金或者设立奖项的方式鼓励科研人才及团队为社会发展和科学探索贡献力量。2014 年，唐仲英基金会向上海交通大学捐资 1 亿元全力支持学校开展转化医学研究。2015 年，香港鸿文慈善基金会再次捐赠设立"上海交通大学鸿文暗物质研究基金"。2017 年，嘉华集团主席吕志和及其家族捐赠 2.5 亿元襄助上海交通大学"张江科学园"发展，推动建设具有全球影响力的科创中心前沿阵地。为弘扬吕志和博士的大爱精神，学校将"张江科学园"命名为"吕志和科学园"。

在学生成长方面，为帮助学生成长成才，奖学金可以有效奖励优秀在校学生勤奋学习，励学金帮助家庭经济有困难的学生完成学业。此外，为学生们提供更多的选择和机会，用于支持学生参与暑期境外研修、交换留学、参与国际组织实习等项目。1992 年，尹衍樑博士及光华教育基金会在上海交通大学设立"光华奖学金"，该奖学金是上海交通大学设立年份最长、影响最广、受益学生最多的奖学金之一。1995 年，为配合上海交通大学国际化发展要求，香港著名企业家、慈善家蒙民伟博士捐赠 100 万美元设立了"上海交通大学蒙民伟国际交流基金"；2010 年，蒙民伟先生及其家人再次捐赠人民币 2500 万元。2006 年，香港思源基金会捐赠 80 万元设立"上海交通大学思源奖助学金"项目；2007 年，又捐赠 50 万元支持学校团委的西部支教活动。2010 年，任九皋捐赠 2600 万元设立"任闻玉助学基金"。2011 年，唐尤淑圻设立"唐尤淑圻奖学金"；2013 年，又设立"唐君远密歇根学院奖学金"。2016 年，周修典捐赠 2000 万元人民币设立上海交通大学 58 届船院校友基金。

在文化传承方面，境外捐赠的表现尤为出彩。捐赠项目通过支持学生文体活动、高雅艺术进校园、文化保护基金等方式，助力校园建设。同时，捐赠还用于楼宇冠名基金、校园景观建设、公共设施完善等方面，以此弘扬慈善精神，推动教育事业的发展。包兆龙图书馆建成后，1000 万美元的捐款还有余额，上海交通大学利用余额在闵行校区又建成一所包玉刚图书馆。此后，境外社会贤达和校友纷纷捐款资助上海交通大学兴建楼宇建筑。例如，1987年，旅居日本的著名华侨、上海交通大学创始人盛宣怀先生之嫡孙盛毓度先生捐赠 4000 万日元在上海交通大学闵行校区兴建上海"留园"。1990 年，秦本鉴、孙琇莹夫妇于访问母校时决定捐赠 30 万美元建造学生课外活动中心——铁生馆。1993 年 10 月落成的闵行学术活动中心，是由莫若愚先生捐赠支持的。同年，台湾大陆工程公司创办人、世界建筑业知名企业家殷之浩先生捐赠 1200 万美元，建造浩然高科技大厦。1994 年 11 月竣工的菁菁堂是由日本昭和女子大学捐赠 1.5 万亿日元，上海交通大学投资 500 万元人民币在闵行校区建造的一座中日文化交流中心。香港菱电发展有限公司创始人胡法光在上海交通大学建校 100 周年之际，慷慨捐资兴建胡法光体育场；1999 年春，胡法光再次捐赠建设"光明体育场网球运动中心"。1999 年 3 月落成并开馆的"程及美术馆"由当代美籍华裔水彩画大师、美国艺术院终身院士、上海交通大学顾问教授程及先生捐赠建造。20 世纪 90 年代末，香港永新企业有限公司创始人曹光彪先生得知上海交通大学学生学习之余，缺乏较好的课外活动场所，立刻捐资助建闵行校区学生活动中心——光彪楼。香港董氏慈善基金会先后于 2002 年和 2008 年捐赠支持上海交通大学"董浩云航运博物馆"、"董浩云楼"和"董浩云航运与物流研究院"等项目建设。2008 年 5 月 9 日落成的木兰船建大楼由美洲校友赵锡成先生捐资助建。2011 年，香港太平绅士、合孚行有限公司董事长、香港铜紫荆星章获得者杨咏曼女士捐资整修闵行校区人文与外语楼群外立面。2016 年上海交通大学校庆期间，霍英东基金会和香港益富利投资有限公司董事长陈炜文分别慷慨捐赠 3000 万元、1000 万元人民币支持上海交通大学，于是上海交通大学决定将闵行校区综合体育馆和闵行校区综合实验大楼分别命名为"霍英东体育中心"和"陈炜文楼"。另外，香港通用国际企业有限公司主席叶杰全也在上海交通大学 120 周年校庆期间慷慨捐赠支持上海交通大学建设发展，为感谢叶杰全的热心捐赠，上海交通大学将闵行校区分析测试中心大楼命名为"叶杰全楼"。2017 年，郑建好慷慨捐资，设立"蔡翠菊教育基金"，并对东下院教学楼进行整修。

　　除各类境外社会贤达对上海交通大学长久以来的大力支持外，上海交通大学的海外校友也一直心系母校，用不同的捐赠方式支持母校建设与发展。2000 年，印尼华裔实业家、上海交通大学 MBA 及管理学博士校友林联兴捐资 1300 万美元在徐汇校区建立"联兴楼"，该楼共 7 层，内共有 322 间单人宿舍。2002 年，1948 届美洲校友吕凤岐与妻子万祥玉捐资 500 万美元兴建"文选医学大楼"，该大楼是上海交通大学在闵行校区开展医学教学和研究的重要基地。2005 年，1938 届校友陆伯勋（美国加州大学戴维斯分校食品科学与工程系著名教授）捐资 300 万美元，结合学校相应的配套支持，成立上海交通大学陆伯勋食品安全研究中心。

2. 现状分析

2018～2023 年，上海交通大学累计接收的境外捐赠总额超过 2 亿元，按实际到款统计，约占总捐赠额的 6%。与 2001～2006 年相比，在近 4 亿元人民币的总捐赠中，有 57.1% 的款项源自海外（冒巍巍、严良瑜，2010）。尽管国际捐赠的金额变化不大，但其在总捐赠中的占比显著下降。分析这种变化的原因，最重要的因素之一是近年来内地经济的快速发展。随着经济的繁荣，慈善捐赠文化逐渐深入人心，越来越多的内地企业和个人开始关注并参与慈善事业。这种趋势不仅体现在捐赠金额的增加上，还体现在捐赠行为的普及程度上。此外，上海交通大学校友的捐赠热情也在不断高涨。校友们通过各种形式的捐赠，为母校的发展贡献了自己的力量。这种来自校友的捐赠不仅在数量上有所增加，而且在质量上也有所提升，成为学校总捐赠额中不可忽视的一部分。因此，尽管国际捐赠的占比有所下降，但总体而言，上海交通大学的捐赠来源更加多元化，内地捐赠的增加在很大程度上弥补了国际捐赠占比的下降。

从图 6 可以看出，近几年上海交通大学境外捐赠整体呈上升趋势，除了2020 年受疫情影响，境外捐赠额降至 300 多万元。分析近几年数据发现，上海交通大学的境外捐赠多为同一捐赠人第二次、第三次甚至第四次捐赠。例如，2018 年 4 月，SMC 株式会社会长高田芳行捐资 5000 万元支持上海交通大学创新人才培养，这是高田芳行继设立 “高田芳行奖学金” 和 “SMC 上海交通大学创新人才基金”，以及捐资修建 “高田芳行会堂” 后的再一次捐赠；2018 年 12 月，包氏家族向上海交通大学再次捐赠 1000 万元，设立 “包玉刚学生社会实践基金”，这是包氏家族的第三次捐赠；2019 年 4 月，杨咏曼捐资300 万元人民币支持外国语学院 “言语—语言—听力研究中心” 建设，另外，杨咏曼还于 2023 年和 2024 年分别捐赠设立 “杨咏曼涉外法治人才培养教育基金” 和 “杨咏曼医学研究及交流基金”，这是杨咏曼第三、四、五次捐赠支持上海交通大学；2019 年 10 月，香港董氏慈善基金会捐赠设立上海交通大学 “董氏永久基金”，这是香港董氏慈善基金会自 1995 年设立 “董氏东方奖学金” 以来的第四次捐赠；2021 年，香港鸿文慈善基金会增设上海交通大学 “鸿文永久基金”，用以支持上海交通大学高端人才战略与暗物质探索研究工作，这是香港鸿文慈善基金会第三次捐赠支持上海交通大学；2022 年 12 月，嘉华集团主席吕志和博士捐赠 2.5 亿元襄助上海交通大学"张江科学园"发展，这是继嘉华城市治理研究基金后的再一次捐赠；2024 年 4 月，唐氏家族捐赠设立的"唐君远城市治理研究基金"，这是唐氏家族继 1992 年设立"学生君远奖"之后的第五次捐赠。

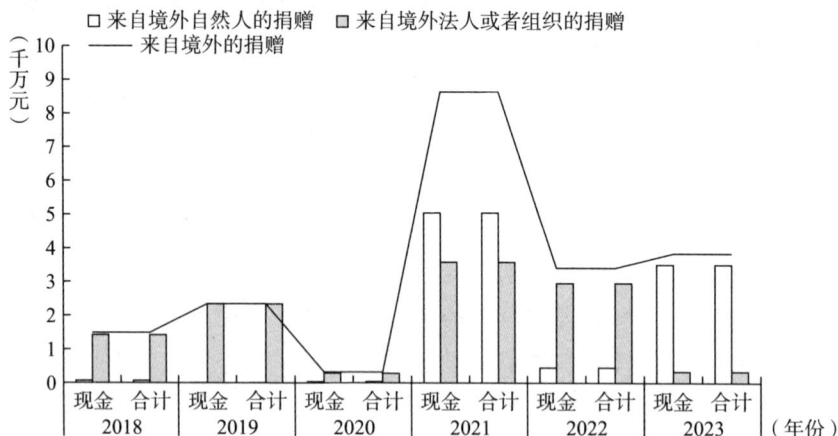

图 6　2018~2023 年上海交通大学境外捐赠年报数据

资料来源：笔者根据 2018~2023 年上海交通大学披露的年报数据整理而成。

　　从这些案例可以看出，捐赠者对上海交通大学的支持具有持续性和深度。他们不仅在经济层面给予资助，而且在精神和文化层面与学校建立了长期的合作关系。这种持续性的捐赠模式不仅为学校的发展提供了稳定的资金来源，也体现了捐赠者对学校教育理念和人才培养目标的认同。此外，捐赠者们通过多次捐赠，逐步扩大了捐赠的领域和范围，从最初的奖学金设立到后来的专项基金和研究项目支持，捐赠内容更加多元化，也更加贴合学校的发展需求。这种捐赠模式的形成，不仅促进了学校各项事业的发展，也为其他潜在捐赠者树立了良好的榜样，有助于形成更加积极的捐赠文化。

（二）上海交通大学教育发展基金会境外筹资经验分享

1. "凝共识"

　　自上而下凝聚境外筹资共识，注重顶层设计，提前谋划，果断行动。首先，上海交通大学教育发展基金会重视自上而下的共识凝聚。这意味着从校领导到基层员工，每个人都需要对境外筹资的重要性有清晰的认识和共识。上海交通大学的校领导非常重视境外筹资，自 20 世纪 80 年代接受包兆龙先生的捐款以来，每一笔境外捐赠，校领导都亲自参与。其次，上海交通大学教育发展基金会注重顶层设计，从 1993 年开始，校领导在出访欧美过程中，都十分注意了解西方国家高等学校多渠道筹措办学经费的经验。基金会成立后，每次接受境外捐赠都会提前进行周密规划，确保筹资活动的顺利进行。最后，果断行动也是成功的关键因素之一，只有迅速采取行动，才能在激烈的国际竞争中占据有利地位。上海交通大学在接受境外捐赠时就曾经遇到这样的案例，有关捐赠款在从美国汇往中国时遇到当地政府设置的多种障碍，而且每次允许汇出的金额也十分有限，这样如果是大额捐赠就需要分多批汇出，仅汇款工作就需要耗费捐赠人大量精力和时间，给捐赠人带来极大不便。上海交通大学教育发展基金会了解情况后，及时成立了上海交通大学美洲基金会及上海交通大学（香港）教育基金会，成功解决了此类问题。

2. "聚合力"

校领导高度重视境外筹资工作，每次出访必拜会境外重要人士和校友，以加强联系和沟通。例如，2008 年 8 月 14 日至 19 日，时任校长谢绳武率团一行 6 人访问香港理工大学、香港城市大学后拜访了香港各界朋友，经过洽谈，香港思源基金会、香港蒋震基金会、万帮集团、香港苏浙沪同乡会、香港王宽诚基金会、新鸿基地产郭氏基金会、香港交大校友会等组织都表示将尽力支持上海交通大学办学。此外，基金会还积极举办年度答谢活动，感谢那些为学校捐赠的校友和社会各界人士，进一步凝聚人心。同时，基金会还联动中国驻海外大使馆、海外校友组织，支持二级单位积极拓展国际合作，形成合力，共同推动学校的海外筹资工作。2017 年 4 月 30 日，上海交通大学学生交响乐团"南洋之声"音乐会在新加坡中国文化中心剧场举行。时任上海市人大常委会副主任、上海交通大学党委书记姜斯宪，副校长张安胜，中国驻新加坡特命全权大使陈晓东，中国驻新加坡大使馆教育参赞郁云峰，新加坡新闻与艺术部前政务部长柯新治，南洋理工大学终身荣誉校长徐冠林，新加坡中华总商会副会长吴学光，新加坡中国商会会长胡进胜，新加坡中资企业协会会长孟繁秋，兄弟高校新加坡校友会会长等各界嘉宾，以及上海交通大学新加坡校友会领导和校友出席音乐会。"南洋之声"音乐会新加坡专场演出是上海交通大学学生交响乐团东南亚巡演的第一站，由校友企业南洋国际商学院和上海交通大学新加坡校友会联合主办，新加坡中国文化中心协办，中国驻新加坡大使馆荣誉支持。

3. "强联结"

上海交通大学教育发展基金会注重发掘、激活并保持与境外校友、社会贤达的强联结，积极推进年度信息触达，确保校内信息及时对外广泛传播和校外资源及时对内引介。通过这种方式，基金会形成了常态化的互动生态，使得学校与境外各界的联系更加紧密，为境外筹资工作提供了有力的支持。赵锡成家族就是代表之一。赵锡成是上海交通大学 1946 级校友，改革开放初期，他就一直致力于促成上海交通大学组成全国第一个教授访美团，之后又担任上海交通大学美洲校友会董事长。在他的带动下，他的家人和上海交通大学关系密切。1981 年，在赵锡成、赵朱木兰的陪同下，赵小兰率哈佛大学讲学团访问上海交通大学。1994 年 1 月，时任美国联合基金会主席的赵小兰受聘为上海交通大学名誉董事。1995 年 4 月，上海交通大学举行授予赵锡成博士名誉董事仪式。2007 年 11 月 9 日，赵锡成携女儿赵安吉专程回母校访问，受到老校长谢绳武以及常务副校长叶取源的热烈欢迎和热情接待。2008年，赵锡成及家族捐赠 500 万美元支持上海交通大学"木兰船建大楼"建设，同时在全校范围内设立"赵朱木兰博士研究生奖学金"。2014 年 11 月 12 日，赵朱木兰女士铜像在上海交通大学揭幕。2017 年 12 月 17 日，赵锡成传记《逆风无畏》新书分享会在上海交通大学举行。2018 年 11 月 3 日，赵朱木兰传记《淡定自在》新书分享会在上海交通大学闵行校区"木兰船建大楼"举行。1994~2024 年，赵锡成、赵小兰共 11 次到访上海交通大学，这种联系已成为常态化的互动生态。

（三）上海交通大学教育发展基金会境外筹资实践与探索

1. "建机制"

境外捐赠有别于境内捐赠的重要一点在于，境外捐赠使用的外币资金进入基金会境内账户时，需要遵循当地境外汇款规定、国家外汇政策等有关要求，汇款路径不一定畅通。因此，如何高效、周到地服务境外捐赠人士，赢得捐赠人的认可，也是高校筹资核心竞争力的关键所在。为此，上海交通大学教育发展基金会在前期的境外筹资实践中，为畅通捐赠渠道，快速响应捐赠人的需求，2008 年，在美国加州注册成立了上海交通大学美洲基金会，该基金会具有美国联邦税务局 501（c）（3）慈善机构免税资格（归类为 509 Private Foundation），打通了美洲捐赠渠道；2014 年，根据筹资形势发展需要，基金会在香港注册成立了上海交通大学（香港）教育基金会，该基金会具有香港《税务条例》第 88 条豁免缴税资格（归类为公共性质的慈善机构），为港澳台人士助力学校发展提供了便利。

根据最新的监管要求，境内基金会在接受境外捐赠时，还需向主管单位进行重大事项报告。为此，上海交通大学教育发展基金会迅速调整，在内部建立起境外捐赠重大事项报告机制，并将相关要求逐一告知学院，避免因流程和报备问题影响境外捐赠落地。2023 年 10 月，嘉华集团主席、"吕志和奖—世界文明奖"（吕志和奖）创办人吕志和博士慷慨捐资人民币 2.5 亿元襄助上海交通大学"张江科学园"发展，为弘扬吕博士的大爱精神，学校将"张江科学园"命名为"吕志和科学园"。上海交通大学教育发展基金会前期及时与主管单位沟通报备，顺利举行"吕志和科学园"命名揭幕仪式，迎接吕志和博士及其家族到访。

2. "深挖掘"

境外校友作为学校重要的筹资来源和人脉关系来源，一直是上海交通大学教育发展基金会重点关注和争取的对象。上海交通大学教育发展基金会在前期的实践中，通过搭建高覆盖率的校友关系网络，积极"勘探"和"挖掘"潜在的大额捐赠群体，主动与一批境外校友重新取得了联系，并逐步建立了畅通的互动渠道，形成了稳定的捐赠来源。早在 20 世纪 90 年代，学校港澳台校友事务处的老师通过主动上门拜访，与一位因历史因素和上海交通大学中断来往的校友取得了联系，基金会的热情、主动和坚持最终赢得了学长的认可，自那时起，学长与上海交通大学之间一直保持着紧密的联系。学长及其家族十分关心学校发展，多次到访徐汇校区、闵行校区、李政道研究所等地，并慷慨解囊，设立医学奖励金、讲席教授基金、青年学者基金等多个项目，持续支持学校教育发展，捐赠金额累计超过 1 亿元。

面对国际国内新形势变化，上海交通大学教育发展基金会亦顺势而为，进行了一些新的筹资方式探索。其中一项重要的举措就是成立品牌企划部，企划工作最重要的职能就是通过对国内外海量信息的搜索、发掘、整理、分析、研判，了解国际国内高校捐赠的新动向、公益行业发展的新趋势，挖掘潜在捐赠人，主动出击，为下一步筹资工作指明方向。

3. "重协同"

因境外捐赠具有复杂性，境外筹资工作需要充分调动各院系以及学校职能部门如统战部、宣传部、国际合作与交流处、校友总会等教职员工的积极性，树立全员重视境外筹资工作的意识。在接洽、联络和服务境外校友或境外捐赠人时，各部门协同合作，及时、准确地传递学校关键信息，做到互通有无、有效联动、资源共享，形成合力。上海交通大学教育发展基金会的前期实践表明，通过与校友会协同走访校友企业、拜访捐赠人，在邀请捐赠人来校参观、举办捐赠活动时邀请统战部门等参加，能充分提升上海交通大学的品牌形象，积极传播校友文化和捐赠文化，全方位加强与捐赠人的情感联络。对于已有捐赠人，同样需要上海交通大学教育发展基金会联动学生处、科研院等部门，做好细致周到的服务。及时汇报捐赠项目执行情况，邀请捐赠人参加奖学金、奖教金颁奖仪式。在重要活动和节庆时，向捐赠人致送感谢信并表达问候。借此维持长线情感，深植交大品牌，争取再次复捐。

2015 年和 2024 年，上海交通大学教育发展基金会、学校党政办、宣传部、统战部、国际合作与交流处等各部门协同合作，以"情暖香江 思源致远"为主题，在香港举办了两届"上海交通大学建设与发展答谢会"，表达学校对粤港澳大湾区校董、社会贤达和捐赠人的感激之情，及时向重要捐赠人汇报捐赠项目执行情况，向重点合作伙伴传递学校最新发展规划，加深与各界友好人士的情感联结，为未来的合作开辟新的空间。

四　未来和展望

（一）境内外发展新形势下，境外筹资潜力仍待发掘

由于历史和经济等原因，境外筹资在境内高校基金会发展初期占比较大。随着中国经济持续稳步的增长，境内企业和企业家的实力大幅提升，高校基金会从境内获得的捐赠比重日益增加。在境内外发展的新形势下，倚仗境内筹资固然重要，境外筹资的潜力也仍待挖掘。深化境外筹资，不仅能为学校带来更多元化的资源和视角，吸引更多的国际资金和智力资源，还能提升学校在国际舞台上的影响力和竞争力。未来，上海交通大学教育发展基金会将持续深化境外筹资模式，更加积极地寻求与境外校友、企业和组织的合作，通过设立奖学金、合作项目和研究基金等方式，实现筹资的多元化和稳定化，推动高校基金会的健康发展。

（二）搭建校友和筹资工作平台，链接境外校友资源

高校在开拓境外捐赠时，境外校友既是高校筹款的首要对象，又是高校筹款工作最重要的信息渠道和最可依靠的力量。挖掘境外校友资源，需要重视日常境外校友联络工作，重视境外校友会平台的建设。依托上海交通大学美洲基金会和香港基金会，学校积极在境外开展校友聚会和交流活动，传递母校的发展动态，以增进校友之间的联系，提升校友对母校的归属感。同时，也可以促进校友间的互助合作，培育捐赠文化。上海交通大学教育发展基金

会将积极探索并布局境外筹资平台，更加注重有效利用境外校友资源，将学校的答谢会、感恩活动常态化，为学校的长远发展提供持续的支持。

（三）配合"双一流"建设，支撑学校国际化发展

国内外一流高校的发展历史表明，获捐赠金额巨大的高校并不一定完全是世界一流大学，但世界一流大学的建设必定融入了社会力量，能够为大学发展提供多元化、全方位、持续性的资金支持。为了更好地配合学校"双一流"建设，上海交通大学教育发展基金会将积极拓展海外捐赠渠道，满足日益增长的办学资金需求，全方位支撑学校国际化发展，为学校在国内外的教学、科研及交流合作全面赋能。这包括与知名国际企业、家族基金会建立联系，争取更多的捐赠支持；更加注重捐赠项目的管理和效果评估，确保捐赠资金能够高效、透明地用于支持学校的教育和研究工作。此外，学校还将通过举办国际学术会议、工作坊和展览等活动，提高学校的国际知名度，吸引更多的国外捐赠者关注和支持学校的发展。

（四）尝试依托专业募款机构的力量，开拓更广阔的捐赠市场

高校海外筹款面向海外国家或地区展开，在海外校友和华人之外，还存在更广阔的捐赠市场。为了进入这一捐赠市场，国内少数高校正在尝试"委托筹款"方式，即委托海外专业募款机构进行筹款。相对我国高校而言，这些机构拥有一批对当地政治、经济、法律制度、社会文化和筹款文化等各方面都极为熟悉并拥有丰富筹款资源的专业筹款人。而作为回报，高校有责任向受托方支付一定的筹款成本或行政费用。上海交通大学医学院附属上海儿童医学中心与美国世界健康基金会（Project HOPE）的合作就是典型的"委托筹款"。世界健康基金会作为一间总部设在美国的专业非营利性慈善机构，有着丰富的筹资经验和渠道，其与上海交通大学医学院附属上海儿童医学中心的合作包括如下内容：双方根据上海儿童医学中心发展的需要共同策划筹款项目，由世界健康基金会在海外具体执行筹款工作；所筹得的资金保留在世界健康基金会美国账户，根据具体项目进展由世界健康基金会拨付给上海儿童医学中心使用；世界健康基金会派有专人常驻上海儿童医学中心，负责监督有关项目的运行；世界健康基金会从专项筹款中提取一定比例作为筹款行政费用（冒巍巍、严良瑜，2010）。

参考文献

福建省教育科学研究所课题组撰写，2007，《福建华侨华人捐资办学史》，福建教育出版社，第97~98页。

耿雪姣，2024，《新发展阶段对高校基金会筹资工作的新认识及工作举措》，《经济与社会发展研究》第2期，第206~208页。

广东省地方史志编纂委员会编，1996，《广东省志·华侨志》，广东人民出版社，第330页。

国务院研究室编写组，2007，《十届全国人大五次会议〈政府工作报告〉辅导读本》，人民出版社，第353页。

黄晓瑞、侯雨佳，2019，《华侨华人家族慈善现状调查报告》，载贾益民、张禹东、庄国土主编《华侨华人蓝皮书：华侨华人研究报告（2019）》，社会科学文献出版社。

李门楼、丁苗苗、周迪，2018，《我国高校基金会筹资现状、问题及对策研究》，《教育现代化》第5期，第319~321页。

李智慧，2022，《浅析高校基金会筹资管理存在的问题与对策》，《经济师》第9期，第71~72页。

廖玉，2021，《浅谈高校基金会筹资工作中的问题及其对策》，《经济管理》第11期，第1~2页。

马儒沛，2008，《解放思想 发挥优势 开创华侨捐赠工作新局面》，《侨务工作研究》第3期。

冒巍巍、严良瑜，2010，《高校开拓海外捐赠策略探讨》，《经济师》第11期，第96~97页。

梅县华侨志编纂委员会编，1991，《梅县华侨志》，梅县华侨志编纂委员会，第21页。

钱敏，2011，《高校教育基金会筹资渠道研究及对我国的启示》，硕士学位论文，安徽大学。

全国人大常委会法工委国家法行政法室、中国青少年发展基金会编，2000，《〈中华人民共和国公益事业捐赠法〉学习辅导读本》，中国民主法制出版社，第300~301页。

全国人民代表大会常务委员会法制工作委员会编，2004，《中华人民共和国法律汇编（1954—2004）》，人民出版社，第34页。

泉州市归国华侨联合会编，2012，《泉州市侨联志》，泉州市归国华侨联合会，第42页。

山岸猛、刘晓民，2008，《对外开放后侨乡的经济变化与海外华侨华人（下）——以改革开放后至20世纪90年代初的人口移动为中心》，《南洋资料译丛》第4期。

石岩、刘晓宇、于婷婷，2022，《高校教育基金会筹资能力影响因素及提升建议》，《沈阳农业大学学报》（社会科学版）第5期。

汤贺凤、郭碧雯，2010，《探析高校基金会的筹资政策》，《教育财会研究》第4期，第32~34页。

邢菁华、张洵君，2022，《传统与嬗变：华侨华人慈善事业新发展》，《华人研究国际学报》第1期。

许志俊，2011，《高校基金会的筹资策略》，《经营与管理》第7期，第118~119页。

杨磊，2020，《浅谈高校基金会筹资工作中的问题及其对策》，《经济研究导刊》第8期，第167~169页。

袁媛、董卓超，2019，《浅析高校基金会筹资的影响因素——以吉林大学为例》，《高教研究与实践》第4期，第73~77页。

张秀明，2018，《改革开放以来华侨华人对中国慈善事业的贡献探析》，《华侨华人历史研究》第4期。

赵文莉，2020，《刍论高校教育基金发展的中国路径——基于"双一流"大学建设的视角》，《理论导刊》第1期，第121页。

"强师基金"特色筹资策略的理论与实践路径探索

李胜兰　熊　慧　杨　艺*

教育是民族振兴的基石。党的二十大报告指出,中国式现代化是人口规模巨大的现代化,是全体人民共同富裕的现代化。强国必先强教,强教必先强师。推进城乡融合、实现人口高质量发展,需要以高质量教师队伍建设为牵引,持续推动教育优质均衡发展。师范大学以教师教育为主责主业,以培养党和人民满意的"四有"好老师积极服务强国战略。北京师范大学(以下简称"北师大")教育基金会探索"强师基金"特色筹资策略,通过凝聚慈善资源,有针对性地助力中西部欠发达地区教师队伍建设和教育质量提升。本报告以"强师基金"为例,对高校特色筹资项目的筹资渠道、多元化发展提出建议和参考。

一　坚持教育强国战略引领,构建师范院校使命型筹资模式

转型包括社会经济结构、政治制度、文化形态、价值观念等的转变。农耕文明及区域经济下的传统慈善、工业文明的近代慈善,均不能适应新时代新形势的要求,传统养济型慈善需要从外在形态到内在理念上向教养型转变。相应地,高等教育大额捐赠劝募以及大学筹资治理作为现代慈善管理的一个重要内容,也需要做出现代化转型。

高等教育筹资本身包含双重含义,一方面是捐赠者作为主体对大学进行捐赠,另一方面是大学作为主体面向捐赠者开展筹资。捐赠和筹资是为了推动高等教育发展而产生的双向奔赴的行为。中国高等教育体制下孕育的捐赠和筹资,有其自身独特的发展规律。捐赠者作为捐赠行为的主体,面向大学推动高等教育的发展;大学作为高等教育筹资的主体,面向捐赠者开展引导

---

* 李胜兰,北京师范大学教育基金会秘书长;熊慧,北京师范大学发展与政策研究室干部;杨艺,北京师范大学教育基金会副秘书长。

和劝募。高等教育筹资策略有三种迭代进化模式。

（一）以项目互联关系为特征的项目型筹资模式

项目型筹资是大学筹资模式的基础形态。捐赠者以项目为主要标的进行捐赠，捐赠者此时是"项目捐赠者"，大学接受捐赠者的项目资助和托付。捐赠者与大学之间是以项目为主要介质的平等互联关系。

项目型筹资模式是大学筹资中的一种常见模式，往往在筹资起步时期就开始采取这种模式。大学以项目资金为筹资目标，表现为以设立项目为导向，接收或者争取各类捐赠。项目是筹资的基础单位。在筹资发展成熟阶段，大学依然也会采取项目型筹资模式。在这种模式下，当项目标的额度足够时，也会存在大额捐赠者。筹资是一项专业性很强的活动，主要就体现在有好的项目策划。讲好大学故事是获得捐赠青睐的前提。大学需要从自身重大需求出发来设计项目，才有可能获得高质量的大额捐赠。

（二）以资源共享关系为特征的平台型筹资模式

平台型筹资主要表现为以社会资本与多元资源为筹资目标，以平台服务为导向，与捐赠者构建的是资源共享关系。大学不断开拓筹资渠道，开发社会资源，筹集资金和其他资源，并且尽可能在这个平台上最大化发挥资源的作用、加强资源的交互、释放资源的能量。

从社会交换理论视角，大学筹资归根到底是发展人与机构之间的社会关系的活动，必须在实践中探索它的发展规律，并不断积累经验。为了实现筹资目标，大学、劝募者需要大胆地"走出去"与社会交互以寻求声誉的提高和资源的吸纳。在社会交往中，大额捐赠者作为高社会阶层群体中的代表，因其在物资、心理资源占有上具有绝对优势，更多地表现为共享关系取向。在与大学交互过程中，他们除了捐赠资金外，也愿意分享其他的优质资源，开展互惠的服务。相应地，大学本身也是高层次人力、社会等资源的集合体。随着捐赠者的积累和大学的发展，平台将实现更多的资源供给，也将吸引更优质捐赠者的加入。

（三）以价值共生关系为特征的使命型筹资模式

使命型筹资模式是指，大学与捐赠者之间构建起以价值共生为主要特征的关系。注重内涵、稳健发展、塑造品牌，以使命实现为导向。其主要表现为捐赠者通过对大学的捐赠，追求自我价值实现和自由全面发展；大学与教育慈善家在深度信任的基础上，共同谋划大学的战略发展并彰显大学的价值。

大学劝募者和团队承担大学赋予的责任，有重点地筹集大学发展需要的资金和资源，并对筹资和运营的项目进行深耕。卓越的执行力和精细化的管理，使核心实力得以稳步壮大并为大学实现目标提供有力的资源支撑。在筹资过程中，大学只接受符合自身价值需求的捐赠者，这极大增强了慈善伙伴选择的话语权。此时劝募团队对自身使命和本质价值有深入的觉知，对筹资目标和内容有清醒的认识，有能力兑现接受捐赠时的承诺，积极付诸行动并能取得理想的效果，大学独特的筹资风格得以形成。

教育的真谛在于教人做人，做一个有利于人民的人；教育的根本在于塑造一代新人的国民精神（孙喜亭，2003）。现代大学的使命是为社会培养优秀的人才。为了实现大学的使命，筹资必须做到精益求精。"精"有两重含义：一是精准性，筹资的目标与大学的使命高度吻合，只有这样的一致性才能保证对大学的重大需求心无旁骛、集中精力，从而推动大学在自己正确的轨道上行进；二是精细化，要精心地对捐赠项目执行、评估和反馈等全过程进行高水平的管理，保证项目的效果，对大学产生积极作用，兑现筹资的承诺。可以说，教育质量是大学的生命线，打造高质量的教育是对捐赠者最好的答谢，也是对国家最大的贡献。

使命型筹资模式是大学筹资发展成熟时期的产物。大学筹资最高的发展阶段以价值引领为目标。首先，大学通过建立庞大的留本基金实现了物质上的自由，不以筹集任何资金和资源为目标，却能够动员并获得需要的资金和资源。其次，大学实现了意志的自由，不受外界的束缚，得以以自身价值引领为导向，主要表现为发扬大学的精髓并实现文化的凝练、升华和传播。大学筹资获得强大的留本基金和收益，实现了自造血的更迭，同时由于自身的高价值持续吸引社会资源的汇聚与增值。

（四）北师大"强师基金"：使命型特色筹资模式

北师大"强师基金"的策划设立以服务党和国家的教育强国战略为使命导向。党的二十届三中全会明确指出，教育、科技、人才是中国式现代化的基础性、战略性支撑。习近平总书记在全国教育大会上强调，建成教育强国是实现以中国式现代化全面推进强国建设、民族复兴伟业的先导任务、坚实基础和战略支撑。[①] 教师是立教之本、兴教之源。2035 年建成教育强国，需

[①] 《习近平在全国教育大会上强调：紧紧围绕立德树人根本任务 朝着建成教育强国战略目标扎实迈进》，https://www.gov.cn/yaowen/liebiao/202409/content_6973522.htm，最后访问日期：2025 年 3 月 14 日。

要培养造就一支师德高尚、业务精湛、结构合理、充满活力的高素质专业化教师队伍，需要源源不断地培养、涌现、塑造一大批党和人民满意的"四有"好老师。北师大教育基金会聚焦学校教师教育领先的师范特色，创新资助手段与支撑方式，以"强师基金"汇聚各个方面的社会资源，全方位支撑为中西部欠发达地区输送和培养优秀人才，推动县域乡村的教育均衡与高质量发展。

北师大作为全国高等师范院校排头兵，近年来聚焦于中西部欠发达地区师资短板问题，按照"培养一批、输送一批、提升一批"的思路，探索了从师范生招生、培养、输送到职后支持、基础教育生态优化的全流程改革举措，这套组合拳统称为"强师工程"（见图1）。

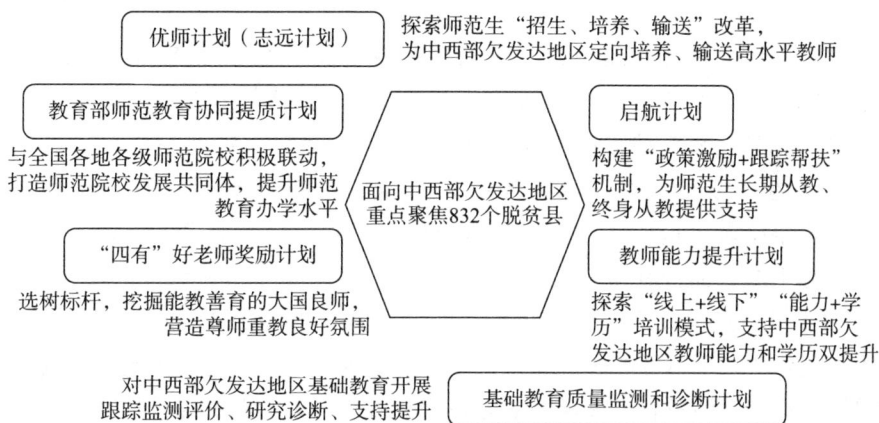

图1 "强师工程"六大计划

"强师工程"大力培养热爱乡土、扎根基层、教育报国的新时代"逆行者"，以点带面服务教育公平和乡村振兴。一是以"优师计划"为核心点，面向全国832个脱贫县培养定向就业师范生。招生规模覆盖全部脱贫县及中西部陆地边境县，并延展至革命老区、民族地区、边疆地区等。二是建强县域基础教育发展的"好生态"。面向832个脱贫县开展基础教育质量监测诊断和服务；实施"百县千校万师"教师能力提升计划，搭建教师培训与学历教育"立交桥"，实现教师素养与县域教育双线提升。三是打造中国特色教师教育体系的"策源地"。完善卓越教师培养体系，探索师范生本研"4+2""4+5"贯通培养机制；筹建工程教育训练中心，示范培养师范生的工程素养和创新能力；推进中国特色教师教育体系的原创性研究，助推形成尊师重教的社会风尚。

"强师基金"秉持"缔造大国良师，共写教育春秋"的理念，广泛拓展筹资渠道，积极探索合作领域，通过提供坚实的物质基础和条件保障，助力国家区域教育优质均衡发展。支持学校实施"强师工程"六大计划，解决老师"招不来""下不去""留不住""教不好"的难题，把一批真正乐于从教、坚定从教的潜在群体选拔出来，为我国县域地区定向培养基础教育高素质师资，引导师资流向和留在祖国最需要的地方，让优秀的人去培养更优秀的人，以教育帮扶打通区域人才发展的"神经末梢"，从根本上阻断贫困代际传递，推动乡村振兴。

二 实施双螺旋筹资策略，搭建社会捐赠网络系统

在高等教育筹资实践中，大学劝募表现的核心是捐赠者与大学之间的"捐学关系"。"捐学关系"是劝募表现的目的，也是劝募表现的结果。大学声誉是"捐学关系"建立的基础和前提，而劝募策略归根到底是为"捐学关系"服务的。"捐学关系"以互惠共享为基础。拥有丰富的物质财富、社会资源的大额捐赠者，是高社会阶层群体的代表，他们与大学建立的关系也呈现共享关系取向，而持有共享关系取向的个体会产生更多的利他行为。"捐学关系"以平等沟通为途径。如果捐赠者与大学缺乏沟通，那么捐赠无法达成，良好的捐赠关系也不可能建立起来；如果捐赠者与大学的沟通不平等，双方必将产生难以调和的矛盾，影响关系的和谐和持续。大学需重视与捐赠者的沟通策略和沟通方式，促进双方互动，提质增效，促成双方价值的实现。"捐学关系"以诚实信任为内核。在高等教育捐赠场景下，参与方是教育界（如大学）和商界（如慈善企业家），各自的诉求不同，双方存在隐性知识和信息不对称的情况，信任起到重要的作用。高等教育大额捐赠者作为热衷创新的"风险慈善家"，能否实现教育的突破和创新很大程度上取决于信任的水平。劝募者作为大学的代表与捐赠者开展劝募和反馈等互动活动，劝募者适当的能力和情感对大额捐赠者与大学建立信任起到至关重要的作用。"捐学关系"是维系大学与捐赠者之间可持续发展的关键所在，对筹资战略、策略的制定提供了指导。

大额捐赠对大学而言具有举足轻重的经济价值。从国际经验和数据来看，世界一流大学捐赠收入占大学收入的比重相当高。以哈佛大学为例，捐赠收入占年度收入的比例高达45%。[①] 据统计，我国高校接受的社会捐赠占教育经

---

① Harvard University Financial Report, Fiscal Year 2002.

费的比例不到3%（易鑫等，2015）。在推进"双一流"建设的过程中，大额捐赠资金与其他社会捐赠一样，能有效补充大学办学的基本经费，包括人才培养、教学环境改善、科研条件升级、杰出人才引进等各种事项。此外，捐赠资金的灵活性也能够为大学规避经济周期性危机带来的办学风险。与一般社会捐赠不同的是，大额捐赠的特殊意义在于，为大学履行核心使命提供关键资源支持。

对高等教育捐赠行为的研究有两种理论支撑，分别是：社会网络理论和社会交换理论。社会资本作为社会网络理论的主要概念之一，在帕特南（Robert D. Putnam）这里得到了长足的发展。他认为社会资本作为物质资本与人力资本的语境补充，是通过关系网络所获得的各种资源以及在关系网络中形成的互惠规则，包括网络、规范和信任三个核心要素。借助这些要素，人们能够通过协调的推动来提高社会效率（帕特南，2015）。社会资本作为大学的组织性特征，包括了基于大学组织形成的互动网络、合作互惠和信任。在高等教育捐赠问题研究中，可以发现它们通过促进大学内部要素（如基金会或劝募者）与外部组织或个人（捐赠者）的互动和交换，助力大学实现自身功能（高金岭等，2022）。在捐赠和劝募的互动行为中，内部社会资本与外部社会资本得到了协调统一。帕特南进一步将社会资本分为两种类型，即桥连型（Bridging Social Capital）和黏连型（Bonding Social Capital）。组织或者个体在松散的弱关系下产生的是桥连型社会资本，在密切的强关系下产生的是黏连型社会资本。前者能够使组织或个体获得更加差异化、多元化的信息、文化等资源；而后者能够为组织或个体提供物质资源、情感资源等支持，但在信息、文化等资源上表现出一定的同质性。

无论是企业家还是慈善个人，都处于社会网络当中。捐赠者与大学之间建立以互惠为规范和原则的社会交换关系，而信任是关系得以维系和发展的核心（喻恺、瞿晓蔓，2016）。大学与捐赠主体是社会捐赠系统机制形成的核心要素，二者之间的关系体现了捐赠系统机制良性运行的内在规律。高等教育捐赠行为表现出多维需求关系模式。在互相信任的社会关系基础之上，捐赠者满足大学发展对于资金资源的需求，同时大学也满足捐赠者的合理的心理或其他需求。拓展并促进与捐赠者的关系是成功筹集大额捐赠的关键。

（一）结构洞与桥连型关系的拓展

结构洞是社会网络理论的核心理论之一。著名社会学家罗纳德·伯特认为，参与者在竞争场上都拥有一个由自己及其关系人构成的网络，他用结构洞来描述非重复的关系人之间的裂口。"非重复关系人通过一个结构洞联系起来。所谓结构洞是指两个关系人之间的非重复关系。"（伯特，2008）一个在信息利益方面能实现最优化的网络，可以描述为它的关系人或者关系人之间的联结。一个拥有丰富非重复关系人的网络，往往也富含结构洞。一个参与者网络中的结构洞有多丰富，企业家机会就有多丰富，信息利益和控制利益就有多丰富。只要同时满足以下两个条件，参与的每个企业家机会就会随着关系的增多而增多：一是参与者投资足够的时间和精力，以确保与关系人的联系；二是关系人周围存在许多结构洞，可以确保一个高的投资回报率（伯特，2008）。总之，拥有最优化结构洞网络的参与者们享有更高的投资回报率，因为他们知道、参与并控制着更多的回报机会。

结构洞存在的条件跟两个因素有关：一是凝聚力，即两个关系人之间存在强关系；二是结构等位，即两个关系人之间拥有相同的关系人。它们在结构中处于同等位置。现实场景中完全结构等位的情况并不多见，使凝聚力因素更为重要。衡量凝聚力有两个指标——接触频率和情感密度。第三方中介者搭桥使得多元参与者发生联结和互动，接触频率和情感密度越高，表明第三方中介者的凝聚力越强。罗纳德·伯特认为具有凝聚力的第三方中介者是结构洞的占有者，因为他们在结构洞中占据中心地位，能够获得更多的信息、资源，拥有更强的权力，从而占据竞争优势地位。

从拓展大学与大额捐赠者的关系角度来看，大学与捐赠者需要发展更多结构洞的占有者——捐赠中介者。他们凭借强大的凝聚力在大学与捐赠者之间不仅发挥着资源动员、信息沟通、情感交流的作用，而且能够通过在各方获得的信息和资源基础上进行整合、加工，拓展交互的边界，与外界更大的网络建立广泛的联系，从而构建更大的社会捐赠网络结构。

1. 扩展社会捐赠网络结构

在社会网络中，以企业家为主的商业人士与大学本来分属各自的领域，捐赠中介者的存在增加了两者之间建立联系并发展捐赠关系的可能性。基于结构洞理论，捐赠中介者对大学的社会捐赠网络结构的扩展发挥着至关重要的作用。首先是桥梁作用。让之前没有联系的主体——大学与潜在大额捐赠者之间建立关联，进行对接，让双方认识并愿意相互了解，初步建立桥连型关系，为后期捐赠行为的发生创造条件。其次是需求匹配。第三方中介者分别与大学和捐赠者都熟识，既了解大学的特色和需求，也了解捐赠者的资源优势，能够将双方需求和资源进行有效匹配，实现价值最大化。最后是协调推动。大学与潜在大额捐赠者之间虽然建立了新的联系，但并不意味着双方沟通顺畅、互相信任。一方是高等教育机构，另一方是慈善家个体，两者之间存在较大的差异。要跨越主体间的鸿沟，建立起稳固而长久的信任关系，就需要发挥结构洞占据者的凝聚力来协调和推动双方开展多种形式的互动和实践，从而促成捐赠与接受捐赠的行为，进一步形成构建共同体的意愿。由此可见，高等教育捐赠网络中的结构洞占据者，即捐赠中介者，所产生的协同效应非常关键，他们的贡献推动了高等教育社会捐赠网络结构的扩展。随着社会捐赠网络的扩展，捐赠中介者可联系的主体也会逐渐增多，他们的资源与权力优势就会更加突出，获得的社会资本回报也会更加丰厚。结构洞占据者，即捐赠中介者的凝聚力，是社会资本回报率的决定因素。捐赠中介者的凝聚力越强，所产生的聚合效应、协同效应越大，社会捐赠网络越广泛，桥连型关系数量越多，大学可获得捐赠的概率就越高（见图2）。

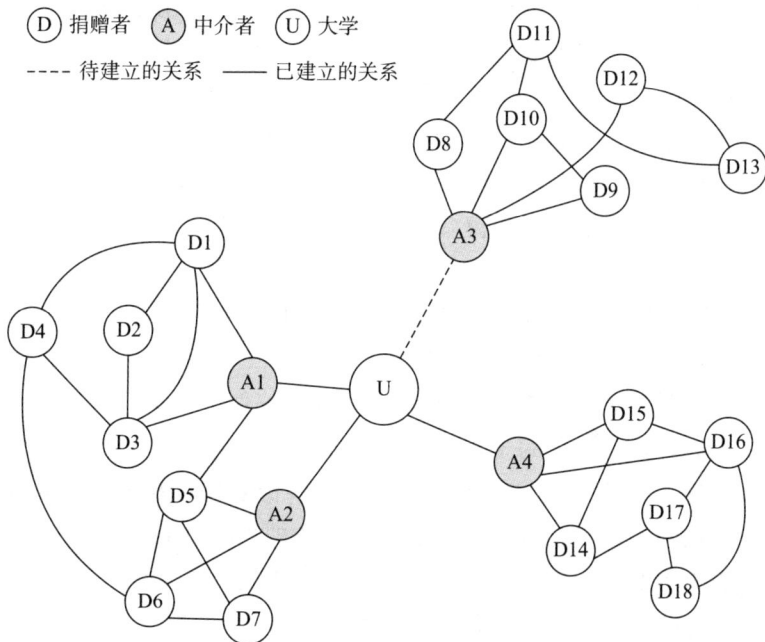

图 2　桥连型关系（B）

大学可以采取两种方式，扩展社会捐赠网络结构，拓展桥连型关系。一方面，发掘并聘请合适的捐赠中介者，发挥并增强他们的凝聚力，使得大学触达更多的大额捐赠者；另一方面，提升大学劝募团队的素养和劝募表现。劝募团队可以通过社会交往的开展和自我社会阶层的提升，占据结构洞位置，承担捐赠中介者的角色，扩大社会捐赠网络的覆盖面；或者提升对外交往和劝募影响的能力，发掘和培育更多的捐赠中介者。

> 案例：北师大与国家电网建立战略合作关系，并将在国家电网帮扶的县区，以实施"强师工程"为脱贫县培养输送优秀师范生的新闻，通过网络媒体传播，打动了中国工程院黄其励院士。黄其励院士主动联系学校，表达了捐赠的意愿，设立黄其励院士教育基金，旨在支持教育领域人才培养，奖励北师大的优秀师范生到党和人民最需要的基层一线——832个脱贫县从教，推动教育脱贫攻坚成果同乡村振兴有效衔接，为实现教育强国战略贡献力量。

2. 构建一体化关系战略

教育捐赠不能仅依靠高校单方面的努力，它更需要衡量与之利益交织的多方面关系主体需求。大学需要提升筹资能力以应对竞争。为此，大学需要审视并构建维护与捐赠者慈善关系的一体化战略。随着慈善捐赠领域竞争的加剧和形势的变化，大额捐赠者对他们的捐赠行为也抱有更多的期待。大学的筹资项目与捐赠者的兴趣或理念诉求越趋于一致，就越容易建立捐赠关系。实现这种一致性有三条递进的路径：一是根据大额捐赠者的偏好设计和策划项目，这是以捐赠者为中心的战略；二是把大学的筹款目标与大额捐赠者的偏好进行匹配，这是互惠互利的战略；三是将捐赠者的志趣引导至大学需要的方向，这是以大学需求为中心的战略。

第一条和第二条路径都涉及大额捐赠者的偏好。从消费者心理学分析，偏好是指人们对客观对象的主观评价，表现为消费者在市场上购买某一特定的产品（李胜兰、靳荆荆，2015）。因为消费者价值观的差异，不同的消费者有着不同的偏好。偏好及其程度又决定了消费的内容和数量。如果把高等教育捐赠者视为消费者，他们在众多的慈善方向中选择捐赠大学，正是体现了对于高等教育公益慈善事业的偏好。卡耐基（2007）指出，建大学是剩余财富的最佳投向之一。建大学与对现有大学的附加性捐助一直是大额捐赠的热衷点。这是因为大学承担人才培养、科学研究、社会服务等多种职能，是教育强国战略的重要实施者；同时大学作为人类文明传承的一种载体，代表着先进文化和独立精神。对高等教育的重视和钟爱让诸多有识之士慷慨解囊，愿意为其发展助上一臂之力。大额捐赠者选择大学进行捐赠成为他们一致的偏好，而大学不同项目对于捐赠者的效用差异，又构成他们的品牌偏好和产品偏好的细分差异，如捐赠者对不同大学的选择，以及在捐赠方向上有的选择捐赠建筑、设施设备等硬件项目，有的选择捐赠科研、人才培养等软件项目。

对高等教育的捐赠行为而言，第三条路径处于最高阶。以大学需求为中心，是因为大学作为教育机构，代表的是公共和群体的需求和利益，是"人民至上"原则的体现。哈佛大学肯尼迪政府学院的马克·穆尔教授主张，从公共价值中的个人愿望、需求和权利三个层面出发，社会捐赠意愿是不一样的（Moore，2013）。相比个人愿望，需求和权利更容易获得捐助，这也就是助学金比国际交流基金更容易筹集的原因，助学是基本的生存需求，而国际交流、艺术教育这种发展性需求往往被人们认为与愿望相关。捐赠这个完美礼物的仲裁权其实应当属于受益人。如果捐赠者定义了捐赠的权利，这个礼物就不完美了。这在一定程度上颠覆了常识和经验，因为我们向来愿意尊重捐赠者的意愿。现实中，很多慈善捐赠都是慈善家掌握仲裁权和决定权。谁真正应该拥有对慈善发挥社会效力的判断力？由于认识能力的局限，受益人往往不了解自己真正的、根本的需求，而掌握更多资源的慈善家往往是自信的，他们在捐赠时希望掌握话语权。真正完美的状态是以大学利益最大化为出发点，使受益人和捐赠者的需求达到高度一致。

综合看来，一体化关系战略需要三个方面的支撑。其一，良好的社会声誉是建立关系的基础。声誉是一种无形的力量，对大学而言是有特殊价值的一种投资，不仅可以吸引社会广大捐赠者的关注，还可以增强大额捐赠者的决心，是大学获得大额捐赠的基础和法宝。如果大学接受了一笔或者多笔大额捐赠，就会形成社会捐赠声誉。社会捐赠声誉对大额捐赠者而言是一种良性的反馈，既能提升他们的美誉度和社会资本价值，也会增强社会其他慈善家对该大学进行捐赠的信心，从而增加大额捐赠的潜力。相反，如果一所大学从来没有大额捐赠者光顾的经历和背景，就无法形成社会捐赠声誉，在社会上的影响力也会逐渐减弱。即便存在有意向的潜在捐赠者，他们在发起大额捐赠时也会谨慎考虑。这也是大额捐赠集中在少数一流大学的原因。其二，有效沟通是拓展关系的重要方式。差异性主体之间建立关系依靠沟通，捐赠者个体与大学组织之间的关系更需要沟通。信息不对称使得捐赠者与大学之间很难相互了解彼此的价值观和偏好，如果没有交流沟通便难以做出理性的决定，也更不可能达成捐赠意向。优秀的捐赠中介者可以协助大学与捐赠者之间建立联系并开展真诚的交流，使捐赠者与大学之间可以动态、全面地了解彼此，助力达成捐赠意向。在捐赠关系建立之后，频繁和开放的信息交换能够有效避免误会的产生，也有助于加深信任。在这个过程中可以借助捐赠中介者的凝聚力实现协同。其三，共创愿景是共同体关系得以持续的保障。大学希望与大额捐赠者建立更持久的共同体关系，建立共同的愿景，不仅是对以往捐赠的回报，也为大学获得更大支持奠定基础。"当大家拥有真正的共同愿景时，彼此之间就相互沟通了，并且被一种共同的热望和抱负凝聚在一起"（圣吉，2009）。寻找共同的愿景，就是在重要的事业上找到沟通和共鸣。建立持久的关系有很多途径，比如签订契约、缔结战略联盟、构建委员会组织机构等，但真正能够让大学与捐赠者之间的关系层次得以提升的根本力量来自"共同的关切"（饶异，2010）。共同愿景会带来共同的认同感，让原本互相不认识的人可以走到一起，可以敞开心怀，坦陈自己的思想，放弃深层成见，认识并接纳彼此的不足。这为双方共同追求和创造未来铺平了道路。

案例：北师大"强师基金"与多家央国企建立桥连型关系网，整合国企央企力量，共筑县域教育基石。北师大教育基金会着力推动与国企央企的深度合作，从战略上推进"强师工程"，与一批国企央企建立了战略伙伴关系，比如国家电网、国投集团、中核集团、国家能源集团、中石油等捐赠支持"强师基金"。通过与国企央企强强联合，在其对口帮扶县域实施"强师工程"，开展精准教育帮扶，包括县域干部培训、教师培养、区域教育质量监测等。常态化开展帮扶县区校长教师的人才交流活动，通过举办师生互动共创工作坊、招聘宣讲会等形式，与"优师计划"师范生（未来教师）建立联系，推动乡村教育服务站建设，助力县域教育师资水平的整体提升。

（二）信任与黏连型关系的构建

社会交换理论揭示了主体间持续、长期、复杂社会关系的形成在于主体间信任的存在，主体在关系和信任的综合影响下，做出决策（Blau，1964）。只要是存在交换关系的双方具有互惠关系，需要通过相应的付出和回报来完成实践的情形，心理契约就有可能存在。慈善捐赠领域最典型的活动就是交换问题和交换关系，因此，心理契约就可以从组织行为学和人力资源管理研究中外延，应用到慈善捐赠领域。信任是心理契约中的核心要素。信任包括两个维度：一是可靠性，指对交换伙伴的口头或书面承诺可以信赖的期望和信念，是对交换伙伴履约能力的信心；二是诚实性，指一方关心另一方利益，并努力使双方获利，而不会采取机会主义行为损害对方的利益。信任产生的心理收益将独立于顾客从产品中获得的满意程度。作为心理契约的核心，信任是捐学关系发生、存续和发展的基石。

大学与捐赠者秉持对彼此承诺可以信赖的信念以及能够履约的信心，同时切实关心对方的利益，并愿意努力使双方获益。当大学与捐赠者之间产生了信任，双方关系将从差异与摇摆趋向和谐与稳定，能够充分感知对方履行了心理契约，满意度和信任度将逐步提高，从而产生忠诚度。忠诚度可以视为信任关系达到最佳水平的表现。忠诚度的出现标志着黏连型关系的构建，极大提升了大额捐赠者进行复捐和口碑推荐的可能性。互惠与信任对于我们理解黏连型关系具有重要的意义（见图3）。

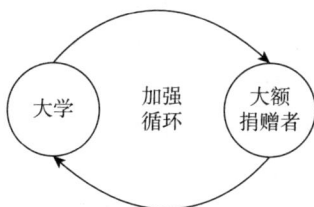

图 3　黏连型关系（R）

1. 多元互惠利他

捐赠者分为互惠利他捐赠者和纯粹利他捐赠者。但在现实高等教育捐赠场景中，互惠利他捐赠者更为普遍。互惠利他捐赠者一般是基于本身的社会身份、情感认知或者价值实现的需求，或者在社会环境和价值思潮的牵引下而产生的互惠慈善捐赠行为。根据社会交换理论，高等教育捐赠也遵循互惠、利他的规则，大额捐赠者与大学建立一种含蓄性的互惠关系，高等教育慈善捐赠不同程度地满足了捐赠者的动机和需求，也给予捐赠者不同形式的社会性回报。大额捐赠者付出的是以财产为主要形式的实体化资源，而获得的回报往往是符号、情感、社会资本等多元、非实体的社会价值。在此，捐赠者"参与"是对捐赠者互惠回报的一种集中表现，是建立和促进黏连型关系的重要途径。

其一，捐赠者在"参与"体验中完成了教育价值的认同。传统捐赠者捐赠了资金之后，以财务报告为主了解项目的执行情况。现今的捐赠者更加关注项目的执行过程。以奖助学项目为例，热心捐赠者会参与奖励资助项目的设计，对人才的培养提出自己的见解，并参加评审会和颁奖仪式，也会乐于参加获奖学生组织的社群交流活动。捐赠者需要身临其境地去感受捐赠的对象和成果。大学的场景与大额捐赠者的工作生活往往存在较大的差异，而正是这种反差产生了吸引力效应。一场在食堂组织的充满活力的学生文艺演出，抑或一次获奖学者素朴的前沿科学学术报告会，都会让捐赠者兴奋不已。"参与"作为实践类的回报可以为大额捐赠者提供最真实的体验，捐赠者在参与和互动中对教育价值有了新的认知。与此同时，大学可以主动地策划适当的环节来引导和满足捐赠者"参与"的需求，热情地邀请他们加入，如参加获奖学生座谈会，捐赠者既能亲身感受资助对象的状态、收到项目结果的反馈，又能加深对教育慈善事业的理解和关注。这种感受往往会引发捐赠者的"共情"，从而增强他们持续捐赠的意愿。一次沉浸式体验的作用可能比一百封感谢邮件都具有影响力。当然，捐赠者"参与"的环节和频次需要符合大学的规则，应以保障受益人的权利以及项目的正常开展为前提。

其二，捐赠者在"参与"治理中完成了教育身份的确认。大额捐赠者是学校发展的重要利益相关方和支持者，他们大多也是成就卓著的企业家和领导者。大学可以让他们以某种方式（如名誉校董、名誉理事等）参与学校战略规划咨询，借助大额捐赠者的智慧助力大学的现代化治理。这样他们不仅是高等教育的物质支持者，更是大学治理的"局中人"。他们在服务大学的同时，也能在高等学府的熏陶下提升和完善自我，捐赠者的自由全面发展与大学的发展同步实现，互惠共赢的关系不断深化。大额捐赠者把自己紧紧与大学发展联系在一起，为化解大学的困局而奔走，为成就大学的兴盛而进取，教育慈善家的身份在紧密而友好的共同体关系中得以确认。

案例：北师大打造"乡村教育服务站"品牌，加深与"强师基金"捐赠人的黏连型关系。

打造"乡村教育服务站"公益计划，组建专业教育服务团队深入县域。服务站涵盖教师教学技能培训工作坊，定期组织专家型教师开展现场教学示范与指导；设立教育资源共享中心，整合优质教育资源、课件、教学案例等资源供县域教师免费使用；开展"优师计划"师范学生综合素质拓展活动，如社会实践、科技下乡、文化艺术巡演等，激发学生学习兴趣与潜能，为县域教育质量全方位提升提供系统性解决方案。以服务站为平台，整合乡贤力量，充分调动乡贤群体的积极性、主动性，吸引广大乡贤人才、在外人才时刻关注家乡变化，利用各自的人脉、资源等优势，通过资金扶持、资源引流等方式，参与提升县域教育等工作。

2. 深度信任与忠诚

已有捐赠被视为大额捐赠开发过程中的一个重要部分，在此需要强调其重要性，因为这是捐赠过程的一部分，最有可能影响捐赠者对捐赠体验的最终感受（Morrison，2015）。善待每一份捐赠，是大学应承担的责任，是对捐赠承诺的履行，更是发展黏连型关系、培养捐赠者忠诚度的最佳机会。研究表明，已捐赠的人在获得正向反馈的条件下会加深信任，更容易再进行捐赠。为此，大学与捐赠者之间有意识地增加交互的频次、及时沟通捐赠的进展和作用、扩大捐赠积极效果的影响力都是有效增进双方信任关系的途径。对于劝募者而言，维护已有捐赠、促成再次捐赠的成本一般会低于新开发捐赠。已有不少大学的案例表明，大额捐赠一般是以一个小项目作为开端。所以，不要忽视一个开始看起来很小的项目，倾心去耕耘，不断深化信任，小苗也可能长成参天大树。同时，一个优秀的劝募者，不但是树立大学形象、传播大学声誉的代言人，更是增进捐赠者情感、赢得捐赠者信任、深化捐学关系的关键人物。

研究表明，劝募表现是影响大额捐赠者捐赠行为的重要因素之一，主要的影响路径就是认知情感。高等教育大额捐赠是对高等教育机构有益的亲社会行为，捐赠者具有亲社会情感。社会行为学认为，亲社会行为（prosocial behavior）泛指一切符合社会期望而对他人、群体或社会有益的行为（解晓娜、李小平，2018），其表现形式包括谦让、帮助、合作、分享，甚至有可能为了其他个体或者群体的利益而牺牲自我的利益。研究发现，亲社会情感在捐赠者社会认知与捐赠之间起到了部分的中介效应（马凌远、李晓敏，2021）。Dickert 等提出了"捐赠决策的二阶模型"，捐赠决策遵循时间过程，人们首先决定是否捐赠，然后确定捐赠数量（Dickert et al.，2011）。"是否捐赠"受自我情绪感觉的影响，"捐赠数量"则受个人体验他人感觉的影响。也就是说，捐赠者在面对他人的劝募需求时，先会感知到自身的情绪，之后是共情，其认知情感受劝募表现调节。劝募表现作为外部诱因，通过认知情绪系统影响产生"合作"的意愿和动机。大学声誉能否激发捐赠者的兴趣和认同，劝募策略和方式是否恰到好处，大学与捐赠者之间是否建立起信任关系，这些劝募表现都会影响捐赠者的认知情绪，从而影响捐赠者的决策——是否捐给大学以及是否捐出大额。反过来，劝募表现也受捐赠者的影响。在劝募过程中，捐赠者对大学的认知、表现出来的情绪，尤其是共情程度的高低，都会对劝募者产生影响。劝募者将根据接收到的这些"信息"调整和制定筹款策略和方式。最关键的在于，捐赠者是否实施捐赠行为，会对劝募者产生直接影响。在实际场景中，大额捐赠的兑现对劝募者而言是正向反馈，也标志着"捐赠者"身份正式确立。毕竟在捐赠行动发生之前，所谓的"捐赠者"只是"潜在捐赠者"。随着捐赠行为的落地，劝募者的劝募行动暂告一段落，大学与捐赠者之间的关系进入新阶段。大学有义务完成捐赠者的"托付"，反馈捐赠项目执行情况，并在反馈互动中增进与捐赠者之间的关系。同时，大学与劝募者也可以与捐赠者开启新的劝募，推动"复捐"发生。

劝募者与捐赠者接触的频率会影响双方关系，但接触交互的质量会对捐赠者的主观感受产生更大的影响。首先，劝募者需要真诚地将捐赠者视为合作伙伴。信任建立在诚实的基础上，发展信任需要真实情感的投入，如果没有真诚、尊重，和谐、友好的关系不可能存在和发展。其次，适当地表达感谢和赞赏会促进与捐赠者的关系，可以提升捐赠者积极的情感并缓和消极的情感。"如果你在恋爱，但没有引起对方的爱，也就是说，如果你的爱作为爱没有使对方产生相应的爱，如果你作为恋爱者通过你的生命表现没有使你成为被爱的人，那么你的爱就是无力的，就是不幸。"（马克思，2000）正如马克思所描述的，情感是主观的感知。大学需要对劝募者进行赋能，让他们不仅熟悉社会财富环境和资产规划管理，更要培养对大额捐赠者情感认知的觉察和理解能力，具备影响和引导捐赠者的素养。"如果你想得到艺术的享受，那你就必须是一个有艺术修养的人。如果你想感化别人，那你就必须是一个实际上能鼓舞和推动别人前进的人。"（马克思，2000）劝募者需要将有意义、有吸引力的捐赠项目推介给大额捐赠者，并且有义务让大额捐赠者了解捐赠行为的作用和将达到的效果。劝募者代表大学与大额捐赠者互动，培养积极的情感，但更高的目标是让捐赠者相信大学，并相信他们做出的捐赠行为能为大学、他人和社会创造不同凡响的价值。黏连型关系发展的过程就是信任建立和深化的过程。高水平的劝募绝不是简单的交往或者服务，而是一门以信任为核心的艺术，是一项有利于大学和捐赠者自身发展、有利于社会价值实现的教育活动。

案例：建立黏连型关系，国家能源集团向"强师基金"复捐。国家能源集团公益基金会连续四年向北师大捐赠资金，从2021年的60万元到2024年的百余万元，这背后是国家能源集团对北师大教育基金会的深度信任和高度认可。学校精心组织一系列县域乡村教师教育赋能项目，根据教师所需提供培训服务，极大程度上激活了乡村教师进步发展的内生动力。从西藏聂荣县中小学思政课教师培训，到新时代乡村中小学教师综合能力提升专项培训，再到新时代中小学骨干校长高级研修班，每一次培训都紧贴教师所需，创新培训方式，取得了显著成效。

此外，北师大积极与国家能源集团开展紧密工作交流，组织联合党建活动，共建党建基地，探讨党建引领下教育公益与教育强国相关议题。共同策划开展系列教育活动，邀请国家能源集团公益基金会出席北师大县域从教青春荣耀颁奖典礼，为国家能源集团等荣耀伙伴颁发致谢牌。国家能源集团关注县域开展数字化绘本阅读项目，强化教育使命感和责任感。

通过不断深化合作关系，双方不仅在教育公益项目上紧密合作，更在促进基础教育质量提升、实现乡村振兴的共同目标上达成高度共识。这种基于深度信任与忠诚的合作关系，为"强师基金"注入了源源不断的资金活水。

3. 双螺旋发展模型

大学与捐赠者之间，桥连型关系与黏连型关系并存。追求大额捐赠成效的大学必须兼顾两个方面：一方面，充分扩展社会捐赠网络结构，通过结构洞占有者——捐赠中介者，寻觅更多有意愿襄助高等教育的潜在捐赠者，开拓桥连型关系，搭建大学自主的社会捐赠网络系统；另一方面，增进与捐赠者的交互沟通，提升忠诚度，与大额捐赠者构建长久的黏连型关系，促进教育慈善共同体的形成。由此，大学与大额捐赠者之间的捐学关系双螺旋发展模型，为我们呈现了其关系发展的理想轨迹和状态（见图4）。

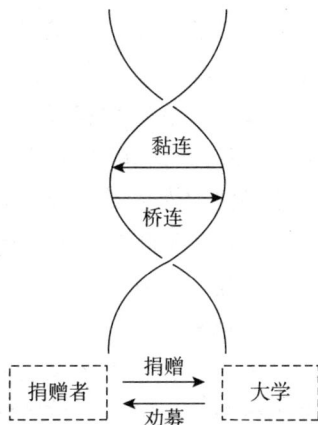

图4 "捐学关系"双螺旋发展模型

"捐学关系"双螺旋发展模型具有三层含义。

其一，桥连型关系与黏连型关系是在大学与捐赠者的劝募与捐赠关系的基础上展开的。劝募与捐赠是相对应的，即大学面向捐赠者进行劝募，而捐赠者面向大学进行捐赠。劝募是捐赠的起点，而捐赠是劝募的结果。仅有劝募而无捐赠行为的关系是不完整的；仅有捐赠而无劝募基础是极不现实的。劝募与捐赠是大学与捐赠者之间的一种重要关系和存在方式。在此，把劝募放在与捐赠同等的位置上，是对捐学关系的一种完整表达。在很长的时间里，受"君子不言利"的观念的影响，大学劝募的实践起步比较晚，理论发展更是相对滞后，无法起到来源于实践并指导实践的作用。劝募往往被理解为一种"战术"而被拒之于学术门外。"捐学关系"双螺旋发展模型展现了劝募和捐赠的交互关系，也是对劝募与捐赠行为正义性的一次确认。

其二，桥连型关系与黏连型关系在矛盾中实现统一。桥连型关系指向广度，是外延的扩展；黏连型关系指向深度，是内涵的加深。两种关系看似矛盾，实则相辅相成，缺一不可。若仅拓展桥连型关系，虽能扩大社会网络，但是大学与捐赠者之间缺少深度信任，无法触发捐赠行为，更谈不上持久的关系和贡献；若仅深化与捐赠者的关系，虽能拉近个别关系，但会失去网络系统的广度和结构性支撑，也就失去了可持续发展的基础，更失去了形成共同体的群体条件。因此，桥连型关系与黏连型关系虽然是一对矛盾体，但两种关系在大学与捐赠者的劝募—捐赠的交互行为中发生、发展，紧密相连。

其三，在理想的状态下，两种关系呈现螺旋式上升的趋势。随着桥连型关系的拓展和黏连型关系的深入，在双方共同的意愿和行动推进下，大学与大额捐赠者之间的关系呈现平衡、和谐发展的状态，并以螺旋式轨迹上升到更高的层次，双方的需求不断得到充分满足，信任不断得到确认和深化，双方的文化认同趋于一致，彼此的价值也随之得以最大化实现。需要指出的是，现实中这个过程并不是一帆风顺的，这时候信任是至关重要的因素。信任可以被理解为一种和谐与稳定的关系，当捐赠者不是十分满意大学的劝募表现、捐赠项目或服务的质量时，信任能够对关系的维持产生作用，信任的增强最终会引起捐赠者忠诚度的提升从而导致再次捐赠（复捐）。一旦大学与捐赠者成功构建了有效心理契约，进而建立信任和长期捐赠关系，那么这种长期的交换关系又将进一步强化大学与捐赠者之间的心理契约。当出现心理契约违背的情况时，之前建立的良好信任与交换关系又会在某种程度上抑制心理契约违背所导致的反作用（廖成林等，2010）。随着信任的加深，不和谐的事件或者情景并不会影响两者关系整体发展的方向。

（三）"强师基金"：双螺旋筹资策略的探索

面对国家教育资源发展不平衡的问题，需要教育界和企业界同向同行，共同破题。"强师基金"采取高校—企业双螺旋发展模式（见图5），在项目策划、资金筹措、捐赠实施、合作关系建立等方面穿针引线、牵线搭桥，着力构建由多元社会力量形成优势互补的协作机制，实现社会力量与学校教师培养的通力合作，保证"强师工程"实施落地。

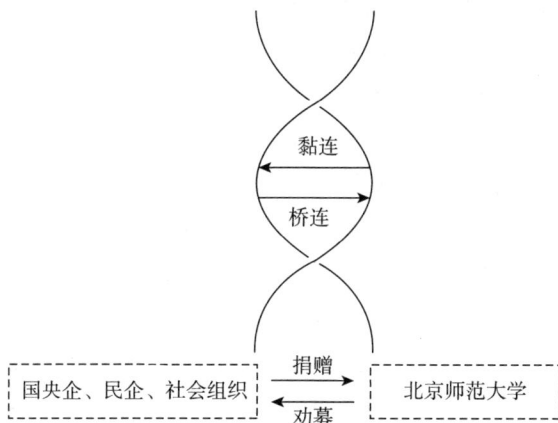

图 5 "强师基金"双螺旋发展模型

在筹资过程中，捐赠者基于对"强师工程"理念及具体实施方案的认同，愿意捐款。进入捐赠环节后，面对不同捐赠者的个性化需求，有针对性地研究和拟定与"强师工程"六大计划相匹配的方案，并与捐赠人讨论协商资金使用、方案推进、投后绩效等。在近几年的筹资过程中，基金会探索和创新定制"一企一策"，促成和承接国央企、民企和社会组织的捐赠，提供更精准的服务。

案例：北师大与国家能源集团共同创设乡村教育帮扶模式，启动"北京师范大学'强师工程'国能乡村振兴'领雁工程'乡村振兴教育公益项目"，为县域教师的发展提供了解决方案。在基金会的积极沟通与协调下，双方围绕基础教育发展，建立了深厚的信任关系，将促进基础教育质量的优质均衡发展作为双方共同努力的方向。通过开展新时代中小学县域骨干教师集中研修活动等精准培训，有效激活县域的教育动力，旨在打造一支讲好课、育好人、能示范、能带头的高水平教师队伍，培育一批具有中国特色教育家精神的"四有"好老师，成为引领当地教育发展、推动教育创新的中坚力量。双方以布拖、普格两县为试点开展"长周期整县教育质量提升项目"，打造示范校、优质课、带头人。以三年一周期的跨年度、递进式、分类分层分科专项研修，着力为当地打造一支高素质专业化教师队伍，以点带面，助力提升两县教育教学能力和办学水平，促进基础教育质量的优质均衡发展。为更好助力县域教师培养，双方建立校地党建共建、社会实践培训基地。围绕党员教育、文化浸润以及师生对国家重要能源、粤港澳大湾区相关行业发展的了解等方面提供丰富资源和活动，进一步推动校地融合、校企融合的常态化、长效化发展，为"走出来"参加培训的一线教育工作者增长见识、拓宽思路提供帮助。

国家电网有限公司捐赠支持"强师工程"教育提升项目。北师大积极响应，精心讲述"强师工程"故事，以项目为导向，与国家电网有限公司紧密合作，共同致力于教育帮扶事业。双方遵照"定点帮扶教育优先"策略，立足湖北神农架、秭归、长阳、巴东，以及青海玛多等5个县（区）实施"强师工程"，通过教师培训、校长研修和结对帮扶等措施，系统性提升定点帮扶县区教育质量。该项目除常规的教师培训和县域调研外，针对湖北省作为非北师大招生就业生源大省的现状，搭建平台，组织了湖北省县域教育代表赴北师大举办招聘会、双选会，并开展学生互动交流活动，通过面对面交流、发放宣传册的方式向学生详细介绍有关政策，吸引更多优秀的北师大毕业生前往当地从教、任教。

国投集团支持开展"关爱她"乡村女教师关爱项目。该项目在国投集团的支持下，联合中国妇女发展基金会、中国人权发展基金会开展。北师大和国投集团积极发挥各自优势，实现资源共享，深化在乡村振兴、教育帮扶等领域的合作。在贵州省罗甸县、平塘县和甘肃省宁县、合水县4个定点帮扶县，福建省武平县1个对口支援县以及福建省龙岩地区，聚焦乡村小学女教师群体，共同帮助其解决身心健康困扰，提升教学管理水平，为女性教育工作者提供更加公平的职业发展机会。该项目围绕"健康关爱行动""领军人才培养计划""权益保障公益活动"三个主题展开，携手助力女教师专业成长，关心女教师身心健康，提高其职业荣誉感、获得感，让她们更加安心、舒心、专心地从事教育工作。

北师大携手中石油集团开展"益师计划"。该项目遴选中石油集团定点帮扶的新疆、河南、贵州、江西4个省（区）的10个县作为教育帮扶对象，针对所在县域围绕石油油田较为偏远，开展互动或外出培训的难度比较大的特点，北师大充分利用自身优势资源，新开发线上授课平台"励耘在线"，以互联网在线课程的形式完成教育帮扶和支持。通过"线上研修+线下研训""引进来+走出去"等研修方式，实施教育精准帮扶，切实提升县域教师课堂教学能力，带动和促进区域教育事业长远发展。截至2024年，共有超3万名教师从中受益。

基金会拓展与民营企业以及各类基金会的筹资渠道，携手灵均投资开展"灵均优师资金"项目，通过业内交流、拜访接待等形式，向社会传播北师大的教育担当与"强师工程"的布局发展，探索新的捐赠可能性，并借助学校学科发展优势，利用系统科学思维、工程思维，构建以理科为主导、逐步覆盖全主科的基础教育教师思维培养方案，并率先在"优师计划"物理系学生中开展，培养具有系统思维观和理解型学习理念的学生，激发学生高层知识获取潜能，帮助学生树立明确的学习目标与动力。例如，北师大携手灵均投资设立"灵均优师基金"，投入10年时间，全力支持"强师工程"，向欠发达地区培养输送500名优秀教师，惠及超10万名学生。该基金聚焦北师大"优师计划"、学生奖学金、第二课堂课程培养、导师制项目、启航计划奖励金、学生成长档案与教育质量监测等相关工作，鼓励支持广大师范生前往832个脱贫县开展教育实践，在祖国需要的地方建功立业。

三 未来展望：以"强师基金"打造教育慈善共同体样板

（一）教育慈善共同体图景

当今社会，人民群众对美好生活的向往与追求构成了社会前行的核心驱动力之一。一方面，我们需要持续推动社会生产力的发展，筑牢社会繁荣根基；另一方面，慈善作为第三次分配的中坚力量，其关键效能的充分释放，已成为优化收入及财富分配格局的重要路径。为此，社会各界必须形成紧密的协同联动机制，汇聚各方力量共同发力。无论是个人还是机构，无论是教育慈善家还是大学，都需要为财富分配格局贡献力量。

展望未来，从经济层面看，高等教育大额捐赠能够调节财富分配，预计大额捐赠将持续涌现；从慈善层面看，实现了三重超越的教育慈善家群体将不断壮大；从社会格局层面看，高等教育捐赠推进高质量发展，大学与大额捐赠者将形成"教育慈善共同体"，即大学与高等教育大额捐赠者为了实现共同的教育目标和社会理想而共同行动所形成的深度互惠信任的一种高层级的关系形态。

"教育慈善共同体"图景如图 6 所示。

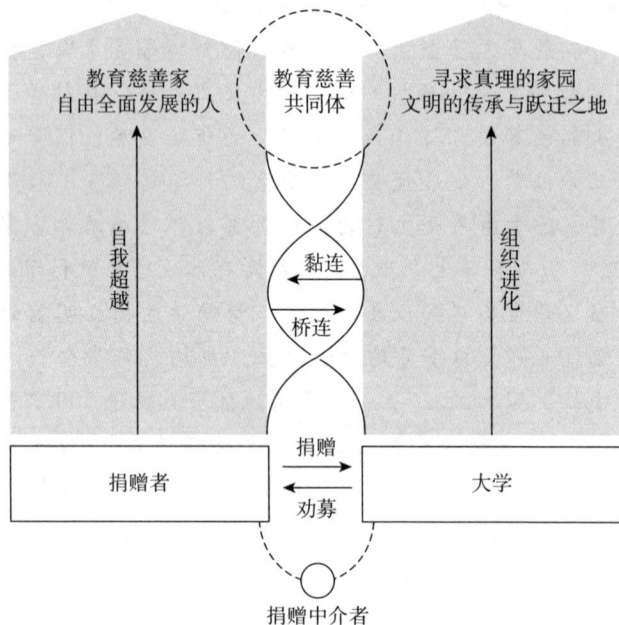

图 6 "教育慈善共同体"图景

这幅"教育慈善共同体"图景表达了三层含义。

其一，从主体上，个体捐赠者通过在实践与创造中自我超越而成长为教育慈善家，以"自由全面发展的人"为追求目标。与此同时，大学也实现了超越。著名哲学家雅思贝尔斯认为大学本身就是"一个由学者与学生组成的、致力于寻求真理之事业的共同体"。大学通过组织进化实现了高质量发展，在寻求真理的自由探索中成为人类文明的传承与跃迁之地。这是世代学人梦寐以求的理想，这也是大学存在的价值所在与初心所向。

其二，从行动上，大学在捐赠中介者的协助下，开展向捐赠者劝募的活动；相应地，捐赠者通过捐赠中介者也加深了与大学之间的联系。双方通过劝募与捐赠的交互，在桥连型关系拓展中不断扩展社会捐赠网络结构，实现结构性的优化和变革，形成社会网络体系；同时在黏连型关系的深化中增强沟通共享，加深信任与互惠。经过长期、持续的实践，为教育慈善共同体的形成提供强大的结构性支撑和牢固的文化根基。

其三，从关系上，研究认为捐赠者将财富赠予大学的同时，也以财富分配的方式重塑了与大学的关系。捐赠者将个人置于大学这个现实的场域中，把个人的财富与高等教育的高质量发展、大学和社会的全面发展联系在一起，也将个人的幸福与人类的福祉紧密联系在一起。个人在高等教育捐赠的实践中，收获了财富以外的价值，达到了全面自由、幸福的状态；同时，大学获得了大额捐赠财产，能够实现更加自由、高质量的发展，彰显大学的本质。两者在捐赠的终极目标——人类幸福上实现了统一。大学与捐赠者之间摆脱了劝募与捐赠这一以物质交换为主要特征的关系的束缚，脱离了"物的依赖"，面向共同富裕与人的自由全面发展，转化为更高层级的、和谐统一的教育慈善共同体关系，这是教育慈善领域乃至人类社会的文明新形态的一次创造。

当教育慈善家与传承人类文明的大学相遇，两者因为文化特质的一致性，在思想和实践上实现同频共振。在中国传统慈善文化与马克思历史唯物主义的相互交融中，形成了面向教育现代化和社会未来的新型社会文明形态，这便是"教育慈善共同体"。

北师大与中国大唐集团联手，在广西脱贫县大化瑶族自治县，以慈善共同体形式推进县域教育帮扶，助力县中实现从"塌陷"到崛起的转变。自2022年起，北师大与中国大唐集团签署战略合作协议，建设"强师工程服务站"，为大化县培养输送优秀人才，委派县中驻校校长，开展县中托管工作，并开展教育质量监测与诊断、教师培训、学生社会实践等活动。仅经过3年帮扶，本科率就提高了13个百分点，选择留在本县就读高中的中考"A+"学生翻了4倍，减少了优秀学生外溢，而且产生了明显的"磁吸效应"，让在家门口上好学校成为脱贫家庭可望又可及的现实，为民族地区教育事业树立了新的标杆。

形成"教育慈善共同体"，需要更多"强师基金"等大学使命型筹资项目多维度、多层次发力，不断提升品牌影响力，以确保能够持续为教育均衡发展的公益事业提供支持和资源。

（二）"强师基金"未来发展策略

1. 扩大品牌影响力，积极争取政策支持

积极推动国资委及相关部门将教育帮扶成果、捐赠定向师范生县域从教立业奖励金以及培养"未来教师"的数量和质量作为企业乡村振兴帮扶考核的指标。推动相关部门出台政策，鼓励和嘉奖耐心资本、留本基金捐赠行为，这将促进社会资源更加合理地配置到教育领域，在全社会形成一种关心教育、支持教育的良性捐赠文化，为培养更多优秀的"未来教师"和推动教育事业的进步创造更好的条件。

2. 媒体融合赋能，提升公益传播声量

发挥新闻媒体的舆论导向作用，大力宣传优秀人才典型和各项人才政策，营造尊重人才的良好氛围。通过营造支持人才干事业、支持人才成就事业的良好环境，增强社会对教师职业的认同感和吸引力。充分发挥媒体的传播优势，构建全渠道多矩阵推广模式。与专业媒体深度合作，制作"强师基金"系列纪录片，详细报道基金项目成果与典型案例；利用社交媒体平台如微博、微信视频号等，制作短视频、图文故事等吸引大众关注；积极参与教育行业融媒体直播及覆盖偏远县域的线上活动，邀请教育专家、受益师生等嘉宾分享经验与感悟，通过话题互动、线上筹款等功能，提升"强师基金"在社会各界尤其是教育领域的知名度与影响力，吸引更多爱心人士参与支持。

3. 技术驱动创新，增强捐赠公信力与透明度

构建高效数字化管理方案，实现筹资管理过程的规范化和制度化。开发"强师基金"线上管理系统，设置捐赠项目展示和分类检索功能，满足不同捐赠者需求，随时查看所捐款项使用情况与对应项目成效，增强捐赠公信力与透明度。

4. 依托"师范教育协同提质计划"，打造师范教育慈善共同体样板

师范院校作为培养教师的主体力量，在加强全国教师队伍建设、构建高质量教师教育体系、促进县域教育优质均衡发展中发挥重要作用。"师范教育协同提质计划"创新了教育对口支援模式，将范围精准定位为师范院校，着眼于中西部受援师范院校的核心能力建设和培育，打造师范院校"1+M+N"的组团帮扶新范式。通过提升受援师范院校办学水平，增强其对当地基础教育的辐射作用，从而促进当地社会经济的发展。未来，北师大"强师基金"将依托"师范教育协同提质计划"，以师范院校之间组团帮扶、协同发展的公益模式，助力教师供给侧结构性改革，为中西部县域输送更多优秀教师，服务教育强国建设。

参考文献

〔美〕彼得·圣吉，2009，《第五项修炼——学习型组织的艺术与实践》，张成林译，中信出版社。

〔美〕罗纳德·伯特，2008，《结构洞：竞争的社会结构》，任敏、李璐、林虹译，格致出版社。

高金岭、郝敬丹、付金存，2022，《高校社会资本对教师创新效能的影响研究》，《经济问题》第 9 期，第 107~114 页。

〔美〕安德鲁·卡耐基，2007，《卡耐基自传》，王丹译，中国书籍出版社。

李胜兰、靳荆荆，2015，《浅论消费者导向的高校筹资管理》，《齐齐哈尔大学学报》（哲学社会科学版）第 3 期，第 153~155 页。

廖成林、李菡、石刚，2010，《信任视角下心理契约对顾客重复购买意向的影响研究》，《商业时代》第 19 期，第 25~27 页。

〔德〕马克思，2000，《1844 年经济学哲学手稿》，中共中央马克思恩格斯列宁斯大林著作编译局译，人民出版社。

马凌远、李晓敏，2021，《民营企业家社会经济地位主观认知与个人慈善捐赠》，《统计研究》第 1 期，第 105~118 页。

〔美〕罗伯特·帕特南，2015，《使民主运转起来——现代意大利的公民传统》，王列、赖海榕译，中国人民大学出版社。

饶异，2010，《互惠利他理论的社会蕴意研究》，《广东社会科学》第 2 期，第 60~66 页。

孙喜亭，2003，《教育原理》，北京师范大学出版社。

解晓娜、李小平，2018，《主观社会阶层对亲社会行为的影响》，《心理与行为研究》第 4 期，第 563~569 页。

易鑫、孟彦、莫蕾钰，2015，《我国高校筹投资何以动力不足》，《中国教育报》3 月 23 日，第 5 版。

喻恺、瞿晓蔓，2016，《捐赠讲席：高校吸引人才与资金的制度创新》，《复旦教育论坛》第 5 期，第 21~26 页。

Blau，P. M. 1964. *Exchange and Power in Social Life.* New York：Wiley.

Dickert，S.，N. Sagara，& P. Slovic. 2011. "Affective Motivations to Help Others：A Two-stage Model of Donation Decisions." *Journal of Behavioral Decision Making* 4：361-376.

Moore，Mark H. 2013. *Recognizing Public Value.* Cambrige，Massachusetts：Harvard University Press.

Morrison，A. L. 2015. "Donor Motivations and Decision Making：Understanding the Major Gift Development Process from a Donor's Perspective（Order No. 10026491）." Available From Education Database；Proquest Dissertations & Theses Global A&I：The Humanities and Social Sciences Collection.（1771278338）. Retrieved from https：//search. proquest. com/docview/ 1771278338？accountid＝8554.

高校基金会筹款路径设计：目标、模式与探索实践

余海滨　　王群超　　赵玉立[*]

随着高等教育事业的蓬勃发展，内外部竞争日趋激烈，高校不仅肩负着人才培养、科技创新和社会服务的重要使命，还面临着资金需求的持续增长与资源有限性之间的矛盾，正处于一个既充满挑战又蕴藏机遇的发展转折点。高校基金会作为连接高校与社会资源的重要桥梁，其筹款路径的设计与实施成为关乎高校可持续发展的关键因素，探索并实施内涵丰富、多元高效且具有创新性的可持续发展筹款路径，已成为高校基金会的核心议题及不可回避的战略任务。这不仅关乎高校当下办学资金的保障，更直接影响其长远发展与未来竞争力的提升。在此背景下，基于高校发展目标和发展模式，对高校基金会筹款路径设计的探索与实践具有重要战略性意义。

一　高校基金会筹款路径设计的背景及其现实意义

（一）高校基金会筹款路径概述

筹款路径，是指某些组织或机构为了实现资源募集目标，在筹款过程中所遵循的战略性步骤和方法体系，涵盖从目标设定、资源开发、合作推进到结果评估的全过程。这些方法或渠道包括直接筹资、间接筹资、内部筹资和外部筹资等多种形式，旨在满足这些组织或机构长期或特定时期内的资金需求。对于高校基金会而言，筹款路径设计是指高校基金会为了筹集资金以支持高校的人才培养、队伍建设、科学研究、基础设施建设等发展需求，而精心规划和实施的一系列筹资策略，其核心在于整合校内外资源，形成可持续

* 余海滨，北京理工大学教育基金会副秘书长；王群超，北京理工大学教育基金会业务主管；赵玉立，北京理工大学教育基金会干事。

的资金流动机制，为高校发展提供强有力的经济支持。

筹款路径设计在高校基金会工作中具有关键作用。一方面，它明确了筹资的目标、流程和评估机制，为高校基金会的运行提供科学依据；另一方面，科学的路径设计能够优化资源分配，降低高校基金会运营成本，提高筹款效率。此外，通过完善的筹款路径设计，高校可以加强与社会各界的互动，提升自身的社会形象和影响力。

（二）高校基金会筹款路径设计背景分析

在国际范围内，特别是欧美高校，筹款已成为支撑教育发展的重要手段。例如，哈佛大学、斯坦福大学、耶鲁大学等世界一流高校，通过校友捐赠、专项基金等方式，在人才培养、科学研究等方面实现了可持续发展，这些高校的筹款路径均显示出体系化、数据化、多样化的特点。相比之下，中国高校筹款工作尚处于发展阶段，多数高校基金会面临筹款机制不完善、资源整合不足的困境。

高校基金会是连接学校与社会的重要桥梁，筹款路径的设计直接关系到资源整合效率和高校发展质量的提升。高校筹款路径设计背景主要包括以下几个方面。

1. 资金需求日益增加

随着我国高等教育的普及和发展，高校在高水平人才培养、高层次人才引进、科技创新实力提升、基础设施建设等方面对资金的需求日益增加。然而，传统的财政拨款和学费收入等已难以满足高校日益增长的资金需求。高校基金会作为高校筹资的重要渠道之一，其筹款路径的设计和实施显得尤为重要。

2. 办学自主权不断扩大

随着高校管理体制改革的不断深化，高校的办学自主权随之扩大，在学科建设、教学科研、社会服务等方面拥有更大的自主决策权。这也意味着高校需要更多的自主资金来保障其办学思路的具体落实。因此，高校基金会通过设计多元化的筹款路径，为高校筹集更多的自主资金，成为高校扩大办学自主权的重要支撑。

3. 捐赠文化逐渐兴起

随着社会经济的发展和公众公益意识的增强，捐赠文化逐渐兴起，越来越多的企业和个人开始关注并参与高校的办学事业，社会捐赠在高校筹资中的地位逐渐凸显。这些企业和个人通过捐赠资金、设备、图书等方式支持高校的建设发展。高校基金会作为高校接受社会捐赠的主体机构，其筹款路径的设计和实施直接影响高校有效吸引和利用社会捐赠资源。

4. 竞争压力加大

随着高校办学水平的不断提升和数量的持续增加，在高等教育资源相对有限的情况下，高校之间的竞争也日益加剧。为了提升学校的综合实力和竞争力，高校需要不断投入资金用于学科建设、教学科研、基础设施建设等活动。因此，高校基金会通过设计高效的筹款路径，为高校筹集更多的发展资金，成为高校应对竞争压力的重要手段之一。

（三）高校基金会筹款路径设计的现实意义

高校发展需要长期的战略规划和稳定的资金支持，而筹款路径的设计是实现这一目标的重要保障。高校基金会筹款路径设计的现实意义主要包括以下几个方面。

1. 满足高校资金需求

高校基金会通过设计多元化的筹款路径，为高校筹集更多的资金，从而保障高校在高水平人才培养、高层次人才引进、科技创新实力提升、基础设施建设等方面的资金缺口得以补充。这有助于提升高校的综合实力和竞争力，为高校的可持续发展奠定坚实的基础。

2. 拓宽高校筹资渠道

高校基金会通过设计多元化的筹款路径，可以进一步拓宽高校的筹资渠道，减少对单一筹资渠道的依赖。这有助于降低高校的筹资风险，提高筹资工作的稳定性和可持续性。同时，多元化的筹款路径还可以吸引更多的社会资源支持和关注高校，从而提升高校的知名度和社会影响力。

3. 促进高校合作发展

高校基金会通过设计多元化的筹款路径，可以促进高校的对外合作和发展。通过接受校友及社会力量捐赠等方式，高校可以与校友、相关企事业单位等社会各界建立紧密的合作关系，共同推动高校的教育和科研事业发展。这有助于为高校的发展营造良好的外部环境，提升高校的社会服务能力。

4. 推动基金会自我革新

高校基金会通过设计多元化的筹款路径，可以推动自身的改革发展与工作模式创新。高校基金会通过引入互联网筹款、公益众筹等新型筹款方式，拓宽筹资渠道、提高筹资效率，不断提升自身的品牌形象和知名度。这有助于推动高校基金会筹款工作朝更加专业化、规范化、创新化的方向发展。

（四）高校基金会筹款路径设计面临的挑战

1. 政策环境、社会需求及内部管理上的约束

在政策环境方面，高校筹款工作需符合国家和地方相关法律法规的要求。在社会需求方面，高校基金会需准确把握社会和公众的捐赠意愿和关注点，避免筹款方向与社会需求脱节。在内部管理方面，许多高校基金会在专业化程度、团队建设和资源整合能力上仍存在不足，影响了筹款路径的实施效果。

2. 对筹款路径科学化、系统化设计的迫切需求

面对日益复杂的筹资环境，高校基金会需要更科学、更系统化的筹款路径设计。这不仅包括对筹款流程的优化，还需要在筹款目标设定、筹款策略实施、资源整合和结果评估机制构建上进行全面提升，以满足高校筹款支持学校办学事业发展的需要。

3. 筹款模式创新、捐赠潜力发掘的瓶颈

高校筹款路径设计面临的一个重要挑战是筹款模式创新的瓶颈。高校基金会传统的筹款模式通常依赖校友捐赠或企业支持，往往导致筹款结构单一，缺乏多元化渠道，进而影响了资金募集的持续性和抗风险能力。此外，随着数字化和社会化媒体的迅速发展，许多高校在筹款过程中未能有效应用新兴技术，高校在提升筹款效率和拓展捐赠者群体方面存在较大潜力未被充分挖掘。

二　高校基金会筹款路径设计思路

高校基金会筹款路径设计的本质目标是为高校筹集足够的资金，满足其在学科建设、教学科研、基础设施建设等办学活动方面的资金需求，从而提升高校的综合实力和竞争力。同时，通过筹款活动，进一步加强与社会各界的联系和合作，从而推动高校的发展和创新。因此，高校基金会的筹款路径设计应以高校的发展战略为根本导向，紧密结合高校发展目标和实际需求，充分发挥高校基金会的平台作用，积极调动校内外资源，形成多元化的筹款体系。同时，应注重筹款工作的长期性和可持续性，构建与高校发展相匹配的筹款机制。高校基金会筹款路径设计是一项复杂而系统的工程，通过不断优化和创新筹款路径设计，为高校筹集更多的发展资金，推动高校的可持续发展。

（一）指导思想

高校基金会的筹款路径设计应遵循一定的指导思想，这些思想不仅为具体操作提供了理论框架，而且确保了筹款活动的长期性和可持续性。

1. 坚持教育公益属性与社会责任的统一

高校基金会作为教育公益组织，其筹款活动要立足于教育的公益属性，确保资金的使用始终围绕提升教育质量和服务社会的目标展开。在筹款过程中，要坚持透明、诚信原则，以确保捐赠者的资金能够用于支持高校发展的项目，如学科建设、学生资助、科研支持等。此外，高校基金会还应当充分发挥其社会责任作用，积极推动高校切实履行社会服务的重要责任。

2. 以服务高校发展和社会需求为核心

筹款路径设计必须以高校发展的实际需求为导向，结合社会需求进行灵活调整。在高校内部，筹款活动应优先支持人才培养、学科建设、科技创新等重要领域。在社会层面，高校要通过精准对接社会和公众的需求，吸引更多社会资源参与教育事业，推动社会整体发展。

（二）总体目标

高校基金会的筹款路径设计不仅是为了实现短期的资金目标，更是要为高校的长远发展打下坚实的基础。因此，制定明确的目标是成功实现筹款的前提。

1. 短期目标：提升筹款项目落地率与捐赠金额

在短期内，筹款路径设计的首要任务是提高筹款项目的落地率与捐赠金额。这包括确保筹款活动能够精准对接高校的具体需求，确保项目资金的高效使用，并通过精准的宣传，吸引更多捐赠者参与。通过优化捐赠流程、提升捐赠者体验和加强关系管理，可以进一步提升筹款项目落地率与捐赠金额。

2. 长期目标：构建可持续筹款路径

高校基金会筹款路径设计的长期目标是构建一条可持续的筹款路径，使其能够在不断变化的内外部政策、经济环境中持续获得资金支持，推动高校与社会发展同向共赢。高校基金会应通过制订长期筹款计划，打造稳定的资金来源，支持学校的长期发展战略。此外，高校基金会通过培养捐赠者忠诚度和加强捐赠透明度，吸引更多社会资源，形成反哺高校的良性循环。

筹款路径设计总体目标如图 1 所示。

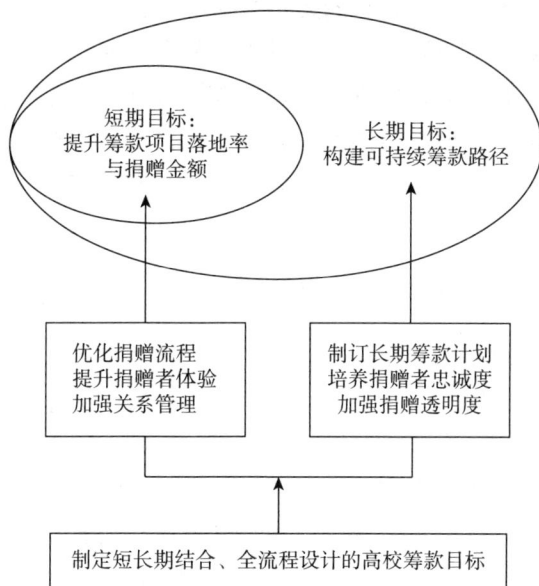

图 1　筹款路径设计总体目标

（三）工作原则

为确保筹款路径设计的有效性和可操作性，高校基金会筹款路径设计需要遵循以下工作原则。

1. 以人为本：优化捐赠者参与体验

捐赠者是高校基金会筹款活动的核心参与者，筹款路径设计必须从捐赠者的需求出发，不断优化其参与体验。这包括通过个性化捐赠选择、及时反馈和透明度提升等手段，加强与捐赠者的互动，增强其对高校基金会的信任和忠诚度。捐赠者的参与感和归属感对筹款路径的设计至关重要。因此，高校应为捐赠者提供灵活的捐赠方式，并确保其捐赠意向能够得到尊重和实施。

2. 创新驱动：注重筹款模式与工具的创新应用

随着科技的发展，传统的筹款模式已无法满足日益变化的社会需求。高校基金会必须积极探索创新筹款模式和工具，借助大数据、人工智能、区块链等技术提高筹款效率，不断拓宽筹款渠道。例如，通过社交媒体和数字化平台进行众筹，利用科技手段分析捐赠者的偏好和行为，实现精准募捐。此外，创新的捐赠工具，如"捐赠+回馈"模式、命名权捐赠等，也能够激励更多捐赠者参与。

3. 系统布局：整合资源，形成完整的筹款生态

高校基金会筹款路径设计应注重资源的整合和配置，形成完整的筹款生态。不同领域的资源（如校内资源、校友资源、政府资源、企业资源等）应通过精心规划与协调，形成协同效应，避免资源浪费和重复建设。高校可以通过建立跨部门合作机制、优化资源分配机制和资金使用规划，确保资源的最大化利用。

（四）检验标准

为了确保高校基金会筹款路径设计的有效性和实用性，需要明确一套科学的检验标准。这些标准可以帮助高校基金会对筹款工作的成效进行量化评估，并为未来的筹款活动指明改进方向。

1. 筹款路径设计的量化指标

筹款总额：筹款总额是衡量筹款路径设计成功的直接指标。通过对比实际筹款金额和目标筹款金额，可以评估筹款路径设计的有效性。

捐赠者数量：捐赠者数量是衡量筹款参与度的重要指标。其反映了社会各界对高校基金会的关注度和支持程度。

捐赠者满意度：捐赠者满意度是评估捐赠体验的重要指标。通过调查捐赠者的反馈意见，了解其对资金使用、信息透明度、沟通效率等方面的感受，从而优化未来的筹款路径设计。

2. 筹款路径设计的实际社会影响力

筹款路径设计不仅仅是为了提高资金筹集能力，更应关注其对社会的实际影响力。这包括提升高校的社会形象、增强社会认同感、促进社会各界的积极参与等。高校基金会应定期发布社会影响力报告，展示筹款资金的使用成效，增强社会公众对其工作的信任和支持。

三　高校基金会筹款路径模式与探索实践

高校基金会推动筹款工作，需要从外部宣传、内部协同、资源整合、战略谋划等多方面采取有效手段，总结为四种筹款路径模式。首先为影响促筹款，通过媒体宣传、社交平台运营及公益活动组织等外部传播手段增强社会影响力，吸引潜在捐赠者；其次为发展促筹款，通过深化与校友、企业及政府的合作，构建多元化、长期稳定的捐赠网络；再次为培育促筹款，注重培育捐赠者的公益意识，增强其归属感，通过举办捐赠者活动、开展专业讲座，提高捐赠者的参与度，增强其对高校基金会的忠诚度；最后为战略促筹款，以大学战略规划为引领，优化配置资源，确保筹款活动目标明确，根据实际情况灵活调整策略，促进筹款工作的可持续和长效发展。通过这四种模式的有机结合，高校基金会能够多层次、多角度地推动筹款工作，最大化资金募集的效果和社会影响力。筹款路径模式与筹款体系建设如表1所示。

表1　筹款路径模式与筹款体系建设

捐赠动机	筹款路径模式	项目规划	主要推动手段
感性	影响促筹款	讲好大学故事	构建宣传矩阵以增强社会影响力
		传递大学精神	
		凝聚大学力量	
理性	发展促筹款	科学研究	协同联动形成合作筹款大项目
		成果转化	
		社会参与	
	培育促筹款	一流学科公司	探索助力成长可持续发展新模式
		一流校友企业	
格局	战略促筹款	培养一流人才	学校层面前瞻思考、战略规划、顶层设计
		服务国家需求	
		争创世界一流	

（一）影响促筹款

1. 影响促筹款的内涵及实现

高校基金会作为非公募基金会，不具备在社会上公开筹款的资质，较之公募基金会，其面临筹款对象范围缩小、社会支持力度不足等问题。因此，高校基金会迫切需要提升自身宣传能力，增强社会影响力。宣传在高校基金会的筹款过程中扮演着至关重要的角色，它不仅是连接捐赠者与筹款项目的桥梁，更是提升筹款效果、扩大影响力、塑造品牌形象的关键手段。宣传是信息传递的手段，更是一种策略性的沟通方式，旨在建立与潜在捐赠者的情感联系，激发他们的捐赠意愿，并最终促成捐赠行为。筹款工作涉及的宣传内容包括但不限于公益项目宣传、高校形象宣传及筹款活动宣传等。宣传促进筹款的内涵丰富，涉及多个层面和维度，其实现需要高校基金会的精心策划和执行。

影响促筹款的内涵主要有以下几个方面。

（1）信息传递与认知构建

宣传的首要任务是传递高校基金会筹款项目的核心信息，包括项目背景、筹款目标、资金用途、预期效果等。这些信息是捐赠者做出捐赠决策的基础。通过清晰、准确、有吸引力的信息传递，宣传能够帮助潜在捐赠者建立起对筹款项目的初步认知，为后续引发情感共鸣、促成捐赠行为打下基础。

（2）情感共鸣与价值认同

宣传不仅能够传递信息，而且能够激发情感。从心理学角度来说，价值认同需要经历认知认同、情感认同、行为认同三个阶段。通过讲述筹款项目背后的故事、展示受益人的变化、描绘项目带来的学校及社会影响等多方位的宣传，能够触动潜在捐赠者的心弦，引发情感共鸣，使潜在捐赠者对捐赠活动从认知认同最终发展为行为认同。同时，宣传还强调筹款项目与捐赠者价值观的契合，使捐赠者意识到自己的捐赠行为不仅是在帮助他人，也是在实现自己的社会价值和理想抱负。

（3）信任建立与信誉提升

在筹款过程中，信任是捐赠者做出捐赠决策的关键因素。宣传通过展示筹款项目的合法合规性、资金使用的透明性、项目管理的规范性以及过往项目的成功案例，能够有效增强捐赠者对筹款项目的信任感。同时，宣传还注重塑造筹款项目的公信力，通过第三方机构的认证、媒体的报道、校友及社会各界的支持等方式，提升筹款项目在在校师生、广大校友、社会公众心目中的形象和地位，逐步建立起高校基金会的良好信誉。

（4）动员参加与影响扩大

宣传的最终目的是动员潜在捐赠者参与筹款活动，实现资金的筹集。通过设计吸引人的宣传活动和参与方式，如线上捐赠、线下宣讲、公益活动等，宣传能够激发潜在捐赠者的参与热情，吸引更多的人参加筹款活动。同时，宣传还通过媒体和社交网络的传播，提升筹款活动的影响力和知名度，吸引更多的潜在捐赠者关注和参与。

影响促筹款的实现需注意以下几点。

（1）明确宣传目标与定位

在筹款活动开始之前，需要明确宣传的目标与定位，包括确定筹款项目的核心信息、目标受众、宣传渠道和方式等。通过明确目标与定位，能够确保宣传活动的针对性和实效性，是实现良好宣传效果的现实基础。

（2）编制宣传策略与计划

根据筹款项目的特点和目标受众的需求，编制切实可行的宣传策略与计划，包括选择合适的宣传渠道（如媒体、社交平台、线下活动等）、设计吸引人的宣传内容和形式（如故事化叙述、视觉化展示、现场互动体验等）、安排合理的宣传时间和节奏等。通过编制科学的策略与计划，能够确保宣传活动的有序进行和效果最大化，是实现良好宣传效果的核心手段。

（3）整合宣传资源与力量

宣传促进筹款需要整合多方面的资源与力量，包括高校基金会筹款团队、社会媒体机构、高校领导、教职工及学生志愿者等。通过加强与合作方的沟通和协作，能够形成宣传合力，强化宣传效果。同时，还需要注重宣传资源的优化配置和高效利用，确保宣传活动的投入产出比最大化。

（4）创新宣传方式与手段

在信息时代，宣传方式与手段需要不断创新。筹款项目应紧跟时代潮流，运用新媒体和新技术进行宣传。例如，利用社交媒体平台进行精准推送、开展线上互动活动、制作短视频和实时直播等。这些新的宣传方式与手段不仅能够扩大宣传的覆盖面和提高其影响力，还能够增强与潜在捐赠者的互动和黏性。高校基金会开展宣传工作时，应根据宣传内容的不同选择不同的媒体宣传形式，最大限度地发挥媒体作用。

（5）注重宣传效果评估与反馈

宣传促进筹款是一个持续的过程，高校基金会需要不断评估和调整宣传策略。通过设立明确的评估指标（如捐赠金额、捐赠人数、参与度等），定期对宣传活动进行效果评估。同时，还需要注重收集捐赠者和潜在捐赠者的反馈意见，了解他们对宣传活动的看法和建议。通过评估与反馈，能够及时发现宣传活动中存在的问题和不足，为后续的改进和优化提供依据。

（6）建立长期宣传机制与品牌体系

宣传促进筹款不是一次性的活动，更需要建立长期的宣传工作机制。通过持续开展宣传活动，能够保持筹款项目的热度和影响力，吸引更多的潜在捐赠者关注和参与。同时，还需要注重品牌塑造和口碑传播。通过打造具有特色的筹款项目品牌和文化，形成独特的品牌形象和口碑效应，为未来的筹款活动奠定良好的基础。

（7）强化法律意识与合规意识

在宣传促进筹款的过程中，必须严格遵守相关法律法规和道德规范。确保宣传内容的真实性、准确性和合法性，避免虚假宣传和误导性信息。同时，还需要注重保护捐赠者的隐私权和知情权，确保筹款活动的透明性和公正性。通过强化法律意识与合规意识，能够维护筹款项目的公信力和形象，赢得广大师生、校友及社会各界的信任和尊重。

2. 耶鲁大学促筹款案例分析

在国外高校基金会中，耶鲁大学在筹资方面取得了骄人的成绩。耶鲁大学是美国最古老且最负盛名的大学之一，其教育捐赠基金常年位居美国高校前列。从耶鲁大学的发展史来看，耶鲁大学的每一次重大发展与变革，都与其教育捐赠有着密切的联系。耶鲁大学没有设立教育基金会作为筹款机构，而是设立了耶鲁大学投资办公室，致力于通过校友和支持者的捐赠，为学校提供可持续的财政支持。该投资办公室的核心目标是通过年度筹款活动，为耶鲁大学的教育教学、科学研究、学生支持以及校园基础设施等重要领域提供直接的资金来源（邢博、张伟，2008）。

（1）多渠道、分层次宣传

耶鲁大学投资办公室通过官方网站、社交媒体平台、电子邮件通信、线下活动等多种渠道进行宣传，确保信息能够广泛传播并触达目标群体。例如，通过官方网站和移动应用，平台设置了直观的捐赠页面，包括选择项目、定制捐赠金额，以及展示捐赠对学校的实际影响。

耶鲁大学投资办公室擅长借助新兴数字工具进行宣传，例如，利用在线平台的实时更新技术，举办 24 小时的集中捐赠活动，通过设置实时目标进度条、捐赠者排行榜、挑战赛等形式，营造紧迫感，增强社区参与感。除此之外，该投资办公室利用大数据分析技术，基于校友的毕业年限、捐赠历史、职业领域等数据，进行群体细分，确保筹款宣传内容与目标受众需求相匹配。针对不同群体（如年轻校友、小额捐赠者、大额捐赠者），设计差异化的宣传内容。例如，对于年轻校友，宣传着重突出"人人参与"的理念，强调小额捐赠的累计效应；而对于大额捐赠者，则提供一对一的沟通服务，展示具体的影响和冠名机会。

（2）多维互动宣传

耶鲁大学投资办公室非常注重与捐赠者的多维互动，以服务捐赠者的理念，针对不同捐赠额度的捐赠者采用不同的回馈方式，在物质或精神上最大限度地满足捐赠者对于捐赠回馈的需求。通过校园网站、公众平台、校刊校报、广播电台、新媒体中心等媒介，大力宣传捐赠者的捐赠行为，为捐赠者颁发证书和奖杯，给予捐赠者某一资助项目的冠名。对于部分大额捐赠者，或捐赠总额累计达到一定额度的捐赠者，耶鲁大学会为其提供冠名权，如在耶鲁大学校内设立冠名纪念建筑、设立冠名奖学金或给予教授职位冠名。此外，学校定期邀请大额捐赠者参加私人活动或感恩晚宴，让捐赠者感受到被重视。该投资办公室还通过动员校友担任筹款大使，以班级或地区为单位联系其他校友，开展更具个性化的互动。以上这些方式不仅表达了耶鲁大学对捐赠者的感激之情，还进一步满足了捐赠者的精神需求，增强其社会荣誉感，促使其主动进行二次或多次捐赠。

3. 清华大学促筹款案例分析

清华大学作为我国一流的高等学府，不仅其科研水平与学校建设能力等均为其他高校学习的典范，而且教育捐赠也常年位于国内高校教育捐赠排行榜前列。因此，清华大学的教育捐赠也越发受到学界和社会大众的广泛关注。清华大学于1994年率先成立教育基金会，成为我国最早成立教育基金会的高校之一，将我国高校教育捐赠引上了正规化道路（何盈玥，2023）。经过多年来不断地探索与实践，清华大学教育基金会在宣传方面形成了独特策略，取得了卓越成效。

（1）品牌宣传与形象塑造

作为国内顶尖高校，清华大学的品牌影响力为基金会带来了巨大的号召力。清华大学教育基金会充分利用这一优势，通过品牌宣传吸引更多人的关注和捐赠。同时，基金会还通过策划和实施一系列有影响力的公益项目，如支持公共卫生与健康学院建设、推动人工智能科技创新、助力全球气候变化与绿色发展研究、培养乡村振兴人才等，塑造了良好的公益形象，提升了公众对基金会的认可度和信任度。

（2）情感共鸣与故事讲述

清华大学教育基金会通过讲述捐赠人与受益人的故事、展示筹款项目的实际效果、开设线上公益讲堂等方式，激发捐赠者的情感共鸣，有效提升捐赠意愿。这种方式使捐赠者能够更直观地感受捐赠的价值和意义，了解捐赠如何改变受助者的命运，增强了捐赠者的成就感和自豪感。

清华大学教育基金会将其公益文化概括性地划分为"香远益清""春华秋实""同道者说""师说新语""公益讲堂"五个部分。"香远益清"栏目选取和呈现捐赠人、受益人及相关人士的代表和动人故事，以弘扬和传承捐赠人慷慨仁厚、乐善好施的精神品质，引发情感共鸣；"春华秋实"栏目精选具有代表性意义的项目成果进行公布，回馈和感谢捐赠方的支持和信任，更好地向社会呈现公益项目进展和资助成效；"同道者说"栏目邀请在清华发展历程中做出卓越贡献的捐赠人、校友和校内师生，关心和支持清华发展的社会各界人士，讲述他们的捐赠理念，记录他们的公益故事；"师说新语"栏目在教师节之际采访获得教师类奖项和荣誉的优秀教师代表，邀请他们讲述其教学生涯的心得感受、与学生相处的点滴趣事以及对精品课程的打磨过程；"公益讲堂"栏目邀请各院系的学科带头人和顶尖专家学者，就经济和社会发展的重大议题和焦点问题，阐述其研究成果和观点，以公益性的方式面向社会播出。

（二）发展促筹款

1. 发展促筹款的内涵及实现

发展促筹款是指高校基金会与校内各职能部处、二级学院、研究院以及社会各界之间，通过资源共享、优势互补、互利共赢的方式，共同推动教育科研事业的发展，进而促进基金会的筹款工作。发展促筹款理念强调的不仅是资金上的合作，更包括知识、技术、人才等多方面的协同。

发展促筹款的内涵主要有以下几个方面。

（1）资源整合与共享

高校基金会通过与校内各职能部处、二级学院、研究院的合作，可以充分整合学校的科研资源，包括实验室、仪器设备、科研团队等，为科研项目的顺利实施提供有力保障。同时，基金会还可以利用学校的科研成果及社会的影响力，吸引更多的社会资源参与学校的科研活动，形成资源共享的良性循环。

（2）优势互补与协同创新

不同学院、研究院在学科领域、研究方向上具有各自的优势和特色。通过协同发展，这些优势可以得到充分发挥，形成协同创新效应。例如，理科学院可以提供坚实的理论基础，工科学院则擅长技术开发和应用，两者结合可以推动更多具有创新性和实用性的科研成果产出，间接推动基金会筹款工作。

（3）成果转化与经济效益

科研成果转化和产业孵化是高校基金会筹款的重要途径之一。通过与校内科研机构的协同，基金会可以更好地了解科研成果的市场潜力和应用价值，从而有针对性地开展科研成果转化和产业孵化工作。这不仅可以为学校带来直接的经济收益，还可以提升学校的社会影响力和科研声誉，进一步促进基金会的筹款工作。

（4）社会协同与多元筹资

高校基金会的发展离不开社会的支持。通过与社会各界的协同联动，基金会可以拓宽筹资渠道，吸引更多的捐赠者和投资者。例如，与企业的合作可以实现产学研结合，共同推动科技创新和产业发展；与公益组织的合作可以共同开展公益项目，提升基金会的社会责任感和公信力。社会协同为基金会筹资提供了多元化形式。

发展促筹款的实现需注意以下几点。

（1）建立协同机制

首先，高校基金会需要与学校各职能部处、二级学院、研究院建立紧密的协同关系，明确各自的职责和分工，形成协同发展的工作机制，包括定期召开联席会议、共同制订科研计划、联合申报科研项目等，确保各方在合作中能够各司其职、协同推进。其次，基金会还需要积极与社会各界建立联系，开展实地走访和座谈交流，寻求合作机会，拓宽筹资渠道。具体而言，相关方可利用现代信息技术建立信息共享平台，实现科研项目、研究成果、资金需求等信息的实时共享，提高协同效率。对于在协同合作中表现突出的单位和个人，应给予适当的奖励和表彰，激发各方的积极性和创造力。

（2）优化资源配置

在协同发展过程中，高校基金会需要充分发挥自身的资源整合能力，对校内外资源进行优化配置，包括根据科研项目的进展和实际需求，动态合理分配实验室、仪器设备等科研资源；根据捐赠者的意愿和基金会的筹款目标，合理安排捐赠资金的使用方向等。在资源配置过程中，可以引入第三方评估机构对科研项目的可行性和预期效益进行评估，为资源分配提供科学依据。通过优化资源配置，可以提高科研项目的实施效率和成果转化的成功率，进而提升基金会的筹款能力。

（3）深化科研资助合作

科研资助合作是提升高校基金会筹款效能的关键策略。高校基金会应主动与校内科研机构建立紧密的资助合作关系，搭建开放共享的科研资助平台，促进跨学科、跨界的科研合作与交流，如共同策划科研资助项目、资助前沿探索性研究、助力科研成果的前期孵化等。同时，基金会应充分利用其资金运作和资源整合优势，吸引外部企业、慈善机构及个人的科研捐赠，形成多元化的科研资助体系。资助具有前瞻性和创新性的科研项目，不仅能够提升学校的科研实力和学术声誉，还能为基金会开辟更广阔的筹款渠道，吸引更多的捐赠者。

（4）促进科研成果的社会价值转化

科研成果的社会价值转化是基金会筹款的新增长点。基金会需与科研机构紧密协作，识别并资助那些具有社会影响力和发展潜力的科研成果，推动其从高校实验室走向社会应用。这包括但不限于支持科研成果的公益应用、教育普及、政策咨询等多元化转化形式。基金会应积极寻求与政府、非政府组织及企业的合作机会，为科研成果的社会化应用搭建桥梁。同时，通过策划和宣传这些转化成果的社会效益，提升基金会的公益形象，增强其筹款吸引力。促进科研成果的社会价值转化，不仅能实现科研成果的社会效益最大化，还能有效提升基金会的筹款效率和社会认可度。

2. 哈佛大学促筹款案例分析

哈佛大学是一所享誉全球的顶尖私立研究型大学，同时也是美国历史最悠久的高等学府之一，在多个学科领域都享有极高的声誉。哈佛大学没有专门的教育基金会负责筹资，而是利用学校发展办公室，执行高校教育基金会的筹资职能。哈佛大学在筹资方面取得的优异成绩不仅使其获得了充裕而稳定的资金支持，彻底摆脱了办学经费不足的困境，更为其建设世界一流大学、培养高质量人才提供了雄厚的财力支撑。经过多年的高速发展和逐步积累，哈佛大学形成了一套有效的协同发展筹资策略。

利用自身专业特色开展校企合作和资源置换是哈佛大学协同发展筹资策略之一。哈佛大学积极探索产学研结合的筹资策略进行筹资。利用本校所拥有的专业实验设备、最新的发明成果以及专业人才优势，积极主动地开展科研项目。与此同时，积极争取企业等单位的相关技术项目，将哈佛大学的相关专利技术出让给这些单位，以赢得单位对学校在资金方面的支持。

除此之外，哈佛大学还积极利用前沿科研技术的商业化，实现成果转化，从而推动协同发展筹资。例如，哈佛大学参与开发的 CRISPR 基因编辑技术，是一种革命性的科学发现，被誉为"基因编辑的剪刀"，具有操作简便、成本低廉和精准度高的特点，被广泛应用于医学、农业、生物制药等领域。哈佛大学的研究人员与其他机构的科学家共同参与了 CRISPR 基因编辑技术的开发，并在核心专利的申请中占据重要地位。哈佛大学通过将这项技术授权给多家公司，获得了大量专利费用和后续分红，不仅为学校带来了巨额收益，还推动技术从实验室走向市场。

通过企业合作与商业运作，哈佛大学可以通过筹集企业资金解决办学经费不足的问题，推动学校发展。企业则可以通过向哈佛大学捐赠，获得哈佛大学在技术开发与转让、科研成果、知识产权、企业咨询及人才培养等方面的资源优势。这为哈佛大学开辟了一条重要的筹资渠道。自此以后，越来越多的企业对哈佛大学表现出强烈的合作兴趣，哈佛大学也通过多种方式不断深化与学校研究领域相关的企业的合作，由此实现哈佛大学和企业的双赢。

资源置换和成果转化策略为哈佛大学实现持续稳定的筹资提供了保障。

3. 北京理工大学促筹款案例分析

近年来，随着全球科技竞争的日益激烈，尤其是信息技术和智能制造等领域的蓬勃发展，北京理工大学积极响应国家创新驱动发展战略，持续加强前沿科技领域的学科建设与研究力量，以期在新一轮科技革命中占据领先地位。在此背景下，北京理工大学与中软国际达成合作，共建信息技术创新学院，聚焦人工智能、大数据、云计算等前沿技术，致力于将该学院打造成为中国乃至全球领先的信息科技创新与研究平台。

北京理工大学与中软国际的具体合作模式是，中软国际作为国内领先的IT服务提供商，向北京理工大学教育基金会捐赠资金，主要用于支持信息技术创新学院的基础设施建设、科研项目资助、高端人才引进以及国际学术交流与合作。这一合作模式在高校与企业协同创新领域具有创新性，主要体现在中软国际以资金捐赠的形式助力高校信息技术学科发展，为其他企业与高校的合作提供了新思路。同时，这种合作模式不仅为信息技术创新学院和相关学科建设带来了即时的资金支持，还通过资金的灵活运作，为学校提供了长期、稳定的经费来源，为学院的持续发展奠定了坚实基础。

北京理工大学与中软国际合作成立的信息技术创新学院，标志着北京理工大学在信息技术领域的研究迈上了新台阶，促进了学校在信息技术领域的发展，有助于提升中国在全球信息科技竞争中的影响力。该学院成立后，在人工智能算法研发、大数据分析技术应用、云计算平台建设等方面取得了一系列重要成果，为国家的信息化建设和产业升级贡献了重要力量。

中软国际与北京理工大学的合作，不仅推动了信息技术领域的发展，也彰显了企业积极参与社会公益事业、助力国家科技创新的责任感。这一合作模式为其他高校与企业的合作树立了典范，特别是在高端专业人才培养、技术研发、学科交叉融合和产学研一体化发展等方面，具有较强的示范意义和推广价值，为我国科技创新体系的完善和发展贡献了力量。

（三）培育促筹款

1. 培育促筹款的内涵及实现

高校基金会作为连接教育资源与社会资本的桥梁，其角色愈加重要。特别是在筹资方面，基金会不仅需寻求稳定的资金来源以支持高校的教育与科研活动，更需探索一种可持续发展的互利共赢模式。其中，培育一流学科性公司、一流校友企业成为一个极具潜力的筹资途径。一方面，通过资源和支持助力企业成长；另一方面，通过企业发展反哺学校，实现筹资与发展的双向促进。

培育促筹款是指高校基金会通过资源支持、平台搭建和机制创新，在发展初期就与校友企业和学科性公司建立长期协作关系，促进企业与学校共同发展。这一模式的核心在于建立"支持—壮大—反哺"的良性循环机制。

培育促筹款的内涵主要有以下几个方面。

（1）支持一流学科性公司发展

一流学科性公司是指依托学校优势学科、科研团队和技术成果创办的企业。这些企业因其与学校学术资源的紧密联系，具有技术创新优势和产业竞争力。基金会通过资本投入、技术转化支持以及市场推广等方式，助力公司成长，从而为学校带来高额的经济回报和广泛的学术影响力。

（2）扶持一流校友企业壮大

一流校友企业通常由校友创办或经营，因与母校关系密切而具有天然的合作潜力。高校基金会通过为校友企业提供政策支持、人才推荐以及科技资源，帮助企业在早期快速发展。待校友企业成熟后，通过捐赠、合作、投资等形式回馈学校，有力推动高校基金会筹款工作，最终实现学校与企业的双赢。

（3）推动学校与社会资源的互联互通

高校基金会作为资源整合的中枢，致力于搭建校企合作平台，将校内学科优势与校外资本、市场需求对接，不仅为学校筹资，也为社会发展贡献智力支持。高校基金会通过一系列策略性举措，积极扶持和培育与高校学科紧密相关的一流学科性公司和一流校友企业，旨在构建一种长期的、基于共赢原则的合作模式。这种合作模式不仅要求基金会在企业初创或成长阶段提供必要的资金、资源、人才等支持，还期待这些企业在发展壮大后，能够以各种形式捐赠回馈高校基金会，从而形成一个良性的反哺循环机制。

培育促筹款的实现需注意以下几点。

（1）精选培育对象，确保投资质量

高校基金会应优先考虑与高校优势学科紧密相关的企业，这些企业更有可能在基金会的支持下取得突破性进展，进而为高校带来荣誉和筹资机会。再者，企业的核心团队是其成功的关键因素。高校基金会应深入考察团队成员的背景、经验、创新能力及合作精神，确保投资的对象具备可持续发展的潜力。同时还需通过市场调研和专家评估，对企业所在行业的市场容量、竞争态势、发展趋势等进行全面分析，确保投资的企业具有广阔的市场前景。

（2）提供全面支持，助力企业成长

根据企业的不同发展阶段，高校基金会可提供初创资金、风险投资、贷款担保等多种形式的资金支持，缓解企业的资金压力。高校基金会可以利用高校丰富的科研资源、师资力量和学生人才库，为企业提供技术研发、人才培养、成果转化等方面的支持。同时，高校基金会还可以帮助企业建立与行业领袖、政府机构等的联系，拓展企业的合作网络。在品牌建设方面，通过媒体宣传、活动组织等多种方式，提升企业的品牌知名度和影响力，为企业的市场拓展和融资活动奠定基础。

（3）建立合作机制，明确双方权益

高校基金会与企业应当明确双方的权利和义务，包括资金支持的具体方式、使用范围、回报机制等，确保合作的稳定性和长期性。通过设立联合机构，如联合研发中心、实习实训基地等，深化企业与高校的合作，促进产学研一体化发展。除此之外，还需要建立定期沟通机制，及时了解企业的发展状况和需求变化，以及对合作效果进行定期评估，根据评估结果调整支持策略。

（4）设定回馈机制，实现共赢发展

高校基金会鼓励企业在发展壮大后，通过捐赠资金、设立奖学金或研究基金等方式回馈高校基金会，支持高校的教育和科研事业。高校基金会与企业还可以共同发起或参与一些具有社会影响力的项目，如公益项目、科技创新项目等，通过项目合作实现双赢。对于部分具有高增长潜力的企业，高校基金会可以考虑以股权投资的形式参与，并在企业上市或并购时获得相应的回报。

（5）强化品牌宣传，提升社会影响力

通过媒体、网络等渠道积极宣传成功合作案例，展示高校基金会在培育一流学科性公司和一流校友企业方面的成果。鼓励企业参与社会公益活动，提升企业的社会形象和责任感。高校基金会也可以借助企业的力量开展更广泛的公益活动，提升社会影响力。通过与国际知名高校、企业等的交流与合作，提升高校基金会的国际知名度和影响力，同时也可以为企业引入更多的国际资源和合作机会。

培育促筹款是一种具有前瞻性和可持续性的筹资模式。通过精选培育对象、提供全面支持、建立合作机制、设定回馈机制和强化品牌宣传等策略的实施，高校基金会不仅能够有效地支持一流学科性公司和一流校友企业的成长与发展，还能够为企业壮大后反哺高校基金会创造有利条件，从而实现筹资的可持续发展和互利共赢的目标。

2. 斯坦福大学促筹款案例分析

斯坦福大学作为世界一流高校，在全球高等教育和创新领域享有极高的声誉，其培育一流学科性公司和孵化一流校友企业的模式是美国高校教育基金会通过校企合作实现可持续发展的典范。斯坦福大学的崛起与校友企业关系紧密。1951 年，工程学院院长特曼将校内部分土地以工业园区的形式长期租给工商业界或毕业校友设立公司，再由他们与学校进行合作，提供各种研究项目和学生实习机会。随着校友企业的发展壮大和数量增多，工业园区迅速向校外扩张，最终形成了美国加州科技尖端、人才高地——硅谷，培育出了诸如谷歌、惠普、雅虎、思科、耐克、美国艺电公司、太阳微系统、NVIDIA 及 LinkedIn 等众多高科技企业。

（1）谷歌

谷歌由斯坦福大学博士生拉里·佩奇（Larry Page）和谢尔盖·布林（Sergey Brin）于 1998 年创办，二人从斯坦福大学的计算机科学专业研究中获得了搜索引擎技术的灵感。在创业初期，斯坦福大学通过提供资金、技术许可和办公空间等支持，帮助谷歌迅速发展。斯坦福技术许可办公室（OTL）为谷歌提供了搜索算法的专利授权，并允许谷歌使用斯坦福的部分技术。

谷歌的成功使其创始人与斯坦福大学之间保持了紧密的联系。目前，谷歌已成为全球最大、最具影响力的互联网公司之一，并在多个方面反哺母校，谷歌的创始人定期向斯坦福大学捐赠资金，用于研究项目和设立奖学金。例如，拉里·佩奇和谢尔盖·布林分别为斯坦福大学捐赠了大量资金，支持计算机科学和人工智能研究；谷歌与斯坦福大学保持长期的学术合作关系，尤其在人工智能、大数据、搜索技术等领域；斯坦福大学的计算机科学和工程学专业为谷歌输送了大量优秀人才，包括谷歌高级管理层的成员和技术专家。

（2）惠普

惠普由斯坦福大学的两名校友比尔·休利特（Bill Hewlett）和戴维·帕卡德（Dave Packard）于 1939 年创办。惠普的初期产品是音频振荡器，在斯坦福大学不断提供技术许可和校园资源的大力支持下，惠普逐步成长为全球领先的计算机硬件公司。惠普在成长过程中不断回馈斯坦福大学，尤其在资金支持、实验室建设和人才培养方面。比尔·休利特和戴维·帕卡德通过捐赠资金，建立了多个奖学金和研究基金，并为斯坦福大学的计算机科学和工程学系提供了巨大的支持。惠普也与斯坦福大学保持长期的技术合作关系，帮助斯坦福大学开展企业孵化和技术转化工作。

（3）思科

思科由斯坦福大学的两名校友莱昂纳德·波斯基（Leonard Bosack）和桑德拉·勒夫（Sandra Lerner）于1984年创办。思科的创业灵感来源于斯坦福大学校园内部的计算机网络建设。斯坦福大学为思科提供了技术研发支持，并在初创阶段借助学校的科研资源，帮助公司获得了早期的技术突破。

在取得企业经营的巨大成功后，思科的创始人和高管通过捐赠建立了多个斯坦福基金，支持学校的教育和科研。例如，思科创始人莱昂纳德·波斯基曾为斯坦福大学捐赠建立了"斯坦福大学计算机科学和工程学系"，并为学校的其他项目提供资助。思科还通过建立奖学金基金，支持斯坦福大学的学生，尤其是那些在网络技术和计算机科学方面表现突出的学生。同时，思科与斯坦福大学在网络技术、物联网等前沿领域保持密切合作，推动了双方在技术创新上的共同发展。

斯坦福大学教育基金会通过与学校内的创新孵化平台、投资基金、校友网络等多方资源的协作，为校友企业的成长创造了优越条件。斯坦福大学的主要孵化平台与支持机制包括斯坦福技术许可办公室、斯坦福创业中心、斯坦福研究园区、斯坦福校友创业基金。以上成功案例展现了如何通过高效的孵化平台和创新生态系统，支持校友企业从初创阶段成长为全球科技巨头，同时实现高校、企业和社会的共同发展。这一模式不仅帮助斯坦福大学保持了在全球教育和创新领域的领先地位，还为全球高校提供了关于校企合作与可持续发展的成功范例。

3. 浙江大学促筹款案例分析

浙江大学教育基金会的前身是于1994年3月建立的"浙江大学竺可桢教育基金会"，是我国成立时间最长的高校教育基金会之一。自成立至今的30多年以来，浙江大学教育基金会摸索出了一条相对较为完善的筹资之路，为学校的科研教学、人才培养、基础设施建设等提供了雄厚的资金支持。

浙大网新科技股份有限公司是浙江大学校办企业的代表之一，成立于1995年，主要通过整合浙江大学的技术、人才和品牌资源，从而发展成为一家综合性的IT企业，为国内高校教育基金会培育一流学科性公司提供了浙大范式。浙大网新科技股份有限公司通过将科研成果转化为商业产品，推动了计算机科学与技术的产业化，其成功的同时积极反哺母校，为浙江大学提供了稳定的经济支持，成为其科研和教育发展的重要资金来源之一。

浙江大学依托学校在计算机科学与技术、软件工程等学科领域中的优势，帮助浙大网新科技股份有限公司先后与多家研究机构和实验室开展合作，进行信息技术的联合研发。浙大网新科技股份有限公司通过技术许可和知识产权授权，将学校的科研成果转化为具有市场潜力的产品。例如，在人工智能、机器学习、图像识别等技术领域，浙大网新科技股份有限公司利用浙江大学的技术积累，开发了多项具有自主知识产权的软件和硬件产品。

作为回馈，浙大网新科技股份有限公司将其盈利的一部分回馈母校，支持学校的科研与教育发展。通过股利分配、捐赠等形式，浙大网新科技股份有限公司将利润反哺到学校的各类科研项目、教育基金、奖学金设立以及基础设施建设等方面，帮助学校改善教育资源，为学校提供了稳定的经济来源。浙大网新科技股份有限公司还为浙江大学学生提供实习机会、就业机会和创业支持，帮助学生将理论知识与实践经验相结合，提高学生的综合素质和就业竞争力。

浙大网新科技股份有限公司的成功模式展示了高校基金会通过校办企业实现资源的高效配置和利用，推动技术的创新和产业化，同时为母校提供经济支持，促进社会与经济的共同发展。这种校企合作模式不仅提升了学校的科研能力和社会影响力，还促进了地区和行业的科技进步与产业升级。

（四）战略促筹款

1. 战略促筹款的内涵及实现

对于高校基金会而言，筹款不仅仅是一个财务问题，更是与学校长远发展密切相关的战略性课题。在这一过程中，学校层面的前瞻思考、战略规划及顶层设计对于筹款的成效至关重要。通过明确学校的长远发展目标，从而培养一流人才，服务国家需求，争创世界一流高校。高校基金会能够在实现学校发展愿景的同时，最大化各种资源的动员、筹集、整合。

战略促筹款主要包括两个方面：一方面，将筹款工作视为学校整体战略的一部分，作为推动学校可持续发展的关键手段；另一方面，在筹款过程中，以学校的长远发展目标为导向，有针对性地设计筹款策略，广泛动员社会资源，尤其是校友资源和社会力量。

战略促筹款的内涵主要有以下几个方面。

（1）前瞻思考：明确学校发展方向

前瞻思考是战略规划的起点，它要求高校基金会结合学校的优势和国家、社会需求，预测未来可能的发展趋势，并制定符合这一趋势的筹款策略。这不仅仅是对当前市场和政策的响应，更是对未来需求、技术变革、教育创新及人才培养模式的深入思考。

高校基金会的筹款战略要基于学校的学科特色和优势展开前瞻性分析。例如，面对国家对科技创新的高度重视，可聚焦于科技创新、人工智能、生命科学、清洁能源等领域，积极推动相关领域的科研成果转化。高校基金会还可以通过设立专项基金、加强与科技企业的合作等方式，为学校的相关学科提供资金支持。

（2）战略规划：明确筹款核心目标

战略规划是实现筹款目标的具体步骤和路径。高校基金会在开展筹款工作时，要明确筹款的核心目标，并围绕这些目标开展工作。

筹款工作的根本任务是培养一流人才。为此，高校基金会需要根据学校的战略目标，设立专门的人才培养基金，吸引社会力量投资于学术研究、奖学金、海外交流、创新创业等方面，帮助学校吸引优秀的师生资源。

筹款工作的重要使命是服务国家需求。高校应根据国家经济社会发展战略和行业人才需求，优化教育资源配置，为国家重大科技攻关项目、教育改革等国家重点领域提供资金支持。例如，在当前中国推动"双一流"建设的背景下，学校可以通过定向捐赠、项目资助等方式，支持重点学科、国家级实验室建设，形成推动国家创新发展的合力。

筹款工作的最终目标是支持学校争创世界一流高校。在这一目标指引下，高校基金会需要围绕学校的国际化发展战略，通过国际合作、引进海外人才、建设国际化学术平台等，推动学校的全球竞争力提升。

（3）顶层设计：构建科学的筹款体系

顶层设计是高校筹款工作的关键，它不仅涉及学校整体战略的统筹，还包括筹款体系的构建。科学的筹款体系应包括资金来源、资金管理、资金使用等多个方面的内容，并确保资源的高效配置和可持续利用（沈黎勇、杨维东，2024）。

高校筹款不仅依赖于政府拨款、学费收入等传统资金渠道，还需要通过多元化的渠道拓宽资金来源。例如，可以通过设立校友捐赠基金、深化社会企业合作和行业合作、争取国际资金支持等多种方式，充分调动社会各方的资源，形成稳定且多元的资金支持体系。

资金管理的透明化对于增强捐赠方的信任、保障资金使用的高效性至关重要。高校基金会应建立健全的资金管理机制，确保每笔捐赠都能够有效、合规地使用，并定期向捐赠者和社会公开资金使用情况，提高资金的社会效益和影响力。

资金使用的科学化和项目化是确保筹款效果的关键。高校基金会应根据学校战略发展需求，科学安排资金使用方向，重点支持学校的优势学科、特色学科、科研平台、教学设施等领域，同时将资金投入与学校的中长期发展目标紧密对接。

战略促筹款的实现需注意以下几点。

（1）明确学校定位与发展战略

高校在筹款过程中需要明确自身的特色和发展方向。高校基金会应根据学校的定位，制定与学校发展目标相匹配的长短期筹款战略。例如，某些高校可能以"科技创新"为特色，那么高校基金会的筹款重点可以围绕科技创新专项资金、科研合作基金等展开。如果学校注重"文艺教育"，则筹款重点可以倾向于文化艺术基金、奖助学金等方面。高校基金会应始终保持对国际国内形势的洞察，主动设计谋划契合国家重大发展战略的品牌项目，彰显大学的理想和坚守。同时，学校应当加强与社会、政府、企业的合作，打造产学研合作平台，形成互利共赢的资金支持网络。这样，筹款工作才能真正与学校的核心发展战略对接，形成协同效应，从而助力学校建成中国特色社会主义的世界一流高校。

（2）健全筹款体系与治理结构

完善的筹款体系与治理结构是实现筹款目标的基本前提。高校基金会应明确筹款的目标和原则、制定筹款计划和策略、确定筹款的渠道和方式、规范资金的使用和监管、建立筹款工作的组织架构和流程等，从而确保筹款工作的规范化和高效化。新型组织治理结构要建立在"协作—共赢"的基础上，秉承"学校主导、院系主体、部处配合、全员参与"原则，构建校领导、职能部处、校友会、基金会、院系多层次筹资主体相互协调、相互补充的多边治理体系。高校基金会要发挥校领导对筹资战略方向的指引作用和自身对各类资源的凝聚调动能力，要求学校领导做好顶层设计，发挥关键作用，广泛争取社会各界的捐赠，并引导各院系和职能部处主动参与资源拓展。此外，要不断提升高校基金会的透明性、专业性和职业性，组建专业筹资团队，使各岗位员工具有行业内顶尖的专业或工作背景，为高校基金会发展提供人力保障；要联合校友会为院系发展搭建海外高端人才引智平台，建立地区校友会及校友企业支持院系招生、就业工作服务体系等，鼓励引导院系整合校内外资源，为自身各项中心工作争取更多支持。

（3）塑造核心价值和公益文化

高校在致力于服务当前社会需求、促进物质文明进步的同时，需要怀揣深厚的本土情感，并前瞻性地关注长远发展，致力于人类精神世界的建设。

为此，高校基金会需构建多元化的资金筹集网络，精心策划并实施富有吸引力和影响力的筹资项目，讲述捐赠背后的感人故事，传递慈善理念。同时，高校基金会应致力于成为文化高地，紧密结合学校的发展蓝图与独特优势，强化对学校宗旨、基金会价值观、捐赠者风采及项目成果的展示，持续提升文化在筹资活动中的导向作用。此外，高校基金会还需坚持推广社会公益，彰显深厚的家国情感，塑造积极的外部形象，以此促进社会资金吸纳能力的提升，形成良性循环。

2. 北京大学促筹款案例分析

北京大学作为我国一流的高等学府，历年来所接收的国内外教育捐赠一直名列前茅。北京大学教育基金会成立于1995年7月，是中国成立最早、运行最完善、发展最迅速的高校基金会之一，主要负责筹集并管理海内外各界朋友和校友捐赠的资金，凝聚各方兴学力量，支持北京大学在人才培养、科学研究和社会服务领域不断追求卓越。

北京大学教育基金会坚持以国家需求为导向、以学校长远发展为目标的战略筹款模式。通过定向筹资，基金会成功整合校友资源、企业捐赠及社会支持，为国家重点实验室建设提供了强大的资金保障。随着中国经济社会的高速发展，国家对科技创新提出了更高要求。科研领域特别是在信息技术、生命科学、材料科学等方向，需要建设更多高水平科研平台，攻克"卡脖子"技术难题。作为中国顶尖的综合性高校之一，北京大学以"服务国家重大战略需求、推动科学前沿突破"为目标，重点支持国家重点实验室建设，将科研实力与国家需求相结合，北京大学教育基金会因此开展了有针对性的定向筹资工作，包括在信息技术与量子科学领域支持量子计算、人工智能等技术的研究平台建设，在生命科学领域建设先进医学实验室，推动癌症、传染病等重大疾病的研究，在新能源与材料科学领域打造清洁能源研究中心和高性能材料实验室。通过校友和企业捐赠，北京大学累计筹资数十亿元，建立了天然药物及仿生药物国家重点实验室、区域光纤通信网与新型光通信系统国家重点实验室等。同时，北京大学教育基金会积极助力国家重点实验室的发展，逐步实现了科研设备和实验室基础设施的全面升级，吸引了多名国际顶尖科研人员加盟，极大提升了北京大学的学术影响力。实验室承担的多项国家重大科技攻关项目，有力推动了国家的科技发展。

北京大学教育基金会树立了高校筹资与国家需求相结合的成功典范。结合该案例可以看出，高校基金会在筹资时，应以服务国家重大需求为核心，精准设计筹资项目，依托校友资源，广泛吸引社会参与。

3. 西湖大学促筹款案例分析

西湖大学作为一所以研究为导向的新型私立大学，自成立以来一直强调通过高效的筹资机制支持学校发展和科学研究。在全国 7000 余家基金会中，西湖教育基金会是唯一一家以举办大学为宗旨的基金会，为西湖大学筹集办学资金是基金会的核心工作。但与绝大多数大学基金会不同的是，西湖教育基金会成立时间早于西湖大学，基金会尚无校友资源，在筹款的很多方面均无先例可循。

西湖大学定位为中国首个高起点、小而精的新型研究型大学，聚焦基础前沿科学研究，致力于尖端科技突破，注重学科交叉融合。与传统公立高校相比，其筹资完全依赖社会力量支持，强调灵活、高效的资源获取模式。为支持西湖大学办学发展，西湖教育基金会以服务学校使命和国家需求为导向，积极开展战略性筹资工作，大力倡导社会捐赠，为学校吸引了来自知名企业家、大型社会组织等多方的资金支持。

西湖大学的筹资战略紧密围绕以下重点展开：支持基础科学研究，推动前沿领域突破；坚持发展有限学科，培养拔尖创新人才；吸引国内外顶尖科学家，建设世界一流师资队伍。根据这些核心方向，西湖大学设计了一系列专项筹资项目。例如，定向资助顶尖科学家的"未来科学计划"，为实验室设备购置和科研平台搭建提供资金的"西湖实验室建设基金"。基金会积极争取企业捐赠。例如，阿里巴巴向西湖大学捐赠 1 亿元人民币，为学校发展提供了关键启动资金；腾讯、华为等高科技企业通过资金支持和项目合作，助力西湖大学实验室建设和技术转化。基金会还将目光瞄准企业家与社会名人，争取到了多名知名企业家和投资人的资金捐赠。

西湖教育基金会的战略筹资案例，体现了新型研究型大学如何通过科学的顶层设计和社会动员实现高效筹资。首先，前瞻思考与战略规划是筹资的基础，高校的筹资工作必须与学校的使命和发展目标高度契合。西湖大学明确了"以基础前沿科学研究为导向"的发展定位，聚焦生命科学、物质科学和前沿尖端技术等领域，为筹资指明了清晰的战略方向。其次，西湖教育基金会利用知名企业家和社会名人的影响力，以及高科技企业的资源整合能力，为学校筹集了大额捐赠。这种"高层次捐赠带动"模式不仅解决了资金短缺问题，还提升了学校的社会关注度和品牌影响力。

四 优化高校基金会筹款路径的思考

在高校基金会筹款路径设计中，影响促筹款、发展促筹款、培育促筹款和战略促筹款四种模式各具特色且互为补充。每一种模式都在高校筹款路径设计中发挥着独特的作用。

影响促筹款模式的核心在于通过多渠道、多维度的传播手段，提升高校基金会的社会影响力与公众认知度。其优势在于其广泛的传播覆盖面以及与公众的强情感连接。通过社交媒体、传统媒体、线上平台等多个渠道，高校可以在短时间内触达广泛的潜在捐赠者群体，提升高校基金会品牌曝光度。通过真实的案例与感人的故事展示高校的社会贡献，引发公众情感共鸣，从而增强捐赠动机。虽然宣传模式的长期效应难以立即显现，但通过对项目或活动的有效传播，可以实现短期内捐赠金额的提升，并为长期筹款活动奠定良好的基础。

发展促筹款模式的核心在于通过建立长期的合作关系，形成稳定的捐赠来源。发展模式强调的是长期的资源积累与捐赠人关系的维系。通过策划系统、渐进性的筹款活动，可以在稳定中逐步提升捐赠额度。这一模式更注重对捐赠者的培养与服务，尤其是校友、企业等群体，通过持续的互动与沟通，维持其长期的捐赠意愿。通过与校友、企业及其他社会团体建立合作关系，高校能够获得稳定的资源流入，并通过各方力量的联合推动，形成长久的支持网络。

培育促筹款模式强调的是通过营造捐赠文化，逐步培养社会各界对高校长期捐赠的支持意识。通过参与高校基金会的长期建设，捐赠者不仅是资金的提供者，还成为高校发展历史的一部分，获得情感上的满足。这一模式通过逐步扩大捐赠的覆盖面，形成社会各界积极参与的良性循环，提升捐赠的稳定性和持续性。

战略促筹款模式强调的是通过科学合理的资源配置与目标设定，实现高校基金会资源的最优使用，推动其长期可持续发展。战略模式确保各项资源能够得到高效利用，减少浪费，提升捐赠资金的使用效率。这一模式更注重制定长远的发展战略和目标，不仅关注短期的筹款效果，更注重资源的可持续利用及后续捐赠的维系。战略模式下，高校基金会品牌建设需与高校品牌的长期发展规划高度契合，确保筹款工作能够支持学校的核心发展目标，如学科建设、科研发展等。

通过对以上四种促筹款模式的调研，笔者归纳总结出优化高校筹款路径的建议如下。

（一）提高信息透明度，增强公众对筹款资金使用的信任

信息透明度是提升公众信任度的核心要素。高校基金会应当定期公布资

金使用报告，通过官方网站或社会媒体，定期公布筹款资金的使用情况，包括资金分配、资助项目进展等，让捐赠者了解自己的捐赠对学校的具体贡献。并且通过第三方审计公司定期对高校基金会的财务状况进行审查并发布报告，增加捐赠者对资金管理的信任。此外，对于每个筹款项目，高校基金会应建立完整的反馈机制，及时向捐赠者展示资金使用后的具体成效，提高捐赠者的参与感和成就感。

（二）借助人工智能与大数据，提升捐赠者画像精准度

借助人工智能与大数据分析工具，高校可以更加精准地识别和定位潜在捐赠者，提升筹款的精准度。高校基金会需对捐赠者绘制画像，利用大数据技术分析潜在捐赠者的行为特点、捐赠历史和社会背景，绘制精准的捐赠者画像，从而提供个性化的筹款策略。并利用人工智能技术，根据捐赠者的兴趣和行为分析，推送定制化的捐赠信息和项目推荐，提升筹款活动的参与度和捐赠金额。此外，通过对历史数据以及用户行为数据的分析，持续跟踪捐赠者的行为和反馈，实时优化筹款活动的设计与实施，提升筹款效率。

（三）强化校友沟通联络，挖掘校友资源深层潜力

校友是高校基金会不可或缺的宝贵资源，深化与校友的联系不仅能强化情感纽带，还能有效促进筹款。高校基金会应建立完善的校友数据库，定期更新校友信息，包括职业发展、兴趣爱好及捐赠意向等，以便更精准地开展筹款活动。联合校友会组织多样化的校友活动，如校友返校日、行业交流会、职业发展讲座等，增强校友与母校之间的互动，同时植入筹款元素，让校友在参与中感受到对母校的支持价值。此外，设立校友基金或专项奖学金，鼓励校友以班级、年级或专业为单位进行集体捐赠，既能激发校友间的集体荣誉感，也能为母校带来持续的资金支持。通过构建校友捐赠的荣誉体系，如表彰杰出校友捐赠者、设立捐赠墙或纪念碑等，进一步提升校友捐赠的积极性和社会影响力。

（四）创新筹款项目设计，提高吸引力与参与度

面对日益多元化的捐赠需求，高校基金会需不断创新筹款项目设计，以提高项目的吸引力和公众的参与度。可结合社会热点和高校特色，开发具有社会影响力的公益项目，如环保科研、教育扶贫、公共健康研究等，吸引对此类议题感兴趣的捐赠者。引入"众筹"模式，让小额捐赠者也能参与具体

项目，感受直接改变的力量，增加捐赠的即时反馈。同时，探索"回馈式捐赠"机制，如为捐赠者提供定制化的纪念品、优先参与学校活动的机会或专属的教育资源访问权等，让捐赠成为一种双向受益的行为。通过不断优化项目设计，提升项目的透明度、创新性和社会价值，使高校基金会的筹款工作更加生动、有效，吸引更多社会力量的关注与支持。

五 结语

在高校基金会发展的过程中，筹款路径的设计与优化是确保其可持续发展的核心要素。通过对高校基金会筹款路径的探索，不仅要看到筹款路径设计对高校发展的深远影响，还需把握未来形势下的机遇与挑战，不断推动模式创新和管理优化，以实现高校与社会、捐赠者之间的长期共赢。

高校基金会未来需要在以下几个方面不断创新与完善，确保筹款工作的可持续发展。

（一）持续优化筹款路径，适应新形势的挑战

随着全球化、信息化的加速，筹款环境发生了深刻变化。高校基金会需要根据外部环境的变化，及时调整和优化筹款路径。这不仅要求加强对国内外筹款趋势的分析，还需要关注政策法规的变动，确保筹款路径在合规框架内灵活运作。同时，随着捐赠者需求的多样化和筹款工具的不断更新，高校基金会应当更加注重灵活性和适应性，定期评估路径设计的有效性，并做出相应的调整。

（二）在数字化和智能化背景下推动筹款模式创新

数字化和智能化技术的快速发展为高校基金会提供了丰富的创新机会。未来，高校基金会可通过人工智能、大数据分析等技术手段，提升捐赠者画像精准度与筹款策略的科学性。这不仅能提高筹款效率，还能够为捐赠者提供个性化的服务和体验，从而增强其参与感与忠诚度。同时，结合社交媒体和众筹平台，能够进一步拓宽筹款渠道，激发更广泛的社会参与。

（三）强化基金会品牌建设，提升社会影响力

高校基金会的品牌建设是其筹款能力的重要支撑，直接影响其筹款成效。未来，强化品牌意识至关重要，需通过高效项目执行、透明资金管理及显著

社会贡献，塑造正面可信形象。应超越传统校友和企业捐赠，探索与政府、非营利组织等多元合作，共同发起有影响力的公益项目，拓宽筹款渠道。通过讲述品牌故事，展现高校基金会在教育、科研及社会服务中的独特价值，吸引更多捐赠者，构建稳固支持基础。此举不仅能提升筹款额，而且能提升基金会的社会影响力和公信力。

（四）深化捐赠文化建设，增强社会责任感

未来的筹款模式不仅仅依赖于资金的募集，更要注重捐赠文化的长期培育与塑造。高校基金会应通过多样化的方式，逐步增强捐赠者的社会责任感与文化认同，推动社会各界形成支持高等教育和科研的良性循环。这一过程需要持续地教育、宣传和感召，通过文化养成实现对捐赠行为的长期支持。

高校基金会筹款路径的设计与优化，关乎高校长远发展和社会责任的履行。通过科学设计、创新思维和持续改进，筹款路径能够为高校提供稳定的资金支持，推动人才培养、学科建设、科研发展和社会服务等各项工作，最终实现高校与社会的同向共赢。面对未来的挑战与机遇，高校基金会必须保持敏锐的洞察力，不断调整和优化筹款路径，提升筹款工作的质量和效果，以适应全球化与信息化的时代发展需求。

参考文献

何盈玥，2023，《聚散相倚：清华大学与哈佛大学教育捐赠的向度》，硕士学位论文，湖南科技大学。

侯婉霞，2022，《农林类高校教育基金会筹资问题研究》，硕士学位论文，东北林业大学。

沈黎勇、杨维东，2024，《"双一流"建设高校教育基金会筹资模型与实践策略》，《国家教育行政学院学报》第 7 期，第 80～87 页。

邢博、张伟，2008，《耶鲁大学筹款运动考察研究》，《世界教育信息》第 12 期，第 62～65 页。

协同篇

高校校友会与基金会工作协同策略研究

刘峥嵘　朱　惠*

一　引言

当前，世界百年未有之大变局加速演进，新一轮科技革命和产业变革深入发展，围绕高素质人才和科技制高点的国际竞争空前激烈。党的二十大报告指出要以中国式现代化全面推进中华民族伟大复兴，到2035年要建成教育强国、科技强国、人才强国；党的二十届三中全会进一步提出教育、科技、人才是中国式现代化的基础性、战略性支撑，要统筹推进教育科技人才体制机制一体改革；习近平总书记在全国教育大会上系统部署了全面推进教育强国建设的战略任务和重大举措，要一体推进教育发展、科技创新、人才培养[1]。高等教育作为教育、科技、人才三位一体的结合点，肩负着特殊重要的责任与使命，要在教育强国建设中充分发挥龙头作用。

在高等教育竞争日益激烈的今天，高校群体作为构建高质量高等教育体系的有力支撑，积极推进高质量内涵式发展，离不开充足的资金支持与广泛的社会资源。纵观世界一流大学群体，校友和筹资工作在其办学格局中具有重要战略地位，一流的校友和筹资工作成为一流大学的重要标志。校友和筹资工作是高校发展的基础性、战略性、长期性重点工作，不仅是学校综合实力的体现，也是校友和社会衡量学校办学认同度的重要指标，更是助力学校发展的重要资源。而作为高校校友和筹资工作的重要载体，校友会与基金会已经成为高校与外部社会联系的重要桥梁与资源整合平台，在支持学校发展方面发挥着不可或缺的作用。校友会作为校友与母校之间的情感纽带，致力于联络和服务校友，并通过整合校友资源促进母校教育事业发展，助力服务

---

* 刘峥嵘，浙江大学教育基金会秘书长；朱惠，浙江大学教育基金会规划法务部高级项目主管。

[1] 《全面落实教育强国建设的战略任务》，http://www.jyb.cn/rmtzgjyb/202410/t20241024_2111260579.html，最后访问日期：2025年3月17日。

社会；基金会则专注于募集资金、拓展社会资源，并通过管理运作实现资产保值增值，以支持学校教育事业和公益事业发展。

近年来，各高校普遍重视校友会的发展，系统布局不断优化，组织建设更加规范，形成了广泛的校友联系网络和校友资源网络。在国家鼓励各种社会力量以捐赠、出资、投资、合作等方式支持高校发展的情况下，许多高校基金会也进入了快速发展的机遇期，组织专业化运作水平持续提升，资源拓展渠道更加多元，基金规模迅速扩大。在这一过程中，部分高校也通过实践发现，虽然校友会和基金会在工作内容和形式上有所区别，但在支持学校建设这一目标上具有一致性，且在功能上具有显著互补性。校友会为基金会提供了广阔的人脉资源与深厚的情感支持，其组织的校友活动成为基金会宣传筹资项目、激发校友捐赠热情的绝佳平台；基金会则通过对资源的有效运作，推动高校的发展进步，进而提升母校的知名度与美誉度，为校友会更好地凝聚校友、开展活动营造了有利的外部环境。二者的充分协同发展有助于双方工作的顺利开展，在高校提升社会声誉、筹集办学资金、促进教育教学改革以及推动科研创新等方面具有重要意义，是高校提升综合实力与竞争力的关键路径之一。

因此，深入分析高校校友会和基金会的协同模式，提出强化二者协同的策略，对以一流校友和筹资工作赋能高校高质量可持续发展意义重大，也是对高校校友会与基金会自身发展的内在诉求与关键路径的一次探索。

二 高校校友会与基金会

（一）高校校友会与基金会的概念与起源发展

在讨论高校校友会与基金会的关系之前，了解校友、校友会、基金会等相关概念以及两个组织的起源发展是基础且必要的。

1. 校友与校友会

"校友"的英文是"alumni"，来源于拉丁语"alumnus"，原意是"学生或养子"，意味着母校与校友就像"母与子"一样不可分割（Tromble，1998：53）。校友是一个不断发展的概念和范畴，学界也存在多种解释，讨论主要集中在对校友范围的框定上。一般可以分为广义和狭义两大类。从狭义的角度看，校友是指曾在同一所学校接受过系统教育的学生；从广义的角度看，校友是指在学校学习过的各种学生，以及在校工作过的各类教职员工。国外一些学者将对学校有过贡献的人认定为校友，突出了人们与学校之间的友好关系。也有学者指出，对于在学校上课的学生来说，又可以细分为学位型、非学位型和预备型校友，这种分类把没有入学的学生也归在了校友之内。而在实践中，不同的学校对"校友"持有不同的操作性定义。

校友会英文翻译为 Alumni Association 或 Alumni Organization，是由校友群体组成的群众性、民间性、自治性的服务组织，是校友、高校、社会之间随着高等教育发展不断加深互动的产物。耶鲁大学通常被视为美国大学校友活动的发源地，其校友活动始于 1792 年。但美国最早成立大学校友会的是威廉姆斯学院，它于 1821 年建立了校友会，其后数十年间，美国几乎所有大学都建立了校友会。进入 20 世纪，校友会组织开始在这些大学内部作为一个具有独特价值的实体而存在，校友逐渐参与到大学管理中。中国最早出现的校友会是 1900 年成立的上海圣约翰大学校友会。随后，各地高校相继成立校友会或类似组织，如清华学校留美同学会于 1913 年成立，清华同学会总会于 1933 年成立；南开同学会于 1915 年成立，南开校友总会于 1929 年成立。这一阶段校友会以联络感情为主，并逐步开展扶助校友、支援母校等相关活动。新中国成立后至改革开放前，受社会环境影响，中国高校校友会工作基本处于停滞状态，但一些大学的海外校友会依然活跃。改革开放后，随着高等教育改革逐步推进，校友会工作也开始逐渐恢复，并不断规范化、制度化。高校校友会是高校开展校友工作的主要平台，是沟通校友与母校的桥梁，是为母校服务、为校友服务、为社会服务的一个广泛灵活、可发展的良性机体（王树人，2001：4）。进入 21 世纪，清华大学、上海交通大学等高校校友会率先开始在"三个服务"（服务母校、服务校友、服务社会）功能的指导下进一步开展工作。

2. 基金会与高校教育基金会[①]

现代意义上的基金会制度繁荣发展于 20 世纪的美国，随着工业革命的推进和社会财富的积累，一批具有影响力的基金会相继成立，如卡耐基基金会、洛克菲勒基金会和福特基金会等。美国基金会中心[②]将基金会定义为非政府的、非营利的拥有自有资金（通常来自单一的个人、家族或公司）并自设董事会管理工作规划的组织，其旨在支持或援助教育、社会慈善及其他类型的

---

① 除本小节之外，本报告提及的基金会均指高校教育基金会。

② 基金会中心（The Foundation Center）于 1956 年设立，是美国提供可靠、正确的公益的捐助咨询机构，负责收集、整理全美各类基金会和提供公益捐赠的企业完整资料，同时公示由美国国税局转送过来的各基金会申报表和年度报告，包括成立宗旨、负责人、董事会成员、详细的资产负债表、收支决算表，供社会大众查阅。

公益事业，主要通过赞助其他非营利机构来达成目标。1981 年，中国第一家基金会成立，拉开了中国基金会发展的序幕。在 2004 颁布的《基金会管理条例》中，规定了基金会"是指利用自然人、法人或者其他组织捐赠的财产，以从事公益事业为目的，按照本条例的规定成立的非营利性法人"[①]。2016 年颁布的《中华人民共和国慈善法》，规定了"慈善组织可以采取基金会、社会团体、社会服务机构等组织形式"[②]，明确将基金会纳入慈善组织范畴。经过40 多年的发展，特别是《基金会管理条例》出台以来，基金会数量迅速增长，截至 2023 年底，我国正常运作的基金会已有 9711 家[③]（见图 1），教育类占比超 20%，其中包括大量的高校教育基金会。

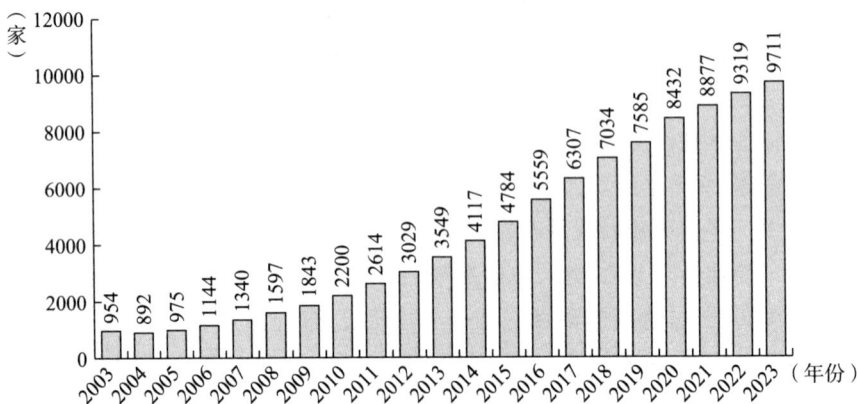

图 1　2003~2023 年中国基金会数量情况

资料来源：2003~2009 年《民政事业发展统计报告》、2011~2024 年《中国民政统计年鉴》。

高校教育基金会属于基金会的一种，是高校和基金会基于教育公益共同目标结合的产物。大学所属基金会在支撑所在大学可持续发展方面扮演着关键角色，体现了社会捐赠资金募集、内外部资源整合、存量捐赠资金保值增值、公益慈善文化传承等方面的战略性支撑价值（杨维东，2023）。纵观世界一流大学前列群体，高质量的基金捐赠工作是其获得发展先机，始终保持引

---

① 《中华人民共和国国务院令第 400 号》，https://www.gov.cn/zwgk/2005-05/23/content_201.htm，最后访问日期：2024 年 11 月 5 日。
② 《中华人民共和国慈善法（主席令第四十三号）》，https://www.gov.cn/zhengce/2016-03/19/content_5055467.htm，最后访问日期：2024 年 11 月 5 日。
③ 《一组反映基金会发展现状的数据》，https://www.mca.gov.cn/n152/n166/c1662004999979997266/content.html，最后访问日期：2024 年 11 月 5 日。

领地位的根本保障。成立于 1890 年的耶鲁大学校友基金会是世界上最早的大学基金会。耶鲁大学的捐赠基金在过去十年为学校的各项使命提供了超过 143 亿美元的支持。2024 财年，哈佛大学捐赠基金及投资收益占其办学经费的 45%，成为支持大学的最大收入来源。截至 2024 年 6 月 30 日，这两所高校的捐赠基金规模已经分别达到了 532 亿美元和 414 亿美元[①]，为大学发展提供了多元化、全方位、持续性的资金保障。在国内，高校教育基金会是指经过国家有关部门批准，由高校设立发起，以服务高校为目的、面向海内外的非营利性筹款与捐赠管理机构（戴志敏等，2010），是为了推动高等教育事业发展而成立的专门性组织。自 1994 年清华大学与浙江大学率先注册成立教育基金会以来，国内登记注册的各级各类高校教育基金会数量于 2024 年底已突破 800 家，147 所"双一流"建设高校中仅有 7 所高校暂未成立教育基金会[②]。2023 年，仅"双一流"高校基金会的捐赠收入就有近 120 亿元，其中 21 家高校基金会捐赠收入超过 1 亿元规模，浙江大学、清华大学、北京大学更是在 10 亿元以上规模，这 3 所大学的基金会资产规模位居国内高校前三（见表 1），高校基金会对学校发展的支持作用不断增强。

表 1　部分高校基金会资产规模和捐赠收入情况（2023 年捐赠收入 1 亿元以上）

单位：亿元

学校名称	资产规模				捐赠收入	
	2020 年	2021 年	2022 年	2023 年	2017~2022 年	2023 年
浙江大学	42.40	52.04	69.25	86.95	59.45	25.03
清华大学	158.00	168.46	180.70	182.07	168.54	14.94
北京大学	70.19	76.23	78.96	84.11	52.20	11.35
武汉大学	7.15	10.39	11.26	14.74	14.91	5.68
上海交通大学	16.38	29.94	27.10	29.36	29.97	4.16
南京大学	13.46	13.41	14.29	15.70	8.99	3.04
复旦大学	10.06	10.69	10.82	12.08	16.43	2.97
东南大学	5.75	6.25	7.04	8.76	5.99	2.65
厦门大学	7.97	5.60	5.40	5.51	15.63	2.32

[①] 资料来源：哈佛大学、耶鲁大学 2024 财年年报。

[②] 《【数据来说话】2023 年双一流高校到底筹了多少钱》，https://mp.weixin.qq.com/s/CeiUB2u7ZTM2BXfzz955jQ，最后访问日期：2024 年 11 月 10 日。

续表

学校名称	资产规模				捐赠收入	
	2020 年	2021 年	2022 年	2023 年	2017~2022 年	2023 年
北京师范大学	17.11	17.69	19.23	20.41	21.34	2.04
天津大学	4.44	5.10	5.57	6.89	5.43	1.74
西安交通大学	4.68	5.85	5.95	6.67	7.53	1.67
华南师范大学	2.02	4.47	4.64	5.50	10.45	1.31
上海同济大学	6.65	7.84	7.86	8.02	8.17	1.30
暨南大学	2.43	4.02	3.88	4.68	6.43	1.29
华南理工大学	2.70	3.51	5.12	6.01	4.23	1.28
中国科学技术大学	8.26	9.06	9.62	9.95	8.39	1.09
山东大学	1.96	2.64	3.35	4.08	4.56	1.07
东华大学	0.52	1.30	1.50	2.31	1.89	1.07
南方科技大学	4.16	4.67	4.59	4.99	3.85	1.05
华东师范大学	5.06	6.45	7.06	7.55	6.84	1.02

资料来源："慈善中国"信息公开平台、"高校筹资联盟"微信公众号。

（二）关于高校校友会与基金会关系的研究

国内部分学者和实务领域工作者对高校校友会与基金会机构设置的关系模式进行了专门探讨。刘志坚认为国内高校校友会与基金会的设置主要包括三种情况：一是包含校友会，即校友会与基金会合署办公；二是不含校友会，即校友会与基金会完全分开，人员及职责分工明确；三是与校友会并行运作但又密切配合，通过负责人兼职整合资源（刘志坚，2012）。蒋庆荣通过调研25 所高校情况总结出我国高校校友会与基金会工作运作模式有以下三种形态：一是分别设置校友工作机构和教育基金会机构，二者完全独立运作，称之为独立型模式；二是将高校校友工作与教育基金会合并在一个机构运作，称之为联合型模式；三是联合独立型模式，从机构设置上看是联合型模式，从工作模式上看是独立型模式，称之为联合独立型模式（蒋庆荣，2020）。杨维东则将学校的行政部处、校友会与基金会组织形式一并考察，提出了新的分类方式，即校友事务与基金会管理一体化模式与双翼模式[①]，前者体现为高校校

[①] 《【学习园地】我国高校校友与基金会工作模式试析》，https://mp.weixin.qq.com/s/3BGr4O3 L7gBELKTqdwWAlg，最后访问日期：2024 年 11 月 12 日。

友管理机构、基金会秘书处及校内行政部处三位一体的形式，后者是指校友事务与基金会管理工作以不同的组织形式存在，由不同的负责人管理，分管校领导也可能不是同一人。

还有很多研究从功能互补、资源依赖等不同角度讨论了高校校友会与基金会之间的关系，但都肯定了二者协同对推进相关工作的价值意义。例如，王俊（2020）将校友会与基金会的功能角色和关系处置纳入宏观的大学治理视域，提出了新时期二者要形成"既分又合"的伙伴关系，才能更好发挥各自功能。梁燕等（2020）将校友会与基金会的关系归纳为四种，即伙伴关系、对象关系、桥梁关系和生态系统的构建者。刘志坚（2012）则从现实问题出发，提出了以伙伴关系模式建构高校校友会与基金会求同存异的合作理念，建立健全资源的双向流动和利益共享机制。赵敏祥等（2020）以浙江工业大学校友捐赠项目为案例，深入剖析校友会与基金会协同发展的内在机制。颜克高、罗欧琳（2015）则以 88 家高校教育基金会和校友会为样本，从关联理事的角度，实证检验了高校教育基金会和校友会的关系模式对基金会筹资能力的影响。几家高校教育基金会秘书长基于自身工作实际，也在相关采访中表示"高校基金会和校友工作是共生共存的关系""更像是左手和右手，两只手可以形成合力做大事"（赵明鑫、梁惠棉，2024）。此外，还有一些研究主要聚焦于校友捐赠、校友资源利用方面，更侧重阐释校友工作对筹资工作的赋能及其机制，也强调了校友会与基金会互动产生的积极意义。例如，杨维东、成梁（2020）基于社交网络分析的视角，强调了校友募捐网络对推动高校筹资进程的独特价值。邓娅（2012）从国际比较的角度出发，分析了斯坦福大学的校友工作和筹资工作运行机制，提出了强化校友工作体制对提升大学筹资能力的重要性。

（三）协同治理理论及其视角下高校校友会与基金会协同的研究意义

高校的高质量发展是一项复杂的系统工程，需要整合多方资源并促进内部协同。而协同治理理论以其强调多元主体合作、资源整合与共同目标实现的特点，为深入剖析高校校友会与基金会之间的关系提供了独特视角。

1. 协同治理理论的一般原理

协同治理理论是协同理论（synergetics）在社会治理领域的延展。协同理论亦称"协同学"或"协和学"，是 20 世纪 70 年代以来在多学科研究基础上逐渐形成发展起来的一门新兴学科，是系统科学的重要分支理论，其主要内容可以概括为协同效应、伺服原理和自组织原理等三个方面。随着科技的进步和跨学科研究的深入，协同理论得到了广泛的应用和发展。进入社会科学领域，协同理论与社会治理理论等交叉形成了协同治理理论，其核心议题就是如何实现最优协同效应。协同效应具体是指由于协同作用而产生的结果，即复杂开放系统中大量子系统相互作用而产生的整体效应或集体效应（哈肯，1995：239）。如果一个系统的各子系统之间相互协调配合，共同围绕目标齐心协力运作，就能产生"1+1>2"的协同效应（白列湖，2007）。因此，这一议题的关键就在于揭示协同治理的内部结构和协同机制。协同治理理论主要强调了多元主体在目标一致的基础上，通过构建协商、协作、协同的伙伴关系共同参与公共治理，从而实现公共利益最大化的全过程。

2. 协同治理理论视角下研究高校校友会与基金会工作协同的意义

从协同治理理论视角审视，研究高校校友会与基金会工作协同具有重要的现实意义。首先，高校校友会与基金会可以对双方在高校发展中的角色和责任进行更加清晰的定位，并在高效协同中彼此赋能、互相促进，增强应对风险和挑战的能力，进一步为二者的组织建设和能力提升提供路径支持。其次，高校校友会与基金会的协同能够深度整合校友网络、资金、信息、技术等多元化资源，校友会以其广泛的校友网络挖掘潜在价值与多样需求，基金会凭借专业的管理运作能力确保资源合理规划与利用，进一步提高资源募集效率，实现"1+1>2"的协同效应，为学校的高质量发展提供更全面、更强大的支持。最后，二者携手开展各类活动及公益项目，彰显高校社会责任担当，塑造良好品牌形象，将进一步提升学校的社会知名度、美誉度和影响力，吸引更多优质生源与师资汇聚，以及更多社会资源关注与投入，为高校在激烈的高等教育竞争中实现可持续发展奠定坚实基础。

以协同治理理论探讨高校校友会与基金会工作协同问题，将进一步拓展相关研究案例和视角，丰富协同治理理论内涵。协同治理理论主要强调多元主体之间的合作互动以实现公共事务的有效治理，将该理论应用于高校校友会与基金会工作协同研究，在一定程度上是对其应用范畴的拓展。高校校友会与基金会的协同涉及教育公益事业、校友关系网络、高校组织文化等诸多方面，对二者在目标设定、资源依赖、合作机制等加以探究，进一步探索多元主体在协同治理过程中的角色定位、互动模式和权力分配等理论关键所在，也有利于深化对高校组织生态系统协同性的认识和对社会组织之间复杂互动关系的理解。

（四）高校校友会与基金会工作协同的基础

在高等教育的生态系统中，已经形成了"学生培养—校友发展—反哺母校"的良性循环，而校友会与基金会是这一循环中不可或缺的关键节点（见图 2）。

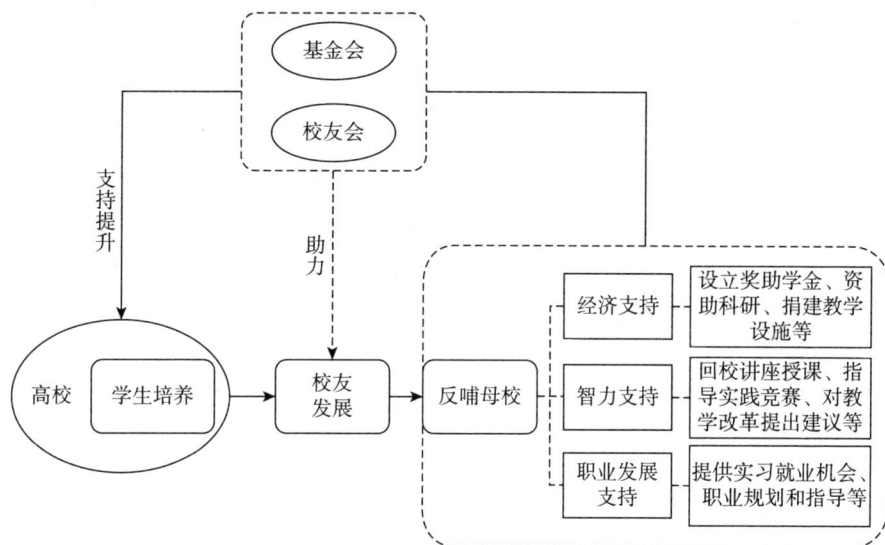

图 2　"学生培养—校友发展—反哺母校"良性循环

以学生踏入校园接受学校培养为起点，学校凭借其丰富教育资源、专业师资队伍以及严谨学术氛围，全方位塑造学生的知识体系、思维模式与综合素养，为他们的职业发展筑牢根基。在毕业之后，校友凭借在校期间积累的专业知识和技能，逐步实现事业上的成长与突破，不断积累财富、人脉、经验和社会影响力等资源。当校友们取得一定成就后，出于对母校与师长辛勤培育的深情回馈与铭记以及对教育事业传承发展的责任感，开始以多种方式反哺母校，捐赠是其中较为常见的一种。校友捐赠是支持大学发展的重要资金来源。根据教育发展与支持委员会的数据，2023 财年，美国高校社会捐赠收入总额为 580 亿美元，其中校友捐赠为 120 亿美元，约占总额的20.69%[1]。名校的校友捐赠率一般为 30%~40%，排名第一的普林斯顿大学捐赠率更是一度高达 68%。近年来，我国高校的校友捐赠热情也是不断高涨，捐赠总额逐年提升。校友捐赠行为不仅体现了校友与母校基于情感的紧密联系，更通过对更新教学设备、设立奖助学金激励后学、引进优秀师资等方面的支持，切实改善了母校的育人环境。这让在校学生能够接受更加优质的教

---

[1] 《对学生慷慨，体验感拉满！最新美国大学财力大起底！》，https://www.sohu.com/a/76136767 7_99910296，最后访问日期：2024 年 11 月 20 日。

育，学校也能培养出更多优秀人才。而成长起来的新一代校友在事业发展后，也会继续反哺母校。

由此可见，校友反哺母校已呈现了可持续的代际传承特点。老一代校友的捐赠行为与母校情怀，如同一种无形的文化基因，传递给新一代校友，在代际形成一种传承的力量。有研究表明，与新近毕业的校友相比，年长的校友更有可能捐赠，这与人们普遍的预期相一致，即老年校友拥有更高的净资产和更大的慈善捐赠能力（Okunade & Berl，1997：201-214）。虽然每个年龄段的校友在当下的捐赠参与率和贡献度上会有所差异，但也呈现一种积极趋势，即储备了未来的校友捐赠力量。新一代校友在成长过程中，受前辈们善举的感染，延续继承反哺母校的传统，随着自身能力和资源的逐步积累，也积极投身于母校的建设发展之中。这种代际传承使得反哺母校的力量得以持续壮大，每一代校友的贡献都在前人的基础上不断拓展深化，进一步稳固了持续发展的闭环式良性循环。

在这一循环过程中，校友会与基金会扮演着至关重要的角色，保障了循环的持续运转。在校友发展环节，校友会与基金会以搭建平台、提供资源等方式积极助力其事业发展，为反哺母校积蓄力量。在反哺母校环节，基金会凭借专业的资金管理能力，确保捐赠资金的合理规划与安全运作，实现资金保值增值，同时精准对接学校发展战略与实际需求，将资金高效地投入最关键的育人环节，成为捐赠资金与学校发展之间的关键枢纽，助力校友实现反哺母校、支持教育事业发展的美好愿景；校友会则主要承担沟通协调与情感联络的重要职责。

这一循环支撑起了校友会与基金会协同的底层逻辑。通过持续循环，学校的教育事业得以不断进步，校友的价值得以彰显，教育的影响力也得以在代际传承与拓展，共同推动着高等教育事业朝着更加繁荣的方向发展。

而实践也表明，高校校友会与基金会尽管在性质和定位等方面存在一定差异，但也有着诸多共通之处和协同的现实基础，为二者推进协同工作提供了有力支撑（见图3）。

1. 目标方向与价值共享

价值观层面的高度契合与共享，为二者的协同提供了精神动力和价值引领。一所高校的校训承载着学校长期以来秉持的精神追求与行为准则，使命愿景明确了学校的发展方向与远大抱负，核心价值观则界定了学校倡导的道德规范与价值导向。这些元素相互交织，共同构成了高校独特身份与形象的文化基石。校友会与基金会作为高校发展体系中的重要组成部分，都深深扎

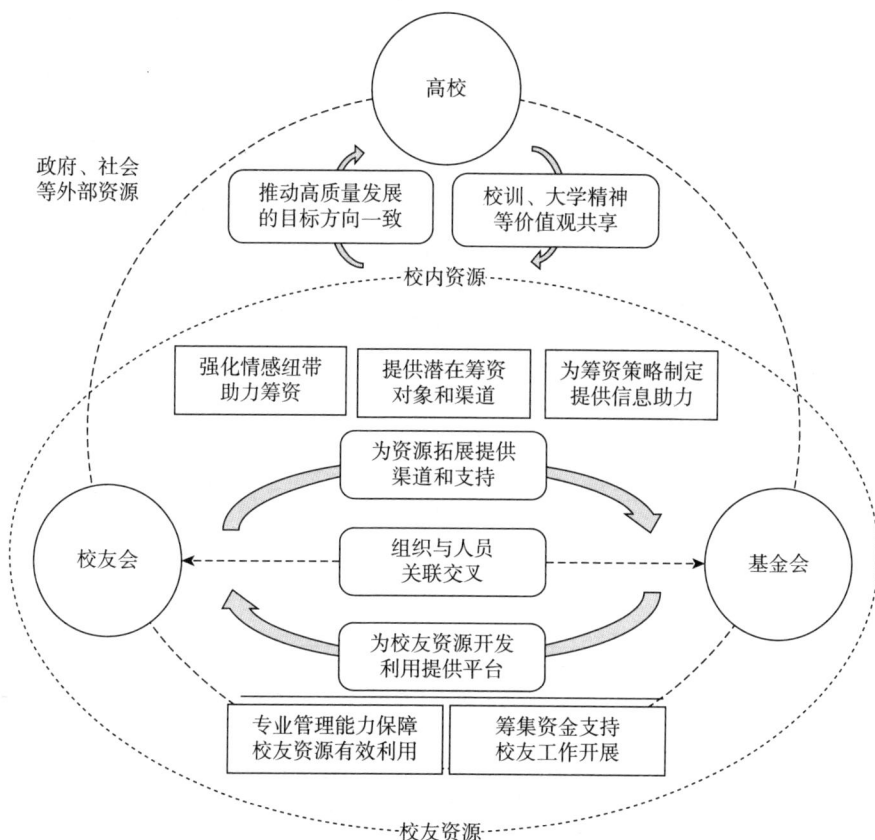

图 3　高校校友会与基金会协同的现实基础

根于同一所高校的文化土壤，共享母校传承的价值观体系。

在此基础上，校友会与基金会在发展中逐渐形成了自身的价值观，并高度凝练成组织宗旨。通过梳理部分国内外高校校友会与基金会宗旨，发现国外高校校友会更加强调联系和服务校友，同时支持学生发展，一定程度上也等同于支持学校发展；而国内高校更加明确在联系服务校友之外，也要服务母校和国家社会发展。基金会的宗旨则相对类似，都强调对大学实现自身使命的支撑和对教育事业发展的支持（见表 2）。可见，虽然校友会与基金会发展目标在组织宗旨上的体现各有侧重，但在助力学校发展方面的价值诉求是一致的。作为具有高度外部资源依赖性的组织机构（王俊，2019），校友会与基金会都需要向社会外部环境广泛地争取各类办学资源，推动高校高质量发展。在这一共同目标的引领下，二者之间的协同显得尤为必要且自然。

表 2 国内外高校校友会与基金会宗旨（部分）

学校名称	校训	校友会宗旨	基金会宗旨
哈佛大学	真理	通过丰富的共同体活动、继续教育计划、在线服务和世界各地的活动，帮助校友与哈佛大学之间以及校友之间建立联系	助力大学支持卓越的教学和研究，招聘和留住世界一流的教师，帮助学生茁壮成长，并通过经济援助为学生提供更多的机会
麻省理工学院	心手并用	加强校友、学生和朋友与麻省理工学院以及彼此之间的联系，并通过各种资源、项目、服务和渠道提供联系机会	确保学院拥有足够的资源，以便在现在和未来都能成功地履行使命
斯坦福大学	让自由之风劲吹	接触、服务和吸引斯坦福校友和学生	支持大学在教学、研究和病人护理方面达成卓越使命，并帮助大学加快对世界产生有意义的影响
耶鲁大学	光明与真理	为耶鲁校友提供持续支持和组织结构，使他们能够追求自己的兴趣并开展活动，从而对他们的生活、耶鲁共同体乃至整个世界产生积极影响	为大学的使命提供最佳服务，并确保大学长盛不衰
清华大学	自强不息、厚德载物	加强国内外清华校友之间、校友与母校之间的联系和团结，服务广大校友，广泛联系海内外清华校友组织，激励广大校友弘扬清华精神，为母校发展建设、为祖国统一和中华民族伟大复兴做出贡献	为推动我国教育事业的发展，提高教育质量和学术水平，弘扬清华大学的文化和理念，争取国内外组织和个人的支持和捐助
北京大学	爱国、进步、民主、科学	加强校友之间及校友和母校之间的联系，激励校友发扬北京大学爱国、进步、民主、科学的优良传统，为母校建设发展、为中华民族伟大复兴做出贡献	加强北京大学与国内外各界的联系和合作，促进北京大学教学、科学研究和高新技术开发事业的发展
浙江大学	求是创新	热爱祖国、热爱母校、广泛联络和凝聚校友，加强母校与海内外校友之间以及校友之间的联系，服务广大校友，发扬浙大求是创新精神，为母校的发展、为建设社会主义和谐社会做出贡献	汇八方涓流、襄教育伟业，全面支持和推动浙江大学的建设和发展

资料来源：各高校校友会、基金会官网。

　　基于共同的组织目标以及价值观层面的深度契合，校友会与基金会相互支持、相互促进，形成工作合力，为高校的整体发展注入了强大的动力，也为校友的成长与社会的进步贡献了积极的力量。例如，浙江大学校友总会和教育基金会通过共同传承弘扬"求是创新"校训精神，促进了理念共融、行动协同，汇聚广大校友和社会各界力量，以捐资助学、牵线搭桥、建言献策等各种方式支持学校各项事业高质量发展，合力推动浙江大学加快迈向世界一流大学前列。

2. 资源与功能互补互促

高校校友会与基金会功能定位存在差异，但各自独特的资源优势在很大程度上可以互补，并形成良性循环，共同为高校发展汇聚强大的支持力量。

一方面，校友会拥有丰富的校友资源，为基金会提供了更为广泛的资源拓展渠道和支持。其一，校友工作强化情感纽带助力筹资。校友对母校往往有着深厚的情感，这种情感是校友工作开展的基础，也是筹资工作的重要动力。校友会通过组织校友活动、分享母校的发展成果等各种方式，让校友重温校园时光、师生情谊，增强校友的归属感与认同感，激发校友支持母校发展的内生动力。其二，校友工作提供潜在筹资对象和渠道。校友不仅是重要的捐赠群体，同时也是大学募捐力量的有益补充，在大学募捐过程中发挥着重要的作用（杨维东、成梁，2020）。例如，浙江大学校友段永平、武汉大学校友陈东升，他们不仅自己捐赠，还带动朋友一起捐赠。密歇根大学则依托强大的校友会组织力量，有效达成了校友关系维护和校友筹资的战略目标，众多校友及家长作为政界、学界、商界领袖，成为捐赠的重要来源，尤其是历届筹款运动的核心人物由具有影响力的校友担任，显著带动了校友群体成为筹资志愿者和捐赠人。其三，校友工作为筹资策略制定提供信息助力。校友会在日常联络校友过程中，收集了大量关于校友的信息，包括校友的职业发展阶段、经济状况、捐赠意向等，这对基金会制定精准的筹资策略至关重要。

另一方面，基金会则为校友会的资源开发与整合提供了资金转化与项目实施的平台。其一，基金会筹集资金支持校友工作的开展。一般意义上，校友会不是生产经营单位，不以营利为目的。校友会虽以法人资格参与经济法律活动，但其经费来源不是靠政府财政部门拨款，而是靠组织自身的活动，实现其经费的自收自支（王晓英，2003）。基金会可以通过资金支持，助力校友会开展更多有益于校友成长、母校发展的活动，例如校友论坛、校友返校日等，促进校友与母校之间的互动。同时，基金会资助建设的现代化教学设施、校园文化景观等成为学校"必打卡点"，吸引更多校友回校参观交流，为校友会开展活动提供了更具吸引力的场所和话题。其二，基金会的专业管理能力保障校友资源的有效利用。基金会通过科学管理和专业运作，使捐赠资金在安全的前提下实现保值增值，并结合捐赠者意愿和学校发展规划，将校友资源投入人才培养、学科建设、科研创新等关键领域，对具体项目从资金投入到成果产出进行全过程跟踪反馈，确保资源使用的高效性与透明度，让校友切实看到自身贡献对学校产生的作用和价值，进一步增强校友对基金会的信任和对学校的支持意愿。

3. 组织与人员关联交叉

在高等教育发展的不同时期，各个高校结合自身发展实际和特点，对其校友会与基金会进行了不同的关系处置。国外一些实力雄厚的大学，基金会运作已经完全市场化，很多还成立了专门的基金管理公司，往往这些大学的校友会组织体系也非常成熟，两个专业的组织机构在学校部门的统一协调下开展紧密合作。例如，哈佛校友事务及发展办公室是哈佛学校层面负责校友关系维护、捐赠资金募集和管理等工作的专门机构，主要通过协调基金会或校友会利用各种方式开展筹资活动。

国内高校校友会与基金会正处于行业成长期，机构设置呈现从合署交叠向分置独立转变的趋势，并寻求以制度化方式保证两个机构的协调联动和资源共享（王俊，2020：251～292）。无论高校校友会与基金会是机构独立设置，还是合署办公，在作为组织治理核心的理事会中，常存在部分人同时担任两个机构理事的情况，例如浙江大学教育基金会的部分重要捐赠人就是校友总会理事会成员，这在一定程度上有利于二者之间的联系沟通和资源流动。并且，不论何种机构设置类型，校友会与基金会都是依托所在高校形成发展的，绝大多数情况下，两个组织的人员编制、办公场所、办公经费等都是由学校提供，所以二者很容易在相互信任的基础上，为实现学校高质量发展这一共同目标进行协同配合，开展长期合作。

此外，校友志愿者也逐渐成为校友工作和筹资工作的重要力量之一。他们凭借对母校的深厚情感以及自身的热情，积极参与校友联络工作，同时也凭借自身广泛的社交圈子和丰富的人脉资源，为基金会开展工作提供支持。以校友为主力的筹资志愿者队伍，已经成为哈佛、耶鲁等大学开展筹资工作不可或缺的主力军。

三　高校校友会与基金会工作协同模式分析

高校校友会与基金会的协同对于整合资源、促进高校发展具有重要意义，同时二者在现实层面也具有良好的协同基础。下面将结合具体案例，分析总结二者之间的协同模式，探讨其内涵、机制等方面内容，以期为高校相关工作提供参考与借鉴。

（一）基于项目的校友反哺模式

1. 模式内涵

基于项目的校友反哺模式是指校友感恩母校和老师的培养，通过人力、物力、智力等资源投入反哺高校建设与发展，常见形式就是校友捐赠，由基金会负责项目资金的管理与运作，校友会动员校友参与。项目涵盖范围广泛，包括但不限于科研项目资助、校园基础设施建设、奖助学金设立、学科竞赛支持等，旨在满足高校在不同发展阶段的特定需求，提升高校的综合实力和教育质量，同时也为校友提供回馈母校、实现自我价值的途径。

2. 实践与案例

校友捐赠作为高校多种筹资渠道之一，在美国大学的发展中占有重要地位。美国顶尖大学如哈佛大学、斯坦福大学等，拥有成熟且高效的校友捐赠体系，校友捐赠参与度和贡献度都维持在较高水平。从小规模、分散的个体捐赠到大规模、有组织的集体捐助，校友捐赠的金额不等、形式多样，捐赠资金广泛应用于卓越人才培养、吸引世界级教师等各个方面。近年来，国内高校的校友捐赠也呈现快速增长的趋势，"亿元级"甚至"十亿元级"的大额校友捐赠不断涌现，为高校的人才培养、学科建设提供了强有力的资金支持，并有效提升了学校的社会影响力。

（1）校友捐赠案例

校友捐赠反哺母校，大多与其校园经历相关，其中既包含对老师、同学的深厚情感，也存在相对直接的回报行为。2010 年，高瓴资本的张磊向母校耶鲁大学捐赠 888 万美元，引发社会广泛热议[①]。张磊此次捐赠很大程度上源于投桃报李的心态，其创业基金便来自耶鲁大学。在校期间，张磊曾在耶鲁大学投资事务管理公司工作，不仅学到了金融知识，还培养了企业家精神。2005 年，他回国后成立了高瓴资本，并以耶鲁大学的 3000 万美元捐赠资金作为初始投资，逐步把高瓴资本打造成为亚洲资产管理规模最大的投资机构之一。2023 年，武汉大学 130 周年校庆之际，小米集团创始人、董事长雷军捐赠 13 亿元支持母校数理化文史哲六大学科基础研究、计算机领域科技创新和大学生培养，成为全国高校最大一笔校友个人现金捐赠。对此，雷军于 2024 年 4 月接受央视新闻采访时表示："我上学的时候，有很长一段时间是靠奖学

---

① 《中国留学生要捐给母校耶鲁大学八百多万美元张磊：想改变中国人和耶鲁的"单向关系"》，https://news.sina.com.cn/c/2010-01-16/003616940328s.shtml，最后访问日期：2024 年 11 月 25 日。

金生活的。当时我就发誓，将来要一万倍地还回来。我捐这笔钱更多是想了结心愿，也希望能够支持武大科进步，能培养更多好的程序员和工程师。"①雷军曾不止一次表示，珞珈山是梦想开启的地方，在武汉大学所学到的专业知识和学习能力为他之后的创业打下了良好的基础。为了感恩和回馈母校，从1997年开始，雷军先后向母校捐赠设立武汉大学"腾飞奖学金""雷军奖学金""雷军科技楼""抗击新冠肺炎基金"等多个项目，捐赠总额达1.3亿元。2016年10月，雷军捐赠9999.9999万元支持武汉大学建设人工智能教学科研大楼，大楼于2023年6月20日正式投入使用②。

2024年来临之际，浙江大学杰出校友段永平向浙江大学教育基金会进行大额捐赠，合计超10亿元，引发广泛关注。2006年9月，段永平校友与网易公司丁磊联袂向浙江大学捐赠4000万美元，创下当时中国高校最大单笔捐赠纪录。此后，他在浙江大学建设发展的各个关键阶段又多次给予大额捐赠，陆续设立了"等额配比基金""永平贷学金""永平奖学金""永平奖教金""信电学院人才引进基金"等项目，支持"浚生基金"等，支持建设浙江大学图书馆基础馆、段永平教学楼、信电学院大楼、生命科学研究交叉中心大楼、文体中心等③。段永平曾表示"能为母校母系做什么，取决于和母校母系的联系，纯粹属于感情和缘分的东西"，而这种感情和缘分，与当年支持和帮助过他的老师们密不可分。在他的记忆中，"所有老师都是很好的，那个时候老师跟同学的关系挺紧密的"。在浙大读书时，有段时间他身体不好，"我当时生病，周老师把我背到医务室，给了我很多照顾。有这样的好老师，学生才会对母校感念一辈子"④。毕业后，段永平也特别挂念母系的老师，2007年，他了解到有的老师生病，很多费用不在报销范围内，可能导致全家经济困难。为此，他专门联合同学捐赠100万美元设立"平安基金"，为老师的退休生活提供保障。近20年来，一个个"永平"捐赠项目支持了浙江大学基础设施建设、人才培养、学科建设、师生文体活动等各方面的发展，为学校"双一流"建设做出了重要贡献。

---

① 《雷军回应给武大捐款13亿：拿奖学金时发誓要1万倍奉还》，http://henan.china.com.cn/edu/2024-04/29/content_42774700.htm，最后访问日期：2024年11月25日。

② 《全国高校收到的最大一笔校友个人现金捐赠产生——雷军向武汉大学捐赠13亿元》，https://mp.weixin.qq.com/s/cw6wGsEvCuKzSrHh5eLarQ，最后访问日期：2024年11月25日。

③ 《段永平校友支持浙大，再捐10亿+》，https://mp.weixin.qq.com/s/08QVcohluftSdaPj0RSeIg，最后访问日期：2024年11月27日。

④ 《教师节特供｜因为他们，段永平给浙江大学捐了5个亿》，https://mp.weixin.qq.com/s/Lg30eSWYGRbROPw27mE-bg，最后访问日期：2024年11月27日。

（2）年度捐赠项目

大额校友捐赠可能需要一定的积累和契机。面向广大校友和社会各界人士，各高校校友会也会主动策划一些项目，例如年度捐赠。普林斯顿大学突出的校友捐赠率，与其年度捐赠项目的成功运作直接相关。1940~1941年，普林斯顿大学首次开展年度捐赠项目，就有17%的校友认捐筹集了8万美元现金。2009~2023年，该校年度捐赠额保持稳中有升、偶有微降的态势，最高时接近7500万美元；年度捐赠参与率一直保持在45%以上，最高达到61.4%（见图4）。虽然年度捐赠在筹款金额上并不占优势，但其使用灵活，被广泛用于卓越人才培养、学生全面财政援助计划、吸引世界级教师，以及校园设施改善等方面。在帮助普林斯顿大学保持其有别于其他大学的"独特而昂贵的品质"中，年度捐赠发挥了不可或缺的作用（牛欣欣、洪成文，2021）。2015年是复旦大学建校110周年，参照国外大学的做法，复旦大学校友会首次提出了"校友年度捐赠"（Alumni Annual Giving）的概念。校友会联合基金会，以全球校友会和院系为网络，拓展校友捐赠渠道、创新校友捐赠筹募方式，统筹校庆110周年校友小额捐赠活动。2014年5月至2015年底，该活动共募得1052.9838万元，逾1.5万人次参与（章晓野，2017）。此后，复旦大学每年举行校友年度捐赠活动，捐赠款纳入2014年设立的复旦大学校友基金，用于支持学生培养、尊师重教、校园文化、书院文化、院系发展以及校友事业发展等各方面工作的开展[①]。

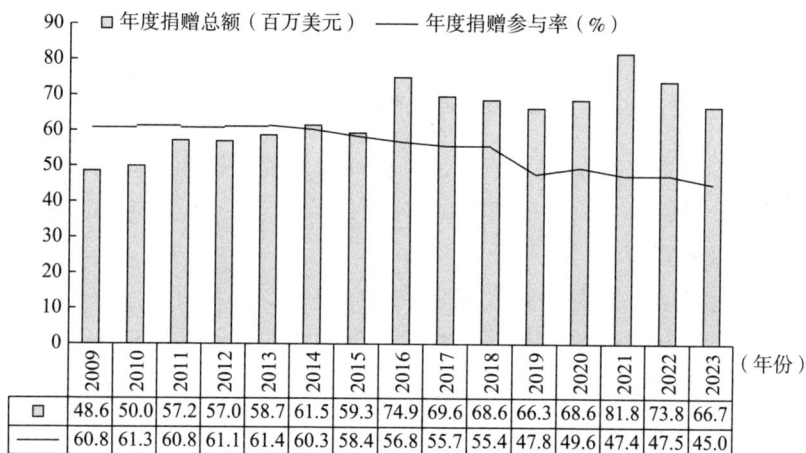

	2009	2010	2011	2012	2013	2014	2015	2016	2017	2018	2019	2020	2021	2022	2023
□	48.6	50.0	57.2	57.0	58.7	61.5	59.3	74.9	69.6	68.6	66.3	68.6	81.8	73.8	66.7
——	60.8	61.3	60.8	61.1	61.4	60.3	58.4	56.8	55.7	55.4	47.8	49.6	47.4	47.5	45.0

图4 2009~2023年普林斯顿大学年度捐赠额及捐赠参与率

资料来源：https://paw.princeton.edu/article。

---

① 《复旦大学校友基金》，https://fuedf.fudan.edu.cn/e5/9c/c35442a386460/page.htm，最后访问日期：2024年11月20日。

3. 运行机制分析

在基于项目的校友反哺模式中，校友会与基金会围绕校友捐赠项目开展协同工作，覆盖从项目策划发起、资源整合、实施执行到监督反馈的全流程（见图 5）。

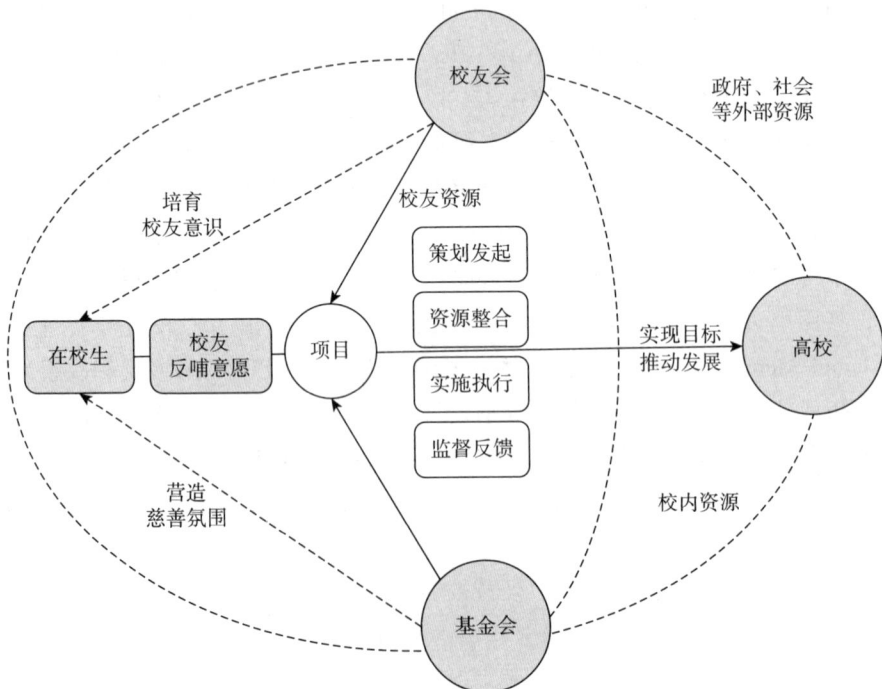

图 5　基于项目的校友反哺模式

一是策划发起。校友会与基金会根据高校发展战略和实际需求确定项目方向和目标，共同开展校友捐赠项目的前期策划工作，明确项目的实施步骤、预期效果以及所需资源。

二是资源整合。校友会通过多种渠道向校友宣传项目信息，例如校友通信、校友活动、校友网络平台等，激发校友的参与热情和责任感。根据项目需求，组织校友提供资金捐赠、技术支持、志愿服务等各类资源，并对校友资源进行整合与调配。

三是实施执行。基金会负责对校友捐赠资金进行统一管理，确保资金使用的透明、合规和高效；同时，与高校相关部门协作，组织项目的具体实施，并对项目进度、质量和资金使用情况进行全程监督，定期向校友会和校友反馈项目进展，保障项目目标的顺利达成。

四是监督反馈。项目完成后，由高校、校友会与基金会共同对项目成果进行评估，总结经验教训，将项目成果反馈给校友，增强校友对母校发展的信心，提高其参与积极性，同时为后续项目的开展提供参考，明确改进方向。

从动力机制来看，校友对母校和老师的感恩之情是这一模式的核心动力。在母校的培养下，校友们在各自领域取得了一定成就，出于对母校的深厚感情和认同感，他们希望通过反哺母校来表达感激，同时也为母校的发展贡献自己的力量，实现自我价值。因此，高校、校友会与基金会不仅要为毕业校友提供情感关怀和事业助力，高校也要加强对在校学生的关心和培养。校友会与基金会可将校友意识和公益精神培育前置到学生阶段，进一步强化大学生公益精神培育与大学基金会可持续发展之间的互益关系（杨维东、赵文莉，2020）。

此外，结合校友意愿与学校发展目标，精准选择和策划项目是需要重点考虑的问题。在策划发起阶段，校友会与基金会都要对学校需求和校友资源有更加准确的判断和规划，要建立完善的项目前期调研和评估机制，充分听取校友、学校师生和专家的意见，确保项目具备可行性和吸引力。

（二）基于平台的合作共赢模式

1. 模式内涵

基于平台的合作共赢模式是指依托虚拟或实体平台，整合校友会与基金会的资源与功能，为校友与高校搭建一个全方位的合作与交流空间，在创新创业领域表现尤为突出。虚拟平台如校友网络社区、创新创业信息服务平台等，具备信息共享、项目对接、在线交流等功能；实体平台如校友总部经济园、众创空间等，则为校友创新创业提供办公场地、设备设施、创业辅导等实际支持，促进校友与高校之间在创新创业领域的深度合作，实现双方的共同发展与成长，形成互利共赢的良好局面。

2. 实践与案例

实践中，许多高校基于创新生态系统理念打造了各类创新创业平台。创新生态系统本质上是以创新要素群落为基础而形成的协同关系网络，在这一生态系统内，各要素群落间通过相互依赖、共生演进的方式，发挥协同创新效应，从而为区域创新带来可持续的增长动力。从创新价值链的角度来看，一个完整的创新生态系统应包含"政策创新环境—原始创新研发—技术创新应用—技术创新服务"在内的四个创新要素群落（陈邑早等，2022）。

（1）斯坦福大学创新创业生态系统

斯坦福大学从完善内部教育的管理运行机制，到获得外部产业和风投的配套支持，构建了从课堂到实践的斯坦福大学创业网络。在社会环境和政府资源的支持下，学校积极沟通各方关系，为斯坦福大学的创业成果转化提供了全方位的保障。这种多位一体的结构，使得斯坦福大学形成了动态平衡的良好创业生态系统（姚小玲、张雅婷，2018）（见图6）。

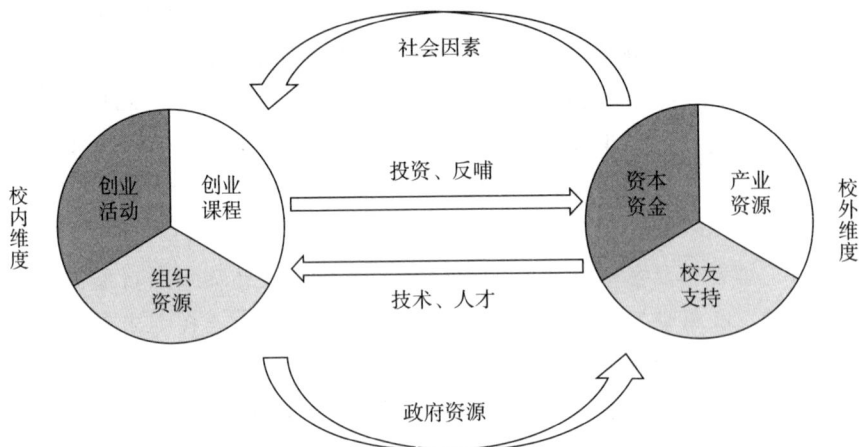

图 6 斯坦福大学创新创业生态系统

资料来源：姚小玲、张雅婷，2018。

斯坦福大学特别注重校友资源管理，同时拥有成熟的校友创业体系，校友会在其中做出了重要贡献。一方面，由遍布全球的校友搭建起来的人际关系网，极大拓宽了斯坦福大学的信息来源，尤其是在创新创业板块中，斯坦福大学校友会通过处理、归纳、总结校友返回的最前沿消息，及时掌握科技发展趋势与经济市场需求，这不仅为其在校内开展创新创业教育提供了方向，也为其在科研创新领域的发展找到了捷径。另一方面，斯坦福大学高质量的人才输出使其校友会几乎会聚了各行各业最顶尖的人才，其中不乏财力雄厚的企业高层人员。斯坦福大学校友会成员频繁、大量的资金捐赠，为学校的发展奠定了经济基础。同时，校友会还与斯坦福大学创业网络中的其他部门紧密合作，通过高效、及时的沟通，搭建起了一个范围极广的缜密的企业关系网，确保斯坦福技术风险投资计划（Standford Technology Ventures Program，STVP）[①] 有源源

[①]　Standford Technology Ventures Program，https://stvp. stanford. edu/，最后访问日期：2024 年 11 月 14 日。

不断的资金来源。斯坦福大学设有独特的校友导师制项目，毕业之后的创业精英组成了一支超 3000 人的校外师资队伍，在校学生可随时与这些校外的校友导师进行交流和咨询。校友们还通过成立天使投资团体为初创企业提供资金和指导。例如，2011 年成立的斯坦福大学官方校友联盟组织——斯坦福天使投资人与企业家团体（Standford Angels & Entrepreneurs，SA&E），是一个以校友为主导的组织，主要为学生、天使投资人和企业家之间的交流及资助提供机会。截至 2024 年 10 月，该组织已资助了 100 多家初创公司[①]。

斯坦福大学完善的创新创业生态系统，极大促进了知识向生产实践的转化，同时也推动了校友和社会捐赠的稳步增长。2023 年，超过 5.6 万个家庭向斯坦福大学、斯坦福医疗集团和露西尔·帕卡德儿童医院捐赠及承诺捐赠 15 亿美元，这些资金主要用于校园教学和科研基础设施的建设与维护、提供研究资助和奖学金[②]。

（2）北京大学创新创业扶持计划

北京大学尝试建立了如斯坦福大学一样相对完整的创新创业教育生态体系，覆盖培养—孵化—投资全流程。2012 年，由北京大学校友会携手北大企业家俱乐部，牵头协调学校 15 个相关部门院系联合发起"北京大学创新创业扶持计划"，充分依托学校教育资源、研究资源和校友资源，建立"创业教育、创业研究、创业孵化、创投基金"四位一体的综合创新创业扶持平台[③]（见图 7）。

截至 2022 年，该平台已汇集 400 位资深导师，发展 500 门创新创业课程，在全国布局 19 个专业众创空间及孵化器，链接 28 家北大系投资基金，总规模超过 1000 亿元，在战略咨询、财务、股权等十几个专业领域开设创业工坊，为创业企业提供专业服务。

（3）浙江大学校友创新创业大赛、校友企业总部经济园[④]

浙江大学校友创新创业大赛作为学校助力高水平科技自立自强、落实创新驱动发展战略的重要平台和载体，2011～2024 年，大赛已成功举办七届，累计完成融资超 100 亿元，项目估值总额超 2500 亿元，成功孵化了以拼多多、每日互动、龙旗集团等为代表的多家上市企业和优秀科创企业，促进了

---

① Standford Angels & Entrepreneurs，https://stanfordaande.com/，最后访问日期：2024 年 11 月 14 日。

② 资料来源：斯坦福大学 2024 财年年报。

③ 《创新创业扶持计划》，https://pkucy.com/content/page/innoplan.html，最后访问日期：2024 年 11 月 15 日。

④ 资料来源：浙江大学创新创业研究院官网、"浙江大学校友企业总部经济园""浙江大学校友总会""浙江大学教育基金会"等微信公众号。

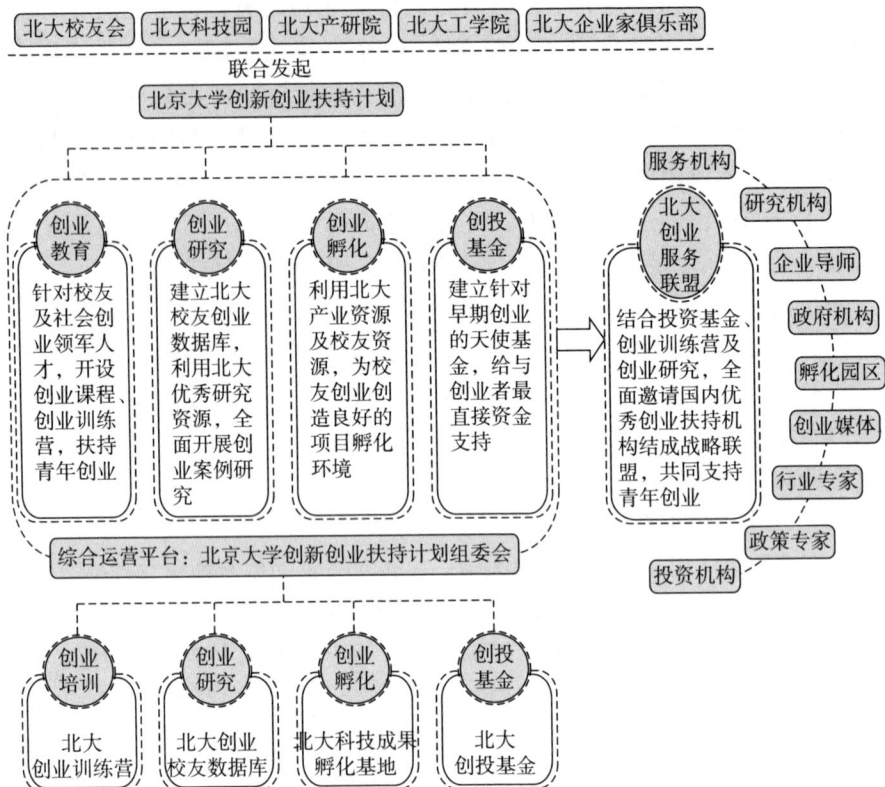

图 7　北京大学创新创业扶持计划

资料来源：《创新创业扶持计划》，https://pkucy.com/content/page/innoplan.html，

最后访问日期：2025 年 3 月 17 日。

学科链、人才链、创新链、产业链的深度融合。校友与校友企业也积极反哺母校，例如，在疫情初期，拼多多与浙江大学共同设立"病毒感染性疾病防控基金"；2021 年，黄峥及拼多多创始团队发起的繁星公益基金向浙江大学教育基金会捐赠 1 亿美元，设立"繁星科学基金"支持"计算+"创新实验室的建设，推动学校在生物、医疗、农业、食品等领域的交叉方向展开基础研究及前沿探索。大赛依靠各领域的行业校友力量，广泛汇集政府和社会资源，以办赛为主线，组织校友企业投融资培训、走近名师名企、主题论坛等多元化活动，为创业创投校友提供媒体推广、创业导师指导、市场开拓等系列支持和服务。2023 年 9 月启动的第七届大赛吸引了近 400 个项目参赛，100 余家知名创投机构参与，全赛程 100 余位企业家、投资人校友及学科专家参加评审，得到多个地方政府和多家金融机构的支持，并与浙江大学校友企业总部经济园（以下简称"浙大总部园"）开展了深入合作。

浙大总部园处于杭州城西科创大走廊核心位置，于 2017 年由浙江省人民政府授牌成立，是浙江大学打造的省级重大创新产业平台项目。浙大总部园通过吸引浙大校友企业入驻，汇聚全球性、功能性或区域性企业总部，打造以企业总部集群为特征的新型经济业态，集聚优质项目、资本、科技、人才等多元创新要素，形成了龙头、成长和初创企业协同发展的雨林式创新创业生态体系（见图 8）。

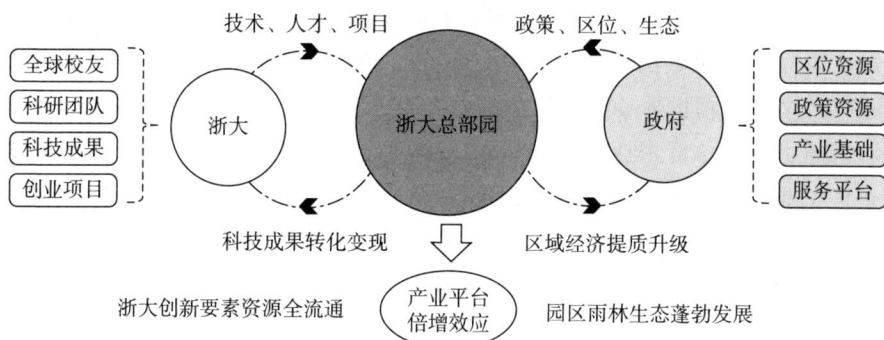

图 8　浙大总部园创新创业生态体系

资料来源：浙大总部园展厅宣传资料。

浙大总部园从创新型产业用地开始，不断创新体制机制，整合浙大创新要素资源，从产业需求端出发寻求学科合作和技术转化，构建以服务产业需求为核心的生态体系，以此推动经济发展，逐步形成了以"科技创新转化机制+产业创新转化机制+科产融合服务平台"为核心的浙大系创新引领发展模式。在这一过程中，全球各地浙大校友会积极推进校友资源对接，助力当地技术转移和项目落地。例如，澳大利亚浙江大学校友会与浙大总部园合作运营海外校友创新创业中心（余杭区新侨创新创业中心），打造一流的海归人才创新创业阵地，共同组织校友高峰论坛、浙大校友大赛海外赛区、校友课堂、"校友记"国际人才会客厅等活动，构建由院士领衔的"海外高端人才库"，链接高层次人才万余名。此外，阜博集团、天能集团、大北农集团等校友企业的功能性、区域性总部也已经进驻园区。

基金会与校友会共同助力浙大总部园科产融合全要素支撑体系的加快构建。2021 年，浙江大学教育基金会德水基金设立启动，致力于携手企业支持师生校友创新创业。首笔捐赠由金成控股、浙大网新、浙商创投三家校友企业出资成立的校友企业联合体——浙江泽大创城科技有限公司提供，首期捐赠 5000 万元。2024 年 12 月，钟子逸教育基金会向浙江大学教育基金会捐赠，进一步扩大了德水基金的规模。2017 年，孙乃超先生、周若芸女士伉俪向浙江大学教育基金会捐赠 150 万美元设立江芷生物科技基金，并于 2021 年再次续赠。江芷生物科技基金通过"研究奖""大奖赛"等形式支持高价值科技成果转化，已有侏罗纪生物、领脑科技等多个项目获得融资。

自建成以来，浙大总部园积极发挥浙大平台优势，以一站式服务体系助力企业成长，链接浙大资源、聚集优质企业、打造优势产业，在服务校友创新创业、助推学校"双一流"建设以及服务国家创新驱动发展战略和地方经济社会发展等方面做出了重要贡献。截至 2024 年 11 月，入驻企业和平台已有 600 多家，包括世界 500 强科创板块企业 2 家、上市公司科创板块企业 18 家、杭州市百亿总部企业 1 家、小巨人和专精特新企业 18 家、准 IPO 企业/独角兽企业 7 家、国家高新技术企业 30 余家。园区合作融资池规模超 100 亿元，累计营收产出超 1300 亿元，累计为地方贡献税收超 23 亿元。

3. 运行机制分析

在基于平台的合作共赢模式中，校友会与基金会通过整合学校资源、校友资源，以及政府、社会等外部资源，支持平台的搭建和持续优化，形成资源集聚的"洼地"，产生规模效应，扶持和孵化项目。多元主体通过合作共赢取得成果，并共同分享这一成果（见图 9）。

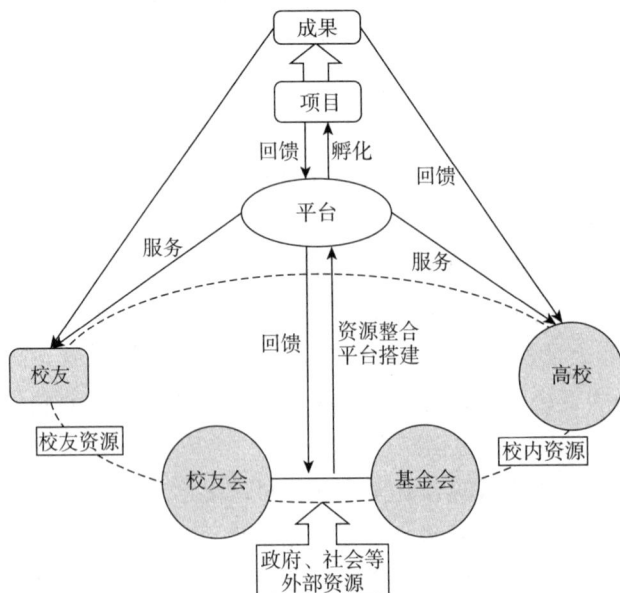

图 9　基于平台的合作共赢模式

一是资源整合与平台搭建。高校根据自身发展需求对平台进行整体规划，校友会与基金会整合校友和学校资源，积极引入外部资源，支持虚拟或实体平台的搭建，并充分发挥各自优势，汇聚各类发展要素，完善平台的服务功能和运营机制，打造良好的平台生态。

二是项目对接与过程支持。校友会与基金会发挥桥梁和纽带作用，实现信息多向流通和广泛传播，提升平台影响力和知名度，推动项目进驻和孵化加速。在项目发展过程中，校友会与基金会助力平台提供系列服务，基金会为优质项目提供资金支持，校友会则利用校友网络为项目对接市场资源、技术专家和行业渠道，提升项目成功率。在这一过程中，平台依靠科学的评估机制开展定期评估和反馈调整，不断优化平台建设，提升运行效果。

三是合作共赢与成果分享。项目在平台支持下不断发展壮大，具备一定能力后通过捐赠、技术合作、人才培养等方式积极回馈高校和平台。高校和平台则通过分享发展成果，进一步提升自身的影响力和资源整合能力，为更多的校友和项目提供支持和服务。校友会与基金会也受益于平台的回馈。基于平台，多元主体实现可持续发展目标，形成具备良性循环机制的合作共赢生态系统。

这一模式改变了学校资源、校友资源，以及政府、社会等外部资源的分散状态，人力、物力、智力等生产要素在平台上得到了有效整合、精准对接和科学配置，形成了资源生态系统，提高了资源的利用效率。平台也促进了信息的快速流通，多元主体可以及时获取所需信息，提高决策效率与合作机会的捕捉能力，并通过深入互动形成长期稳定的发展共同体。

而平台建设和运营的高成本问题亟待解决。无论是线上平台的开发建设或线下平台的场地建设与设备购置，还是平台的运行维护和优化升级，都需要大量资金的持续投入。这就要求平台自身形成全方位、多层次的资源汇聚策略，校友会与基金会探索创新合作模式，为平台的可持续发展注入新的活力和动力，推动多元主体在更高层次、更宽领域实现合作共赢与协同发展。

（三）基于活动的联合推进模式

1. 模式内涵

基于活动的联合推进模式是指，在各类高校活动尤其是校庆等重大活动期间，校友会与基金会紧密合作，联合策划、组织一系列丰富多彩的活动，旨在增强校友与母校之间的情感联系，提升高校的社会知名度和美誉度，同时通过开展活动实现校友捐赠、项目合作、人才交流等目标，推动高校各项事业的发展。活动形式多样，包括校友返校聚会、学术论坛、文艺演出、捐赠仪式等，充分发挥校友会组织协调能力和基金会资源保障能力，实现活动效果的最大化。

2. 实践与案例：浙江大学 125 周年校庆系列活动[①]

活动是校友会与基金会协同推进工作的重要载体，校庆活动是其中的典型之一。校庆，特别是逢五、逢十的"大庆"活动是凝聚各方力量、推动高校持续进步的重要契机，也是推进高校校友工作和筹资工作的关键节点。从校友工作的角度来看，校庆为校友们提供了一个重返母校、重温青春岁月的契机，而在校庆期间举办的各类校友活动，如校友论坛、校友座谈会等，也为校友们搭建了一个广阔的交流平台。从筹资工作的角度来看，校庆具有独特的号召力和感染力，能够激发校友们感恩回馈的热情，同时校庆也是高校向社会各界展示自身实力、发展成就和文化底蕴的重要窗口，通过广泛宣传和影响力的传播，吸引更多潜在的捐赠者和合作伙伴，进一步拓宽筹资渠道。校友会与基金会可以通过整合双方资源和优势，提升活动影响力和参与度，同时实现校友联络、资金募集、形象宣传等多重目标。

2022 年是浙江大学建校 125 周年，学校围绕"弘扬求是文化 奋力走在前列"的校庆主题，以"文化校庆"为主线，聚焦校史文化、学术文化、校园文化、校友文化、使命愿景文化等"五大板块"，全面开展了形式多样、线上线下相结合的系列校庆活动。其中，发展联络办公室（含校友总会秘书处、教育基金会秘书处）牵头负责校友文化板块，旨在构建更高质量的学校—校友发展共同体，凝聚推动学校事业发展的强劲力量。为此，浙江大学校友总会和基金会联合开展了夯实基础、完善平台、开展活动、打造品牌等方面的工作（见图 10）。

浙江大学校友总会通过官网、微信公众号、视频号、抖音号等新媒体平台，依托学校—学院—班级的微信群体系，借助班级联络员等校友会骨干力量的有效辐射，连接全球 151 个地方校会和 37 个院系分会，着力提升浙江大学在全球的影响力和美誉度。在夯实基础方面，凝聚校友线上线下全球同庆，发起校庆祝福视频征集与七大片区校友会联谊会祝福接力活动，共收到 119 份祝福视频、21782 字校庆祝福；吉林、安徽、洛阳、杭州、甘肃等多地校友会举行校庆线下亮灯活动。在完善平台方面，创新校友服务载体，校庆日正

[①] 资料来源："浙江大学""浙江大学校友总会""浙江大学教育基金会"等微信公众号以及浙江大学校友总会年度工作报告。

```
                  浙江大学125周年校庆系统活动
                      （校友文化板块）

   夯实基础          完善平台          开展活动          打造品牌

  校庆纪念品定制   校友总会常务理事会   校友集体婚礼    重点领域不同层次的
                      会议                            社会筹资项目
  面向全球校友的网络                    走访校友行活动
  新媒体宣传活动   上线"浙大校友服务                   建校125周年众筹项目
                 大厅"、发布浙江大    激励校友线上书画展
  119份祝福视频、  学"校友卡"                         校庆期间，校友捐赠
  21782字校庆祝福                    院系校友返校活动    总额超3亿元
                 1周内，申请注册2万
                 余人，点击访问80余
                      万次

                  形成发展合力，推动学校办学
                  水平和社会声誉迈上新台阶
```

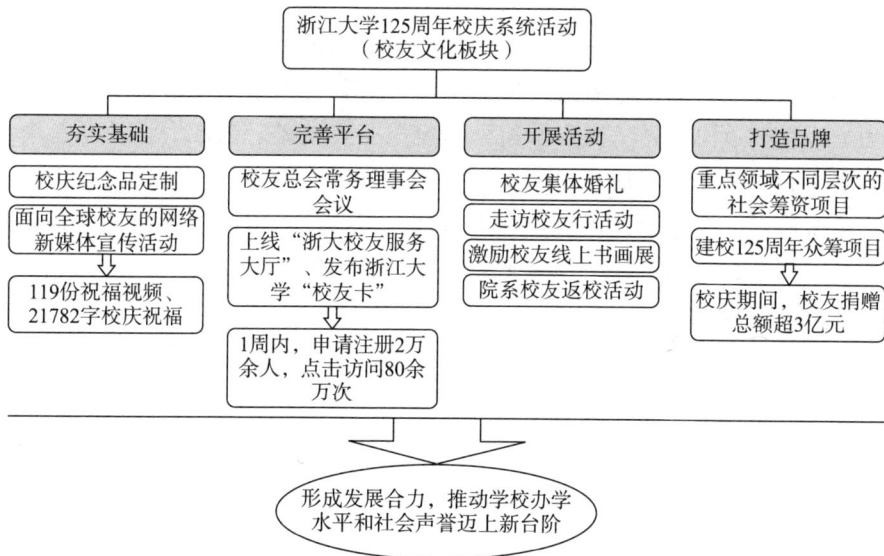

图 10　浙江大学 125 周年校庆系列活动（校友文化板块）

资料来源：梳理整合 125 周年校庆相关资料后绘制。

式上线"浙大校友服务大厅"、发布浙江大学"校友卡"，为全球校友打造一站式服务平台，上线 1 周内，申请注册 2 万余人，点击访问 80 余万次。在开展活动方面，校友总会鼓励各院系按毕业班级、专业或系组织返校，进一步加强与校友的广泛联络。在打造品牌方面，教育基金会根据学校发展战略，规划凝练人才培养、师资引育、学科发展、校园建设等方面重点领域不同层次的社会筹资项目，持续助力"梦想浙大"发展基金倍增计划，为学校筹措更多的办学资源。同时，校友总会与教育基金会联动图书馆、艺博馆等校内单位开展相关项目策划，发布浙江大学建校 125 周年众筹项目，凝聚各界力量共同支持学校建设发展。其中，第一个项目达成众筹目标仅用时 29 小时 55 分 16 秒，第二个项目达成众筹目标用时也不到 3 天，充分展现了浙大人的凝聚力。校庆期间，校友捐赠总额超 3 亿元，较往年有大幅提升。此外，校友总会与教育基金会深入挖掘感人故事，及时宣传报道，微信公众号多篇推文被中国新闻网、光明网、《中国青年报》等社会主流媒体转载，其中二次阅读量总计超过百万。2022 年 5 月 21 日，浙江大学"典学浙大"主题晚会召开，晚会特别设置感恩环节，学校向捐资兴学的社会各界人士和校友代表颁发捐赠致谢牌，以表诚挚谢意。晚会全程进行全球直播，65 万余名校友线上线下互动，共同祝福母校。

浙江大学 125 周年校庆是继 120 周年校庆之后，又一次面向全球校友和社会各界人士的凝心聚力行动，集中呈现了学校的办学特色和成效，有效提升了学校美誉度和文化影响力，进一步形成了各方携手助推浙大发展的强大合力，为学校迈向世界一流大学前列奠定了坚实基础。浙江大学校友总会与教育基金会在举办系列活动中，于组织联络、活动策划执行以及捐赠工作等方面紧密协同，充分调动了校友的积极性，为学校发展筹集了大量资金和社会资源，同时也显示了校友会与基金会协同工作的显著成效。

3. 运行机制分析

在基于活动的联合推进模式中，高校、校友会与基金会围绕既定目标组建活动筹备小组，基于资源与功能互补，在活动策划、筹备、执行和总结等各个阶段分工合作、紧密配合，协同推进活动举办，并在活动结束后共同分享活动所带来的成效（见图 11）。

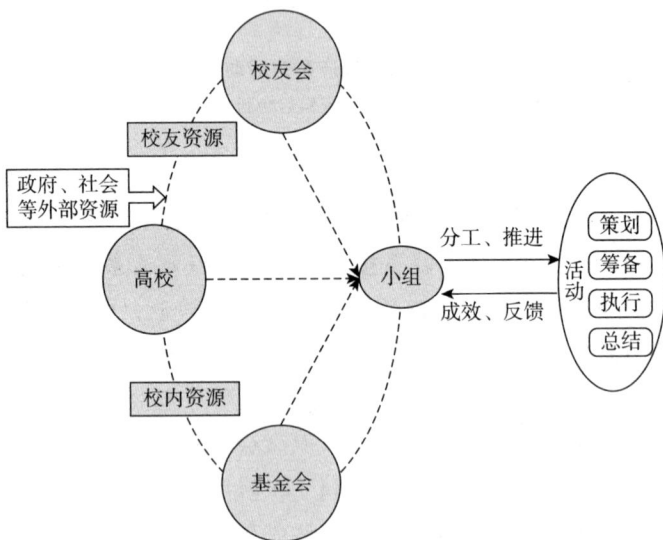

图 11　基于活动的联合推进模式

一是策划。在校庆等重要活动筹备阶段，高校的校内相关部门与校友会、基金会共同成立活动筹备小组，结合高校的历史文化、发展成就和未来规划，确定活动主题、内容、形式和预算等，完成活动前期策划工作。

二是筹备。校友会充分发挥其网络优势，结合校友通信、社交媒体群组等渠道进行校友邀请和前期宣传，并负责校友报名的跟进和反馈，同时联络校外的校友资源，以获取活动支持；基金会结合活动主题开展专项筹资工作，并落实活动内嵌的捐赠或感恩捐赠环节。

三是执行。在活动期间，校友会与基金会分工协作，做好校友和社会各界人士等的接待服务，组织他们有序参与活动各环节，保证良好的活动体验，并协同做好活动的宣传报道，提升活动的传播效果。

四是总结。活动结束后，双方共同对活动进行总结评估，分析不足、总结经验，整理各方反馈意见和改进建议，为以后的活动提供参考。校友会要对活动收集的校友信息更新入库，做好后续联络工作；基金会要对相关捐赠项目进行持续跟进管理，确保捐赠承诺的兑现和项目的顺利实施。

基于活动，校友会与基金会可以整合各自资源优势、凝聚各方力量，实现资源的集中投入，通过联合推进活动的顺利开展，实现校友联络、资源整合、资金募集、形象提升等多个目标，提高工作效率。大型活动往往能够吸引众多校友和社会各界人士参与，促进学校与校友、社会的互动交流，进一步提升学校的社会知名度和影响力。

此类活动通常涉及学校内部的多个部门，需要建立完善的筹备组织架构和沟通协调机制，明确职责分工、协同推进工作，确保活动的顺利进行。后续，校友会与基金会也要持续投入精力维护关系，优化合作机制，长期保持稳定且高效的合作关系，形成规模效应和品牌效应，推动高校校友和筹资工作的整体发展。

（四）小结

以上，结合实践和案例总结分析了高校校友会与基金会工作协同的三种模式，各有其特点。基于项目的校友反哺模式，主要围绕特定项目精准发力，能够充分调动校友对母校的情感与资源投入；基于平台的合作共赢模式，侧重于搭建一个全方位的交流与合作空间，形成良好的资源生态系统和循环机制；基于活动的联合推进模式，则是以各类活动为契机，整合高校、校友会与基金会等各方力量，协同实现多重目标。三种模式各有优势，但也面临不同挑战。高校应根据自身的发展需求、校友资源状况和实际条件，选择合适的协同模式或综合运用多种模式，充分发挥校友会与基金会的协同效应，为高校的可持续发展提供强大动力。同时，在实施过程中，不断总结经验，创新工作方法，积极应对各种挑战，以实现高校校友会与基金会协同工作的高效、优质发展。

四　加强高校校友会与基金会工作协同的影响因素分析

高校校友会与基金会具有一定的工作协同基础，也开展了一系列有益的实践探索，呈现积极的发展趋势，但在实际运作中，由于多种因素的影响，二者的协同效应未能充分发挥。

（一）组织架构与制度建设

在组织管理方面，部分高校校友会与基金会的组织架构设计未充分考虑协同工作需求，部门之间的职责划分不够清晰明确，在工作中出现职能交叉或空白，同时又缺乏有效的沟通桥梁和协调机制，容易造成资源的重复配置和工作的重复开展，降低了整体协同工作的效益。例如，在捐赠项目的策划与执行过程中，可能会出现校友会与基金会都去接触同一位潜在捐赠校友，却因缺乏内部沟通协调机制，各自提出不同的捐赠方案，让校友感到困惑、体验不佳，极大地影响了协同效率和工作专业性。许多高校也尚未建立完善的协同工作制度体系，缺乏明确、细致且具有可操作性的协同工作规范和流程，使得双方在实际合作中无章可循，只能依靠临时性的沟通和协商来推进工作，导致工作的随意性和不确定性增加。

（二）资源分配与利益协调机制

资源整合与共享的困境在高校校友会与基金会的协同工作中普遍存在。首先，信息资源的整合滞后，双方各自拥有独立的信息管理方式和体系，校友信息、捐赠信息、项目信息等未能实现有效的互联互通和共享，导致信息的碎片化和重复收集，既增加了工作成本，又降低了信息的准确性和时效性，使得双方在开展校友联络、捐赠劝募和项目合作等工作时难以形成精准、有效的合力。其次，物质资源和人力资源的共享程度也较低。校友会与基金会在活动组织、办公设施、志愿者队伍等方面存在资源闲置与短缺的现象，但由于缺乏统一的资源分配与利益协调机制，无法实现资源的优化配置和高效利用，进一步限制了协同工作的广度和深度，削弱了整体的协同效应和工作效能。

（三）人员专业素质与协同意识

开展校友工作和筹资工作都需要工作人员具备较强的专业素质。当前，大部分高校校友会与基金会工作人员的专业背景较为单一，多数集中在行政管理、公共关系等领域，缺乏系统的金融知识、市场营销技巧以及对慈善法规的深入了解，在面对复杂的捐赠项目策划、资金管理与运作、慈善法规遵循等工作时，往往显得力不从心。部分工作人员缺乏对校友工作和基金会工作的深刻理解与热情，仅仅将其视为一份普通的工作，缺乏主动服务意识和创新精神，无法充分挖掘校友资源和社会资源。此外，工作人员的协同意识不强也会影响整体协同效能的发挥。缺乏有效的沟通与协作，可能造成资源的浪费和重复劳动，甚至在对外合作中出现内部竞争的情况，影响组织形象，不利于长远发展。

（四）文化价值观念契合程度

文化理念和价值认同的差异是影响高校校友会与基金会协同的深层次因素。虽然校友会与基金会在推动高校高质量发展这一目标方向上具有一致性，也共享着母校传承的价值观体系，但在组织文化和价值追求上还是各有侧重。校友会的文化建设往往侧重于校友情感维系、校友文化传承以及校友网络拓展，强调的是校友之间的情感纽带和归属感；而基金会的文化则更多地围绕慈善公益理念、社会责任担当以及捐赠资金的有效管理和使用，注重的是公益价值的创造和社会影响力的提升。这种文化理念上的差异使得双方在工作目标、工作方式和价值追求上存在一定的差别，在一些活动或项目的决策上双方容易产生分歧，影响协同效率。

（五）外部环境因素

高校校友会与基金会作为社会组织，其管理运行要受到各类法律法规、制度政策的约束。国家在税收、慈善、社会组织管理等方面的政策法规不断调整，要求二者及时了解并适应新变化，相应调整组织管理模式和业务开展方式，否则可能会错失发展机会，甚至面临合规风险，从而影响协同工作的稳定性和可持续性。同时，社会公众对高校及其附属组织的关注度和舆论评价，会间接影响校友会与基金会的协同工作。负面舆论可能损害校友对母校的形象认知，降低其参与度和捐赠意愿；而正面的舆论氛围则有助于提升高校的社会声誉，吸引更多校友关注和社会资源支持。因此，营造和维护良好的社会舆论环境，需要校友会与基金会共同努力，可通过积极开展公益活动、提升工作透明度等方式来实现。

五 加强高校校友会与基金会工作协同的对策建议

高校校友会与基金会在协同过程中仍面临诸多挑战，需要政府与社会、高校以及校友会与基金会等各个层面共同发力，探寻切实可行的对策，以促进其协同工作的高效开展，为高校发展注入强大动力。

（一）政府与社会：优化外部生态，激发协同活力

1. 完善法律法规与政策支持体系

完善的法律法规和政策支持体系是高校校友会与基金会协同发展的重要保障。政府应着眼于高校校友会与基金会发展的实际需求，对现行相关法律法规进行全面、细致的梳理与评估，查漏补缺，及时修订和完善，确保其在组织注册登记、运行管理、监督评估以及税收优惠政策等方面有明确清晰且具有可操作性的法律依据和规范指引。例如，现有配比政策过于粗放，应更多地发挥配比资金的引导作用，从鼓励高校筹措长期发展基金和自主性基金角度，将配比金额向留本基金和非限定性捐赠倾斜等（杨维东、王丹，2017）。此外，可以借鉴国外先进经验，在慈善捐赠税收优惠政策上进一步细化和优化，根据捐赠对象、捐赠方式以及捐赠用途的不同，制定差异化税收减免标准，并建立税收政策的动态调整机制，根据经济社会发展情况和高校公益事业需求，适时调整税收政策，以更好地激发社会捐赠的积极性，为高校校友会与基金会的协同工作创造更有利的经济环境。

2. 加强社会监督与公信力建设

有力的监督引导能够确保高校校友会与基金会在协同过程中始终保持正确的方向和规范的运作，及时发现并纠正存在的问题，维护公益事业的公信力和社会形象。构建由政府主管部门、专业评估机构、媒体以及社会公众等多方共同参与的全方位、多层次社会监督体系，对高校校友会与基金会进行实时监测和定期评估。政府主管部门需切实履行其监管职责，对高校校友会与基金会的设立、运行、变更等关键环节进行严格审批与常态化监督检查，确保其合法合规运营。专业评估机构应依据科学合理的评估指标体系，对其组织治理、项目运作、财务管理、信息公开等方面进行评估，并及时向社会公布结果，为公众提供客观的参考依据。媒体通过新闻报道、调查采访等方式，及时曝光高校校友会与基金会在协同工作中出现的问题和不良行为，发挥舆论监督的警示作用。社会公众则可通过举报热线、网络平台等渠道，对高校校友会与基金会的工作提出意见建议。

3. 强化宣传与公益文化培育

积极的宣传与公益文化培育能够在社会层面激发公众对高校公益事业的热情，营造有利于高校校友会与基金会发展的文化氛围。社会各界应积极组织开展形式丰富的公益宣传活动，普及慈善理念和捐赠知识，提高社会公众

对高校校友会与基金会的认知度、认同度和参与度，为其协同工作的顺利开展奠定坚实的社会基础，吸引更多的社会资源和力量参与高校的建设与发展。例如，举办高校公益成果展览，展示高校校友会与基金会在教育扶贫、科研资助、校园建设等方面的突出成就，让公众直观感受高校公益事业的重要价值和积极影响。同时，将公益文化融入社会教育体系和文化建设中，在学校教育中增加公益课程和实践活动，引导学生参与志愿服务、慈善捐赠等公益行为，并通过文艺作品、影视作品、公益广告等多种形式，传播公益文化，弘扬正能量，为高校校友会与基金会的发展创造有利的社会文化环境。

（二）高校：强化内部支撑，引领协同共进

1. 强化顶层设计与统筹协调

高校作为校友会与基金会发展的依托主体，其顶层设计与统筹协调至关重要，能够为二者协同工作提供方向指引。高校应将校友会与基金会工作纳入学校整体发展战略布局，结合学校的中长期发展目标和资源优势，明确各自定位与协同目标，制订详细的工作计划，规划切实可行的实施路径，确保二者工作紧密围绕学校核心任务开展，形成推动学校发展的合力。建立健全协同工作的领导体制和工作机制，成立专门的协调机构或工作领导小组，由学校主要领导担任负责人，定期召开联席会议，研究部署协同工作中的重大事项和关键问题，加强对二者工作的统筹协调和指导，确保各项协同措施能够顺利落地，取得实效。例如，在学校重大项目建设、人才培养、科研创新等方面，统一规划校友会与基金会的资源投入和支持方向，形成协同工作合力，避免资源分散和重复配置，提高资源利用效率和协同工作效益。

2. 优化资源配置与整合效能

高校内部各类资源的有效整合与优化配置，能够为校友会与基金会协同工作提供重要支撑。高校为校友会与基金会的协同工作提供必要的人力、物力和财力支持，并充分利用学术资源、科研成果、师资力量等优势资源，提供智力支持和专业保障。例如，将高校的科研成果与校友企业的技术需求相结合，通过校友会搭建产学研合作平台，推动科研成果的转化和应用，同时为基金会的项目开展提供技术支持。鼓励教师参与校友会与基金会的工作，将其专业知识和教学经验运用到校友服务和公益项目中。例如，邀请教师担任校友导师，为校友的职业发展提供指导和建议；在基金会开展的教育扶贫项目、乡村振兴项目等公益项目中，安排教师参与项目策划与实施，提供智力支持和志愿服务。在学生培养中，鼓励学生积极参与慈善实践，增强校友

意识，培育慈善理念，为后续校友和筹资工作奠定良好基础。

（三）校友会与基金会：加强自身建设，提升协同效能

1. 树立协同发展理念与合作意识

理念是行动的指引，树立协同发展理念与合作意识，有助于高校校友会与基金会凝聚发展共识、激发发展活力、实现协同突破。高校校友会与基金会应深刻认识到协同发展对于双方以及高校发展的重要性和紧迫性，坚决摒弃传统的单打独斗思维模式，牢固树立合作共赢、协同发展的理念和大局意识，将协同工作贯穿组织运行的全过程。建立常态化的交流沟通机制和高效的信息共享机制，共同探讨协同发展的方向、目标和路径，积极主动地开展协同工作，在合作中寻求发展机遇，在发展中实现合作共赢。例如，通过组织内部培训、开展交流研讨活动以及分享成功案例等方式，不断强化工作人员对协同发展理念的理解和认同，强化团队合作意识，引导其自觉主动地寻求合作机会，共同为推动高校公益事业的发展贡献力量。

2. 优化内部管理与运行机制

科学合理的内部管理与运行机制是高校校友会与基金会协同发展的重要保障。高校校友会与基金会应根据协同发展的实际需要，对自身内部管理与运行机制进行适应性调整和优化，明确各部门和岗位的职责分工，建立健全内部沟通协调机制，提高工作效率和协同能力。例如，校友会设立专门的捐赠项目策划部门，与基金会的资金管理部门密切配合，针对校友捐赠项目建立联合策划、执行与评估机制，充分整合双方的资源优势，提高项目执行效率和质量，并以更优质的服务、更规范的管理回馈捐赠者。同时，制定完善的协同工作制度和流程规范，包括信息共享、联合决策、项目合作、绩效评估等制度，明确双方在协同工作中的权利义务、工作流程和考核标准，确保协同工作有章可循、规范有序。此外，加强专业化、职业化队伍建设，为协同工作的开展提供坚实的人才保障。对高校校友会与基金会工作人员开展有针对性的培训活动，包括筹资技巧培训、项目管理培训、校友关系维护培训、法律法规培训等，提高工作人员的专业水平和综合能力。

3. 强化资源整合与共享

资源是高校校友会与基金会发展的重要基础，强化资源整合与共享能够打破资源分散的壁垒，实现资源的汇聚与高效利用。高校校友会与基金会应充分认识自身独特的资源优势，积极主动地开展资源整合与共享工作。在高校利用信息资源方面，筹款信息管理系统十分重要，它有利于形成透明的筹

款工作机制，便于分享筹款资源、规范存量信息、挖掘增量信息，大幅提升大学募捐绩效（杨维东、祝军，2022）。建立统一的校友数据库对于深入挖掘校友资源、推动校友捐赠也是十分必要的，通过分析校友职业、社会关系、兴趣爱好以及捐赠意愿等信息，精准把握校友需求和潜在捐赠意向，可以为高校校友会与基金会工作提供有力的数据支持，提高工作的针对性和有效性。同时，加强校友和筹资工作体系向院系的延伸拓展，深入了解各院系的学科特色、发展需求以及校友分布情况，引导院系根据自身优势制定个性化的校友联络与筹资策略，并在做好整体规划、资源调配与统筹协调的基础上，鼓励院系发挥主观能动性，积极开展富有针对性的校友活动和筹资项目，从而充分整合协调全校资源，共同推动校友和筹资工作迈上新台阶。

4. 加强品牌建设与推广

品牌是高校校友会与基金会脱颖而出的关键因素之一。加强品牌建设与推广，能够提升二者的知名度、美誉度和影响力，推动高校公益事业走向更广阔的舞台。高校校友会与基金会应立足学校发展战略和特色优势，注重宣传学校使命愿景、基金会价值、捐赠方形象和项目执行成效，不断增强文化的引领能力（沈黎勇、杨维东，2024），突出自身在服务校友、推动教育事业发展、促进社会公益等方面的使命担当，努力打造富有吸引力和影响力的校友捐赠项目，挖掘并讲好校友捐赠故事，以情动人，激发更多校友内心深处的共鸣与参与热情。同时，利用多种渠道进行品牌推广，例如，在社交媒体上发布校友风采展示、公益项目成果汇报等内容，吸引校友和社会公众的关注与互动；积极参与国内外交流合作，展示自身品牌形象和工作成果，提升其在行业内的知名度和美誉度，吸引更多的资源和合作机会，为协同发展提供更广阔的空间和平台。

六　结语

高校校友会与基金会作为校友和筹资工作的关键依托，在联络校友情感、汇聚校友资源、提升办学声誉等方面发挥着关键作用，对高校发展而言不可或缺。随着高等教育竞争的日益激烈以及高校对社会资源需求的不断增长，加强高校校友会与基金会之间的协同合作，实现资源共享、优势互补，已成为高校提升综合实力和可持续发展能力的重要路径。在具备目标方向与价值共享、资源与功能互补、组织与人员关联等协同条件的基础上，高校校友会与基金会开展了不同层次、不同形式的协同工作，形成了基于项目的校友反哺、基于平台的合作共赢、基于活动的联合推进等协同模式，呈现良好的发展趋势。同时，高校校友会与基金会的协同过程中也存在一些问题，组织管理、利益协调、人员素质、文化认同以及外部环境等因素都影响着协同效应的充分发挥。政府与社会、高校以及校友会与基金会等各个层面，共同努力创造积极的内外部条件，持续推动这项长期而复杂的工作，为多元主体的发展贡献更大的力量。

　　未来，随着高等教育改革的不断深化和社会经济环境的变化，高校校友会与基金会工作协同将面临更多的机遇和挑战。一方面，随着信息技术的飞速发展，数字化、智能化手段将为高校校友会与基金会的工作提供更强大的支持，如利用人工智能技术实现校友捐赠意向的精准预测、通过区块链技术提高捐赠资金的管理透明度等，进一步提升协同工作效率和质量。另一方面，社会对高等教育的关注度和参与度将持续提高，高校校友会与基金会应加强自身建设，提升专业化水平和服务能力，打造具有特色和影响力的品牌活动和项目，增强对校友和社会的吸引力和凝聚力，为高校的长远发展注入源源不断的动力，实现高校与校友、社会的多方共赢与可持续发展。

参考文献

白列湖，2007，《协同论与管理协同理论》，《甘肃社会科学》第 5 期。

陈邑早、黄诗华、王圣媛，2022，《我国区域创新生态系统运行效率：基于创新价值链视角》，《科研管理》第 7 期。

戴志敏等，2010，《大学教育基金会管理研究》，浙江大学出版社。

邓娅，2012，《校友工作体制与大学筹资能力——国际比较的视野》，《北京大学教育评论》第 1 期。

郭海鹰，2017，《校友是"双一流"建设与大学筹融资重要的社会资源》，《中国高等教育》第 23 期。

郭静，2016，《哈佛大学校友捐赠管理及启示》，《高教探索》第 2 期。

〔德〕赫尔曼·哈肯，1995，《协同学：大自然构成的奥秘》，凌复华译，上海译文出版社。

何志伟，2018，《校友资源与世界一流大学建设之关系研究》，博士学位论文，浙江师范大学。

蒋庆荣，2020，《新时代高校校友工作的若干问题探析》，《北京教育》（高教版）第 2 期。

柯芳玮，2014，《中美高校基金会管理的比较与借鉴研究》，硕士学位论文，南京师范大学。

李冬梅，2007，《普林斯顿大学捐赠体系的特点及启示》，《现代教育科学》第 5 期。

李孔珍、孟繁华、洪成文，2010，《斯坦福大学募捐战略研究》，《现代教育管理》第 1 期。

梁燕、王振华、王嘉茵，2020，《我国大学校友关系与多元化筹资管理研究》，载《中国高校基金会年度发展报告》编写组编《中国高校基金会年度发展报告（2020）》，社会科学文献出版社。

林成华、胡炜，2018，《战略慈善时代美国企业高等教育捐赠的模式选择与运作策略》，《高校教育管理》第 3 期。

刘志坚，2012，《高校校友会与基金会的伙伴关系模式探析》，《重庆交通大学学报》（社会科学版）第 5 期。

〔美〕罗伯特·A. 勃登斯基，2013，《年度捐赠的革新——十项已取得成效的尝试》，丁力译，复旦大学出版社。

罗志敏，2013，《校友文化与世界一流大学创建》，浙江大学出版社。

罗志敏、苏兰，2017，《论大学—校友关系中的校友捐赠表现》，《现代大学教育》第 4 期。

〔美〕迈克尔·J. 沃思，2021，《为卓越而来——大学校长与全方位筹款行动》，杨维东、刘旻昊译，哈尔滨工程大学出版社。

〔美〕迈克尔·J. 沃思、〔美〕马修·T. 兰博特，2022，《大学资源拓展：筹资与募捐动员新战略》，杨维东、余海滨译，哈尔滨工程大学出版社。

孟东军、陈礼珍、张美凤，2005，《中美大学教育捐赠管理比较研究》，《中国高教研究》第 7 期。

牛欣欣、洪成文，2021，《美国一流大学年度捐赠的理念与实践——普林斯顿大学的经验》，《高教探索》第 3 期。

〔美〕诺厄·德雷兹内、〔美〕弗朗西斯·修尔斯，2019，《筹款与大学发展》，杨维东、余蓝译，中国人民大学出版社。

沈黎勇，2023，《研究型大学教育基金会筹资模式的关键要素与实践路径——基于内容分析法的多案例研究》，《浙江大学学报》（人文社会科学版）第 12 期。

沈黎勇、杨维东，2024，《“双一流”建设高校教育基金会筹资模型与实践策略》，《国家教育行政学院学报》第 7 期。

王俊，2019，《我国大学校友资源动员的功能解析》，《南京航空航天大学学报》（社会科学版）第 3 期。

王俊，2020，《我国大学校友会与基金会的关系探赜》，载《中国高校基金会年度发展报告》编写组编《中国高校基金会年度发展报告（2020）》，社会科学文献出版社。

王树人主编，2001，《高校校友工作研究》，吉林大学出版社。

王晓英，2003，《做好新时期校友工作的探讨》，《东北大学学报》（社会科学版）第 1 期。

邢相勤、丁苗苗、刘锐，2011，《中美高校教育基金会运行机制比较及思考》，《中国地质大学学报》（社会科学版）第 5 期。

颜克高、罗欧琳，2015，《关联理事的筹资效应：基于高校教育基金会与校友会的关系研究》，《中国非营利评论》第 1 期。

颜烈真，2016，《利益相关者视角下的高校教育基金会募捐机制研究——以 A 大学教育发展基金会为例》，硕士学位论文，暨南大学。

杨维东，2023，《加快建设具有高质量支撑能力的中国高校教育基金会》，《中国高等教育》第 21 期。

杨维东、成梁，2020，《我国大学校友募捐网络研究——基于社交网络分析的视角》，《现代教育管理》第 12 期。

杨维东、王丹，2017，《英国政府托马斯报告对我国高校捐赠基金管理的启示》，《清华大学教育研究》第 4 期。

杨维东、赵文莉，2020，《大学生公益精神培育与高校基金会可持续发展：互益框架与路径选择》，《华北电力大学学报》（社会科学版）第 1 期。

杨维东、祝军，2022，《高校分类募捐策略分析：美国大学的经验与启示》，《清华大学教育研究》第 6 期。

姚小玲、张雅婷，2018，《美国斯坦福大学创新创业教育生态系统探究》，《山西大学学报》（哲学社会科学版）第 5 期。

张辉，2015，《中美捐赠基金管理与大学发展关系实证研究》，《中国高教研究》第 3 期。

张曾莲，2014，《高校教育基金会筹资管理国际比较及启示》，《财会通讯》第 5 期。

章晓野，2017，《建立校友捐赠与校友工作的良性循环》，《中国高等教育》第 7 期。

赵敏祥、陈侃翔、何国勇，2020，《校友捐赠视角下校友会和基金会的协同发展——基于浙江工业大学的案例研究》，《浙江工业大学学报》（社会科学版）第 4 期。

赵明鑫、梁惠棉，2024，《透视高校基金会与高校：互相支持、彼此影响》，《公益时报》7 月 2 日，第 8 版。

赵双双，2016，《哈佛大学校友会研究》，硕士学位论文，河北大学。

邹晓东、吕旭峰，2010，《校友情结：美国高校捐赠的主要动因》，《比较教育研究》第 7 期。

Okunade, Albert A. & Robert L. Berl. 1997. "Determinants of Charitable Giving of Bussiness School Alumni." *Research in Higher Education* 2：201-214.

Tromble, William W. 1998. *Excellence in Advancement Applications for Higher Education and Nonprofit Organization*. Frederick：Aspen Publishers.

高校资源拓展工作助力科技成果转化：
促进策略与实现路径

一　引言：概念界定

（一）高校资源拓展的概念和新内涵

随着高等教育的普及和深化，高校对资源的需求也日益多样化、高层次化。单一依赖财政拨款模式已难以满足高校日益增长的经费需求和教育质量提升要求。因此，高校资源拓展这一工作领域应运而生，其越来越受到高校重视。为了进一步加强资源拓展工作，多所高校召开了资源拓展工作推进会或工作会。例如，2023 年 11 月，复旦大学召开了资源拓展专题工作推进会，提出资源拓展工作直接关系到中国特色世界一流顶尖大学建设，是一项重要的基础性工作[①]；2024 年 4 月，中国人民大学召开了资源拓展工作会，围绕学校资源拓展工作展开深入讨论[②]；同年 11 月，南京大学也召开了资源拓展工作推进会，明确提出了资源拓展工作的要求，号召各单位都要充分认识到当前资源拓展的必要性和紧迫性[③]。

"高校资源拓展"虽无统一的定义，但根据已在开展该项工作的高校实践中，可以总结出，高校资源拓展旨在吸引更多社会资源投入、拓宽资金来源

---

[*]　刘莉，复旦大学对外联络与发展处处长、复旦大学校友会执行秘书长、复旦大学教育发展基金会秘书长。

[①]　《为高质量发展提供更坚实的资源保障！复旦大学召开资源拓展专题工作推进会》，https://m.thepaper.cn/baijiahao_25451952，最后访问日期：2025 年 1 月 16 日。

[②]　《中国人民大学 2024 年度资源拓展工作会召开》，http://rucef.ruc.edu.cn/xwzx/jjhdt/4f99cda96b0243bc98147fc0725ee6d2.htm，最后访问日期：2025 年 1 月 16 日。

[③]　《南京大学召开资源拓展工作推进会》，https://njuedf.nju.edu.cn/19/31/c3590a727345/page.htm，最后访问日期：2025 年 1 月 16 日。

179

渠道，为高校发展提供更加坚实的物质基础。具体到实践层面，高校资源拓展工作通常依托"一处两会"（对外联络与发展处、校友会、基金会）作为枢纽机构来开展，需要全校部处、二级院系的配合，汇聚以校友力量为基本盘的社会力量，筹措捐款、链接资源，助力学校发展。

近年来，该项工作内涵日益丰富。高校愈加注重资源拓展背后的文化内涵，强调汇聚包括广大校友在内的社会各界力量，共同做大朋友圈，推动学校迈向新高度。正如复旦大学党委书记裘新在本校资源拓展专题工作推进会上所言，拓展资源不仅是物质上的积累，更是文化上的养成。各部门应视拓展资源为己任，营造热心、用心、贴心的文化氛围。

可见，当下的资源拓展工作，已不再局限于传统的筹措现金捐款，而是更加注重品牌塑造、合作共建等多维度的拓展，致力于通过捐赠关系的深化，构建更加紧密的社会联系和高校合作网络，进而持续推动捐赠工作的良性循环。

（二）科技成果转化的概念和现状

科技成果转化对国家实现高水平科技自立自强有重要意义，已被重视多年。该词源于英文 Technology Transfer，也被称为技术转移，主要指产学研协同，即从学术机构向企业转移。产学研协同的过程，就是技术知识从高等院校、科研机构向企业转移，这是科技成果转化最常见也是最主要的形式[1]。高校一直是国家产学研协同创新体系的重要支撑力量，加快科技成果向现实生产力转化，是培育和发展新质生产力的必然要求。其中，高校院所作为我国国家战略科技力量和创新体系的重要组成部分，是科技成果转化运用的主要供给方。

从高校角度分析，科技成果转化绩效不仅是"双一流"建设的遴选条件之一，也是高质量"双一流"建设的重要引擎。通过与企业、科研机构共同开展产学研合作，高校能够不断提升科技创新能力，解决办学资源投入不足的问题，推动人才的高质量培养。在国家实施创新驱动发展战略的背景下，"产学研深度融合，实现合作办学、合作育人、合作发展，科研成果转化绩效突出"是"双一流"建设的遴选条件之一[2]，提升科技成果转化绩效已经成为高校的重要战略选择。

---

[1] 《何为技术转移？》，https://xinwen.bjd.com.cn/content/s62f64433e4b0f805269390ac.html，最后访问日期：2025 年 1 月 16 日。

[2] 《三部门印发〈统筹推进世界一流大学和一流学科建设实施办法（暂行）〉》，https://www.gov.cn/xinwen/2017-01/26/content_5163670.htm，最后访问日期：2025 年 1 月 16 日。

根据 2024 年 9 月发布的《中国科技成果转化年度报告（高等院校与科研院所篇）》（以下简称《年度报告》）①，科技成果转化总体活跃，转化金额和项数不断增长。高校院所与企业产学研合作是服务国家战略和区域经济发展的重要方式。《年度报告》也提到，我国高等院校与科研院所科技成果转化依然面临挑战。比如，技术转移和科技型创业人才有待进一步培养，科技金融支持力度尚待加强，高质量原始创新还需强化。《年度报告》给出了相应建议：政府相关部门推进建立科技成果转化职称序列，加强技术转移机构人才队伍建设；高等院校建立健全技术转移人员职务晋升、职称评审、绩效考核和人才评定的考核评价机制；企业则要与高校院所建立互信互利的信息对接渠道，以自身需求为牵引支持和鼓励高校院所开展研发活动，实现产业链与创新链的良性循环。

可见，当前高校科技成果转化工作正处于从活跃到高质量发展的阶段，除了加强机构、机制和人才建设之外，主动与高校以外的资源进行链接，实现产业链与创新链的良性循环，已成为当务之急。

二　互动关系分析：资源拓展工作何以能助力科技成果转化

在高校环境中，资源拓展与技术转移是两大核心任务，它们依托于特定的职能部门并发挥着重要的作用。如前文所述，资源拓展工作主要由"一处两会"负责，旨在拓宽合作渠道、汇聚多元资源；技术转移工作则依托技术转移中心，专注于科研成果的转化与应用。这两大任务虽然分属不同部门主管，但资源拓展能有效促进技术转移，已经被研究和实践反复验证。资源拓展能为技术转移提供丰富的项目来源和资金支持，技术转移的成功案例又能进一步吸引外部资源，形成资源与技术之间的正向循环（见图 1）。两者互动关系的图形展示和具体论述如下。

首先，科技成果转化作为一项系统工程，需要技术、市场、经济、管理等全方位的把控。作为产学研协同创新的重要主体，高校在开展产学研协同创新过程中也迫切需要获取各方资源。影响大学技术转移绩效的校友资源因素分析研究表明（虞惠、唐恒，2021：153~162），以校友为基本盘的高校朋

---

① 《〈中国科技成果转化年度报告（高等院校与科研院所篇）〉发布——成果转化总体活跃　金额项数不断增长》，https://www.ncsti.gov.cn/kjdt/kjrd/qtrd_kjrd/202409/t20240910_178447.html，最后访问日期：2025 年 1 月 17 日。

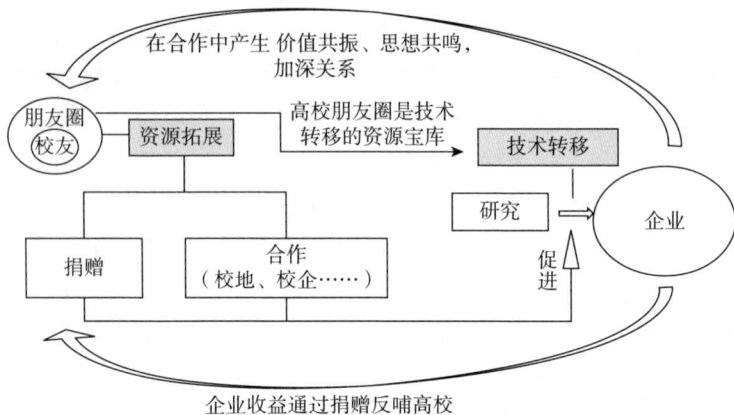

图1 资源拓展和技术转移的互动关系

资料来源：该图借鉴清华论文（刘碧波、刘罗瑞，2023：81~84）、浙大新闻报道①、西安交大新闻报道②、复旦会议报告③而绘制。

友圈正是高校所独有的社会资本。而校友知母校、懂市场、有人脉，且对母校有特殊情结，是大学技术转移的珍贵资源宝库。这一群体不仅可以直接提供捐赠，还是高校与政府、企业等外部社会资本的重要连接点。

其次，科技成果的成功转移，不仅能激发创业者的创新活力，还能催生创业者反哺高校的良性互动，让高校和校友等合作方产生价值共振、思想共鸣，进一步构建更加紧密的社会联系和高校合作网络。这一进程中，资源拓展与技术转移相辅相成，形成了强大的互动效应。清华大学④、浙江大学、西安交通大学都有通过联动校友资源等促进科技成果转化，成果落地后创业者反哺高校的成功案例。

美国斯坦福大学在资源拓展和技术转移的良性互动和正向循环方面，提供了著名的实践范例。斯坦福大学于1970年成立了技术许可办公室（Office of Technology Licensing），在此之前，斯坦福大学采用第三方模式开展科技成

---

① 《浙江大学企业家校友设立Z20基金，捐赠50%投资收益反哺母校》，https://mp.weixin.qq.com/s/fFMhkyRNhkknKQKzmg_UNw，最后访问日期：2025年1月16日。

② 《西安交通大学打造"攀登计划"实践育人平台》，https://mp.weixin.qq.com/s/M3Gg-ktkw2GMAj8OU6olyg，最后访问日期：2025年1月16日。

③ 裘新：《"以大俗之事成就大雅之业"在复旦大学资源拓展专题工作推进会上的讲话》，笔者于2023年11月28日聆听了该报告。

④ 《【清华新思】"奇思妙想"从这里破茧成蝶——清华大学不断深化创新创业教育改革》，https://www.tsinghua.edu.cn/info/1173/18751.htm，最后访问日期：2025年1月24日。

果转移转化工作，但在这样的安排下，斯坦福大学在 20 世纪 50 年代初的 15 年间，从科技成果转移转化中所获得的总收入不超过 5000 美元。技术许可办公室的成立，成功地改善了这一窘境①。斯坦福大学的技术成果得以高效转化的关键因素之一，是与斯坦福大学比邻的高新科技产业集群——硅谷，它为斯坦福大学科技成果转化提供了广阔的市场。硅谷形成了非常有利于创业公司和科技服务业发展的创新生态网络。在该网络中，大企业和中小企业共生，大企业引领科技创新，行业前沿的关键理论问题都能够得到大学的及时反馈。斯坦福大学依靠硅谷的尖端技术和巨大的资金支持不断推进科技研究，在实现科技创新发展的同时，也为硅谷培养了优秀的尖端技术科研人员。多年以来，斯坦福大学始终与硅谷保持密切联系，形成了一种共生关系。

近年来，国内高校科技成果转化模式也发生了改变，从传统单一的技术许可、转让、作价投资等，逐步转向校地、校企合作等有组织的科技成果转化模式，服务区域经济发展能力增强，产学研融合持续深化，资源拓展所发挥的作用日益凸显，国内也有此方面的成功案例。

本报告结合斯坦福大学、清华大学、北京大学、浙江大学、天津大学、复旦大学、重庆大学等高校的实践，同时参考已有的论文研究成果，汇总并总结了高校资源拓展在助力技术转移工作方面的促进策略与实现路径。

三 促进策略与实现路径

（一）整合学校、基金、校友各方优势资源，借助校友力量赋能产学研，推动跨学科合作转化，最终反哺学校高质量发展

案例：斯坦福大学在科技成果转化方面，通过整合学校、基金、校友各方优势资源，借助校友力量赋能产学研，推动跨学科合作转化，最终反哺学校高质量发展。主要通过三个创新孵化平台实现，分别为 OTL（技术许可办公室）、Biodesign（斯坦福医学院穆萨勒姆生物设计中心）和 StartX（孵化器），具体情况如下。

---

① 《2020 全球百佳技术转移案例 13——斯坦福大学技术许可办公室（Stanford OTL）》，https://www.ciste.org.cn/gjjsmy/gjjsjylm/art/2023/art_b4cc841585d64d6a95bfac311909db5e.html，最后访问日期：2025 年 1 月 19 日。

1. OTL[①]

OTL 通过专利许可和股权参与的方式运作（见图 2）。

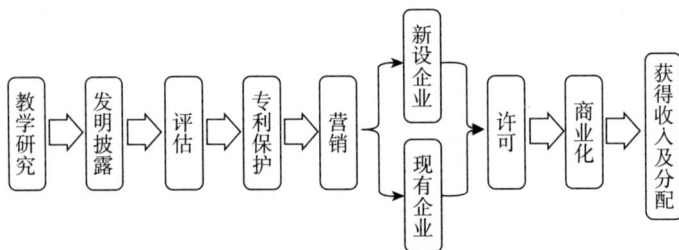

图 2　OTL 工作流程

一是资金来源。OTL 的主要资金来源于专利许可收入，即斯坦福大学将专利技术授权给企业使用所获取的收益。根据 OTL 的运营模式，专利许可收入在扣除专利申请费和 OTL 办公费后，净收入由发明人、发明人所在院、发明人所在系三方平分。此外，OTL 还通过与企业的合作、技术转移等方式募集资金。

二是资金用途。OTL 的资金主要用于支持斯坦福大学的专利技术的授权和商业化，设立了高影响力技术基金，为教师、学生、博士后和工作人员提供种子资金（最高不超过 25 万美元）以及战略咨询支持。该笔资金可为团队化解关键的技术或市场风险，吸引合作者和投资者，加速新技术从实验室走向市场的进程，助力创新项目落地及商业化发展。2022 年年报显示，OTL 为高影响力技术基金拨款 1700 万美元。

三是转化成效。2014~2022 年，OTL 共实现 7673 个专利转化，总收入达7.55 亿美元，其中约 6.5% 的专利实现了 10 万美元以上级别的收入，约 1% 的专利实现 100 万美元以上级别的收入（见表 1）。2016~2022 年，OTL 年均持有公司股权数量为 190 家，年均股权变现金额为 1303 万美元，平均每家变现金额 6.85 万美元（见表 2）。

表 1　OTL 年报业绩摘要一

单位：个，百万美元

年份	技术数量	总收入	产生"10 万+"级别收入的技术数量	产生"100 万+"级别收入的技术数量
2014	655	108.60	40	5
2015	695	95.00	39	8

---

①　Annual Reports | Office of Technology Licensing，https://otl. stanford. edu/about/about-otl/about/annual-reports，最后访问日期：2025 年 1 月 17 日。

续表

年份	技术数量	总收入	产生"10万+"级别收入的技术数量	产生"100万+"级别收入的技术数量
2016	779	94.20	—	7
2017	808	45.40	56	5
2018	813	40.96	53	7
2019	875	49.30	49	5
2020	847	114.00	84	10
2021	1102	118.00	58	12
2022	1099	89.60	70	12

资料来源：历年 OTL Annual Reports。

表2　OTL 年报业绩摘要二

单位：家，万美元

年份	持有公司股权数量	股权变现金额
2016	121	280
2017	176	250
2018	184	210
2019	203	730
2020	196	230
2021	256	5190
2022	196	2237
合计	1332	9127

资料来源：历年 OTL Annual Reports。

2. Biodesign[①]

Biodesign 侧重于生物医药领域和医疗技术的开发和创新。2002年，由斯坦福大学 Paul Yock 教授创立。该机构利用硅谷丰富的医疗资源和创新文化开展医疗科技创新，并将其创新实践以课程的方式进行体系化传播，惠及更多的医疗创新者（见表3）。

表3　Biodesign "3i 创新流程"

identify：发现	需求发现包括开发战略重点、开展需求调研、形成需求报告，需求筛选包括剖析疾病状态基础、研究已有的方案、开展利益相关者分析、实施市场分析、进行需求选择

---

① Annual Reports | Biodesign，https：//biodesign. stanford. edu/giving/annual-reports. html，最后访问日期：2025年1月17日。

invent：发明	概念构思和初步方案
implement：发展	开发和整合核心战略，在现有业务的基础上推出新业务或新项目，包括战略发展和商业计划

注：Biodesign 医疗科技创新流程，遵循从发现问题、发明技术，到发挥作用创造价值的路径，为医疗科技领域的创新者提供了清晰的创新创业指南。通过种子资助项目，帮助早期创新者将健康技术创新项目从大学研究阶段推向商业发展阶段。

一是资金来源。主要来自斯坦福大学与众多基金会共同支持的可持续基金项目。

二是资金用途。通过种子资助项目，帮助早期创新者将健康技术创新项目从大学研究阶段推向商业发展阶段。这些项目不仅获得了斯坦福大学和基金会的支持，还包括政府补贴和外国援助等。表 4 列举了 2014~2024 年 Biodesign 取得的成就。

表 4 Biodesign 年报中的典型案例

年份	成果
2014	教育资源建设：发布 Biodesign 教材第二版；推出含近 300 个培训视频的生物设计视频库系列，可在 ebiodesign. org 网站获取；开展生物设计教师计划，选拔人员参与培训，为生物设计教学注入新力量 人才培养成果：培养 141 名学员、900 多名学生和 100 名高管。2014 年，多名研究员毕业，有的创立公司，有的继续深造，有的入职大型医疗科技公司，展现出生物设计创新流程培训的成效 技术创新应用：坚持"在实践中学习"，基于斯坦福生物设计项目形成的创新技术，治疗患者超 35 万人。学员创立 Vynca 公司，其云基医嘱系统（POLST）能解决临终关怀支出不合理问题，助力医生等了解患者需求
2015	全球项目拓展：斯坦福—印度生物设计项目历经 8 年成功运作后成为独立实体，更名为国际生物设计学院。该项目培养 32 名创新者，开发 22 项技术，创办 7 家公司，其校友企业成果显著 课程与合作优化：调整研究员课程，将健康经济学和价值考量融入生物设计创新过程，与斯坦福临床卓越研究中心（CERC）建立紧密合作 教育资源更新：发布《Biodesign：医疗科技创新流程》教材第二版，推出新版 ebiodesign. org 网站，含 300 多个视频的视频库，辅助教材教学 创业成果显著：基于斯坦福生物设计项目技术创立 41 家公司，这些公司融资 3.627 亿美元，治疗 489721 名患者，雇佣 686 名全职员工。92%的公司仍在运营，6 家已通过被收购等方式实现退出
2016	教育与人才培养：新加坡—斯坦福生物设计项目第六批学员入学，日本生物设计项目首批 10 名学员前往斯坦福大学交流学习，全球教员培训项目迎来新参与者。2016-2017 年度，生物设计创新研究员加入。举办年度高管教育项目，70 位来自不同机构的参与者收获颇丰

续表

年份	成果
2016	学术成果与行业影响：在《生物医学工程年鉴》发表论文，展示生物设计创新研究员项目成果，凸显项目对学员的积极影响。Biodesign 校友毕业后发展良好，分布于临床实践、医疗行业和创业领域 整体发展与促进创业的成就：Biodesign 正式升级为斯坦福拜尔斯生物设计中心，成为学校学术体系的固定组成部分。Biodesign 相关项目成果显著，众多学员参与创立公司，这些公司在融资、治疗患者数量和雇佣员工等方面成绩突出
2017	教育与人才培养：新加坡—斯坦福生物设计项目第七批学员入学，全球教员培训项目迎来4 位新参与者 教育拓展与认可：获本科教育捐赠，推出 Biodesign NEXT 项目，资助学生开展科研项目。开设夏季需求发现项目，提升本科生创新能力。Biodesign 被美国国家工程院授予 2018 年工程技术教育创新贝尔纳·M. 戈登奖 行业合作与交流：举办第五届年度高管教育项目，72 位企业领导参与。在印度发起"创始人论坛"，助力创新者获取全球专家支持。与福格蒂创新研究所共同举办讲座，吸引超300 人参加 学术活动与竞赛：日本生物设计项目第二批学员前往斯坦福大学培训。亚太地区 BME-I-DEA 会议促进经验交流。举办斯坦福健康黑客马拉松活动，Team Medibot 获奖。移动健康课程学生团队 Migraine AI 和 SmartAid 获奖并获项目资助
2018	教育与人才培养：新加坡—斯坦福生物设计项目第八批学员入学，全球教员培训项目迎来新成员，生物设计教师研究员项目启动。本科生暑期需求发现项目持续开展，培养学生观察和验证医疗需求的能力。举办第六届年度高管教育项目，近 90 名企业领导参与，提升企业创新能力。重新推出全球生物设计课程，开设"数字健康"课程，丰富教学内容 教育资源建设：发布数字健康领域在线案例研究，为创新者和教师提供学习资源 创新成果展示：第二届健康技术展示会展示学生创新项目成果，促进交流。2017~2018 年度创新研究员毕业后在不同领域取得进展，部分项目获得资金支持或开展临床研究
2019	教育与人才培养：全球教员培训项目迎来第六批学员，开展为期 5 个月的培训。生物设计教师研究员项目启动，助力斯坦福大学医学院和工程学院教师提升技术转化能力。举办第三届医疗保健需求发现项目，为本科生提供观察医疗需求的机会，获得积极反馈。推出"数字健康构建"课程，促进计算机科学学生与医学院教师合作，推动数字健康技术发展 创新成果与项目进展：多个项目获得资助与奖项。斯坦福—库尔特转化研究项目有 4 个源自 Biodesign 的项目获奖；在 KidneyX Redesign Dialysis 竞赛中，两支斯坦福团队获奖；Tempo 项目获 Robert Howard Next Step Award，将助力产品优化和推广。参与管理多个资助项目，如 UCSF-斯坦福儿科设备联盟直接资助计划、Neuroscience：Translate 项目等，推动医疗技术创新 行业合作与交流：举办为期三天的高管教育项目"Managing Innovation"，吸引 90 名企业高管参与。"From the Innovator's Workbench"活动邀请 Jason Field 等行业专家分享经验。印度创始人论坛吸引印度政府代表参与，助力医疗科技初创企业发展。参与 BME-IDEA 联盟活动，在日本举办亚太会议，促进创新教育项目交流合作 影响力提升与认可：Biodesign 教材推出韩文版，扩大影响力。Biodesign 助理主任 Ross Venook 获 Tau Beta Pi 教学奖，主任 Paul Yock 获美国国家工程院 2019 年 Russ Prize，彰显项目在教育和创新领域的成就

年份	成果
2020	教育与人才培养：2019-2020年度创新研究员顺利毕业并在各自领域取得进展，如Auricle和Spirair项目获得资助并开展研究。生物设计创新课程团队的项目成果突出，Team Calumeo的N-95口罩消毒方案和Pocket RN团队的视频聊天护理应用都在推进中 创新项目进展：数字健康领域成果丰硕，推出"Building for Digital Health"课程，产生了Care-It等应用项目；开发CardinalKit开源框架，举办数字健康马拉松活动，吸引众多参与者并催生多个新项目 应对疫情举措：2019-2020年度创新研究员开展疫情相关需求调研，提出如防止病毒颗粒传播的解决方案。与生物工程系合作推出Coulter COVID-19快速响应资助计划，资助多个创新项目 行业合作与影响力：新加坡生物设计项目独立后迎来首批毕业生；印度生物设计项目成果显著，相关机构获官方认可，其负责人参与印度政府医疗技术推广计划的咨询工作；日本生物设计项目升级，东京生物设计成为东京大学医院的正式部门，并成立全国性组织
2021	教育与人才培养：全球教员培训项目开班，虽受疫情影响但首次实现全远程教学。启动健康技术创新政策项目，举办相关网络研讨会。推出多媒体教学材料《生物设计学生指南》，助力初学者了解创新流程。生物设计教师研究员项目迎来新一批学员。开设"医疗保健需求发现"课程，增进学生与教师的交流 行业交流与合作："From the Innovator's Workbench"系列活动邀请多位行业领袖分享经验。参与MIT Hacking Medicine活动，推广CardinalKit开源框架。Diversity by Doing Healthtech（DxD）迎来首位执行董事，推动健康技术创新生态系统的多元化发展。BME-IDEA APAC峰会以线上形式举行，促进创新教育项目交流 科研与行业影响力：詹姆斯·沃尔完成关于真实世界证据用于儿科医疗器械的项目，推动儿科医疗技术创新。创始人保罗·约克入选美国国家发明家学会，彰显其在学术发明领域的卓越成就
2022	教育与人才培养：全球教员培训项目迎来第九年，9名来自不同地区的教育工作者参与培训。举办创新研究员毕业典礼，庆祝三个班级毕业。举办健康技术展示会，学生团队项目获得认可。迈克尔·阿克曼担任生物技术总监，与团队合作开发生物技术相关课程，助力创新研究员将新方法应用于项目 全球健康与公平合作：与卢旺达大学和全球健康公平大学开展合作，计划于2023年培训教员并于2024年推出奖学金项目 教育成果与行业交流：发表多篇文章，展示创新培训成果和医保覆盖问题研究。举办首届研究生课程校友聚会，促进校友交流。与杜克大学合作举办虚拟活动，探讨新兴技术医保覆盖政策。举办年度高管教育项目，助力企业提升创新能力
2023	教育与人才培养：核心教育项目收获高评价，2022-2023学年培训人员反馈良好，教学、内容和整体教育体验评分高。创新研究员项目拓展生物技术和数字健康领域课程，成果初显。2022～2023年，有两个生物技术项目持续推进；2023～2024年，数字健康课程助力新研究员开展项目。政策研究员项目迎来首批学员 研究与政策影响力：发表多篇重要研究，揭示医保覆盖新医疗技术时间长等问题，引发行业关注。主任Josh Makower受邀在国会作证，政策团队为政府机构提供创新建议，推动政策讨论与决策的进程 全球健康合作拓展：在东非启动生物设计项目，与多所大学合作，获盖茨基金会支持，首批4名研究员已开展工作，后续还将在肯尼亚设立新中心。持续支持新加坡、日本的相

续表

年份	成果
2023	关项目，参与印度健康技术峰会，创建新机制助力其他机构开展类似项目，并在国际会议分享经验 项目支持：通过多个种子基金项目，为 15 个项目团队提供 140 万美元资金支持，还为部分研究员和学生团队提供额外资金。Impact1 团队推动母婴健康技术发展，举办 CEO 峰会促进多方合作，其所在的儿科设备联盟获 FDA 续期资助。数字健康团队推出开源生态系统，助力学生开发应用，还与其他研究人员合作取得成果
2024	教育与人才培养：19 个教育项目和课程受认可，2023－2024 学年学员满意度高，平均得分 4.5（满分 5 分）。2024－2025 学年，创新研究员和政策研究员开启培训。全球教员培训项目培养 12 名来自不同地区的教员，部分教员将负责东非生物设计项目内罗毕分支的领导工作。东非生物设计项目首届学员完成培训，针对产后出血提出创新解决方案，部分学员获得延期资助，继续推进项目。与 i4KIDS 合作开展儿科创新加速项目，促进欧美创新者之间的合作 政策研究与影响：政策研究团队成果丰硕，2023 年，关于医保覆盖时间的研究被多次引用，推动相关立法。团队还发表多篇文章，涉及医疗器械编码、数字健康等关键领域 校友影响力与反馈：校友对项目评价高，94% 的受访者认为项目在教授创新流程方面非常成功，91% 受访者认为项目提供了有价值的人脉和导师资源，97% 受访者认为项目对创新方法有重要影响，94% 受访者认为项目对职业发展有益。校友创立多家健康技术公司，这些公司已帮助超过 1300 万人

三是转化成效。成立 20 余年以来，Biodesign 平均每年培养 10 余名顶尖创新人才，这些人才针对临床需求创立了相应的重大创新项目并实现落地。Biodesign 学员及其校友基金已成功帮助创立了 51 家医疗健康科技公司，获益病人超过 340 万人，提供了 960 多个工作岗位，筹集逾 7 亿美元的资金。校友在其中发挥了重要的组织与资源对接等作用，相关领域成果转化落地成效显著。

3. StartX[①]

StartX 是一个教育性的非营利组织，是由斯坦福校友 Cameron Teitelman 于 2011 年创建的，团队的许多核心员工都来自斯坦福大学，要求每个申请的创始团队至少有 1 名成员与斯坦福大学有关联。

一是资金来源。StartX 主要依靠慈善捐赠维持运营，捐赠方包括个人、基金会和企业。这种模式被称为"心连心模式"（Heartfelt Connector）。StartX 通过关注公众普遍关心的问题，如环境、国际和医疗研究领域，吸引资金支持。

二是资金用途。StartX 提供了社区、导师、资源、同伴教育、资助资金等支持，而不需要股权。StartX 支持的企业类型包括人工智能、医疗保健、可持

---

① StartX：Stanford's Accelerator & Community，https://web.startx.com/，最后访问日期：2025 年 1 月 17 日。

续发展等多个领域。StartX 不持有其帮助孵化的公司的股权，侧重初创培育、创业指导、资源对接、个性化教育、接受捐赠和使用。其核心使命是支持斯坦福大学的创业者，创始人平均可筹集到 450 万美元创业资本。

三是转化成效。在 StartX 的投资和帮助下，165 家公司估值超过 1 亿美元，18 家公司估值超过 10 亿美元。自 2011 年成立以来，StartX 已孵化了近 400 个初创团队，包括 Periscope、Branch Metrics、2Redbeans 等，培养了 700 多名斯坦福大学的校友成为企业创始人。

斯坦福大学通过搭建多元合作网络、完善激励机制、强化知识产权管理等促进策略，以及举办对接活动、建立孵化平台、推动跨学科合作等实施路径，有效开展资源拓展工作，助力科技成果转化，为科研成果走向实际应用创造良好条件，其经验值得借鉴和参考。

（二）资源拓展工作融入高校创业教育生态，能有效助力技术成果转化

郑刚、郭艳婷（2014：25~31）通过长期对斯坦福大学成功经验的研究显示，创业教育生态环境是其形成领先创新创业教育模式的关键原因，以校友资源为代表的社会资源已融入这一生态（见图 3）。

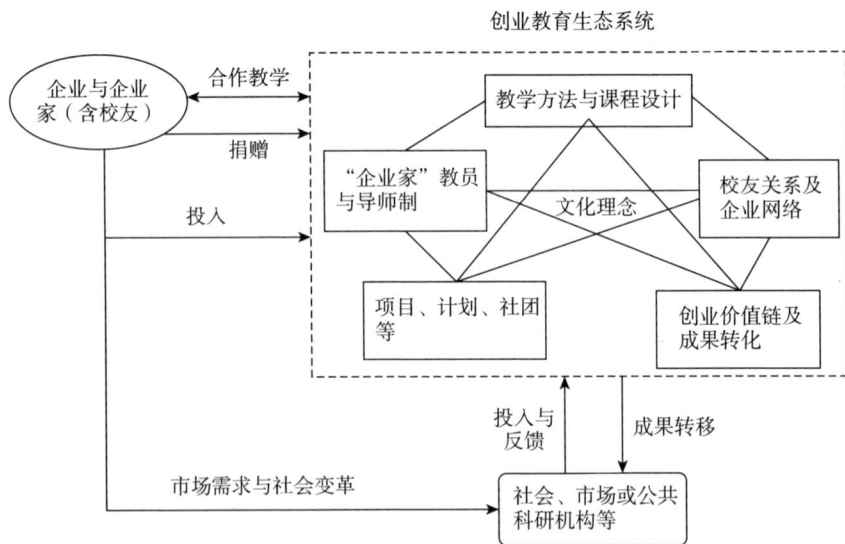

图 3　斯坦福大学创业教育生态系统

资料来源：郑刚、郭艳婷，2014。

创业精神通过学校机构、校友组织、相关课程等多种创新方式渗透到斯坦福大学的整个体制，已经形成了较为完善的高校创新创业生态系统，促进了科技转移，培养了大批优秀的创业者，同时大学生及校友创业者的创业企业和创业活动为社会创造了巨大财富，能够以多种形式反哺高校的创业教育，如校友设立天使与风险投资基金、开设创业课程与创业讲座、开展创业辅导、赞助创业教育项目等，形成了良性循环（郑刚、郭艳婷，2016：96~103）。

多年的创新创业教育经验和持续活跃的创业活动营造了一种"斯坦福效应"，越来越多来自世界各地的学子和创业者们被斯坦福大学的氛围所吸引，并且选择留在硅谷地区创业，这种集群使得初创企业吸引风投或天使投资的概率大大增加，也为企业的壮大奠定了良好基础（郑刚、郭艳婷，2014：25~31）。

借鉴斯坦福大学的成功经验，将资源拓展工作深度融入高校创业教育生态，建立大学和校友之间的关系网络对于提升我国高校的创新创业水平同样具有重要意义。高校的科技成果转化工作、创新创业培养工作应充分考虑与资源拓展工作的合作，将大学和校友作为生态建设的关键要素，从情感共振出发，建立价值共鸣的发展共同体。

（三）汇聚校友资源，让校友带校友、校友帮校友、校友投校友，加快形成创新创业生态体系

校友在创新创业中能够扮演重要的角色。汇聚校友资源，有助于营造互助氛围，形成规模效应。此外，校友力量也可参与到完整的创新创业生态体系建设中，在资金支持、项目孵化人才培养方面都可发挥赋能作用。天津大学在促进创新创业过程中，充分发挥校友力量，构建了独具特色的创新创业生态体系，形成了"校友带校友、校友帮校友、校友投校友"的良性循环。下文参考《天津日报》报道《创新创业，校友何以唱出一台大戏？——天津大学营造优质生态促进科技成果转化》[1] 和《人民日报》报道《助力科创天津 用天大模式推进天开园建设》[2]，总结天津大学的实践经验如下。

一是校友主导建立创新创业基金。天津大学校友发起成立了北洋海棠基

---

[1] 《创新创业，校友何以唱出一台大戏？——天津大学营造优质生态促进科技成果转化》，https://www.tj.gov.cn/sy/tjxw/202408/t20240818_6701160.html，最后访问日期：2025 年 1 月17 日。

[2] 《助力科创天津 用天大模式推进天开园建设》，https://www.peopleapp.com/column/30038695675-500003700115，最后访问日期：2025 年 3 月 7 日。

金，构建了"发现、赋能、加速、投资"的特色服务链条。该基金链接了近4000名天大校友、近1500个创业项目和200余家金融机构，已投资40余个以天大师生和校友创业为主的硬科技项目，其中多个项目落户天津并迅速成长为业内明星企业。北洋海棠基金还联动多只校友基金，形成超100亿元规模的创投基金群，进一步推动创新创业生态的形成。

二是校友助力加速科技成果转化。天津大学通过校友资源加速科技成果转化，形成了"科学家+投资家+创业家"的"三驾马车"模式。校友们积极参与实验室参观、项目对接等活动，帮助科研团队找到市场应用方向，推动科研成果从实验室走向市场。例如，恩特能源在校友基金和创业平台的支持下，成功将科研成果转化为市场产品，并获得天使轮融资。

三是校友参与母校创新创业教育。天津大学通过校友资源丰富创新创业教育内容。天津大学邀请校友企业家担任创业导师，为在校学生和创业者提供指导和支持。例如，天津大学校友、云遥宇航科技有限公司创始人李峰辉邀请学生团队参与卫星发射活动，为学生提供实践机会。此外，校友还通过创业实战课、创业辅导、一对一咨询等方式，为创业团队提供技术支持和资源对接。此外，学校还通过举办创新创业大赛、创业加速营等活动，吸引校友参与项目评审和指导。例如，"海棠杯"校友创新创业大赛已成为全国范围内具有较大影响力的高校创新创业品牌活动。

四是校友通过捐赠支持创新创业平台建设。天津大学校友企业家积极捐赠，支持学校创新创业平台建设。例如，校友募捐1000万元设立专项基金，用于奖励优秀创业项目；捐赠4100万元支持宣怀学院建设。

五是校友助力天开园建设。天津大学校友积极参与天开高教科创园的建设，助力天津高质量发展。校友们通过市场主导、商业先行的方式，满足项目从落地到成长的全周期需求，构建具有天津特色的创新创业生态体系。例如，天开园首批入驻项目之一的恩特能源，在校友资源的支持下迅速成长。

（四）建立完善配套的创新创业型校友组织，为科技成果转化过程中校友资源的发挥提供组织保障

《高校产学研协同创新中校友资源的开发研究》（冒巍巍、陈方玺，2021：80~85）阐述了加强校友组织网络建设的重要性。校友组织网络的建设可为高校与校友之间的互动网络形成提供便利，是充分挖掘校友及其附带资源，并进行整合利用的一项基础性工作。此外，高校与校友的社会互动网络也是信任机制与合作模式的重要基础，双方联系的广泛程度、紧密程度和强弱程

度对于校友资源开发成效有着直接影响，对于开发校友资源有着重要意义。高校校友遍布各个地区和各行各业，以校友网络为基础的地区校友组织和行业校友组织可以借助校友组织的聚合优势和连锁优势，将分散的校友资源整合到校友组织网络中，有效发挥校友组织作为高校与社会各行各业连接器的作用，成为高校拓展与产业界联系的触角。

在全球化与行业多元化发展的背景下，高校校友遍布各个地区和各行各业。校友之间基于共同的教育背景与经历，自然形成了一个庞大的社交网络。在此基础上，地区性和行业性的校友组织应运而生，它们凭借自身的集聚与联动效应，能够有效地将散布于各地的校友资源汇聚至统一的校友网络体系中。该体系犹如一座桥梁，高效地连接着高校与社会的各个领域，成为高校深化与产业界合作的关键节点与纽带。

为了进一步强化这一网络结构，构建以地理位置、专业领域及毕业院系为坐标的三维校友组织框架尤为重要。具体而言，地区校友分会、行业校友联盟及院系校友会是这一框架的三个核心组成部分。地区校友分会以校友所在地理位置为依据进行划分，便于校友在本地范围内开展交流与合作活动；行业校友联盟则聚焦于特定行业领域，会聚具有相同职业背景的校友，促进校友在行业内的资源共享与协同发展；院系校友会则以校友的毕业院系为纽带，传承院系文化与精神，凝聚校友力量。这三者相互配合、相互补充，共同织就了一张紧密而多元的校友网络，涵盖了校友在地域、行业及学术背景等多维度的联系。

该校友网络的核心价值在于维护校友间的紧密联系和整合资源。一方面，它通过加强校友之间的互动与交流，增强了网络中各节点的社会资本联结，使校友能够更便捷地获取彼此的信息与资源，拓展自身的社会关系网络；另一方面，它促进了地域、行业资源与高等教育的对接，为高校与社会之间的资源共享、合作创新搭建了平台。如前文所述，斯坦福大学已有创新创业型校友组织，近年来，国内高校纷纷着手加强这种多维度校友网络的建设。通过搭建跨区域、跨行业的深度交流平台，高校极大地促进了校友品牌资源的集中展现与共享，加速了行业内校友间的深度对话及高校科研成果的转化应用。如清华企业家协会、清华校友总会互联网与新媒体专业委员会、北京大学校友创业联合会、复旦大学校友会集成电路行业分会、复旦科创企业家营三大产业链同学会、重庆大学校友总会创新创业创投联合会等校友组织。这些校友组织，在传统的校友联谊职能基础上拓展了促进校友之间以及校友和母校之间产学研合作、助力校友创业的职能。

斯坦福天使投资人和企业家团体（Stanford Angels & Entrepreneurs）是斯坦福大学官方的校友联盟组织，旨在促进潜在创业者和投资人之间的联系。这个以校友为主导的组织为学生、校友、初创公司及教育项目搭建了一座桥梁，提供了学生与天使投资人和企业家之间交流及获取资助的机会（郑刚、郭艳婷，2014：25~31）。

清华企业家协会（Tsinghua Entrepreneur & Executive Club，TEEC），是专门面向清华校友的、非政治性的、非商业化的、民办的、以重视企业价值中科技含量的企业家为主体的、其成员经特邀方可加入的组织。是在北京市民政局正式注册的社会团体。TEEC秉承"汇聚校友企业家，促进创新和创业，回馈母校和社会"的宗旨与"受助、互助、助人"的价值观，为会员创业和发展提供舞台。同时，为有潜力的新一代清华校友企业家创新创业提供帮助和支持。TEEC一直坚持推进"思源计划"、助力"清华导师团"、支持清华创业教育事业，并参与发起清华大学新百年发展基金，为回馈母校及社会事业不断努力。历经20余年的发展，TEEC从北美、北京两大分会，壮大发展至北京、长三角、粤港澳大湾区、西南、西北、东南、美西、美东、日本、欧洲等10个分会。截至2024年，TEEC已成为一个拥有700多位正式会员，200多位青创会员的大家庭。会员经营业务涵盖半导体、金融投资、互联网、节能环保、生物医药、新能源、文创传媒等领域。其中110余家会员企业在国内外资本市场成功上市，会员创办和主要管理的上市企业总市值超2万亿元人民币[1]。

清华校友总会互联网与新媒体专业委员会（以下简称"专委会"）是在清华校友总会指导下，由清华大学从事互联网与新媒体行业的校友自愿组成的全国性、联合性、非营利性组织。专委会秉承清华大学自强不息、厚德载物的校训，行胜于言的校风，以"自愿、开放、平台"作为特色，以"自强、创新、互助、共进"为宗旨，是全球互联网与新媒体领域校友之间相互交流与互助的平台，专委会将广泛联络和服务本行业校友，促进校友之间的交流与合作，为母校发展、社会进步做出贡献。专委会将通过推动和协助校友在互联网与新媒体领域内的理论建设与产业实践，坚持团结校友力量，聚焦互联网与新媒体前沿，助推行业发展，引导广大校友为国家的创新发展、产业升级，贡献清华智慧与力量[2]。

---

[1] 清华企业家协会简介，https://www.teec.org.cn/teec/about/introduction，最后访问日期：2025年3月8日。

[2] 《清华校友总会互联网与新媒体专业委员会》，https://www.tsinghua.org.cn/xyll/zywyh/qhxyzh-hlwyxmtzywyh.htm，最后访问日期：2025年1月17日。

北京大学校友创业联合会以"汇聚校友力量，实现互惠共享，帮助校友持续创业，形成北大创业者全球的项目、资金、人才的互动平台"为宗旨，搭建北大创业者和学界、商界、政界、金融界、媒体等各界、各领域校友间交流合作的平台，为创业的校友提供服务，以争取更多的资源和机会，实现校友们的持续创业发展。同时在广大校友的支持下，创业联合会设立了人工智能、教育、医疗健康、人力资源、区块链等不同主题专委会，旨在帮助校友更精准地找到相应创业发展资源，促进更多深入交流合作①。

复旦大学校友会集成电路行业分会是由复旦大学校友总会、复旦大学微电子学院，以及集成电路行业的校友共同发起成立的，以从事集成电路行业的校友为主体并自主管理的非营利性校友联谊组织，目标和宗旨是搭建学校校友与社会产业创新资本之间的桥梁，成为一个真正具有影响力和凝聚力的校友组织，为校友们提供交流合作、资源共享的平台，共谋发展，从而为中国的半导体事业和中华民族伟大复兴做出更大贡献②。

复旦科创企业家营三大产业链同学会秉持"同学链转化为产业链"的创新理念，围绕核心行业领域，打破班级界限，基于共同的目标、信任与同学情感连接，在科创赋能生态的基础上，打通各期同学企业。2024 年，复旦科创企业家营已成立了生物医药产业链同学会、半导体产业链同学会、新能源汽车产业链同学会，为同产业链上的同学企业合作搭建平台，后期也将逐步建立覆盖全赛道的产业链同学会。在同学链中，信息的流通速度和效率通常较高，这有助于产业链中的各个环节及时获取市场动态、技术进展和管理经验，从而提高整个产业链的应变能力和竞争力。通过"同学链转化为产业链"的模式，复旦管院科创正在为科创行业带来新的活力和创新动能③④。

重庆大学校友总会创新创业创投联合会是面向创新、创业、创投等领域的校友为主，兼顾国内外相关产学研用等单位负责人及专家共同组成的非营利性社会组织。联合会以服务学校、服务校友、服务社会为宗旨，采取多中心的会长轮值制度和业务微生态模式，具有突破行业、高校、地域限制的开

---

① 《北京大学校友创业联合会》，http://pkuorg.lb.pku.edu.cn/xyh/bazz/xy/79429.htm，最后访问日期：2025 年 1 月 17 日。

② 《欢迎加入复旦大学校友会集成电路行业分会》，https://alumni.fudan.edu.cn/be/7a/c14595a507514/page.htm，最后访问日期：2025 年 1 月 17 日。

③ 《复旦管院科创校友圈裂变 ing：复旦科创企业家营三大产业链同学会正式成立》，https://mp.weixin.qq.com/s/PPKn9QVO9UIBqV9nRt0e3Q，最后访问日期：2025 年 1 月 17 日。

④ 《以人为本，全链陪伴｜复旦科创企业家营八期正式开营!》，https://mp.weixin.qq.com/s/zPmhlAC1VolOOWLX60931A，最后访问日期：2025 年 1 月 17 日。

放包容性。联合会致力于聚焦高校、校友和社会发展之急需，汇聚校友、学校和社会的创新创业创投要素资源，努力建设成为可持续发展的新型合作平台，服务学校创新创业教育改革、校友企业成长和地方经济发展①。

最后，还有一类新兴的创业创新校友平台也值得关注，这类平台打破"校缘"，而以区域为联结建立平台，如成都市知名高校校友企业服务中心，该中心不仅为各知名高校校友企业打造一站式服务平台，高效处理企业各类问题诉求，还推动校友科技成果在成都落地转化，积极吸引外地校友企业及团队来蓉投资兴业，全力构建充满活力的校友企业经济生态圈②。

（五）发挥"关键校友"的中介作用，提升高校资源配置效率

《高校产学研协同创新中校友资源的开发研究》（冒巍巍、陈方玺，2021：80~85）中，论述了"关键校友"的定义和其在提升高校资源配置效率中的作用。何为"关键校友"？在每个高校的校友资源中，都会存在一些特殊的校友个体，在构建高校与广大校友间的"关系信任"和促成"互惠合作"中发挥着关键作用。他们或在校友组织中担任重要职务，发挥着组织核心的作用，在校友群体中有着极高的威望；或在其就职单位是核心重要人物，可以直接调度相关资源参与高校产学研协同创新工作；或在所在行业或者领域颇有成就，在产业界和社会上有着广泛的影响力，有着强大的行业号召力和宽广的人脉网络。这些特殊的校友个体就是广大校友中的"关键少数"，是高校社会关系网络中的"关键节点"，可称之为"关键校友"。

信任是社会资本关系维度中最宝贵最核心的一环，"关键校友"通过在各自领域的卓越成就、专业影响力以及对社会的积极贡献，可获得学校、校友和社会力量等多方的信任，学校将他们视为优秀毕业生的代表，是母校声誉的传播者和拓展者；其他校友则将他们视为榜样和标杆，愿意跟随他们的引领，共同为母校的发展贡献力量；社会力量，包括企业、投资机构、行业协会等，也因他们的专业能力和诚信品质而愿意与他们合作，共同推动各类项目和事业的发展。这种多方面的信任为"关键校友"在高校科技成果转化中发挥重要作用奠定了坚实的基础，使他们能够在资源整合、平台搭建、信息

---

① 《重庆大学校友总会创新创业创投联合会正式成立》，https://news.cqu.edu.cn/archives/news2/content/2022/04/15/b78db8ea77c9a7fb6b27a71de91baf5850b912d1.html，最后访问日期：2025年1月17日。

② 《返乡成都丨扩大校友企业合作朋友圈 让更多企业在蓉生根发芽》，https://baijiahao.baidu.com/s?id=1822050109911163876&wfr=spider&for=pc，最后访问日期：2025年1月17日。

共享等方面发挥独特的桥梁和纽带作用，也能发挥感召带动作用。再者，"关键校友"对高校科研资源和市场有着双重了解，能更有效促进科技成果的有效落地。"关键校友"通常在企业或行业内担任重要职务，他们能够将高校的科研资源与企业的市场需求紧密结合。通过校友关系网络，高校的科研成果可以更高效地向企业溢出，转化为实际的创新产品或技术。此外，"关键校友"在企业界的成功经验使其能够为高校发展提供资金支持，同时吸引高素质人才加入高校与企业的合作项目。例如，通过校友基金会的设立，高校可以吸引地方政府、校友企业等多方出资，为科技成果转化项目提供资金保障。

武汉大学的陈东升和雷军正是"关键校友"的代表。陈东升被称为武汉大学校友企业家和校友的"带头师兄"，自 2013 年任武汉大学校友企业家联谊会理事长后，陈东升带领校友企业家在捐资助学、选取赛道、校地合作、"一实一虚"战略、慈善捐赠等方面成绩斐然。2017 年 2 月 28 日，武汉市创造性提出"百万校友资智回汉工程"，开启以"校友经济"为模式的新招商引资策略，在陈东升部署下，武汉大学校友企业家联谊会积极参与，武汉大学两场签约金额超过 3000 亿元①。雷军带领小米集团也在用实际行动积极支持湖北及当地高校的发展，小米集团在光谷建设了小米武汉总部，其配套的小米武汉科技园已基本建成。小米集团已与在鄂两所"双一流"高校开展战略合作，与武汉大学成立了人工智能联合实验室和机器人系，捐赠出资支持武汉大学建设人工智能教学科研大楼，并于 2024 年在计算机学院新增"雷军班"；与华中科技大学设立奖助学金与人才支持项目，共建联合技术中心与实验室②。

此外，上海交通大学校友沈南鹏，也是一名"关键校友"。作为全球投资界的领军人物，沈南鹏始终重视科技进步与商业创新的价值，是中国富有活力的创新生态体系建设者之一。他担任上海交通大学母基金管理委员会主席和上海交通大学校友会创业创投联合会理事长③。沈南鹏通过资金支持、关注校友创业项目、推动政策建言、支持基础研究以及助力创新创业生态建设等多种方式，在上海交通大学的科技成果转化进程中发挥了重要作用。他通过

---

① 《联谊会十一年的奋斗史，都可以在〈战略决定一切〉中找到答案》，https://mp.weixin.qq.com/s/8SvkNFk6oe6Tcy2-szguDA，最后访问日期：2025 年 3 月 8 日。

② 《中部崛起看支点！》，https://baijiahao.baidu.com/s? id=1825735312738759018&wfr=spider&for=pc，最后访问日期：2025 年 3 月 8 日。

③ 《祝贺！12 位交大人荣登"福布斯中国 2023 创投人 100"榜单》，https://baijiahao.baidu.com/s? id=1787228778495678517&wfr=spider&for=pc，最后访问日期：2025 年 1 月 17 日。

红杉资本为上海交通大学的科技成果转化提供了重要的资金支持。例如，2016 年，他向上海交通大学医学院捐资 5000 万元设立"医学研究基金"，支持转化医学领域的研究。此外，他还通过红杉中国为母校设立奖学金，推动计算机科学等前沿领域的研究。沈南鹏在投资过程中也特别关注上海交大校友的创业项目，助力校友企业发展。例如，红杉资本投资了由上海交大校友张旭豪创办的饿了么。这种对校友创业项目的关注和支持，不仅推动了校友企业的成长，也为学校的科技成果转化提供了助力。

（六）构建校友—母校发展共同体，为科技成果产业化提供长期性和稳定性合作联盟

《高校产学研协同创新中校友资源的开发研究》（冒巍巍、陈方玺，2021：80~85）中，还论述了构建校友—母校发展共同体对产学研协同的长远积极影响。高校与校友的关系要从"情感共同体"出发，基于校友、学校和社会的长远利益，形成校友事业发展与学校发展深度融合、共同发展的"发展共同体"。高校对校友服务与合作平台建设，为校友个人和事业发展提供了切实的帮助，也通过校友—母校发展共同体这一长效机制在产学研创新体系中形成若干着眼于解决重大问题和前沿问题的紧密合作联盟。校友—母校发展共同体的建设为汇聚创新要素、促进创新、推动科技成果产业化提供了长期性和稳定性合作联盟，形成不同主体良性互动的长效机制，从而解决产学研创新中长期存在的因合作松散、过于注重眼前利益导致的科研成果转化率低的痛点问题。

校友和母校的合作发源于互信机制，但如果以长期、常态的合作为目标，不仅需要互信，还需要互惠和共赢。国内各大高校已有不少以共建联合实验室为代表的成功案例。上海交通大学与校友企业商汤科技联合成立了"深度学习与计算机视觉"实验室。双方的深度合作不仅推动了交大高层次科研人才的培养，还深化了商汤科技在行业原创技术上的领先优势。复旦大学与天合光能携手，建设先进光伏技术校企联合实验室，以校企联合方式开展高水平科学研究，形成从基础到应用的全链条研发范式，有力推动光伏产业形成创新发展的良好格局。中南大学校友企业家近年来响应"校友回湘"，启动了14 家"校企联合实验室"建设，推动校地校企优势互补与资源共享，深化关键领域产学研合作，为湖南、长沙区域发展贡献力量，这些"校企联合实验室"也将得到地方的支持和服务。除共建实验室以外，打造吸引校友企业入驻的经济园区，也是促进校友和母校长期合作的平台，如浙江大学的校友企

业总部经济园，该经济园积极吸引校友企业和以校友企业为纽带的社会企业投资入驻。截至 2024 年底，该经济园已汇聚 600 余家高科技企业和平台，累计营收超 1500 亿元，为地方贡献税收超 24 亿元[①]。

（七）设立创投基金，发挥校友资源对接金融资本的作用，加速科技成果转化

《高校有组织科技成果转化现状、问题与对策研究》（童嘉等，2024：22～30）指出，高校早期的创新项目在产业化过程中具有较高的不确定性，风险较大。因此，构建一支管理规范、运行高效、早期重大原始创新识别能力强、风险耐受度高、深得科研人员信任的早期投资基金，对于推动高校科技成果转化具有重要意义。高校创投基金的目的，在于找到"耐心资本"和"长期资本"，发掘和投资具有良好前景的高成长性项目，助力科技成果实现从 1 到 100 的突破[②]。

多所高校在此方面已有所努力，纷纷将科创基金或者母基金作为重要抓手。公开新闻报道显示，2016 年 12 月，浙江大学成立浙大校友紫金港未来创业母基金；2017 年，同济大学成立同济校友基金；2021 年底，上海交通大学成立上海交大未来产业母基金；2022 年 7 月，北京航空航天大学成立北航科技创新母基金；2023 年 12 月，复旦大学成立复旦大学科创母基金；2024 年 1 月，天津大学成立天开九安海河海棠科创母基金；2024 年 6 月，香港科技大学（广州）成立环港科大（广州）科技成果转化母基金；2024 年 9 月，四川省国资委、清华大学共同成立高校科技成果转化基金。据 2023 年 12 月《证券时报》记者的不完全统计，国内已有包括清华大学、北京大学、浙江大学、复旦大学、中南大学、武汉大学、西湖大学、南方科技大学、深圳大学等在内的十多家知名高校或 985/211 院校设立股权投资基金[③]。

高校科创基金与本校校友之间存在密切的关系。首先，很多高校科创基

---

① 《600 余家高科技企业 超 1500 亿元营收 浙大总部经济园打造校地融合发展样板典范》，https://www.yuhang.gov.cn/art/2024/12/23/art_1532131_59126273.html，最后访问日期：2025 年 1 月 24 日。

② 《科技投资人｜复旦科创母基金董事长孙彭军：当下是推动科研成果转化的最好时代》，https://baijiahao.baidu.com/s? id = 1819277823876620147&wfr = spider&for = pc，最后访问日期：2025 年 1 月 17 日。

③ 《顶级名校纷纷下场做 VC！呈现五大特点，助力科技成果加速转化》，https://baijiahao.baidu.com/s? id = 1784672489705340072&wfr = spider&for = pc，最后访问日期：2025 年 1 月 17 日。

金最初由校友发起成立；其次，投资来源于高校教育基金会、校友或校友企业捐赠基金，部分获得地方政府、产业公司的资金支持；最后，投资目的多为支持本校师生、校友成果转化。

大学推动科技成果转化，不仅需要短暂性的融资，更需要搭建全周期科技成果转化投融资体系（宋保维，2024），推动技术要素与资本要素融合，联合政府、领军企业、社会投资机构等设立研究与概念验证基金、种子基金、天使基金和产业基金等，实现从投资学科到投资产业的全覆盖。科技成果转化的投资进程如同"陪跑"，有时甚至是一场漫长的"陪跑"。资源拓展工作可以帮助科技成果转化，找到对本校技术、文化氛围熟悉且认可度校友。

（八）发挥校友链接作用，促进科技成果与产业需求的对接，推动区域科技成果转化

清华大学在通过校地合作促进科技成果转化方面成果显著，已有论文对此做出详细阐述（刘碧波、刘罗瑞，2023：81～84），如下有关清华大学科技成果转化的内容来自该研究。

清华大学围绕国家战略和区域发展重大需求，结合学校世界一流大学建设目标，建立校地合作研究院。校地合作研究院是校地合作的重要平台、科技成果转化应用的重要途径和学科建设与发展的重要支撑。校地合作研究院深度参与创新驱动发展战略实施、推动区域创新体系建设、服务学校内涵式发展，努力建设成为具有先进水平的新型创新载体。

在市场需求导入层面，清华大学积极搭建校企合作桥梁，旨在破解技术供需之间存在的结构性不匹配问题。通过校地合作研究院这一机制，学校与地方平台及资源紧密对接，确保了研发成果能够顺畅地转化为实际产业应用。清华大学围绕京津冀协同发展、粤港澳大湾区建设、长三角一体化发展、黄河流域生态保护和高质量发展、成渝地区双城经济圈建设等区域重大战略进行布局，截至2024年，共设立16个校地合作研究院，包含7个地方研究院和9个派出研究院，这些机构成为区域科技成果转化与企业孵化的重要引擎（见表5）。

表5　校地合作研究院及其提供的服务

	研究院	提供的服务
地方研究院	深圳清华大学研究院	研发平台、孵化服务、创新基地、科技金融、人才培训
	北京清华工业开发研究院	创新研发平台、创新投资

续表

	研究院	提供的服务
地方研究院	河北清华发展研究院	创新研发平台、产业投资
	浙江清华长三角研究院	科技创新中心、院区运营、产业投资
	清华海峡研究院	研究中心、创业投资
	清华珠三角研究院	科技研发、企业孵化、创业投资
	上海清华国际创新中心	研发平台、集成电路平台、企业培育
派出研究院	清华大学苏州汽车研究院	技术研发、检测验证、科技金融、企业孵化
	清华大学无锡应用技术研究院	技术研发、企业孵化、科技金融
	清华大学合肥公共安全研究院	研发平台、重点实验室、企业孵化
	清华大学天津高端装备研究院	科研平台、产业孵化、创业投资
	清华大学天津电子信息研究院	技术与应用平台、项目孵化、投资基金
	清华大学山西清洁能源研究院	研发平台、企业孵化
	清华四川能源互联网研究院	科研创新、企业孵化
	清华苏州环境创新研究院	研发平台与实验室、产业转化与合作
	清华青岛艺术与科学创新研究院	—

资料来源：刘碧波、刘罗瑞，2023。

　　地方研究院通常涵盖多个研究领域，不仅在当地建立了包括孵化器、产业园区在内的多元化创新基地，还多数配套设立了创业投资基金，以全方位支持创新项目的成长。相比之下，由院系直接设立的派出研究院则更加聚焦于特定的科研方向，它们依托学院的专业优势，设立了专门的研发平台和实验室，并多数配备了孵化器以促进研究成果的初步转化，少数还直接提供创业投资服务，进一步缩短了从科研到市场的距离。这一体系通过三大环节发挥效能：首先，地方研究院与派出研究院的科研平台为技术成熟提供了坚实支撑；其次，孵化器和产业园区的创新服务体系加速了科技成果向企业的转化过程；最后，创业投资平台的介入，为新兴企业的快速发展注入了强劲动力，形成了一个从技术研发到市场应用再到资本助力的完整闭环。

　　浙江大学也强调地方产业的驱动力。2024年12月26日，在全国高校区域技术转移转化中心建设工作会和2024中国高校科技成果交易会上，浙江大学校长、中国科学院院士杜江峰说，地方产业发展重大需求驱动的转化，是学校科技成果转化模式中的重要一种。他认为，校地研究机构必然是创新链、产业链、资金链和人才链"四链融合"最紧密的机构，必然采用从基础研究到技术研发到成果转化再到产业孵化的"一体化"创新模式。浙江大学的校地法人研究院已经协助政府引进企业 176 家，产值达到 45.32 亿元[①]。

（九）优化重塑国家大学科技园，发挥校友链接资源和融资能力，提升科技成果转化平台能力

国家大学科技园，作为构建创新创业生态的重要阵地、推进科技成果转化的重要载体、培育经济发展新动能的重要平台，迎来了新的发展契机。

2024 年初，国家大学科技园转由教育部牵头管理，健步走上高质量发展快车道。国家大学科技园可以依托大学强大的科研实力和丰硕的科研成果，发挥科技成果转化和技术转移示范基地的优势，为企业提供科技成果转移转化服务。根据初创型企业的特点和需求，国家大学科技园可以通过整合大学、政府和社会资源，提供创业辅导服务，以帮助初创企业形成规模，成长壮大。在此过程中，国家大学科技园为校友企业提供技术支持和成果转化服务。通过与地方政府、高校、科研院所、企业的合作，科技园能够加速科技成果的商业化进程，为校友企业创造更大的商业价值。科技园与地方政府，以及多家商业银行和风险投资机构建立了良好的合作关系，可以为校友企业提供多元化的投融资服务，帮助校友企业解决资金问题，推动其快速发展。

（十）资源拓展助力各种资源和要素加入科技成果转化生态圈

科技成果转化是一项高度复杂的系统工程，界面多、跨度大，跨行、跨界、跨时、跨域，是社会经济发展中的世界性难点、热点、痛点问题[②]。科技成果转化生态圈的规模越大，其内部的资源和要素就越丰富，从而能够产生更强的协同效应，激发更多创新活力。一个庞大的生态圈才能够吸引更多的参与者，包括不同领域的科研机构、企业、中介机构等，形成一个多元化的创新网络。在这一网络中，各方可以共享资源、交流信息、合作研发，加速科技成果的转化和应用。

复旦大学近年来通过一系列创新举措，致力于拓展科技成果转化生态圈，推动科技成果的高质量产业化。2024 年 12 月 3 日，复旦大学举办了首届科技创新投资大会，其间正式成立了复旦科创母基金，首期规模达 10 亿元人民

---

① 《高校校长分享科技成果转化实践经验》，https://baijiahao.baidu.com/s？id=18195589577327 66051&wfr=spider&for=pc，最后访问日期：2025 年 1 月 17 日。
② 《浅谈科技成果转化生态体系的构建》，https://tech.gmw.cn/2021-12/29/content_35415728.htm，最后访问日期：2025 年 1 月 17 日。

币。该基金聚焦生命健康、集成电路、人工智能、新能源/新材料和未来产业等关键领域，从产业科创、阶段和赋能三个维度，助力科技成果跨越"0到1"和"3到10"的关键阶段。此外，复旦科创母基金还计划引导子基金成为"耐心资本"和"长期资本"，发掘高成长性项目。

与此同时，复旦大学启动了多项赋能项目和合作机制，以完善科技成果转化生态。例如，复旦科创投资基金计划规模同样为10亿元，专注于直投项目，优先支持复旦科技成果产业化项目和校友创新创业项目。此外，复旦科技成果转化创业赋能项目（F-LAB项目）也正式上线，通过课程赋能、陪伴辅导、要素匹配和投资孵化等"一站式"服务，培育具有品牌效应的科创项目[①]。

在跨校合作方面，复旦大学联合同济大学和上海理工大学成立了"复旦—同济—上理工三校科创联盟"，旨在整合三校的人才、科研和产业化优势，推动科技成果的高质量转化。此外，复旦科创大赛2024也同步启动，大赛聚焦生物医药、人工智能、高端装备等前沿领域，设置创业组与创意组两大赛道，为参赛团队提供从概念孵化到项目落地的全周期加速支持。

通过这些举措，复旦大学正在着力构建一个涵盖政策、资金、平台和校企合作的多维度科技成果转化生态圈。

三 结语

科技成果产业化，并不意味着鼓励科学家去办一家公司。科学家最精通的是做自己所擅长的技术研发。"教授开公司"只是科研成果转化的一个选项，并不是所有的科学家都要去当企业家。

破解高校科技成果产业化问题的根本之道在于，必须构建一流的科创朋友圈、生态圈，让各种资源和要素加入科技成果转化生态圈。以高校的名义构建科技成果转化生态圈，扩大资本、资源、人才、制度、政策供给。依托大学科技成果转化的完善制度和流程，发掘行业中的专业投资管理团队，为具有重大产业化潜力的项目提供资本支持，同时引入具备场景落地能力的产业方，输入工程师、经营管理者和市场营销人员等人才，将政府政策资源融入大学科技成果产业化体系，让地方与高校双向奔赴。这些都是高校资源拓

---

① 《2024首届复旦科技创新投资大会举行》，https://news.fudan.edu.cn/2024/1204/c31a143465/page.htm，最后访问日期：2025年3月8日。

展工作的内容和努力方向。

参考文献

刘碧波、刘罗瑞，2023，《中国高校科技成果转化机制创新——以清华大学为例》，《清华金融评论》第 8 期，第 81~84 页。

冒巍巍、陈方玺，2021，《高校产学研协同创新中校友资源的开发研究》，《科学管理研究》第 2 期，第 80~85 页。

宋保维，2024，《高水平研究型大学推动科技成果转化的有效路径研究》，《中国高等教育》第 5 期，第 4~7 页。

童嘉、任其龙、胡淳，2024，《高校有组织科技成果转化现状、问题与对策研究》，《创新科技》第 4 期，第 22~30 页。

虞惠、唐恒，2021，《影响大学技术转移绩效的校友资源因素分析》，《中国科技论坛》第 9 期，第 153~162 页。

郑刚、郭艳婷，2014，《世界一流大学如何打造创业教育生态系统——斯坦福大学的经验与启示》，《比较教育研究》第 9 期，第 25~31 页。

郑刚、郭艳婷，2016，《迈向创业教育 2.0：斯坦福大学创业教育大众化的经验借鉴及启示》，《西安电子科技大学学报》（社会科学版）第 3 期，第 96~103 页。

投资篇

高校基金会投资工作的路径探索

——以北京大学教育基金会投资实践为例

李宇宁　周　武　陈天琪[*]

一　引言

党的二十届三中全会强调，教育、科技、人才是中国式现代化的基础性、战略性支撑。高等教育机构作为培养创新人才、推动科学研究的重要基地，在实施科教兴国战略、人才强国战略中扮演着关键角色。当前，中国迫切需要建设一批世界一流大学，为加快建设教育强国、实现中华民族伟大复兴贡献更多智慧和力量。习近平总书记在 2024 年全国教育大会上强调，"建成教育强国是近代以来中华民族梦寐以求的美好愿望，是实现以中国式现代化全面推进强国建设、民族复兴伟业的先导任务、坚实基础、战略支撑，必须朝着既定目标扎实迈进"[①]。

高校基金会作为汇聚社会力量、支持教育发展的窗口与桥梁，已成为支持高等教育发展的重要资金来源，对建设世界一流大学具有重要意义。近年来，随着各家高校基金会净资产规模的快速扩大，对捐赠资金保值增值的诉求也日益强烈。然而，高校基金会的成立初衷往往是捐赠资金的募集，而非开展投资业务，其组织架构、制度体系和运营机制也围绕募资目标而展开，导致投资工作的起步与进行往往伴随着投资机制、管理结构、团队能力等方面的诸多挑战。

道阻且长，行则将至。《中共中央关于进一步全面深化改革　推进中国式现代化的决定》强调，全面深化改革具有重大意义，需要"伟大的历史主动、巨大的政治勇气、强烈的责任担当"，将改革开放向前推进。高校基金会事业

---

[*]　李宇宁，北京大学教育基金会秘书长、投资委员会委员；周武，北京大学教育基金会投资事业部投资总监；陈天琪，清华大学硕士在读。

[①]　《习近平在全国教育大会上强调：紧紧围绕立德树人根本任务 朝着建成教育强国战略目标扎实迈进》，https://www.gov.cn/yaowen/liebiao/202409/content_6973522.htm，最后访问日期：2025 年 4 月 16 日。

的发展也是如此。尽管挑战重重，但高校基金会快速成长的趋势不会改变，基金会资产保值增值工作对高校教育事业的重要性也不会改变。根据基金会实际情况，将资产保值增值工作提上日程，并进行长期持续的改革创新，既是必要的，也是重要的。

从海外经验来看，高校捐赠基金拥有悠久的发展历史和较为成熟的运作模式。依据美国教育协会（American Council on Education，ACE）的定义[①]，高校捐赠基金是用于永久支持其教育事业（教学和研究任务）的高校投资资产的集合。从定义来看，高校捐赠基金的本质属性是通过投资的方式为高校提供财务支持。

在美国，哈佛大学、耶鲁大学等一流高校的捐赠基金以卓越的长期投资表现，为学校提供了有力的财务支持。为有效管理捐赠基金，美国许多大学成立了专门管理机构进行投资运作，其模式主要分为两类：一类是以耶鲁大学为代表的模式，即在校内成立由校董会直接领导的投资办公室（以下简称"耶鲁模式"）；另一类是以哈佛大学为代表的模式，即成立由高校控制的资产管理公司进行专业化管理和运作（以下简称"哈佛模式"）。由于"哈佛模式"对高校开展投资工作的禀赋要求较高，国内高校基金会学习难度较大，而"耶鲁模式"更为知名，且长期投资表现优秀，本报告将针对"耶鲁模式"展开重点分析。

除捐赠基金外，美国公立大学通常还设有基金会。作为独立法人，美国公立大学基金会承担捐赠资金的筹措、管理和投资等工作。在捐赠资金的投资运作上，它们或与耶鲁大学相似，在校内设立投资办公室进行管理；或与哈佛大学相似，成立专门的资产管理公司进行运作。美国公立大学基金会与中国高校基金会在概念上更为相似，均为依法设立的非营利法人，通常拥有独立的理事会、管理层等内部治理结构，以募资开展慈善事业为核心目标。相比之下，捐赠基金作为一个资产集合概念，其核心职能则是投资管理和保值增值，而非捐赠基金的募集。从这个角度出发，美国公立大学基金会与中国高校基金会的业务逻辑更为接近。因此，本报告除介绍耶鲁大学捐赠基金的做法外，还选择了一些美国公立大学基金会的案例进行分析。

总体而言，探索中国高校基金会投资工作的方向，应结合中国高校投资管理特点和实际情况，构建具有中国特色的投资体系，避免"生搬硬套"。投资是一门实践科学，只有理论的指导是远远不够的，尤其是对于机构投资者而言，提升投资能力没有捷径，需要在实践中去试错和摸索，这使得在学习过程中对

---

① Understanding College and University Endowments, https://www.acenet.edu/Documents/Understanding-College-and-University-Endowments.pdf, 最后访问日期：2024 年 12 月 25 日。

学习对象进行深度研究十分重要，要十分谨慎地定义"经验"与"教训"。

本报告在对美国顶尖私立大学捐赠基金和公立大学基金会投资工作分析的基础上，结合中国高校基金会投资管理特点和实际情况，以及笔者所在单位的具体实践，针对中国高校基金会投资工作的起步提出具体工作建议。

二 海外高校捐赠基金的投资模式研究

（一）海外高校捐赠基金投资概况

高校捐赠基金在西方有着悠久的发展历史，为大学提供了稳定的资金保障。据 NCES（美国国家教育统计中心）和 NACUBO（美国大学商务官员协会）披露数据，截至 2023 财年末（2023 年 6 月 30 日），美国大学捐赠基金总体规模达到 8391 亿美元，同比增长 4.0%。2023 财年，捐赠基金为大学运营预算提供了平均 10.9% 的资金，各大学从捐赠基金中共计支出 284 亿美元，同比增长 8.4%，主要用于学生经济援助、学术研究、校园设施运营维护等[1]。由此可见，捐赠基金及其投资收益已成为美国大学的重要资金来源。

为有效管理捐赠基金，美国许多大学成立了专门管理机构，其中以耶鲁大学投资办公室（Yale Investment Office）和哈佛捐赠基金管理公司（Harvard Management Company）最为著名，二者长期业绩表现优秀，曾分别以"耶鲁模式"和"哈佛模式"著称。耶鲁大学捐赠基金由校董会直接领导的投资办公室管理，1985 年至 2021 年担任首席投资官的大卫·史文森（David Swensen）开创了"资产配置+委托投资"的投资模式，强调资产配置在捐赠基金管理中的重要性，主要委托外部专业基金管理人进行投资，由此建立起的"耶鲁模式"长期业绩表现优秀，成为机构投资者的典范。

哈佛大学则成立了由校方控制的资产管理公司——哈佛捐赠基金管理公司，对捐赠基金进行专业化管理和运作。1990 年至 2005 年在任的首席执行官杰克·迈耶（Jack Meyer）善于发现债券市场的套利机会，并进行大额对冲和杠杆押注。在其任期内，哈佛捐赠基金获取了超过 14% 的年化投资回报率。然而，金融危机过后，哈佛捐赠基金业绩显著下滑，落后于其他大型捐赠基金。2016 年，新任首席执行官纳瓦卡尔（N. P. Narvekar）启动深度改革，对

---

[1] College Endowments Saw an Average 7.7% Gain in Fiscal Year 2023，https://www.forbes.com/sites/michaeltnietzel/2024/02/15/college-endowments-saw-an-average-77-gain-in-fiscal-year-2023/，最后访问日期：2024 年 7 月 10 日。

哈佛捐赠基金的投资理念、风险框架、组织结构等都进行了全面革新，使哈佛捐赠基金走上与"耶鲁模式"趋于一致的"资产配置+委托投资"道路。

（二）耶鲁大学捐赠基金运作模式简介

哈佛捐赠基金曾采用和耶鲁大学差别显著的投资模式，如今却走上相似道路，这为捐赠基金模式的答案提供了一个佐证。因此，本报告先以耶鲁大学为例做进一步介绍和分析，借由其投资探索历程和资产配置策略，探讨海外高校捐赠基金的投资模式实践。

耶鲁大学捐赠基金的投资架构主要包含投资委员会和投资办公室。投资委员会于 1975 年设立，监管捐赠基金的运作，负责资产配置方案、外部管理人选聘、捐赠基金年度支出等事项决策。截至 2024 年，投资委员会由 10 人组成，其中包含耶鲁大学校长，其余 9 人均为业界知名校友。投资委员会每季度召开一次会议，回顾资产配置比例、投资业绩和投资办公室拟定的投资策略。

在投资委员会指导下，投资办公室执行具体投资事务，包括投资方案制定和实施等。投资办公室包含首席投资官、首席运营官和首席技术官 3 名高管人员，下设金融投资部门（Finance and Investment Operations）、商务与行政部门（Business Affairs and Administration）、法务团队、技术与数据团队等，负责投资各方面工作（见图 1）。金融投资部门中又设有不同团队，负责不同资产类别的投资工作。据耶鲁大学捐赠基金官方网站披露，截至 2024 年 11 月，耶鲁大学投资办公室共有 50 名工作人员。

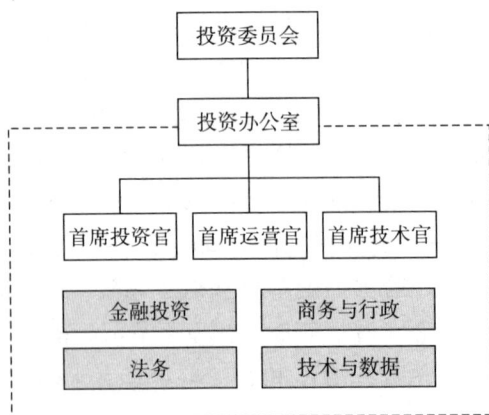

图 1　耶鲁大学投资架构

资料来源：笔者根据耶鲁大学捐赠基金官方网站披露的团队成员情况，总结提炼而得。

1985~2021年，在首席投资官大卫·史文森的带领下，耶鲁大学投资办公室开创了"资产配置+委托投资"的"耶鲁模式"。该模式凭借优秀的业绩表现，享誉全球，成为机构投资者的典范。

在"耶鲁模式"下，大类资产配置是捐赠基金投资办公室的核心工作。大类资产配置的第一步是明确投资目标和投资约束、树立清晰的投资理念。捐赠基金有两大目标：第一，保持资产的购买力；第二，为高校的日常运营预算提供资金来源。这两个目标本身相互冲突，但可以通过制定合理的投资目标和支出目标，实现二者之间的平衡。有效地实现机构目标、获取投资收益，需要清晰的投资理念作为前提。成功的投资者往往遵循连贯一致的投资理念，并自始至终将其应用到投资组合管理的每个环节。

明确投资目标和投资约束、树立清晰的投资理念后，便是选择并定义构建投资组合的各种资产类别。耶鲁大学投资办公室对各类资产的功能特征进行深入研究，并结合耶鲁大学自身的投资目标、资源禀赋，构建个性化的投资组合。耶鲁捐赠基金的投资组合建立在马科维茨提出的现代资产配置理论之上，辅以定量分析并融合最新的组合管理理论，计算得出各类资产在投资组合的比重。但值得注意的是，模型往往具有局限性，机械地应用模型结果会得出幼稚，甚至危险的结论。因此，耶鲁大学投资办公室会结合定性的经验判断和定量的分析结果，在充分认识模型局限性和资产风险收益属性的前提下，综合做出判断。

耶鲁大学投资办公室的内部团队主要聚焦大类资产配置，而将各类别的具体投资工作委托给优秀的外部管理人。在权益投资、另类资产投资等领域，主动管理的基金经理人因投资策略、投资风格等方面的差异，可能产生差别迥异的投资回报。耶鲁大学凭借其资金和品牌优势，能够聘请到优秀的外部管理人，这也成为其在细分领域获得高投资回报的重要因素。

在投资业绩方面，耶鲁捐赠基金长期业绩表现优秀，领先全美高校。2013~2024财年，耶鲁捐赠基金的年化投资收益率为9.5%，比传统的70%股票/30%债券投资组合同期的年化收益率高出3.8个百分点。2020~2024财年，耶鲁捐赠基金的年化投资收益率为10.2%，各年度的投资收益率如图2所示。2024财年度（2023年6月30日至2024年6月30日），耶鲁捐赠基金的投资收益率为5.7%。

（三）美国公立大学基金会投资运作模式分析

耶鲁大学与哈佛大学作为美国私立大学中的佼佼者，在捐赠基金管理与

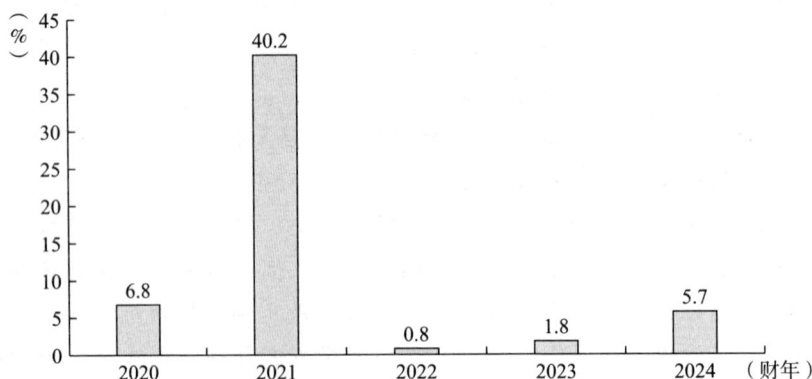

图 2 2020~2024 财年耶鲁捐赠基金投资收益率

资料来源：笔者根据耶鲁大学 2020~2024 财年报告披露的数据整理而得。

投资方面树立了标杆。然而，除了私立高校外，美国的公立大学在捐赠基金的管理运作上也有其特点。美国公立大学通常下设基金会，负责管理捐赠资金的筹措和运营，以及从事捐赠资金的保值增值工作。这些基金会拥有独立法人地位，可以享受税收等方面的优惠政策。由于美国公立大学基金会和中国高校基金会在法律概念、体制机制等方面具有较高相似性，其投资运作经验更易于被中国高校学习借鉴。因此，本报告选取了美国加州大学洛杉矶分校（University of California，Los Angeles，UCLA）和密歇根大学两所公立大学基金会的案例，做进一步分析。

1. 加州大学洛杉矶分校基金会

UCLA 是美国顶尖的公立大学之一，截至 2023 财年末，其基金会净资产达到 51 亿美元。

UCLA 在其基金会资产中，划分出了可用于投资的资产池（Endowment Investment Pool，EIP），以实现资产的保值增值。截至 2023 财年末，EIP 资产规模约为 38 亿美元。近十年来，EIP 资产规模随着基金会总资产规模的扩大而逐步扩大，占比始终稳定在 70% 左右。

在资产配置方面，EIP 配置于全球各类分散化资产，包括股票、私募股权、风险投资、独立回报、实物资产（包含房地产、自然资源）、现金及固定收益类资产等，资产类别划分与耶鲁大学较为类似。UCLA 基金会在年报中强调，其正在实施长期战略转型，逐步增加私募投资在组合中的比重。

在组织架构方面，EIP 的投资工作自 2011 年起由 UCLA 投资公司受托开展，受到公司董事会和 UCLA 基金会董事会的双重监管。公司董事会包含 12

名成员，其背景涉及校方、学术界、金融业界和法律界。在公司的高管人员中，首席投资官、首席财务官都同时在 UCLA 基金会担任职务。UCLA 基金会的董事会包含 25 名成员，来自校方、业界等多元背景。此外，基金会还有 6 名常任工作人员，包含现任主席 1 人、前任主席 1 人、首席投资官 1 人、首席财务官/首席运营官 1 人、执行副总裁 1 人、秘书长 1 人。

在投资业绩方面，2023 财年，UCLA 基金会的投资收益率为 7.0%。2019～2023 财年，UCLA 基金会投资年化收益率为 6.1%，各年度的投资收益率如图 3 所示。除 2022 财年表现不佳外，UCLA 基金会在各年度均取得正投资收益。

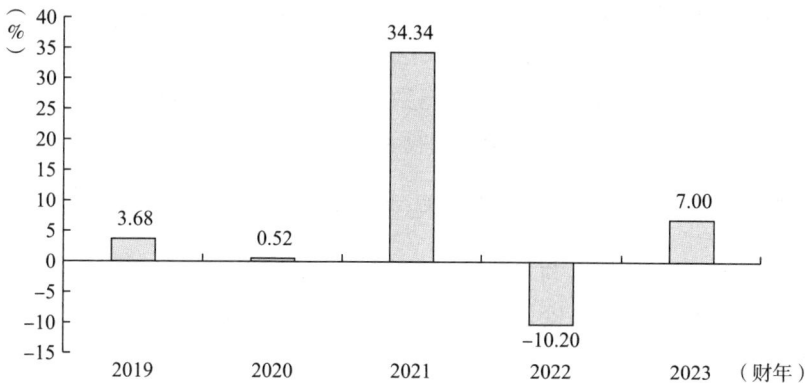

图 3　2019～2023 财年 UCLA 基金会投资收益率

资料来源：笔者根据加州大学洛杉矶分校 2019～2023 财年报告披露的数据整理而得。

2. 密歇根大学基金会

密歇根大学基金会（University of Michigan Foundation）成立于 1817 年，是美国最著名的大学基金会之一。截至 2024 财年末，基金会净资产规模已达 223 亿美元，位列全美大学捐赠基金净资产规模前十。密歇根大学系统分为三个校区，包括安娜堡主校区、迪尔伯恩分校区和弗林特分校区。与 UCLA 拥有自己的基金会和投资管理机构不同，密歇根大学的各分校区尽管可能有各自的捐赠基金账户，但捐赠资金最终会汇入统一的资金池，由密歇根大学投资办公室（University of Michigan Investment Office）负责投资管理。

密歇根大学的捐赠资金会汇入一个名为长期投资组合（Long Term Portfolio，LTP）的资金池，主要采用权益导向投资策略，投资于股权和另类资产，以获取较高的投资回报。截至 2024 财年末，这一组合的市值达到 192 亿美元。

在资产配置方面，密歇根大学将 LTP 的投向分为高流动性资产和低流动性资产，前者包含股票、固定收益、现金和绝对收益产品，后者包含私募股

权、房地产和自然资源。截至 2023 财年末，高流动性资产在 LTP 中的占比为
36.1%，低流动性资产占比则为 63.9%，符合 LTP 投资的长期性原则。

在组织架构方面，密歇根大学基金会的投资模式采用内部管理与委托投资
相结合的模式。其投资政策主要由学校内部的投资办公室制定，同时聘请多家
外部资产管理公司和顾问来提供专业支持，执行具体的投资操作。为提升投资
决策的科学性，基金会还设有投资顾问委员会（Investment Advisory Committee），
为其投资管理提供战略指导和建议。投资顾问委员会由多位来自投资领域的
资深专家和专业人士组成，成员背景涉及股权投资、固定收益、另类投资等
多个领域，帮助基金会更好地应对市场变化，做出科学、前瞻的投资决策。

在投资业绩方面，据基金会 2023 财年年报披露，LTP 过去 20 年的年化回
报率为 9.9%，与同一时期标普 500 指数的年化回报率基本持平，但后者的波
动性远高于 LTP。2023 财年，LTP 的投资收益率为 5.2%。

（四）美国公立大学基金会与私立大学捐赠基金投资运作特点比较

美国公立大学基金会与私立大学捐赠基金在投资运作方面，呈现多个维
度的联系与区别，本报告试对二者的异同之处做简要分析。

1. 相同点

第一，美国公立大学基金会与私立大学捐赠基金通常都拥有专业的投资
管理团队。投资工作对专业素养要求较高，专业团队对于资金的保值增值意
义重大。美国公立和私立大学或聘请专业的投资人士加入管理团队，或与外
部专业金融投资机构合作，全力打造较为专业的投资管理团队，协同制定投
资策略、管理投资组合，以确保资金能够得到有效的运作和管理。

第二，投资理念均具有鲜明的长期性特点。受大学捐赠基金天然的永续
属性决定，无论是公立大学还是私立大学，其投资都具有长期性特点，不会
因为短期的市场波动而频繁调整投资策略，而是更加注重长期的资产增值，
以此为大学提供稳定且持续的资金支持。

第三，投资组合均呈现多元化配置的特征，以追求更高的风险调整后回
报。除了传统的股票、债券投资外，美国公立和私立大学往往也积极涉足对
冲基金、私募股权、房地产等另类投资领域，通过多元化的资产配置，有效
提高投资组合的分散程度，实现风险和收益的更佳平衡。

2. 不同点

第一，投资目标存在差异。私立大学中，捐赠基金的核心功能聚焦于获
取投资收益，进而为学校运营提供经费支持，这也致使其往往承受较高的投

资业绩压力。以哈佛大学为例，其捐赠基金在 2023 财年为校方运营预算贡献超过 22 亿美元，为学校的奖助学金发放、教职工福利保障、科学研究推进等方面提供了重要支持。相比之下，公立大学由于有州政府拨款等其他资金来源，对基金会的投资收益依赖程度相对较低，其投资目标更侧重于在资金保值的基础上追求适度增值，或为学校的特定项目提供补充资金。

第二，管理与决策机制存在差异。私立大学在管理与决策层面展现出更强的独立性与灵活性。学校通常设立专门的投资办公室或资产管理公司，由专业的投资团队负责投资事务，投资决策流程更短，能更加灵活地应对市场变化、抓住投资机会。而公立大学基金会的投资工作尽管可能亦依托于投资办公室或资产管理公司进行，但鉴于涉及公共资金和政府监管等因素，在资产投向选择、决策流程设定等方面可能受到更加严格的限制和监督，决策过程相对复杂且严谨，以确保资金的使用合规且符合公共利益诉求。

三 国内高校基金会投资工作现状

（一）高校基金会投资的政策与监管环境

中国基金会相关投资制度最早可追溯到 1988 年国务院颁布的《基金会管理办法》，其第 7 条中规定"基金会可以将资金存入金融机构收取利息，也可以购买债券、股票等有价证券，但购买某个企业的股票额不得超过该企业股票总额的 20%"。1995 年，中国人民银行发布《关于进一步加强基金会管理的通知》，其第 6 条规定"基金会基金的保值及增值必须委托金融机构进行"。这是监管部门首次明确要求慈善组织进行委托投资。

2004 年国务院颁布的《基金会管理条例》替代了 1988 年的《基金会管理办法》，简化了对基金会资产保值增值的规定，提出"基金会应当按照合法、安全、有效的原则实现基金的保值、增值"，放宽了对基金会从事投资活动的限制，客观上为高校基金会资金保值增值赋予了一定的发展空间，只要决策流程规范，不违反有关法律规定，高校基金会可以自行开展适当的投资活动。

2012 年，民政部印发了《关于规范基金会行为的若干规定（试行）》，对基金会保值增值做出进一步解释，明确基金会开展保值增值活动时，应当遵守以下规定，"基金会进行保值增值应当遵守合法、安全、有效的原则。符合基金会的宗旨，维护基金会的信誉，遵守与捐赠人和受助人的约定，保证公益支出的实现""基金会可用于保值增值的资产限于非限定性资产、在保值增值期间暂不需要拨付的限定性资产""基金会进行委托投资，应当委托银行或者其他金融机构进行"。这一新规延续了合法、安全、有效的原则要求，对可用于投资的资产进行了细化规定，为高校基金会的投资进一步指明了方向。

2014 年，教育部、财政部、民政部联合下发《关于加强中央部门所属高校教育基金会财务管理的若干意见》（以下简称《意见》），从加强财务管理和规范投资行为角度出发，针对高校基金会保值增值活动做出了详细规定。在强调合法、安全、有效原则的基础上，《意见》对可投资产、投资范围、投资决策、委托投资、禁止投资做出了明确规定，要求建立追责和止损机制，有效防控投资风险，明确了不得投向期货、期权等衍生金融工具，为高校基金会保值增值提供了更加清晰的指引。

2016 年出台的《中华人民共和国慈善法》（以下简称《慈善法》）首次以法律形式对慈善组织的投资运作进行了规范，确立了慈善组织进行投资活动的基本框架和原则，为慈善组织的合法、合规运作提供了法律依据和监管指导。

《慈善法》明确规定，慈善组织在确保年度慈善活动支出符合法定要求和捐赠财产及时足额拨付的前提下，可以开展投资活动。慈善组织开展投资活动应当遵循合法、安全、有效的原则，投资收益必须全部用于慈善目的。《慈善法》还规定了慈善组织可以投资的财产类型，对某些高风险投资行为予以限制，如直接买卖股票、购买商品及金融衍生品类产品等。此外，《慈善法》还强调了慈善组织在投资活动中的信息公开义务，要求慈善组织依法依规向社会公开其财务和资产管理制度、重大投资情况，接受社会监督。通过这些规定，《慈善法》旨在促进慈善组织的可持续健康发展，同时保障捐赠人和受益人的合法权益。不仅如此，《慈善法》要求，相关规定的具体办法由国务院民政部制定，这为后续相关制度的出台提供了法律依据。

2019 年 1 月 1 日，民政部颁布的《慈善组织保值增值投资活动管理暂行办法》（以下简称《办法》）正式施行。《办法》出台之前，民政部广泛听取社会各界意见，征求了财政部、人民银行、银保监会、证监会等金融监管部门意见，详细调研了国内成熟投资机构的成功经验，充分听取并采纳了各类慈善组织的意见。《办法》是我国第一部系统规范基金会等慈善组织投资活动的部门规章，对于进一步规范慈善组织的投资活动，防范慈善财产运用风险，促进慈善组织可持续健康发展具有里程碑意义。本报告认为，《办法》在以下三个方面对我国慈善组织的投资活动发展具有重要意义。

第一，《办法》为慈善组织的投资活动明确了底线，提供了空间。《办法》清晰界定了慈善组织投资活动的边界，回答了慈善组织"能做什么"、

"不能做什么"以及"应该怎么做"这几个核心问题。例如，慈善组织可以直接购买金融机构发行的资管产品、进行股权投资或委托受监管的机构进行投资。同时，《办法》规定了慈善组织禁止投资的领域，如直接买卖股票、购买商品及金融衍生品等，严格划定了投资活动的红线和底线。此外，《办法》也为慈善组织的自主投资提供了一定的空间，使其能够在合法、安全、有效的原则下灵活开展投资活动。

第二，《办法》为慈善组织投资活动提供了具有可操作性的指导。《办法》为慈善组织开展投资活动提供了详细的制度和治理要求。具体来看，《办法》规定了慈善组织在投资决策过程中应考虑的因素，包括与组织风险识别和承受能力相匹配的资管产品购买标准。同时，要求慈善组织建立完善的内部控制机制。这些措施为慈善组织的投资活动提供了切实可行的操作指南，确保其在合法框架内实现资产增值。

第三，《办法》引导慈善组织充分利用金融机构的专业能力。《办法》明确将委托投资作为慈善组织投资活动的一种重要形式，并对受托人的资质提出要求，鼓励慈善组织在投资活动中充分借助金融机构的专业能力。通过这种方式，慈善组织能够更有效地控制投资风险。金融机构在投资和风险控制方面的专业经验和能力，能够帮助慈善组织更好地实现其资产保值增值目标。

（二）高校基金会的资产规模

自 1994 年国内首个高校教育基金会——清华大学教育基金会成立以来，经过近 30 年的发展，截至 2023 年 6 月，中国已有超过 700 所大学设立了自己的基金会。

从净资产规模来看，高校基金会的规模分布呈现明显的头部聚集和两极分化特征，马太效应日益显现。截至 2023 年末，中国高校基金会净资产规模排名前三的大学分别为清华大学、浙江大学和北京大学，三所高校基金会净资产规模总计为 351.37 亿元。此外，杭州市西湖教育基金会近年来增长迅速，呈后来者居上态势，2023 年末净资产规模达到 65.88 亿元（见表 1）。除了传统的现金捐赠模式外，清华大学、上海交通大学、浙江大学探索的股票捐赠模式，也推动了净资产规模的快速增长。

表 1 2021～2023 年部分高校基金会净资产规模

单位：亿元

基金会名称	2021 年	2022 年	2023 年
清华大学教育基金会	168.14	180.45	181.73

续表

基金会名称	2021 年	2022 年	2023 年
浙江大学教育基金会	49.82	62.73	85.79
北京大学教育基金会	76.12	78.78	83.85
杭州市西湖教育基金会	54.35	61.86	65.88
上海交通大学教育发展基金会	29.94	27.10	29.36
北京师范大学教育基金会	17.62	19.17	19.97
南京大学教育发展基金会	13.39	14.24	15.66
武汉大学教育发展基金会	10.39	11.26	14.74
复旦大学教育发展基金会	10.62	10.65	12.08
中国科学技术大学教育基金会	9.05	9.60	9.93

资料来源：笔者从各高校基金会 2021~2023 年度报告披露的数据整理而得。

（三）高校基金会投资工作组织架构

建立与投资工作相适应的组织架构是开展投资工作的重要前提。高校基金会的投资工作组织架构决定了其资金管理与决策的科学性、专业性。一个健全、清晰的架构能够确保各项投资活动与基金会的长期目标相一致，并为长期财务稳健提供保障。无论是确定投资方向，还是执行具体的投资操作，架构中的各个环节都需要紧密配合，帮助基金会在多变的市场环境中灵活应对、管理风险。

如前文所述，与海外捐赠基金以投资为本质属性和固有职能不同，我国高校基金会的发展往往是从筹资开始，组织机构与体制机制设置也具有鲜明的筹资导向。在高校基金会成立之初，可投资运作的资金体量通常较小，且团队规模有限，需要集中有限的人力资源用于资金募集。随着资产规模达到一定体量后，投资工作才被提上日程。这使得高校基金会在开展投资活动时，往往先需要进行组织架构的变革与转型，以及专业投资团队的搭建，这也是初创期高校基金会在筹划投资事务过程中面临的挑战之一。本报告对国内部分头部高校基金会的投资架构做介绍，为处于起步或转型阶段的高校基金会提供组织架构设置上的参考。

1. 清华大学教育基金会

清华大学教育基金会采用理事会、投资委员会和投资部门的投资工作组织架构。理事会为基金会的最高决策机构，理事长为清华大学校长。投资委员会受理事会领导，负责投资决策，成员共有 5 人，包含清华大学副校长、财务处处长、教育基金会秘书长和 2 位业界校友。秘书处下设的资金运作部开展具体投资工作。

据清华大学 2023 年年度工作报告，目前资金运作部有 3 名工作人员。

除基金会层面外，清华大学教育基金会还设立了负责投资工作的市场化主体——育泉资产管理有限责任公司（以下简称"育泉资产"）。工商信息显示，育泉资产成立于 2009 年，系清华大学教育基金会的全资子公司。从这一角度看，清华大学教育基金会是在国内较早推进投资工作市场化的高校基金会，市场化模式也为清华大学教育基金会带来了长期不俗的投资业绩。清华大学教育基金会投资工作组织架构如图 4 所示。

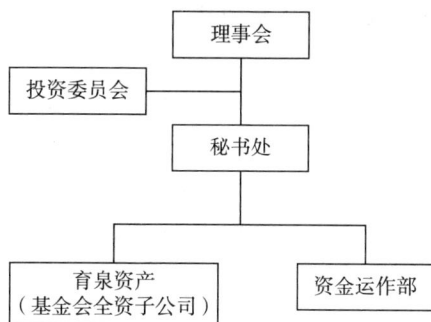

图 4　清华大学教育基金会投资工作组织架构

资料来源：笔者根据清华大学教育基金会网站和年度报告公开披露的信息总结提炼而得。

2. 杭州市西湖教育基金会

杭州市西湖教育基金会于 2015 年设立，其投资工作组织架构主要包括理事会、投资委员会、秘书处、投资顾问委员会和资财管理部（见图 5）。目前，杭州市西湖教育基金会并未在公开信息中披露投资委员会的构成情况。但值得注意的是，杭州市西湖教育基金会自成立之初便设立了资金运作部门负责投资工作，这体现了校方对基金会投资工作的高度重视。

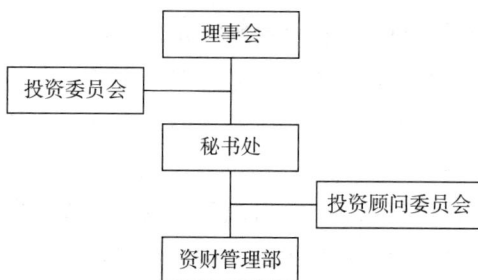

图 5　杭州市西湖教育基金会投资工作组织架构

资料来源：笔者根据杭州市西湖教育基金会网站和年度报告公开披露的信息总结提炼而得。

3. 浙江大学教育基金会

浙江大学教育基金会的投资工作组织架构主要包括理事会、秘书处、投资委员会、投资顾问小组和投资部（见图6）。理事会为基金会最高决策机构，享有投资事务最终决策权。投资委员会由基金会分管校领导、基金会秘书长、副秘书长和投资顾问组成，目前规模约30人，其中校外委员占比不低于1/2。投资委员会相关会议会根据项目性质邀请具有相关领域投资背景的成员参与会议，要求参会人员不低于5位、校外人员占比不低于2/3。这体现了浙江大学教育基金会投资委员会决策的开放性、专业性。

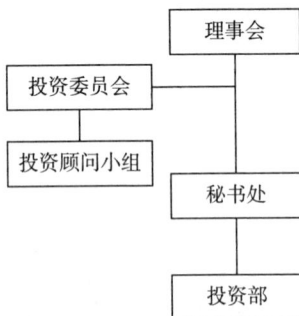

图6　浙江大学教育基金会投资工作组织架构

资料来源：笔者根据浙江大学教育基金会网站和年度报告公开披露的信息总结提炼而得。

4. 上海交通大学教育发展基金会

上海交通大学教育发展基金会是国内较早启动投资的高校基金会之一，原先采用投资顾问委员会和投资决策组的模式开展投资工作。2019年前后，得益于捐赠人信任和多年投资经验积累，上海交通大学教育发展基金会决定启动投资模式改革，成立了母基金，推动基金会投资工作朝更加市场化、专业化的方向发展。

上海交通大学母基金投资工作组织架构包含管理委员会、投资顾问委员会、投资决策委员会和专业管理运营团队（见图7）。其中，管理委员会由理事会代表、知名校友和投资界专家组成，是母基金的最高管理决策机构。投资决策委员会由知名校友和业界专家组成，经理事会授权，负责基金会的投资决策，听取投资顾问委员会建议后定期召开投资决策会议，形成投资决策意见。专业运营管理团队主要通过蓝源资产开展投资活动，蓝源资产是上海交通大学教育发展基金旗下的市场化资产管理机构，由上海交通大学教育发展基金会参股成立（基金会持股比例为49%，是该机构实际控制人），通过主动配置和管理优质资产，实现捐赠资金的保值增值。蓝源资产的创始合伙人也担任基金会理事。

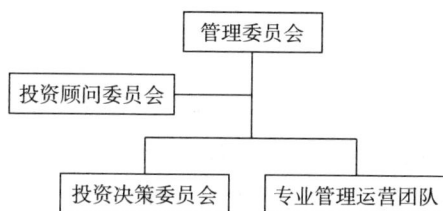

图 7　上海交通大学母基金投资工作组织架构

资料来源：笔者根据上海交通大学教育发展基金会网站和年度报告公开披露的信息总结提炼而得。

5. 北京理工大学教育基金会

北京理工大学教育基金会的投资工作组织架构包含理事会、秘书处、投资咨询委员会、资金运作工作小组。理事会是基金会最高权力机构，负责提出基金会投资理财收益预期值，并负责投资决策、授权及监管工作。秘书处根据理事会确定的年度预期收益制订工作计划，负责投资咨询委员会、资金运作工作小组等组织机构建设和专家选聘工作，以及投资理财项目全过程中材料搜集、整理和会议召集工作。投资咨询委员会由金融专家、校友等组成，主要为基金会提供备选的投资理财项目并进行审核，并就政策、法律、金融、市场、风险等问题提供咨询服务。资金运作工作小组由基金会秘书长、副秘书长（财务负责人）、基金会办公室工作人员以及金融和法律专家等组成，负责理事会决议和授权下的投资理财项目具体操作，对项目进行监控，对项目进展情况进行汇报。

除此之外，基金会还积极与专业投资机构展开合作，聘请财务顾问和法律顾问指导业务，有效提升投资行为的专业水平。北京理工大学教育基金会投资工作组织架构如图 8 所示。

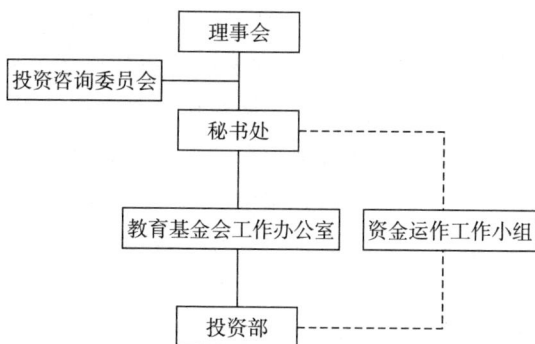

图 8　北京理工大学教育基金会投资工作组织架构

资料来源：笔者根据北京理工大学教育基金会网站和年度报告公开披露的信息总结提炼而得。

（四）高校基金会的投资收益

近年来，随着校友等社会力量向高校捐赠频次与金额的增加，我国高校基金会净资产规模持续扩大，资产保值增值的迫切性也与日俱增，国内规模较大的高校基金会逐步开始探索有效的投资管理方式。

高校基金会的收入主要由捐赠收入和投资收益构成，稳定的投资收益对于基金会保持收入的稳定性而言具有重要意义。2021 年，净资产规模排名前十的高校基金会投资收益总计超过了 20 亿元，其中清华大学教育基金会投资收益首次超过 10 亿元，这主要得益于清华大学教育基金会在投资方面的长期积累，同时超过 160 亿元的净资产规模也给清华大学教育基金会的保值增值工作提供了更大空间。

由于各高校基金会净资产规模差异较大，而净资产规模会直接影响可投资金额和投资收益。因此，相对于投资收益金额，投资收益率是更客观的投资效果评估指标。然而，由于缺乏相关信息披露要求，中国高校基金会往往在年度报告中只会披露年度投资收益金额，而不披露投资收益率情况，因此较难准确评估中国高校基金会的实际投资效果。

为估算投资收益率，我们可以考虑用投资收益金额除以资金占用。但需注意的是，仅使用当年投资收益金额除以资金占用，计算得出的投资收益率数据并不能真实反映基金会当年的投资回报情况。参考社保基金年度报告可以得知，社保基金披露的年度投资收益额，为已实现收益额和交易性资产公允价值变动额之和。前者反映了当年实际实现投资收益的现金流入，后者是市场波动带来的投资市值的变化，在核算投资收益率时，这两者都应该考虑在内。然而，我国高校基金会通常在年度报告中披露的投资收益金额只对应社保基金的已实现投资收益额数据，给推算实际投资回报带来更多困难。

本报告认为，虽然短期而言，投资收益和实现收益由于交易性资产公允价值变动的存在而具有差别，但从长期维度上看，交易性资产的投资收益也会因其最终被出售，而反映在实现收益中。因此，投资收益和实现收益在长期会趋于一致，可以采用中长期维度的实现收益估算投资收益情况，从而减少估算误差。参照这一逻辑，结合实际工作经验，本报告对中国高校基金会中长期投资收益率进行估算。估算公式如下：

$$投资收益率 = \left[\prod_{2019}^{2023} \left(1 + \frac{年度投资收益}{\dfrac{（年初投资资产 + 年末投资资产）}{2}} \right) \right]^{1/5} - 1$$

为验证这一估算的有效性，本报告使用社保基金 2019~2023 年年度报告披露的投资收益和资产数据，运用上述公式估算，得出社保基金的中长期投资收益率约为 4.90%。又由社保基金各年度披露的已实现收益计算得到，2019~2023 年社保基金年化实现收益率为 4.84%，与估算结果十分接近，这在一定程度上验证了这一估算的逻辑。2019~2023 年北京大学教育基金会投资收益率内部测算结果为 5.73%，也与估算结果十分接近。因此，本报告认为，该数据在一定程度上能反映我国部分大学基金会投资工作开展的效果。此外，本报告选择的数据计算区间为 2019 年初至 2023 年末，覆盖了中国权益市场的一个相对完整的牛熊周期，能较好地反映基金会穿越周期的投资回报表现。

除投资收益率外，本报告还计算了 2019~2023 年部分高校基金会中长期投资收益率（见表 2）。本报告认为，这一指标可以衡量基金会 2019~2023 年的投资收益对于 2023 年末净资产的贡献率。计算结果表明，清华大学和北京大学教育基金会 2019~2023 年的投资收益对于 2023 年末净资产的贡献率超过20%，其投资收益成为基金会收入的重要来源之一。

表 2　2019~2023 年部分高校基金会中长期投资收益率估算

单位：亿元，%

基金会名称	总收益	投资收益率	投资收益贡献率①
清华大学教育基金会	37.50	5.76	20.63
浙江大学教育基金会	8.47	3.83	9.87
北京大学教育基金会	18.68	5.47	22.28
杭州市西湖教育基金会	4.34	3.16	6.58
上海交通大学教育发展基金会	2.19	2.46	7.46
北京师范大学教育基金会	1.08	3.92	5.39
南京大学教育发展基金会	2.33	5.84	14.87
武汉大学教育发展基金会	0.77	3.04	5.23
上海复旦大学教育发展基金会	1.11	3.24	9.19
中国科学技术大学教育基金会	0.11	4.79	1.08

资料来源：笔者根据各高校基金会 2019~2023 年年度报告披露的数据，估算而得。

从保值角度看，选用 2019~2023 年国内的 CPI 数据作为衡量标准（见表 3），可以发现，2019~2023 年国内 CPI 的几何平均为 1.70%，上述高校的中长

---

① 本报告估算的投资收益贡献率=2019~2023 年投资收益总额/2023 年末净资产。

期投资收益率均超过这一标准，说明上述高校基金会均实现了保值目标。

表 3　2019~2023 年国内 CPI 数据

单位：%

	2019 年	2020 年	2021 年	2022 年	2023 年	几何平均
CPI	2.90	2.50	0.90	2.00	0.20	1.70

资料来源：由国家统计局发布的数据整理而得。

从目前披露的数据来看，自 2019 年《办法》出台之后，国内净资产规模较大的高校基金会开展投资工作的总体效果是值得肯定的，这些高校基金会在投资工作中的探索，为中国慈善组织寻找适合自身特点的投资之路提供了宝贵的经验，具有重要的实践意义。

四　北京大学教育基金会的投资实践

北京大学教育基金会①成立于 1995 年，致力于加强北京大学与国内外各界的联系和合作，促进北京大学教学、科学研究和高新技术开发事业的发展。截至 2023 年末，基金会净资产规模为 84.11 亿元。

北大基金会投资工作启动可追溯至 1999 年。在开展早期，基金会的投资工作以寻找优质投资项目为核心，对资产配置的理论进行了诸多的研究和储备，并进行了许多具有开创性的投资实践尝试，为后续资产配置体系的提出和完善打下了坚实的基础。自 2015 年起，基金会开始搭建系统、科学的资产配置体系，逐步壮大投资团队力量，完善投资相关制度体系。2000~2023 年，基金会累计实现投资收益 31.48 亿元，为北京大学各项教育事业的开展提供了助力。

（一）组织架构

北大基金会的最高决策机构是理事会，下设的投资委员会在理事会的授权下负责投资工作决策，投资事业部作为投资委员会的执行机构，负责投资委员会投资决策的执行。总体来看，基金会投资组织架构分为三个层次：以学校和理事会为代表的最高决策机构、以投资委员会为代表的专业决策机构、以投资部门为代表的执行机构和日常工作的负责者，这一架构是目前高校基金会开展投资工作较为常用的组织结构。

---

① 本章将"北京大学教育基金会"简称为"北大基金会"或"基金会"。

基金会投资委员会的专业性，是基金会投资工作得以有效开展的前提与保证。截至 2023 年，基金会投资委员会由 7 人组成，其中包含分管副校长、基金会秘书长、学校财务部部长，此外均为校外委员。从行业背景上看，校外委员从事行业包含公募基金、一级市场投资、实业等，行业背景较为多元。长期以来，基金会投资委员会中都是业界专业人士占据多数，注重多元化的专业背景。外部的投资委员会委员也均是所在领域的资深专家。正是在专业的投资委员会带领下，基金会才有可能取得长期稳定的投资业绩。

基金会投资委员会下设顾问委员会，由与投资工作相关的各细分行业的专家组成，顾问委员会充分发挥了学校、校友的优势，为投资委员会的决策提供专业的判断支撑。

在投资委员会的领导下，基金会长期以来致力于建立一个专业的投资团队，并设立了与之相应的组织架构。2015 年，自基金会投资委员会明确了资产配置和委托投资的基本原则后，投资工作小组成立，负责开展具体投资工作。2018 年，理事会、投资委员会同意设立投资事业部，并聘任首席投资官。2019 年，投资事业部的组建方案经理事会和投资委员会正式审议通过。2022 年，投资事业部经北京大学审批获准成立。投资事业部作为投资委员会的执行机构，在理事会和投资委员会的授权下开展工作。2023 年，基金会投资事业部完成首次对外招聘。截至 2023 年，基金会已经初步建立起了一个专业的投资团队，包含投资、研究与风控三条业务线。

除内部团队外，基金会选聘的外部管理人团队也是基金会投资能力的重要组成部分。经过不断实践探索，基金会现已基本搭建起一支多元、专业的管理人队伍，工作核心从选聘新的管理人转向结构化调整，并逐步尝试对管理人进行更为系统的综合评价。值得一提的是，针对所有资产类别中风险最高的股权类资产，基金会单独发起了股权母基金进行管理。基金会委托投资的开展情况，将在后文进行详述。北大基金会投资工作组织架构如图 9 所示。

（二）制度体系

规范的制度体系是有效控制投资风险的保障。只有在完善的制度保障下，投资活动才能有序开展并取得预期效果。基金会投资制度体系分为三个层次：首先是行业相关的法律法规，其次是基金会层面重要的投资工作制度，最后是部门相关的工作细则与工作手册。基金会投资工作制度建设的核心是制度体系三个层次的中间部分。

为规范投资行为，防控投资风险，根据《慈善法》《办法》《北京大学教

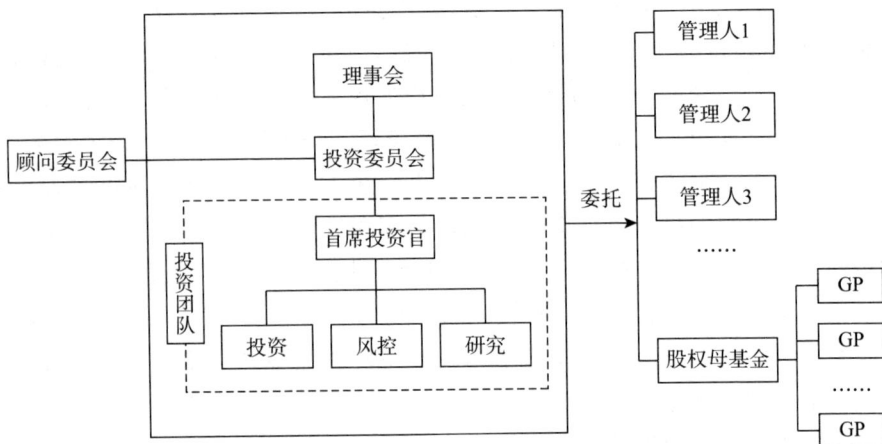

图9 北京大学教育基金会投资工作组织架构

资料来源：笔者结合北京大学教育基金会投资工作实践总结提炼而得。

育基金会章程》，同时结合工作实际，基金会于2019年前后初步建立和完善了投资工作全套制度体系，主要制度包括《北京大学教育基金会投资管理办法》《北京大学教育基金会投资委员会议事规则》《北京大学教育基金会投资资金调拨管理办法》《北京大学教育基金会投资风险管理办法》《北京大学教育基金会投资事业部管理办法》。上述制度于2019年12月5日经北大基金会投资委员会和理事会审议通过。

制度体系建立之后，基金会在三年的投资管理工作实践过程中，不断积累经验、深入总结反思。为进一步优化制度体系、更好促进投资工作发展、控制投资风险，基金会对相关制度进行了修订，修订方案于2023年1月再次经投资委员会和理事会审议通过，为基金会投资工作未来的持续稳健发展奠定了更加坚实的制度基础。

（三）投资体系

1. 资产配置

2015年，基金会投资委员会正式确定了投资工作资产配置的基本原则，包括资产类别和配置范围，明确了将委托投资作为投资工作的主要形式。当时，基金会将所有可投资资产划分为现金类、固定收益类、权益类和另类四个类别。从流动性的角度出发，基金会确定了现金类资产的配置下限；从控制风险的角度出发，基金会明确了权益类和另类资产的配置上限。"资产配置"与"委托投资"八字方针的确立，标志着基金会自此开始对资产配置理念展开系统化探索与实践。

2018 年，基金会系统开展资产配置的相关研究，在控制风险、分散投资的原则下，结合基金会实际情况和国内外优秀机构投资者的投资实践，咨询了众多业内专家的意见，初步搭建了基金会系统资产配置框架，力求将经典投资理论与中国市场投资实践结合起来。在资产配置方案中，基金会首次将投资工作的目标确定为风险目标，并对相应的风险目标给出定量描述。基于这一目标，基金会投资团队选择以经典的均值—方差模型为基础，构建基金会的资产配置模型。

资产配置工作分为长期战略资产配置和中短期战术资产配置。在最初的资产配置方案中，基金会专注于长期战略资产配置，将原有资产类别中的固定收益类资产依据是不是标准化资产进行了细分。投资团队针对每一类资产选择了具有代表性的数据作为该类资产历史收益率的参考，确定资产收益率与波动率（风险）假设，针对不同的历史场景开展情景分析，尝试寻找基金会投资目标约束与模型有效前沿的交集，从而得出在风险约束之下的配置比例，并估算相应假设条件下长期组合收益率与波动率。针对以股权类资产为代表的另类资产，基金会投资团队充分意识到该类资产虽然具有较高的预期收益，但也具有高风险和低流动性的特点，提出这一类资产的配置要在一个中长期（五年甚至更长）的时间维度中逐步调整。基金会首个系统的资产配置模型的使用与资产配置方案的起草，在明确基金会投资工作风险目标的同时，也完成了从风险目标向预期收益率的推导。

由于机构投资需要建立相对复杂的体系，高校基金会的投资工作开展是一个持续改进的过程。基金会投资团队在严格按照既定战略资产配置的基础上，也在不断进行新的探索。2019 年，基金会投资团队通过充分的研究和论证，结合《关于规范金融机构资产管理业务的指导意见》（以下简称《资管新规》）的内容，对资产类别的划分进行了一系列扩充和细化：一是增加绝对收益类资产作为一个新的资产类别，并在这个类别中引入量化类策略；二是将股权类资产从另类资产中独立出来，不再使用另类资产这一较为宽泛的概念；三是在上述调整基础之上，为体现分散化的总体原则，设立其他类资产作为具有潜力的新策略试点。自此，基金会的资产类别确定为七类并沿用至今（见表 4）。

表 4　基金会七类资产类别划分

资产类别	定义
现金类	具有高度流动性与安全性的产品或策略

续表

资产类别	定义
标准化固定收益类	与《资管新规》一致，标准化固定收益类资产占比不低于80%的产品或策略
非标准化固定收益类	以非标准化固定收益类资产为主的产品或策略
绝对收益类	以追求绝对收益为主要策略的产品或策略
权益类（股票）	以公开交易的股票为主要资产的产品或策略
权益类（股权）	以非上市公司的股权为主要资产的产品或策略
其他类	具有相对独立的风险收益来源的产品或策略

资料来源：笔者基于北京大学教育基金会的投资实践总结提炼而得。

值得一提的是，随着基金会资产配置工作的推进，资产配置比例逐步优化，战术资产配置的必要性也逐步提升。2019年，基金会首次在资产配置方案中提出纪律性再平衡的思路，逐步开展相关试点工作。

截至2023年末，基金会实际资产配置已经与长期配置目标十分接近，系统的资产配置框架基本成型。投资团队对2019~2023年的投资逻辑与实践进行了仔细复盘，对各类资产的风险收益属性重新进行了梳理。

在资产配置的框架下，基金会投资工作坚持长期投资的总体原则。2023年末，基金会年报显示，总投资资产[①]中短期投资为21.80亿元，长期投资为60.54亿元，长期投资占总投资资产比例为73.52%。2019~2023年财务数据显示，基金会长期投资金额和占比均呈现逐步上升趋势，体现出基金会在资产配置中对长期投资理念的逐步贯彻落实（见图10）。

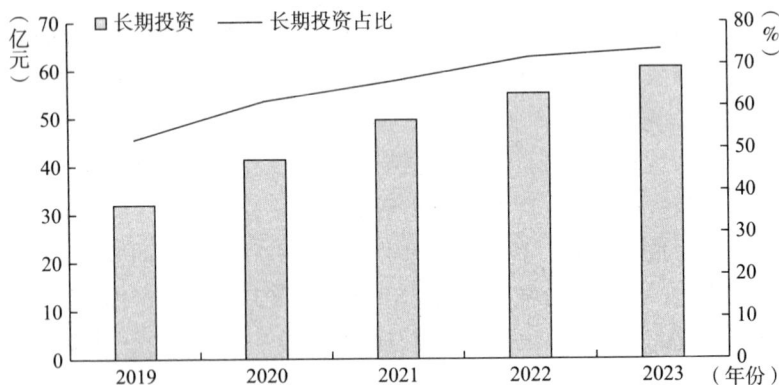

图10　2019~2023年北京大学教育基金会长期投资占比情况

资料来源：历年北京大学教育基金会年报。

---

① 　总投资资产＝短期投资＋一年内到期的长期债权投资＋长期债权投资＋长期股权投资。

2. 委托投资

在资产配置和委托投资的基本原则下，基金会内部的投资团队主要专注于资产配置，而将各资产类别的具体投资工作交给外部专业管理人。

管理人队伍的构建包括准入、评估和调整。自 2018 年系统开展资产配置工作以来，基金会持续推进管理人选聘工作。2018 年 4 月，基金会启动权益类管理人推荐和招标工作，从十家资管机构中最终遴选了两家管理人入围。同年下半年，基金会进行信托项目招标与遴选，涉及十余家信托公司、超过二十个信托项目。2019 年上半年，基金会开展了一次规模较大的管理人选聘工作，涉及标准化固定收益类、非标准化固定收益类和绝对收益类管理人的选聘。正是这次对于量化类策略和管理人的系统研究与调研，最终促成了基金会在资产配置中增加量化类策略的决策。2020 年，在疫情暴发的背景下，投资团队认为困境类资产将迎来较好的机会，能有效保护基金会整体的组合，因此进行了一次困境类管理人的选聘。2022 年疫情防控期间，虽然管理人尽调较为困难，但仍然有十家各类资管机构参与 2022 年基金会权益类管理人的选聘，并最终入围两家管理人。目前，北京大学教育基金会已经初步形成了一个专业、多元的管理人队伍，涉及六个大类资产，涵盖各种类型的金融机构，拥有丰富的策略储备。

经过长期研究与实践，基金会于 2024 年 4 月总结提炼出了管理人选择的系统框架，从投资团队、投资理念、投资流程、投资实践、产品设计、组合构建、投资业绩等七个维度出发，对管理人进行评估与跟踪。

（四）风险管理

基金会将风险政策作为投资工作开展的核心目标与约束。与市场机构不同，高校基金会投资目标的确定需要学校、基金会理事会与投资团队共同参与，这使得高校基金会难以像市场机构那样，依据短期市场变化灵活调整投资目标。高校基金会开展投资活动是为了实现资产的保值增值，明确风险政策、追求合理收益，更符合慈善组织的资金属性。

在具体的风险管理操作上，基金会采取了一系列有效的措施。首先，基金会长期战略资产配置以风险控制为核心出发点。其次，基金会将专户风险定级和专户底层资产穿透作为风险管理的两个抓手。对于专户项目，基金会进行严格的风险评级，确保每一个投资项目的风险水平可控且符合基金会的整体风险偏好。通过底层资产穿透管理，基金会能够全面掌握各类资产的具体风险情况，采用信息化手段对投资组合的风险进行实时监控和管理。最后，基金会将年度风险管理报告作为复盘与总结风险管理工作的重要途径，坚持业务部门是风险的第一道防火墙，内部风控是第二道防火墙，外部审计是第三道防火墙，切实将风险控制工作贯穿于业务的全流程。这些风险管理举措保证了基金会在复杂多变的投资环境中，稳步推进资产增值目标。

自 2000 年以来，北大基金会累计实现投资收益超过 30 亿元。北大基金会长期以来持续开展投资工作的探索与实践，助力基金会推动北京大学教育事业的发展。2019~2023 年，面对动荡的国际局势，叠加疫情的冲击与中国经济结构的转型，资产配置与投资工作的开展面临巨大的挑战。在这一背景下，基金会投资工作体系与资产配置框架经受住了市场的考验，基金会 2019~2023 年年化投资收益率为 5.73%（内部测算结果），与同期社保基金的年化投资收益率基本持平，实现了基金会保值增值的既定目标。同时，基金会投资团队也深刻意识到，基金会与世界一流的捐赠基金和国内优秀的机构投资者相比，仍然存在显著的差距，基金会综合投资能力的提升、投资体系的建设与完善任重而道远。基金会通过总结投资工作的经验与教训，与国内兄弟高校一同探索适合中国国情的高校基金会投资工作的开展思路。

五　对我国高校基金会开展投资工作的建议

从耶鲁、哈佛等海外一流大学捐赠基金管理，UCLA、密歇根大学等海外公立大学基金会投资管理，和我国清华、北大、浙大等高校基金会过往资金运作的实践经验来看，当高校基金会的资产规模达到一定量级时，保值增值工作必然会被提上日程。然而，投资工作开展与投资能力提升并非"从 0 到 1"的突变过程。本报告认为，资产管理中极为重要的投资规划环节应当提前谋划、有序落实，以便在基金会资产规模逐步增长的过程中实现投资水平的渐进性提升。

正如本报告先前介绍的"耶鲁模式"，大类资产配置是捐赠基金投资办公室的核心工作，包含明确投资目标和投资约束、树立清晰的投资理念，选择并定义构建投资组合的各种资产类别、计算各类资产所占比重、委托外部管理人进行投资等步骤。中国高校基金会在投资规划环节，也可参考"耶鲁模式"的做法，聚焦大类资产配置，从以下核心步骤开展工作。

（一）投资目标确定

明确的投资目标是基金会开展投资工作的前提条件，直接影响基金会投资组合的搭建和投资策略的设计。马科维茨的现代投资组合理论明确指出，在构建投资组合时，投资者面临风险与收益的权衡。通过对资产配置的优化，投资者可以在既定的风险水平下最大化预期收益，或者在既定的收益水平下最小化风险。这提示我们，投资目标的设定包含收益目标和风险目标两个方面，二者是投资组合业绩表现的一体两面。决定以收益目标还是风险目标为核心，是基金会确定投资目标的第一个维度。

收益目标，即基金会的目标投资回报率，可以采用 CPI、GDP 增长率等宏观经济指标作为参考，也可以采用某一具体回报率数值。尽管收益目标可以直观地衡量基金会资产保值增值效果，但本报告认为，风险目标才是高校基金会开展投资工作的核心目标。大卫·史文森曾强调，专注风险管理，收益不请自来（Focus on the downside and the upside will take care of itself）（Swensen，2009）。哈佛捐赠基金管理公司现任首席执行官纳瓦卡尔也曾在年报中强调，忽视风险而单纯比较投资回报是没有意义的。投资收益是风险管理的结果，而非初衷[①]。

"风险"本身含义复杂，本报告认为，高校基金会在制定风险目标时可以从以下两个思路入手。

第一，基于在险价值（Value at Risk，VaR）设置风险目标。VaR 是一种金融领域常用的风险度量手段。自 20 世纪 90 年代 J. P. 摩根（J. P. Morgen）发布风险管理框架后，VaR 得到正式推广应用。VaR 通常用于评估在未来一段时间内，某一概率下的最大可能损失。即这一度量模型的核心组成要素包括时间周期、置信水平和最大回撤。例如，机构投资者可将长期风险目标定为在 95% 的概率下，投资组合的年度收益率最大回撤不超过 5%。在实践中，各高校基金会可以根据工作实际情况，调整时间周期、置信水平和最大回撤的参数，以适应基金会自身的实际情况。

第二，基于保本底线设置风险目标。为保护投资组合免受市场下跌风险影响，在一定程度上实现保本目标，有两种投资组合保险策略可供使用：固定比例投资组合保险策略（Constant Proportion Portfolio Insurance，CPPI）和动态投资组合保险策略（Dynamic Proportion Portfolio Insurance，DPPI）。在 CPPI 策略中，投资者根据自身的风险承受能力和投资目标设定保本底线（即投资组合的最低价值）和风险乘数（用于确定投资于股票等风险资产的比例）。通

---

① Annual Financial Report，https://finance.harvard.edu/annual-report，最后访问日期：2024 年 12 月 25 日。

过计算投资组合当前价值和保本底线的差额，再与风险乘数相乘，得到风险资产投资额，投资于无风险资产的剩余资金则为总资产减去风险资产投资额。CPPI策略的核心在于调整风险资产和无风险资产的比例，以管理投资组合的风险。该策略的两个核心参数为保本底线和风险乘数，前者明确了投资者最大可接受的损失，后者帮助投资者控制投资组合对市场波动的敏感度，从而设定风险目标。相比于CPPI，DPPI策略则提供了更多的灵活性，投资者可以根据市场条件动态调整投资组合。它将风险乘数设置为市场风险变量的函数，允许风险乘数随市场状况动态变化，进而调整投资组合中风险资产和无风险资产的比例，以在风险控制和资本增值之间实现更优平衡。

在采用组合保险策略时，时间周期是一个非常重要的考量。基金会的投资资产来源于捐赠资金，天然具有长期属性，这也是其开展投资工作的最大优势。长期视角能使基金会充分利用资本市场的长期增长潜力，获得更加稳定的回报。哈佛捐赠基金管理公司首席执行官纳瓦卡尔在推行改革时，选择采用5年作为一个计划和回顾周期，以鼓励投资经理着眼于中长期回报，并为非流动性资产头寸的调整和组织文化的转型留足时间。因此，本报告认为，基金会在制定投资目标时，可采用相对较长的时间周期，以应对市场不确定性、积累投资经验、优化投资策略，以5年为一个计划周期是较为合适的。对于投资工作刚刚起步的基金会，由于组织架构、投资体系等都处在建设过程中，可以选择3年为一个周期，与基金会的快速发展状态相适应。

尽管从理论上看，风险目标与收益目标是投资组合表现的一体两面，但在实践中二者并不等价。各高校基金会需要根据自身实际情况确定投资目标。对于中国高校基金会，特别是之前没有系统的资产配置经验的基金会而言，投资工作的起步往往意味着从头开始构建投资能力和投资体系，这些能力是基金会日后投资工作顺利开展、取得满意回报的基础，但在短时间内未必会直接反映在投资收益中。因此，本报告认为，这一阶段高校基金会可以降低对收益目标的要求，为投资工作提供一定的容错空间，而将系统的投资能力作为投资工作的关键目标之一，为基金会的长期可持续发展奠定重要基础。

（二）资产类别定义

资产配置包括选择并定义构建组合的各种资产类别，以及决定各类别在投资组合中的比重。前者在高校基金会投资工作起步过程中尤其重要，但很多研究者往往忽视了这一步，而过于重视资产配置比例的确定。

本报告认为，资产类别的定义应当从投资团队自身禀赋出发，结合对应资产的风险收益特征，形成契合各高校基金会自身禀赋和发展阶段的资产类别。

北大基金会的资产类别几经调整，逐步演化，才形成如今使用的七类资产。2015年，北大基金会在搭建资产配置体系初期，基于当时的投资理念、团队能力和资源限制，将基金会的可投资资产划分为现金类、固定收益类、权益类和另类四个类别。2018年，经过系统的资产配置研究，北大基金会依据是不是标准化资产对固定收益类进行了进一步细分，将原先的四类资产扩充为五类。2019年，基金会投资团队在充分调研与论证的基础上，结合对《资管新规》内容的研究，对资产类别划分进行了进一步的重大调整。在此过程中，北大基金会引入了绝对收益类资产这一新类别，其中包含量化策略；同时，基金会决定弃用另类资产这一过于宽泛的概念，将其拆分并独立出股权资产类别，并设立了"其他类资产"类别，专门涵盖所有具有独立风险收益特征的投资产品或策略。这一系列的调整表明，资产类别的定义并非固定不变，而是需要根据投资目标、团队能力以及外部市场变化的反应不断优化和完善。

耶鲁大学捐赠基金也在年度报告中多次强调，资产类别的定义是主观的，耶鲁大学所投资的资产类别是根据它们对宏观经济状况（如经济增长、通胀或利率变化）预期反应的差异来定义的。截至2024年，耶鲁大学捐赠基金共划分了九个资产类别，分别为绝对收益、国内股票、国外股票、杠杆并购、自然资源、房地产、风险投资、现金及固定收益。

回顾历年的年度报告可以发现耶鲁大学捐赠基金定义的资产类别是随着美国金融市场的发展以及捐赠基金的具体情况动态演化的。例如，自20世纪90年代以来，耶鲁大学逐渐改变了以国内有价证券为主导的资产配置策略，增加了自然资源、房地产、私募股权、绝对收益等非传统资产，显著改善了投资组合的风险收益状况。这不仅得益于非传统资产的高回报潜力和风险分散作用，也得益于耶鲁捐赠基金的长投资期限和相关资产类别管理人的专业实力。其中，"绝对收益"这一类别，值得关注。1990年，耶鲁大学成为首家将绝对回报策略定义为资产类别的机构投资者，最初分配比例约为15%。大卫·史文森将绝对回报策略描述为"通过投资事件驱动和价值驱动策略产生与传统有价证券无关的投资回报"，其中，事件驱动策略包括并购套利和不良资产投资；价值驱动策略则采用多头和空头头寸对冲市场风险，依靠市场对错误定价的纠正产生回报。这一资产类别的配置比例在此后多年内逐步提高，成为耶鲁大学投资组合的重要组成部分。

21 世纪以来，耶鲁大学又数次对资产类别进行拆分和重组。2012 年，取消实物资产这一类别划分，新增自然资源和房地产两类；2015 年，取消私募股权这一类别划分，新增杠杆并购和风险投资两类；2019 年，将现金和固定收益合并为同一类别。这一系列资产类别划分的调整背后，是耶鲁大学对不同资产风险收益属性判断的变化，反映了耶鲁捐赠基金定义的资产类别并非一成不变，而是处于动态变化之中。

无论是耶鲁大学捐赠基金，还是北大基金会的投资历程，都证明了资产配置分类是不断演化的。这个演化过程既反映了市场的变化，也体现了投资团队能力的拓展。对于刚开始投资的慈善组织而言，在资产配置的总体思路下，依据组织禀赋确定资产类别十分重要。这一点在学习海外经验时不能被忽略，具有非常重要的实践意义。

（三）资产配置模型介绍及选择

完成资产类别的选择和定义后，就可以着手确定各类资产的配置比例，从而完成投资组合的初步搭建。科学的模型是资产配置的基础，资产配置模型也是大类资产配置理论的研究重点，以早期的恒定混合策略为起点，朝着提高系统化程度和可实践性的方向不断演化发展。本报告对资产配置发展历史中几个重要理论模型做简单介绍，为国内高校投资工作的开展提供参考。

1. 恒定混合策略

大类资产配置理论研究开始于 20 世纪 30 年代。早期的资产配置以恒定混合策略为主，包括等权重配置策略、60/40 配置策略等。等权重配置策略是指保持每类可投资资产的投资权重相等，由于操作简单，该策略曾受到很多投资者使用；60/40 配置策略指配置 60% 的股票和 40% 的债券，在 20 世纪 50~70 年代的美国其一度成为主流资产配置策略。

2. 均值-方差模型与 Black-Litterman 模型

20 世纪 50 年代，诺贝尔经济学奖得主马科维茨提出现代资产配置理论（Markowitz，1952），首次将资产配置从实践层面的摸索提升到了理论层面。该理论的核心假设在于用资产收益率的波动率来衡量风险，用投资组合预期收益和风险之间的权衡来区分投资者的偏好。在给定各类资产收益率和协方差的情况下，对于任一给定的组合预期收益率，可以计算出使得组合标准差最小的投资组合，即在该预期收益率下的最优组合。这一模型也被称为均值-方差模型。马科维茨和托宾曾在耶鲁大学考尔斯基金会（Yale's Cowles Foundation）对这一模型展开研究，耶鲁大学捐赠基金资产配置的理论框架也以此为基础，采用均值-方差分析来估计各种资产配置方案的预期风险和收益情况，并测试结果对输出假设的敏感性。

均值-方差模型简单直观，但也存在一些缺陷。例如，模型对于预期收益、标准差等输入值的敏感性较高，导致输出结果不稳定。20世纪90年代，高盛公司的费雪·布莱克（Fischer Black）和罗伯特·利特曼（Robert Litterman）对均值-方差模型进行了优化，提出了Black-Litterman模型（以下简称"BL模型"）。BL模型以市场均衡假设推出的资产收益率为出发点，加入投资者对市场的看法和预测，产生新的预期回报，根据市场基准和投资者的倾向性意见，综合确定最佳投资组合，输出大类资产配置建议。BL模型自提出之后逐渐被华尔街主流接受，现已成为高盛公司资产管理部门的重要资产配置工具。

3. 全天候模型

围绕均值—方差模型形成的资产配置策略大多需要预期收益和预期波动率作为模型的输入参数，优化所得权重通常较为集中，且对输入参数的敏感性较高。在预期收益难以准确估计的情况下，实际应用效果往往大打折扣。这些问题催生了风险平价理念的诞生。这一理念的诞生标志着资产管理实现了从组合优化向风险配置转变的重大突破。

1996年，桥水基金的创始人瑞·达里奥（Ray Dalio）开发了基于风险平价思想的全天候策略（All Weather Strategy），旨在构建能够在不同经济环境中保持稳健表现的投资组合。虽然，全天候模型和均值—方差模型一样，都使用多元化资产类别来分散风险，但全天候模型强调的是不同资产类别的风险贡献相等，而非简单按照资本比例分配。

达里奥用经济增长和通胀水平两个维度将经济环境划分为四类，然后挑选在各经济环境下表现突出的资产，来控制每个经济环境下投资组合的风险。例如，若经济增长高于预期，股票、商品、公司债和新兴市场债券表现良好；而在通胀高于预期时，投资通胀联系债券、商品和新兴市场债券能获得更好收益。达里奥认为，每种经济情形会等概率地出现，因此只需在每种可能出现的场景中配置相同风险敞口的资产，即可控制组合整体的风险。因此，全天候模型不依赖管理人对未来经济状况的预测，能在不同经济周期中保持相对稳健的收益，适合长期资产配置使用。

4. 因子配置模型

在资产配置的基础上，学界进一步提出了因子配置理论，即用因子取代传统的大类资产类别划分，将基础资产先基于因子进行拆分，再依照投资目标进行配置。Fama 和 French 于 1993 年指出，股票的超额回报率可由它对市场组合溢价、市值因子和账面市值比因子的暴露来解释（Fama & French，1993）。这一模型对因子投资框架的建成具有重要意义，透过资产探究背后"因子"的逻辑，是对传统资产配置理论的重要改进。此后，学术和业界继续对 Fama-French 三因子模型做了一系列改进，例如，Carhart 在 Fama-French 三因子模型上加入动量因子，Fama 和 French 进一步提出五因子模型，BlackRock 构建了七因子框架。

北大基金会目前的资产配置模型是以经典的均值—方差模型为基础，团队也在持续研究其他相关配置模型并逐步优化现有体系。值得一提的是，与理论上追求有效前沿的最优解不同，实践中的资产配置可行解集往往并不落在有效前沿上。因此，实践目标往往是在成本最小的情况下追求次优解，或是在资产配置体系的指引下，寻找较当前实际资产配置的更优解，通过短期逐步调整，以实现长期投资目标。实践中发现，如果执着于追求理论最优解，很可能为组合带来更大的风险。

（四）管理人选择与组合构建

1. 将管理人品格放在首要位置

大卫·史文森在《机构投资的创新之路》一书中重点强调了管理人品格对于投资者的重要性。他指出，"积极性投资经理最需要关注哪三点？第一是人，第二和第三，还是人。没有比高水平伙伴合作更加重要的了"。投资者必须在财务、道德和价值观层面全方面信任他们的管理人。如果管理人缺乏诚信，对长期关系缺乏承诺，即使投资策略再高效，也可能因管理人谋取私利或行为短视，给投资者带来不可预见的风险。

对于高校基金会而言，选择具有良好道德品格和社会责任感的管理人尤为重要。基金会的投资目标不仅仅是追求财务回报，还涉及对教育使命和社会公益的承诺。因此，管理人的品格和声誉必须符合这一价值取向。

在实际工作中，基金会可以通过尽职调查，直接或间接地获取候选人的相关信息，帮助判断其是否具备成为基金会良好合作伙伴的特质，从而更好地做出管理人遴选的决策。

2. 充分发挥校友资源优势

对于高校基金会而言，一个得天独厚的优势便是高校的校友网络。这不仅是善款筹集的重要来源，也是遴选投资管理人的宝贵资源。高校校友中往往有众多来自金融投资领域的专业人士，他们的专业知识、工作经验和行业资源可以帮助他们成为基金会的优秀外部管理人。他们与母校之间深厚的情感纽带也使得他们往往更愿意与高校基金会建立长久的、成功的投资伙伴关系，为母校的教育事业发展做出贡献。

然而，在发挥校友资源优势时，基金会也必须谨慎考虑关联交易风险。与校友或校友企业展开合作，虽可能奠定更多信任基础，提供诸多便利条件，但也可能带来潜在的利益冲突或不公平交易的风险。基金会应确保所有与校友的合作关系都透明且合规，严格遵守相关法规和合规要求，并且确保所有投资决策都有充分的独立性和合理的风险控制措施。

3. 设定清晰的策略目标

在投资过程中，基金会与管理人之间的关系本质上是委托代理关系。在这一关系中，确保双方目标一致、信息对称，对于控制委托代理风险至关重要。因此，明确的策略目标对于管理人的选择与投资决策具有重要意义。基金会和管理人应当在投资前就该笔资产的预期收益、风险等进行详细讨论。

值得注意的是，单笔投资的策略目标不一定与基金会整体的风险收益目标一致。例如，基金会可能会在整体组合中追求长期稳定的收益和低波动性，但某些单笔投资（如风险较高的股权投资）可能会承担较高的风险，旨在获取超额回报。因此，基金会需要明确每项投资的具体目标，确保与管理人之间达成共识。

4. 注重管理人费率的谈判

在和管理人磋商的过程中，费率谈判是一个重要的环节。由于资金的复利效应，费率的细微差异在长期积累后也会对投资回报产生较大影响。例如，若两个管理人分别收取 2.0% 和 1.5% 的管理费，在 10 年的投资期限内，假设年化投资回报率为 6%，仅管理费率 0.5 个百分点的差异就可能导致投资组合最终价值相差约 5%。因此，对于高校基金会这类长期投资者而言，管理人费率对投资组合长期回报的影响不容小觑。

除了根据资产规模收取一定比例的管理费外，私募基金管理人通常还会收取投资增值的一部分作为业绩提成。这一收费模式将管理人报酬与其业绩表现直接挂钩，从而有效激励管理人创造投资收益。然而，需要特别注意的是，要产生正投资收益就给管理人分配利润的做法是不合理的，管理人应当在投资组合回报达到一定的业绩基准率（hurdle rate）后，才可以开始收取提成。这个业绩基准率可以是资金的机会成本，如无风险利率。大卫·史文森也曾强调，只有当基金创造出超过资金机会成本的增值收益时才予以奖励，才能真正激励基金经理为投资者获得出色的风险调整后收益（Swensen，2009）。所以，高校基金会在与管理人就费率进行谈判时，也应特别关注这一业绩基准率的设置，确保费用结构与自身的长期利益高度一致。

六　总结

自 2019 年《办法》出台以来，国内高校基金会的投资工作逐步规范化发展，取得了许多积极成果。政策环境的不断完善为高校基金会提供了更明确的操作指引，推动了基金会将资金增值作为保障长期发展的重要手段。

然而，高校基金会的成立初衷和核心任务仍是募资。因此，其组织架构、制度设置和运营机制也往往围绕募资目标展开。在这种背景下，有学者指出，高校基金会在开展投资工作时会面临投资机制不健全、管理结构不合理、缺乏专业化团队等一系列挑战（李晓静、闫泓志，2014）。

因此，我国高校基金会需要结合自身实际情况，探索出具有中国特色的投资工作发展思路。结合海外捐赠基金的长期跟踪研究和自身单位工作实践，对于本报告加以小结，提出构建具有中国特色的高校基金会投资体系的五项建议。

（一）坚持将风险管理放在首位

投资风险管理是高校基金会需要面临的一项综合挑战，也是投资工作的核心目标。如果不开展投资工作，基金会的资产将面临资产贬值和资金闲置的风险。通过系统、科学地引入市场风险和其他风险，投资工作可以对冲和降低资产贬值的风险。本报告认为，投资活动的本质，是系统可控地承担市场风险，以换取投资收益，这一理念会对高校基金会开展投资工作的整体实践产生重大影响。高校基金会应当将开展投资工作的核心目标确定为管理风险，将投资收益视为风险管理的结果，而非初衷，既不能过分夸大也不能轻易忽视投资活动的市场风险，而是将风险管理贯穿于投资工作的全流程。

从上述角度看，风险管理实际在开始投资活动之前就已发生。总体而言，规模越大的组织，开展投资活动的必要性也越大，因为通胀风险与组织规模直接相关。对于可投资资产规模较小的组织而言，的确较难进行取舍。但如果预期组织规模将快速增长，未雨绸缪就十分必要。

对于已经开展投资活动的基金会而言，风险管理更是一项系统工程，需要学校领导、基金会管理层、专业化投资团队的共同参与，审慎确定基金会可接受的风险水平。只有风险水平得到确定，开展投资活动才有章可循。风险的量化是资产配置理论的关键，它要求所有利益相关者基于共同的话语体系和系统性方法，就风险偏好达成一致，确保投资决策的透明性和可回溯性。在实践中，投资团队、投资委员会应深入研究风险管理相关理论，结合实际工作情况向基金会理事会提供分析材料，以此作为决策支撑，理事会应审慎确定基金会可接受的风险水平，为投资活动提供明确指导。

（二）坚持长期投资理念

高校基金会的投资资金天然具有长期性，这是其开展投资工作的最大优势，但也可能面临资产贬值风险。对于具有一定资产规模的基金会，如长期不开展投资活动，基金会资产购买力将大幅缩水。

对此，高校基金会可根据自身情况，按照 5 年或其他更长时间维度为一个计划周期。通过设立长期的投资目标，高校基金会可以更有效地应对市场的不确定性，并利用时间的优势来平抑短期波动带来的影响。此外，长期投资策略能够让高校基金会在市场中拥有更大的灵活性和主动性。高校基金会可以利用长期持有的优势，进行更为深入和多样化的资产配置，从而有效分散风险、提高组合收益。长期累积实现的投资收益也将成为弥补高校教育资金短缺的重要支持手段。

（三）持续完善投资制度体系

制度建设是确保投资工作有序、有效开展的重要保障。制度建设需放在各项工作开始之前，在风险控制、监管合规和持续改进三个方面具有重要意义。

首先，制度先行是风险控制的需要，能够规范和约束整个投资过程。风险控制不仅仅依赖于具体的投资策略和风险管理工具，更需要系统性的制度来规范和约束整个投资过程。制度先行意味着在投资工作开始前就制定切实可行的风险目标和控制制度，系统、科学地引入市场风险和其他风险，对冲和降低资产贬值风险，从而获得投资收益。此外，面对市场的高度不确定性，风险控制制度还应包括定期的风险审查和报告机制，保障基金会资产的长期稳健增长。

其次，制度先行是监管合规的要求。我国法律法规对基金会投资活动有严格要求，涉及资金投向、信息披露、利益冲突管理等多个方面。在投资工作中预先设立合规管理制度，确保每一步投资决策和操作都在法律框架内进行，是避免法律风险、提高基金会公信力的重要措施。

最后，制度先行是持续改进的前提。高校基金会的投资工作是一个持续改进的过程，只有通过不断完善和优化制度，才能实现长期稳定的发展。投资体系的搭建非一日之功，需要在实践中逐步建立和完善。建立一套科学、系统、可操作的制度框架，可以为未来的调整和优化提供坚实的基础，帮助基金会在复杂多变的市场环境中保持竞争力，实现资产的长期稳定增长。

（四）建立科学的投资组织架构

工欲善其事，必先利其器。建立与投资工作相适应的组织架构是开展投资工作的重要前提。海外大学捐赠基金通常由首席执行官或首席投资官领导，统筹投资决策制定和实行。对于国内而言，既理解高校基金会运作又具备专业投资能力的首席投资官人选稀缺，因此这种模式并不普遍适用。本报告认为，更适合中国高校基金会的做法是在理事会的授权下，制定以民主集中制为核心的议事规则，以具有专业投资能力的投资委员会代行部分首席投资官职责，并下设专业程度较高的投资团队。

专业且相对灵活的投资团队可以参与项目前期尽调、撰写项目报告及深度参与项目投后管理，不仅为投资委员会的理性投资决策提供基础，也是获取优秀投资回报的关键。目前净资产规模较大的国内高校基金会基本均在基金会下设了专门的投资部门，对捐赠资金进行保值增值管理。

（五）以委托投资为主要投资方式

直接投资对于高校基金会有很高的禀赋要求，包括学校的大力支持、市场化的治理机制、专业的投资团队等。而上述要素对于当前中国高校基金会而言，仍然是难以完全具备的。相比之下，在资产配置与委托投资模式下，高校基金会可以将有限的人力资源集中投入资产配置和管理人选择这两项关键工作中，充分发挥国内金融机构的专业能力。从这个维度上看，坚持资产配置与委托投资应该是中国高校基金会开展投资工作的更优选择。

参考文献

李晓静、闫泓志，2014，《高校教育基金会运作机制研究：筹资、投资与运营管理》，《教育财会研究》第 6 期，第 17~21、37 页。

宇文利，2024，《汇聚建成教育强国的磅礴力量》，《光明日报》10 月 17 日，第 6 版。

Fama, E. F. and K. R. French. 1993. "Common Risk Factors in the Returns on Stocks and Bonds. " *Journal of Financial Economics* 33 (1): 3-56.

Markowitz, H. 1952. "Portfolio Selection. " *The Journal of Finance* 7 (11): 77-91.

Swensen, D. F. 2009. *Pioneering Portfolio Management: An Unconventional Approach to Institutional Investment, Fully Revised and Updated.* New York: Simon and Schuster.

信托机制嵌入高校基金会体系：理论分析与实践展望

赵廉慧[*]

一　在高校基金会的运作中引入信托机制的必要性

（一）从事慈善事业的两大机制——基金会和慈善信托的比较

应当在整个慈善公益事业的制度框架内深化理解高校基金会的功能。目前，从事公益事业的方式至少有以下几种：第一，对需要资助的个人或者团体直接进行捐助和赠与（赠与合同）；第二，附有目的和条件地捐赠给公益法人、公益基金会等公益组织（林诚二，2007：204）[①]；第三，拿财产设立公益法人（基金会）（林诚二，2007：204）[②]；第四，设立慈善信托。

简单的一对一的直接赠与在实现某些慈善目的方面，也有自己的比较优势。但是，一般而言，这种赠与方式无法建立高效、可持续的公益机制，难以达成"授人以渔"的功效。因此，公益事业的进步更多仰赖慈善组织（基金会）和慈善信托两大基础性制度协同发挥作用。高校基金会在运作中若能重视和慈善信托等机制的协作配合，将会在未来发挥更大的功效。

不过，虽然可以认为基金会和慈善信托两种制度发挥几乎同样的社会功能，犹如车之两轮（赖源河、王志诚，2002：211），但基金会和慈善信托制

---

*　赵廉慧，中国政法大学教授。

① 我国台湾学者林诚二教授认为这种行为的性质纯粹为赠与，和第一种行为性质相同。的确，某些附有目的、条件和负担的赠与和捐赠之间的区别并不是显著。笔者以为，为了确保捐出财产的独立性和安全性，应认为某些附带目的的捐出财产在交付公益法人之后即成为受托财产，公益法人不能将该财产作为自己的固有财产使用。

② 林诚二教授认为此为捐助行为，属于无相对人的单独行为，因其时所设立财团法人并未成立。

度各自有其特点。下面通过对基金会①和慈善信托的比较来初步理解公益信托机制的特点。

1. 法人人格和设立成本

慈善信托不需要专门进行内部机构设置，可以大大节约设立成本。基金会等慈善组织作为慈善法人具有独立的法人人格，具有法人所应具备的组织（代表人、理事和雇员等），为了维持这一组织的持续、正常运转，需要花费成本（办公场所和从业人员的费用等）。而在慈善信托中，信托（财产）自身不具备法人人格，不需要成立相关的组织机构，为了对慈善财产进行管理和开展慈善事业，可利用受托人（信托公司、慈善组织等）的办公场所以及从业人员，由受托人对信托财产进行管理和运用。即使需要向受托人支付信托报酬，与慈善法人相比，其成本仍然较低。由于慈善信托的委托人不需要费心考虑机构和组织的设置，其成立也较为迅捷。

---

① 欧洲大陆的人从事慈善活动要运用私人基金会制度。私人基金会属于民法制度范畴，《列支敦士登自然人和（公司）法人法》［Liechtenstein Persons and Companies（PGR）Act, Personen und Gesellschaftsrecht, 1926 年颁行，2009 年修订］第一次在民法法系国家确立了私人基金会制度。之后，普通法国家的离岸法域在最近 15 年不断出台立法效仿，日渐普及。私人基金会根据其所在国的立法所创设，创设私人基金会的要求各国有所不同。广而言之，私人基金会是通过创设或注册而设立的独立法人，其运作受创设文件以及理事会或机构约束。创设的基金会有权持有、管理和分配创设人所捐出的资产，但是其受益人对基金财产无法定或者衡平法上的利益，该基金会无持股人。理事会或者管理机构有管理职责，其义务针对的是基金会本身而非针对受益人。

基金会的受益人对基金会的财产没有任何财产性的权利，对基金会的理事会或基金会本身只能寻求有限的救济。即使创设文件授予受益人针对基金会的收益或者资产直接的权利，该权利也只是根据调整基金会的相关立法条款才具有强制执行力。同样，将基金会受益人描述为拥有对基金会的合同权利，也是错误的。一般而言，受益人不是基金会创设的当事人，无法取得针对基金会的私法权利。基金会的章程甚至可以禁止受益人取得基金会的信息，有效规避受益人对基金会理事会的任何形式的监督。有些法域的法律则规定基金会不能存在可确认的受益人，而在未来指定受益人只是基金会理事会、基金会设立人或其托管人的裁量权或者职权。

总之，基金会的受益人一般而言不能监督基金会的理事会。基金会的妥善管理取决于保留在设立人、托管人或者保护人手中的权力。创设人手中所保留的权力可以包括解散基金会、废除或者修订创设文件，或者变更基金会的目的。创设人甚至还有权去授权别人或者废除别人基金会理事资格，也可以自己担任理事或者给理事会以指示。托管人、保护人或者执行人一般而言被立法授权监督基金会理事会，确保理事会遵守基金会设立文件，在某些法域，立法还授权其批准理事会做出的决定。一些法域立法规定托管人或者保护人对基金会、基金会创设人和受益人有信义义务，而另外一些法域立法则明确废除了这些义务。参见 Lynton Tucker, Nicholas Le Poidevin, James Brightwell, *Lewin on Trust*, Sweet & Maxwell/Thomson Reuters, 2015, pp. 13-15。

2. 设立门槛

根据《基金会管理条例》第 9 条第 5 项的规定，设立基金会需要业务主管单位同意，而《中华人民共和国慈善法》（以下简称《慈善法》）并没有这种要求。基金会法人的设立条件是否因此放宽，仍然有待《基金会管理条例》修订之后予以确认。但无论如何，基金会的设立仍然存在一定的门槛[①]。而设立慈善信托采取备案制，不需要主管部门的许可。

根据《基金会管理条例》第 8 条规定，为特定的公益目的而设立基金会，"全国性公募基金会的原始基金不低于 800 万元人民币，地方性公募基金会的原始基金不低于 400 万元人民币，非公募基金会的原始基金不低于 200 万元人民币；原始基金必须为到账货币资金"，这为成立公益基金会设置了较高的门槛。而慈善信托则不存在这种对出资财产数额和财产形态的要求，理论上 1 元钱就可以设立慈善信托。

3. 财产运用限制

基金会所募集资金的支出和运用受到很多限制。《基金会管理条例》第 29 条规定："公募基金会每年用于从事章程规定的公益事业支出，不得低于上一年总收入的 70%；非公募基金会每年用于从事章程规定的公益事业支出，不得低于上一年基金余额的 8%。"虽然旧《慈善法》第 60 条[②]把公募基金会开展慈善活动的年度支出规定为"不得低于上一年总收入的百分之七十或者前三年收入平均数额的百分之七十"；而且特殊情况下，"年度管理费用难以符合前述规定的，应当报告其登记的民政部门并向社会公开说明情况"，相比过去有一定程度的放宽。但特别是对公募基金会而言，70% 的使用率可能导致基金捐助者对资金使用的特定目的和特定要求无法实现，也不利于公益基金的长期可持续发展，难以实现信托财产保值增值的功能，降低了公益财产的使用效率。此外，从比较法角度看，基金会等财团法人所受到一个重要的限制是一般不得动用本金，即不得任意动用基金会自身的基本财产（赖源河、王志诚，2002：210~211），如果基金会规模过小，收益太少，法人几乎无法运转。慈善信托则没有这样的要求。例如，在英美法中，慈善信托被划分为"维

---

① 国务院办公厅 2016 年 8 月发布的《关于改革社会组织管理制度促进社会组织健康有序发展的意见》规定，做好社会组织登记审查，既要推进直接登记，也要完善业务主管单位前置审查。对提供扶贫、济困、扶老、救孤、恤病、助残、救灾、助医、助学服务的公益慈善类社会组织等，直接向民政部门依法申请登记，对直接登记范围之外的其他社会组织，继续实行登记管理机关和业务主管单位双重负责的管理体制。

② 2023 年修订的《慈善法》维持了这一规定。

持基本财产的慈善信托"和"动用基本财产的慈善信托"（Bogert，1973：199）。后者可以将捐款全部用尽，特别在财产规模较小，没有较充裕的财产来负担组织运用成本的时候，利用慈善信托是一个好的选择。慈善信托也可以对慈善财产做出长期可持续安排。这又一次体现了慈善信托的灵活性——当事人可以选择是否动用本金。

4. 管理人责任

慈善信托中的受托人以及基金会的管理人（理事、秘书长等），笼统上都可称为慈善事业的管理人，都受信义义务（fiduciary duty）的约束。但是，根据信托法原理，慈善信托的受托人在管理信托事务过程中对外承担义务/责任（通常所说的"信托债务"）的，受托人要承担个人责任而非有限责任（《信托法》第 37 条）；而基金会等慈善法人从事慈善活动的，其管理人除非有过错，否则不对外承担责任。因此，若创设人可能参与管理，在选择慈善组织形态的时候，二者的以上区分就显得十分重要①。

在慈善信托中，受托人在信托事务管理过程中对第三人的义务承担个人责任而非我国很多人想象的承担有限责任。正因为如此，目前英国慈善法上狭义的慈善信托所占比重并不很大②。在我国目前的慈善事业中，慈善信托所占比重不大，但其原因和英国大为不同。目前我国慈善信托不发达的原因是信托观念尚未普及（供给端和需求端无法建立有效联系）、立法基础设施（税制、登记、监管）供给不充分。慈善信托在我国慈善事业发展中仍然有巨大的发展空间。

在我国，慈善信托的受托人是信托公司和慈善组织等机构，信用相对较好，热情很高，还没有开始关注到受托人对外的个人责任问题。而且，目前慈善信托的慈善目的比较简单明确，慈善事务并不复杂，受托人管理信托事务时，一般不会产生超出信托财产范围的责任。

5. 设立人的控制力

根据《基金会管理条例》第 20 条规定，"用私人财产设立的非公募基金会，相互间有近亲属关系的基金会理事，总数不得超过理事总人数的 1/3；其他基金会，具有近亲属关系的不得同时在理事会任职"。基金会的设立人可以

---

① 受托人在管理慈善信托事务之时，若管理内容主要是财产（投资）管理，一般不会对外负有债务，此时慈善信托受托人对外的个人责任风险极小；只有在受托人具体实施慈善事务的过程中，有可能对第三人产生债务（侵权或者违约），此时受托人对外的个人责任风险比较大。

② 表述来自英国慈善委员会法律事务主管肯尼斯·迪勒（Kenneth Dibble）于 2017 年 9 月 5 日在北京中华世纪坛"慈善信托发展论坛"的发言。

通过成为基金会理事甚至是理事长来保持对基金会的影响力。而在慈善信托中，设立慈善信托的委托人在信托设立之后，除非保留一定的权利，原则上不能对信托事务进行干涉，其控制力相对较弱。

6. 解散

基金会成立之后不得任意解散，以维持其永续性。因此，基金会不适合那些不需要永续性的慈善事业。相比之下，慈善信托则较为灵活，其既可以永续存在，也可以约定终止的条件和存续的期间。

总体来看，基金会和慈善信托有着几乎相同的慈善公益功能，但是相比而言，慈善信托具有成立门槛低、营运灵活、更便利、更透明等特点，堪称"平民化的基金会"。但是，目前，我国慈善信托的优势还没有充分发挥出来。

高校基金会在从事慈善活动，为高校和社会提供服务的时候，应当认识到基金会只是从事慈善公益事业的多种机制之一。为了提升高校基金会的效能，应关注其与慈善信托等机制的合作与替代。

（二）以信托方式从事慈善事业带来的优势

高校基金会的善款主要来源于校友的捐赠，在中小额捐赠的场景下，这种模式一般不会有问题。但是，近年来，大额捐赠逐渐增加，但直接以捐赠—受赠的方式取得和使用善款，无法和校友中高净值人群的大额捐赠相匹配。以设立慈善信托的方式接受大额捐赠，能很好地解决这一问题。

已经有高校基金会注意到自身慈善信托受托人的角色。例如，《清华大学教育基金会章程》第 8 条明确规定："本基金会公益活动的业务范围：……（十一）作为慈善信托的受托人，在符合本基金会宗旨的前提下，开展慈善信托业务。业务范围中属于法律法规规定须经批准的事项，依法经批准后开展。"

高校基金会利用慈善信托从事慈善事业有以下多方面的优势。

1. 慈善信托更尊重委托人（捐赠人）意愿

第一，高净值校友和其他社会人士在从事慈善活动中，更愿意体现自己长期的、有个性的、灵活的意愿和愿景。在传统捐赠模式下，仅依靠捐赠文件，难以充分保障捐款人意愿的达成，捐赠人也很难长期、深入地监督和参与慈善项目。

第二，根据《中华人民共和国信托法》（以下简称《信托法》），委托人对慈善财产的使用目的（慈善目的）、运用方法（慈善财产的管理方法）、使用方法（用于慈善的途径和方法），都可以保留决定权、控制权，委托人对作为受托人的高校基金会也有更多的监督权。

2. 慈善信托能够更好地和家族财富管理结合

校友中的高净值人群数量不断增加，他们越来越关注财富投入慈善的去向、慈善事业和财富管理规划的结合。如果在实务中能够广泛采取慈善信托的方式，则能够显著提升捐赠者（委托人）的参与感和成就感。

第一，慈善信托可以长期甚至永久存续，形成一项长久的事业，提升善款的社会影响力。

第二，慈善信托在民政部门备案后，可以通过冠名等方式，为委托人赢得良好的社会评价。

第三，委托人及其家庭成员可以长期参与慈善信托事务，提升高净值人士家庭成员的参与感和成就感，培养"三观"正确的新生代家庭成员，这是家族财富传承的重要内容。

3. 慈善信托能更好地应对慈善财产的多元化

未来，高校基金会接收慈善财产的样态将越来越丰富，现有的捐赠模式无法实现对这种新财产的管理和运用。慈善信托可以接收一切合法的财产和财产权利作为信托财产，并对管理这些不同形态的财产有着细密的规则。

4. 信托财产的独立性为慈善财产的安全性提供保障

信托的最重要的功能之一是破产隔离。慈善信托的信托财产独立于捐赠人的财产、受托人的财产，以及受益人的财产，慈善信托财产在性质上不是公有财产，更不是政府财产。慈善信托财产的独立性为慈善财产的安全性和高效运作奠定了基础，助力慈善事业摆脱各级政府以及各种社会组织的干预。

独立的财产构成了社会力量的经济基础，使得社会力量有能力防范公权力的肆意行使。同时避免个人行为的盲目性。而且，慈善财产事关公共利益的实现，对慈善财产的安全性极高，信托制度恰好能满足这一需求。

5. 慈善信托有助于在慈善事业中引入专业的商业管理机制

信托制度在我国最初是一种商业性的资产管理机制。对于国内大多数高校基金会而言，财产管理是一个短板，大多数缺乏专业的资产管理团队。在慈善事业中引入专业的商业管理机制（如引入信托公司作为投资管理人或者共同受托人），对于盘活高校基金会的资产、实现资产保值增值具有十分重要的意义。

在慈善信托的架构中，高校基金会可以和信托公司有各种各样灵活的合作模式。下一部分主要探讨这个问题。

二　高校基金会中引入信托机制的形态

由于高校基金会是基金会的一种类型，社会上的基金会作为慈善组织参与慈善信托的做法，高校基金会都可以尝试。从目前慈善信托的实践来看，高校基金会引入信托机制，主要有以下重要模式：成为慈善信托的受托人，成为慈善信托的委托人，成为慈善信托的项目实施方（事务执行人），以及采用双重结构的慈善事业实施模式。

（一）高校基金会成为慈善信托的受托人

高校基金会普遍对慈善信托了解不足。《慈善法》第47条规定："慈善信托的受托人，可以由委托人确定其信赖的慈善组织或者信托公司担任。"这是慈善组织受托慈善信托的基本法律规范。高校基金会大多具备慈善组织资格，可以担任慈善信托的受托人。如前所述，《清华大学教育基金会章程》中规定的业务范围包括"作为慈善信托的受托人，在符合本基金会宗旨的前提下，开展慈善信托业务"。目前很少有高校基金会意识到成为慈善信托受托人这种新角色，并在章程中加以明确规定。

1. 高校基金会作为单一受托人（信托公司或可以作为投资顾问）

（1）慈善组织作为慈善信托单一受托人的案例

我国已经出现了多起慈善组织作为慈善信托单一受托人的案例。2016年12月28日，北京市企业家环保基金会（即阿拉善SEE）在北京发布了阿拉善SEE作为单一受托人的慈善信托，这是自2016年9月《慈善法》正式施行后，中国首例慈善组织作为单一受托人的慈善信托。此笔慈善信托的全称为"北京市企业家环保基金会2016阿拉善SEE公益金融班环保慈善信托"，委托人为阿拉善SEE公益金融班代表（自然人）、受托人为北京市企业家环保基金会（阿拉善SEE）、监察人为中伦律师事务所、资金监督保管账户设立在广发银行，信托资金100万元，将用于支持初创期的环保公益组织（见图1）。这是我国慈善组织作为慈善信托单一受托人的首个案例。

（2）慈善组织天然是慈善信托的受托人

实际上，目前大量根据《基金会管理条例》成立的专项基金就属于不叫慈善信托的慈善信托。高校基金会在实务中管理专项基金，这意味着高校基金会并非完全缺乏受托慈善信托的经验。未来，高校基金会可以将大多数的专项基金改设成慈善信托，推动专项基金管理的专业化和规范化。

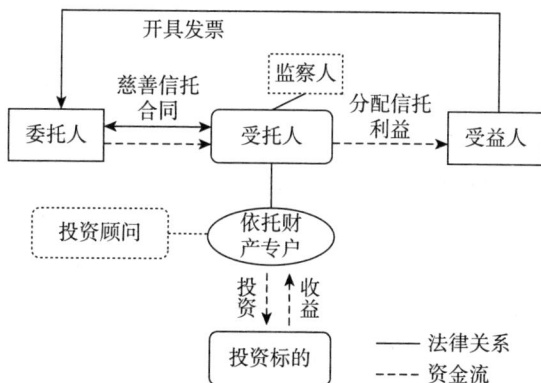

图 1　高校基金会慈善信托模式

资料来源：参照北京市民政局在第一次慈善信托专家研判会上提供的资料。

（3）慈善组织作为受托人与慈善信托财产的独立性

"慈善信托不采取保管制则信托财产没有独立性"的观点也有值得讨论之处。原来的基金会专项基金按相关办法要求，已具备一定程度的独立性。尽管与保管制所保障的独立性相比，这似乎是一种"比较差的独立性"，但只要委托人信任受托人，特别是在慈善信托目的简单、存续期间较短的时候，保管制只会增加成本。《慈善法》颁布之前，当信托公司开展公益信托业务时，因缺乏详细的操作规则，创造性地参照商事信托（《信托公司集合资金信托计划管理办法》）的很多做法，特别是托管制，来确保信托财产的安全，这是可以理解的。《慈善法》颁布之后，为了取得"慈善信托"之名，如果需要承担很多原本不必要的成本，设置不必要的限制和门槛，那么至少对慈善组织而言，《慈善法》可能会制约慈善事业的发展。

实际上，高校基金会（慈善组织）在管理慈善财产时，安全性可能更高。慈善组织不能（积极）负债，不易破产，而作为营业法人的信托公司存在破产可能性，因此保管制所确立的信托财产独立性需对抗的第三人债权人几乎是不存在的。而且，《慈善法》和相关法规规章对慈善财产管理有着更为严格的要求。

（4）慈善组织的投资权

在商事信托方面，除信托文件或法律有限制之外，原则上受托人有广泛的投资权。相比之下，在慈善信托方面，根据《关于做好慈善信托备案有关工作的通知》规定，"除合同另有特别约定之外，慈善信托财产及其收益应当运用于银行存款、政府债券、中央银行票据、金融债券和货币市场基金等"，

《北京市慈善信托管理办法》《慈善信托管理办法》重复了上述规定。从解释层面来看，受托人对慈善财产的投资运用行为，除了信托文件中委托人另有授权之外，限于上述规则所列举的方式，受托人的投资权受到限制。此类规则的主要目的是确保慈善财产的安全。而根据《慈善信托管理办法》，慈善组织作为受托人的投资权受到了特殊的限制，不可以根据信托文件的授权投资运用于"银行存款、政府债券、中央银行票据、金融债券和货币市场基金等"以外的领域。又根据 2019 年 1 月 1 日起施行的《慈善组织保值增值投资活动管理暂行办法》，慈善组织享有广泛的投资权。那么，慈善组织担任慈善信托受托人时，是否同样享有不受限制的投资权，这一问题值得探讨。

2. 高校基金会和信托公司作为共同受托人

根据《信托法》的规定，同一信托可以存在两个以上的受托人。这些复数形式的受托人被称为共同受托人。在慈善信托中也适合采取共同受托人的模式。

在该模式中，由高校基金会和信托公司共同担任受托人，与委托人签订慈善信托合同，约定各自的职责、权益、义务及需要承担的风险（见图 2）。其中，高校基金会主要负责慈善项目实施，包括慈善项目的发掘、筛选、评估等执行工作；信托公司主要负责资金的保值增值。

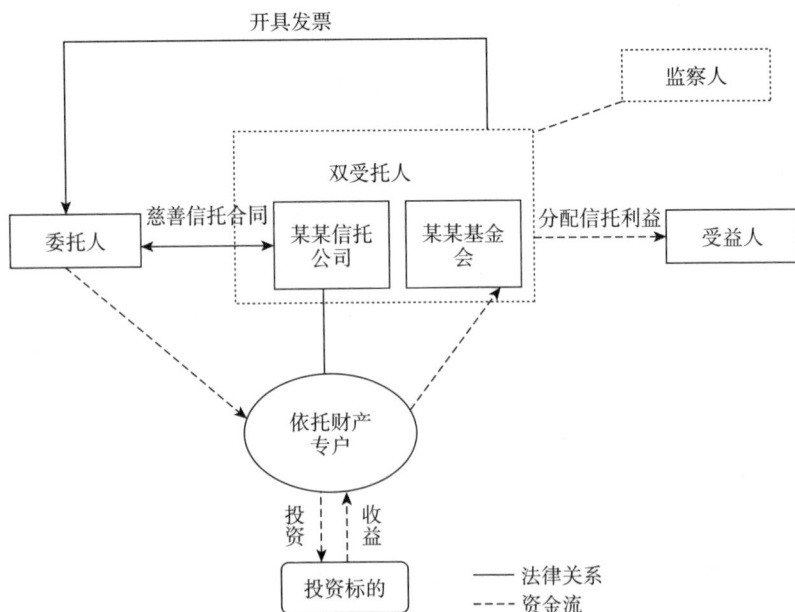

图 2　高校基金会参与慈善信托模式

资料来源：参照北京市民政局在第一次慈善信托专家研判会上提供的资料。

（1）共同受托人的制度优点

第一，提高受托人的整体信用度。多个受托人的信用原则上高于单一受托人。特别是对一些信托财产规模较大的慈善信托，因其事关重要的公共利益，需要受托人具备更强大的信用，委托人才愿意把信托财产和信托事务委托给他。

第二，受托人之间相互监督。根据《信托法》的规定，共同受托人对外承担连带责任，这就会约束各个受托人，促使他们之间相互监督、相互约束，避免出现损害信托目的实现的行为。

第三，保持信托事务管理的连续性。虽然目前受托人都是具有永续存在资格的信托公司或慈善组织，但是基于各种原因，变更受托人的情形多有发生。此时，即便变更一个受托人，信托事务仍然由其他受托人继续执行，信托事务管理的连续性得以保持。

第四，利用不同类型受托人的不同专业能力。在现代社会，社会化分工提高了效率，慈善信托领域也是如此。慈善领域大致需要两个方面的专业能力：一是对信托财产进行保值增值的资金投资运用能力，二是开展慈善事业的专业能力。前者信托公司能够胜任，后者更适合由基金会等慈善组织负责。

（2）我国共同受托人的规范基础和实践

《信托法》第31条规定"同一信托的受托人有两个以上的，为共同受托人"，确立了慈善信托可以设置共同受托人；《慈善法》第47条规定"慈善信托的受托人，可以由委托人确定其信赖的慈善组织或者信托公司担任"，明确了慈善信托可以选任信托公司和慈善组织共同担任受托人。

在《慈善法》实施后的慈善信托实践中，也出现了不少共同受托人的案例。例如，仅在2017年年底之前就有"中信·北京市企业家环保基金会2016阿拉善SEE华软资本环保慈善信托"、共同受托人为万向信托和宁波善园公益基金会的企业慈善信托——"华龙慈善信托"、"中航信托·中国扶贫慈善信托"，以及"中信·何享健慈善基金会2017顺德社区慈善信托"等。

（3）共同受托人模式的解读

第一，共同受托人使前端一次性开具捐赠票据成为可能。让慈善组织作为项目管理人在慈善信托后端分期开票存在以下问题：其一，委托人支出与税前扣除不在同一年度，财务须分期入账，分期开票；其二，如果慈善信托发生亏损，最终实际开票金额可能低于当初委托本金。如果采用一次性开票方式，委托人可在当期以全部信托财产金额进行财务入账，享受税收优惠待遇，且开票金额与实际委托金额一致，对委托人更具吸引力。就信托公司而言，其从事慈善信托既不能开具税前扣除捐赠发票，也缺乏慈善项目的执行经验和能力；就慈善组织而言，其从事慈善信托缺乏专业信托财产投资管理能力和产品配置能力。无论是信托公司还是慈善组织，目前都没有足够强的独立能力来开展慈善信托。所以，单纯将慈善组织作为通道为委托人开具发票，并不能发挥其真正的优势。

第二，共同受托人模式中财产的交付。根据《信托法》和《慈善法》的规定，慈善信托可以有两个以上的受托人，委托人向其中一个受托人交付信托财产，在法律上等同于向受托人整体"转移"信托财产。一旦慈善组织作为受托人之一接受了捐赠财产，信托即成立生效。而作为履行受托人分别管理义务的一种方式，慈善组织把信托财产转移至信托公司开设的信托财产专户，信托财产实现了与受托人（慈善组织和信托公司）固有财产（慈善组织的法人账户、信托公司的固有账户）的分别管理。此后，受托人各自按照信托合同的约定，由信托公司履行财产管理职责，慈善组织负责项目实施职责，确保慈善财产没有回流至受托人和委托人，实现慈善目的。

第三，共同受托人义务和责任的承担。从监管的角度，共同受托人在信托事务的处理过程中是承担连带责任的，连带的机制会促使多个受托人相互监督、相互约束，确保信托财产管理和运用更安全。《信托法》第32条规定，"共同受托人处理信托事务对第三人所负债务，应当承担连带清偿责任。第三人对共同受托人之一所作的意思表示，对其他受托人同样有效。共同受托人之一违反信托目的处分信托财产或者因违背管理职责、处理信托事务不当致使信托财产受到损失的，其他受托人应当承担连带赔偿责任"。所以，不论委托人将资金交付给信托公司还是慈善组织，本质上都是为了设立慈善信托而进行的财产委托行为。共同受托人对外是一个整体，而后基于《信托法》第31条的规定进行内部分工：信托公司作为受托人无法开税前扣除捐赠发票（但可开信托专户，具备专业投资管理能力）；而慈善组织不具备投资管理能力（但可开票，具备专业的慈善项目执行经验和能力）。两者结合，发挥各自优势，构成完整的受托人角色。

第四，从被动合作到积极合作。为了向委托人开具捐赠票据，信托公司是被动地引入慈善组织参与慈善信托结构；慈善组织为了实现开设信托专户的目的（虽然不存在实质的法律障碍）也被动地引入信托公司。随着慈善信托的慈善目的越来越复杂，存在期限越来越长甚至永续存在，慈善财产的数额也越来越大，慈善事业的实施越来越专业化，仅由信托公司或者慈善组织一方作为受托人成立慈善信托的价值越来越小。从促进慈善事业发展的角度，信托公司和基金会等慈善组织的合作应该是其内在的、主动的需求。共同受托人模式能发挥信托公司和慈善组织各自财产管理和慈善事业实施方面的优势，使委托人的意愿和慈善目的更好地得以实现。

3. 小结

目前，信托公司不能开具捐赠发票，而高校基金会可以。从功能上看，信托公司难以开展运作型慈善信托，而高校基金会可以。具体案例表明，高校基金会可以成为慈善信托的唯一受托人，即便未来信托公司能够开具税收票据，信托公司作为慈善信托的受托人仍需高校基金会的配合。

与基金会等慈善组织相比，信托公司在从事慈善信托方面存在一些差异，这些差异不可忽视。但是，也不能过分强调二者的区别。目前，信托公司和基金会等慈善组织在运作慈善财产方面的差异也在逐渐缩小。因此，至少不能说基金会受托慈善信托存在劣势。

（二）高校基金会成为慈善信托的委托人

1. 目前唯一能合法开具捐赠票据的慈善信托机构

在此种模式下，捐赠人不是直接将善款交付给信托公司，而是先以捐赠名义将其交付给高校基金会，再由高校基金会作为委托人，将资金划转至慈善信托资金专户。这种模式下，慈善组织向捐赠人开具税收优惠票据完全符合现有法律法规的规定（见图 3）。

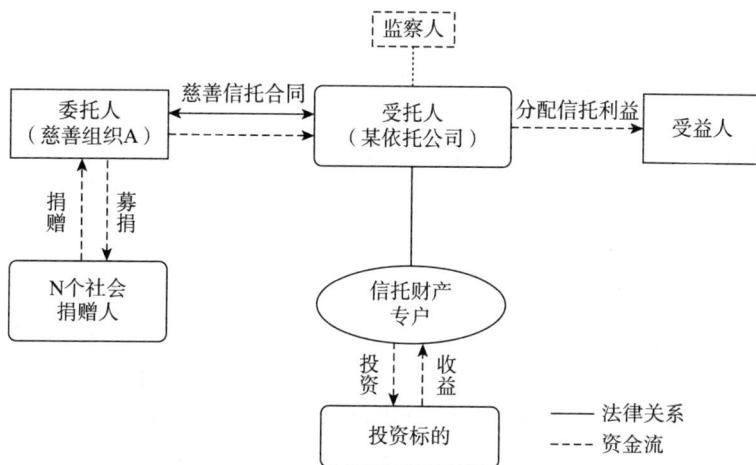

图 3　高校基金会参与慈善信托模式

资料来源：参照北京市民政局在第一次慈善信托专家研判会上提供的资料。

高校基金会负责前端资金捐赠募集工作，并作为慈善信托委托人与项目运作人。目前，某些民政部门基于穿透原则，允许高校基金会将委托给信托公司的资金，视作善款支出。

2. 该模式存在的问题

在慈善信托的前端植入慈善组织，主要目的是解决捐赠发票开具的问题。另外，不排除高校基金会等慈善组织借助慈善信托的设立使自己管理的慈善资金"出表"，在不违背《基金会管理条例》的基础上，增加资金运作空间。但是，这种模式会出现两个问题。

第一，虽然法律并不禁止慈善组织作为慈善信托的委托人，但当慈善组织将资金从法人主体账户划转至信托财产专户的时候，从会计科目上看，该资金属于善款支出还是投资？这种情况下，慈善组织接受捐赠作为收入计入，开出捐赠发票；在设立慈善信托的时候，把该笔捐赠收入作为信托财产交付给受托人，能否算作公益支出？由于公募基金会第二年要按照上一年总收入的70%或者前三年收入平均数额的70%进行预算支出①，其支出压力较大。

第二，慈善组织作为委托人，能否同时担任慈善信托的事务执行人？此时善款能否再次回到作为事务执行人的慈善组织账户？此时是否构成了自益型的慈善信托？

3. 高校基金会担任委托人的问题

没有任何法律禁止高校基金会作为委托人设立慈善信托。高校基金会将捐赠财产设立慈善信托，以信托公司作为受托人，确保慈善财产的保值增值。此时慈善财产设立信托之后，已经"出表"。

日本的信托实务中存在投资信托委托公司（能见善久，2004：23），这种公司汇集投资者的资金，作为委托人和信托银行签订信托契约。在该模式中，投资信托委托公司担任委托人的代理人角色，慈善组织按照常规方式接受捐赠，以委托人的身份将善款设立慈善信托，避免了多个委托人和受托人签订信托合同的难题，也有助于形成统一、明确的慈善目的，且不违反法律法规。

高校基金会等慈善组织作为委托人设立慈善信托可能是希望借助慈善信托，以满足《慈善法》《基金会管理条例》对基金会运用捐赠财产最低比例的规定。但实际上，基金会将捐赠财产设立慈善信托，能否看作"用于公益事业支出"存在争议。笔者认为，基金会将捐赠财产设立慈善信托之后，由

---

① 旧《慈善法》第 60 条规定"慈善组织中具有公开募捐资格的基金会开展慈善活动的年度支出，不得低于上一年总收入的百分之七十或者前三年收入平均数额的百分之七十"。

于慈善信托设立相当于一种处分行为，善款已经"出表"，可以视作支出。只是基金会应整体考量法律法规对收入和支出比例的相关限制，再做出选择。

另外，如果纯粹从理论上看，还有更值得探讨的问题。高校基金会以信托公司等为受托人，用受赠财产设立信托时，该信托可不以慈善信托的形态出现，而作为纯粹的商业信托进行运作，即基金会设立该信托只是作为管理受赠财产的一种方式。两者的区别可能仅仅是税收上的差异。在基金会购买信托公司的信托产品（准确地说是以善款设置信托，作为管理其名下善款的一种方式）的场景中，信托公司代缴增值税应和普通信托并无二致。此时的信托虽然和慈善有关（基金会作为理财自益信托的委托人和受益人，仍将信托利益全部用于慈善目的），但仅是一个私益信托，慈善基金会在设立信托（或者叫买信托理财产品）时就没有将这一部分信托财产做"出表"处理，在信托结束之后取得增值后的善款，作为基金会的表内资金继续使用。如果放弃资产运作阶段的税收优待，能够为资产运作带来更大的自由和更有效的管理，如果捐赠人或捐赠文件允许，且从效率上看，商业化管理的收益又大于设立慈善信托的税收优惠，似乎没有理由禁止当事人如此从事。没有法律禁止慈善组织从事盈利活动，只要取得的收益完全用于公益慈善目的，不分配给慈善组织的成员或者雇员等相关关系人即可。

这与基金会、社会组织等作为委托人设置慈善信托是不同的。据统计，2018 年上半年备案的 19 单慈善信托中，有 8 单是由社会组织（慈善组织及社会团体）作为委托人设立的（张明敏、张龙蛟，2018）。此类慈善信托的委托人设立信托之后，信托财产即"出表"，由受托人按照信托文件的约定对信托财产进行投资管理，并将信托财产用于具体的慈善目的[①]。慈善组织等作为慈善信托的委托人，似乎并无不妥。

（三）高校基金会成为慈善信托的项目实施方（事务执行人）

1. 高校基金会担任事务执行人的理由

第一，发挥高校基金会做慈善项目的专长，可以将慈善信托资产用于已有的慈善项目，此时，高校基金会可以以慈善执行人的身份以原来捐赠文件允许的方式执行慈善财产，用于慈善目的。在商事信托中，委托人可以同时作为投资顾问的身份出现；在慈善信托中，慈善组织以慈善执行人或者事务

---

① 极端一点，委托人此时甚至还可以以项目管理人的身份将信托财产用于慈善事业，不过这是作为表外资产进行运用的。此时委托人在财务上不能把信托财产计算为其接受的捐赠收入。不过，在实务上应尽量避免这样的安排。

执行人的身份出现，理论上并不会损害任何人的利益。

第二，高校基金会担任事务执行人，有助于解决"后端通道"问题，满足税收和票据的需要。

第三，慈善组织在使用善款的过程中受到各种限制①。借助信托方式，规避了上述限制，为慈善组织提供更大的资金运作空间②。

当慈善信托的慈善目的与高校的教学、教育和科研事业相关时，作为依托高校的慈善组织，高校基金会担任慈善信托的事务执行人，是最为合适的。

2. 信托公司作为单一受托人引入慈善组织的必要性

在这种模式下，信托公司作为慈善信托的单一受托人，其基本结构是：信托公司作为受托人，引入高校基金会作为事务执行人。高校基金会以事务执行人或者项目顾问的身份介入，是这种模式的一个显著特点。信托公司作为单一受托人，因其不是《慈善法》所定义的慈善组织，除了极其简单的慈善事业的执行和实施之外，一般都需要引入慈善组织作为慈善事业的实施者，信托公司和慈善组织主动合作有天然的必要性。但在目前，信托公司作为单一受托人引入慈善组织，主要目的在于解决由慈善组织开具捐赠发票的问题，可称之为"被动的合作"。

3. 《慈善法》实施之后的案例分析

案例："国投泰康信托 2016 年真爱梦想 1 号教育慈善信托"

委托人：5 个自然人

受托人：国投泰康信托有限公司

慈善信托资金总额：82 万元

期限：3 年

慈善项目执行人：上海真爱梦想基金会

信托目的：致力于全国中小学素质教育及救助学校师生

监察人：上海市锦天城律师事务所

---

① 旧《慈善法》第 60 条规定：慈善组织应当积极开展慈善活动，充分、高效运用慈善财产，并遵循管理费用最必要原则，厉行节约，减少不必要的开支。慈善组织中具有公开募捐资格的基金会开展慈善活动的年度支出，不得低于上一年总收入的百分之七十或者前三年收入平均数额的百分之七十；年度管理费用不得超过当年总支出的百分之十，特殊情况下，年度管理费用难以符合前述规定的，应当报告其登记的民政部门并向社会公开说明情况。

② 此时慈善组织担当的是主动发起角色。慈善组织凭借自身资源与渠道，已拥有大量捐赠善款，账面资金较多，主动将善款委托给信托公司设立慈善信托，主要目的是借助信托公司的资产管理能力，实现资产的保值增值，比如：安信信托的"蓝天至爱 1 号慈善信托"与平安信托的"中国平安教育发展慈善信托计划"。

备案时间：2016 年 9 月 1 日

该案例属于《慈善法》实施之后备案的首批慈善信托之一。在此模式下引入慈善组织的目的有两个：一是利用慈善组织的慈善项目实施能力，二是开具捐赠发票。

4. 在此模式之下的开票问题

如果受托人将信托财产从信托财产专户划转至事务执行人所遴选的资助对象，此时，资金没有经过慈善组织的主体账户（法人账户、固有账户），慈善组织仍然无法开具发票。所以，把信托财产从信托财产专户划转至慈善组织的表外账户（不算作慈善组织的收入，也不计入其支出），再由表外账户将资金划转至具体确定的受资助人，似乎就变成了一种更为合理的选择。由于信托利益不是作为慈善组织的收入转入其法人主体账户，且对慈善组织而言，资金的来源仍然是信托财产专户，这使得慈善组织直接向捐赠人开具慈善税收票据存在一定的合法性问题①。

而且，即便可以开具捐赠票据，该模式仍会存在一个现实问题，即委托人无法在设立慈善信托时便获得捐赠票据，因为只有在资金进入慈善组织的法人账户时才能开具对应金额的捐赠票据，而慈善信托的存续期可能是很多年，受托人只会基于具体项目将信托财产逐个分期划拨给慈善组织，这意味着开具捐赠票据时间将无法与慈善信托成立时间同步，委托人将丧失不少税收利益。

5. 事务执行人和慈善管理委员会

我国目前的多数慈善项目会聘请事务执行人作为慈善事业的具体实施者，以此弥补信托公司受托人在慈善事业执行能力方面的不足。在信托公司作为与高校相关的慈善信托受托人的场合，可以委托高校基金会作为慈善事务执行人。

在日本法中，设有慈善运营委员会和信托管理人（能见善久，2004：280）。在我国，在实施与高校相关的慈善信托过程中，可以成立慈善信托管理委员会，由委员会对作为事务执行人的慈善组织进行遴选与评估，获得通过的慈善组织将与信托公司签订合作协议。这些慈善组织基于过往积累的项目资源与渠道优势，依照委托人的意愿去发掘、筛选、评估潜在合适的慈善项目，待理事会对其审核、确认后，由慈善组织负责该慈善项目的落地实施。

---

① 2016 年成立的"国投泰康信托慈善 1 号"与"真爱梦想 1 号"都是采用这种模式。目前部分民政部门基于穿透原则，允许基金会直接向捐赠人开具慈善税收优惠票据。

慈善信托管理委员会一般由受托人（信托公司）代表、委托人代表、监察人、社会公益贤达人士等组成，主要就信托资金的使用、慈善项目安排等事项进行集体决策，确保项目执行主体具备相应资质，能够胜任所安排的事项，确保慈善项目顺利实施。

（四）双重结构的慈善事业实施模式

目前，尽管国内相关结构已与双层慈善信托非常接近，但尚无完全符合双层慈善信托的案例。下面以比尔及梅琳达·盖茨基金会（以下简称"盖茨基金会"）为例加以探讨。某种意义上，共同受托人模式下，信托公司作为投资管理人，慈善组织运用慈善资金并作为慈善事业实施者的模式，与此种模式相去不远。

1. 盖茨夫妇和巴菲特的慈善事业实施结构

2006 年 10 月，受托人创设了一种双实体结构来实现其慈善目的：一是盖茨基金会，二是比尔及梅琳达·盖茨信托基金（以下简称"盖茨信托基金"）。这两个实体均采取了信托形式，其中第一个属于免税私人基金会。每个实体都有其明确的目标。这种结构使得创设者将项目实施工作和基金财产的投资工作分开。

（1）盖茨基金会

其目标是致力于减少全球范围内的不平等现象。在发展中国家，盖茨基金会侧重于改善健康状况，减轻赤贫。在美国，盖茨基金会为与教育相关的计划提供资助。在当地，盖茨基金会积极推广那些为低收入家庭带来裨益的战略和计划。盖茨基金会总部位于华盛顿州西雅图市，在华盛顿特区、印度新德里、中国北京、英国伦敦、南非等地设有分支机构。

作为慈善项目的实施组织，其重要功能是将从信托基金取得的资金用于基金会确立的目的。

盖茨基金会的受托人由比尔·盖茨、梅琳达·盖茨及沃伦·巴菲特三人担任。

（2）盖茨信托基金

其功能是持有比尔·盖茨与梅琳达·盖茨捐赠以及沃伦·巴菲特的捐助资金，并用于投资管理。盖茨信托基金主要负责管理投资资产，并在必要时将所得款项划拨给盖茨基金会，以便盖茨基金会顺利实现慈善目标。

盖茨信托基金的理事有比尔·盖茨和梅琳达·盖茨两人。巴菲特不是盖茨信托基金的受托人，因此不介入基金财产的投资决策，更避免牵涉到事关其伯克希尔·哈撒韦公司（Berkshire Hathaway Inc.）股票投资的决策。

投资管理人10余年来一直由一支专业的投资经理团队担任。

盖茨夫妇和巴菲特的共识使盖茨基金会的工作策略集中在21世纪完成，因此盖茨基金会应在盖茨夫妇去世后的20年内用尽所有财产。而且，巴菲特也决定在他死后将其持有的伯克希尔·哈撒韦公司的股权及收益全部用于慈善目的，并在10年内用尽。

2. 对我国慈善信托理论和实践的启示

第一，美国的foundation，虽然可以被翻译为"基金会"，但是和我国的基金会不同。我国的基金会可以被定性为一种财团法人。而美国的private foundation至少有两种组织形式：一种是法人型，基金财产构成法人财产；另一种是信托型，基金财产没有法人资格，受托人可能为基金的运作承担个人责任。盖茨夫妇和巴菲特采用的是信托型慈善实施方式。

第二，我国慈善法中的相关规定被认为排除了自然人成为受托人。但是，上述例子显示，在英美，受托人不仅可以是自然人，甚至可以由多个自然人做共同受托人。排除自然人成为慈善信托的受托人，不利于慈善事业的开展。

第三，如果按照僵化的信托观念分析，该案例无法得出信托成立的结论。特别是对盖茨信托基金而言，委托人是盖茨夫妇，受托人还是盖茨夫妇。其实这是英美比较惯常的设立信托的方式。英美法强调信托和契约的区分，较多地采用宣言（declaration）的方式设立信托。"中国台湾地区信托法"就承认以宣言信托的方式设立公益信托。

第四，盖茨夫妇是两个相互关联的信托基金的受托人，而且一个基金的财产主要来源于另外一个基金。

第五，在慈善基金或基金会的治理结构方面，受托人（盖茨夫妇）手中有决策权，相当于理事或者董事（director）。实际上，在盖茨基金会的网页上可以看到中文版的介绍就是把受托人（trustee）翻译成"理事"。在英美，不管是基金会的理事还是慈善信托的受托人，一律使用"trustee"这一术语。专业的投资团队的法律地位类似于基金的专业经理人团队。运用中国信托法的理论，既可以将专业的投资团队理解为转委托的受委任方，也可以将其理解为投资受托人（managing trustee）。为了限制其责任，理解为前者会好一些。但是无论如何，其信义义务是仍然存在的。

第六，慈善财产可利用商业机制实现保值增值，发挥最大效用。但在投资对象的选择方面需要注意受托人义务（忠实和注意义务）。

三 用信义义务等信托法基本原理规范高校基金会治理

高校基金会的治理是在自治和他律的弹性互动关系中展开的。若高校基金会完善内部治理机制，严格遵循自治规则，监管部门监管的必要性便会降低。而实际上，无论是内部治理机制还是监管规则，都是建立在基金会作为信义关系体的基础之上的。高校基金会应当引入以信托法理为核心的信义法原理，以健全内部治理和外部监管的规范。

（一）信义法原理在慈善法中的核心地位

在慈善法中，信义法原理是其核心的理论，这有两个层面的含义：第一，慈善信托中受托人处在信义关系之中；第二，慈善组织作为非营利组织，其治理结构也要适用信义法原理。慈善组织在从事慈善行为、管理慈善财产的过程中，均受信义义务约束。慈善事业具有中介性，中介机构缺乏所有者（owner）的监督，因此对中介机构施加严格的信义义务是符合逻辑的。

1. 信义法原理

（1）《信托法》为信义关系的基本法

在包括信托法、公司法、代理法、合伙企业法、证券法和证券投资基金法（Austin，1996：169）[①] 在内的广泛的民商法领域，很多场合都会涉及管理他人事务的法律关系，这种法律关系在本质上都属于信义关系（Bogert，1987：2）。在这种法律关系之中，为了借用专业人士之力，都需要"受托人"（公司法中的董事等，信托法和证券基金法中的受托人等，代理法中的代理人等）享有一定的裁量权。在慈善法中，以基金会为代表的慈善组织多采用非营利法人的组织形态。根据《民法典》的规定，非营利法人的组织结构包括权力机构、执行机构和监督机构在内的、类似营利法人的治理结构[②]。这些机构设置处于受信人地位，调整受信人的法律规则与信托法中的规则类似。

---

① 据学者总结，存在信赖义务或者信义义务的法律关系有：（1）信托受托人对受益人的关系；（2）董事与公司之间；（3）清算人与公司之间；（4）律师与客户之间；（5）合伙人之间；（6）代理人与委托人之间；（7）证券经纪人与客户之间；（8）高级雇员与公司之间；（9）医师与患者之间；（10）父母与子女之间；（11）教师与学生之间；（12）神职人员与求教的教民之间，在英美有这些关系为信义关系的判例支持。参见〔美〕塔玛·弗兰科《证券化：美国结构融资的法律制度》，潘攀译，法律出版社，2009，第 2 页。

② 参见《民法典》第三章第三节：非营利法人。

信托是一个具有普遍性的概念，不限于任何特定的法律领域，在一个人为另一个人的利益或者为实现特定目的而持有财产的几乎任何领域，都可以适用信托观念（Waters，1995：279-281）。信托法是商事信托、民事信托和慈善公益信托共同的一般法和基本法，这一点是有明确的规范基础的。而且从理论上讲，信托法一直可以被视为包括代理法、公司法、非营利法人法、合伙法等在内的信义法的范型（paradigm）（Austin，1996：169）。

信托法所规定的受托人忠实义务、善管注意义务规则和受益人保护规则，在整个信义关系法的领域内（包括慈善法）均有类似的体现。

（2）以信托法为代表的信义法具有以下几个方面的特点

第一，信息不对称和裁量权。在这种法律关系中，受托人往往是具有专业能力的一方，具有信息、技能方面的优势，对于受托的事务具有裁量权。

第二，受托人享有一种类似"商业判断规则（business judgment rule）"的抗辩。在公司法中，公司经营管理者的经营和决策的裁量权受到"商业判断规则"的广泛保护。"商业判断规则"背后的观念是，如果将经营管理者的决定一律置于严格的司法审查之下，投资者的福利将下降（Easterbrook & Fischel，1996：93）。经营管理者基于专业受托人的地位，他们面对市场中出现的各种风险有进行独立判断和决策的权利。这种权利不受投资者和法院的无端挑战。相比之下，即便是投资信托的受托人也并不像公司的经营管理者那样受到广泛的"商业判断规则"的保护。但是，为了受托人能真正发挥作用，若其对信托财产的运用和决策在权限范围之内，即使该决策最终给信托财产带来损害，也不能一律让其承担个人责任。在信托逐渐商业化、公司化的当下，很多主要法域都承认受托人的投资权，使受托人受到类似"经营判断规则"的保护，这具有一定的合理性。但是，在慈善信托中，受托人是否具有特殊性，原则上是否应有投资权，是否应受广泛的"商业判断规则"的保护，都值得探讨。

第三，对受托人的裁量权进行限制的努力。裁量权是必要的，但是为了保护本人的利益免受管理人的侵害，除了限制受托人的职权和行为范围（这和裁量权授予本身是矛盾的）外，还可以采取以下几种方法：一是只选择无利害关系的人为管理人，二是以奖赏引导管理人不滥用其权限，三是控制管理人，四是对管理人加以监督，五是以同业协会的规范或者行政机关的行政命令等其他方法。但是这些方法并无法完全杜绝管理人滥用权限的可能，因此有必要设置信赖义务（谢哲胜，2007：56~58）。

第四，信义关系中义务和责任具有特殊性。我国《信托法》没有像其他的民商事法律一样专门设立民事责任一章，但在第 26 条及后续条款中规定了受托人的各种义务和责任。一个被我国民商法理论界和实务界忽视和误解的问题是，《信托法》所确认的义务和责任的形态——信义义务和信义责任，正如英国著名信托法学者潘纳（Penner）教授在其教科书中明确指出的，这种义务和责任绝非合同义务和违约责任（Penner，2005：23）①。而在实践中，由于信托和其他信赖关系多以合同的方式构建，人们多把这种关系和合同关系混为一谈，在出现纠纷的时候仅仅按照违约处理，这是不恰当的。公司法、证券法、信托法、代理法、合伙法等法律领域均属于英美法所称的信义法律关系。在这些法律关系中，因存在一方对另外一方的信赖关系，受信赖一方应承担的最具特色的责任为"吐出式"责任（返还救济，restitutionary remedy）。

在民商法领域，返还救济主要出现在以下信赖关系领域。第一，《信托法》明确规定了返还救济，《信托法》第 26 条："受托人除依照本法规定取得报酬外，不得利用信托财产为自己谋取利益。受托人违反前款规定，利用信托财产为自己谋取利益的，所得利益归入信托财产。"第二，《合伙企业法》第 96 条、第 99 条，《证券法》第 44 条第 1 款，《公司法》第 148 条都有类似的规定。总而言之，我国《信托法》第 26 条第 2 款和《合伙企业法》《证券法》《公司法》采取的是类似的方法，即"归入权"的方法。在《慈善法》中，这种特殊的义务和责任不仅对慈善信托的受托人适用，对慈善组织的理事、监事和执行机构同样适用②。虽然慈善信托在《慈善法》中只占一章 7 个条文，慈善信托也仅仅被视为从事慈善事业的两大制度之一，但无论是在《慈善法》颁布之后还是之前，信托法原理在整个慈善法中都具有核心地位，这一点常被忽视。

2. 慈善行为的正式性、规范性和中介性与受托人角色的必要性

前文已讨论过，慈善法意义上的慈善行为具有正式性、规范性和中介性。从事慈善事业有慈善组织和慈善信托两种重要的规范形式。在慈善信托中，需要专业受托人作为捐出慈善财产之人实现慈善目的的中介（intermediary）和实施者，后文详述，此处不再赘述。而慈善组织在管理慈善事务的时候，

---

① 潘纳（Penner）教授以一种半开玩笑的口吻说，"如果你能在分析案件之时把握并牢记其间的区别，你就可以自命为这个领域的专家了，因为法官们和评论者经常把这二者混为一谈"。

② 《慈善法》没有关于慈善组织义务的一般性规范，但是存在慈善组织从事具体慈善行为的过程中所应遵照的义务，如第 2 条、第 12 条、第 14 条、第 52~58 条等，都体现了和《信托法》类似的谨慎义务和忠实义务的内容。《基金会管理条例》中也有类似的规定。

也是捐赠人实现慈善目的的中介和实施者。慈善组织在慈善事业中以两种方式发挥作用：第一，作为慈善信托的受托人，这是《慈善法》颁布之后慈善组织可以扮演的一种法定角色；第二，慈善组织接受捐赠财产后自行管理。在这种内部管理中，又可分为两种情形；一是作为自己的固有财产，按照慈善组织的章程进行管理运用；二是根据捐赠者所附的慈善目的，建立专项基金进行管理。后者和信托的机制已经大致一样（后文详述）。即便是前者，基金会的管理层也对基金会自身财产的管理承担类似公司董事、监事和高管的信义义务，这种信义义务和信托受托人信义义务的区分并不明显。总而言之，慈善行为的中介性决定了作为中介的管理者要承担类似受托人的职责，不管这个管理者是慈善信托的受托人、慈善专项基金的管理者还是慈善组织内部的管理者，均是如此。信托机制在整个《慈善法》中无处不在。

（二）以受托人义务规则完善高校基金会管理人的义务和责任

值得关注的是，2024 年公布的《基金会管理条例（修订草案征求意见稿）》第 37 条【理事、监事、负责人义务】中规定："理事、监事、负责人对基金会负有忠实义务，应当采取措施避免自身利益与基金会利益冲突，不得有下列行为：（一）私分、挪用、截留、侵占基金会财产；（二）将基金会资金以其个人名义或者以其他个人、组织名义开立账户存储；（三）利用职权收受贿赂或者取得其他非法收入；（四）利用职权牟取不正当利益的其他行为。"其中，在描述理事、监事和负责人的义务之时，明确使用了信义义务的标准表述——忠实义务。基金会的管理者肩负信义义务已经成为共识。

信托法中所确立的受托人义务和责任规则，能够有效地解决慈善事业实施过程中的义务和责任缺位问题。

在《慈善法》颁布之前，很多人不知道慈善信托的存在，认为从事慈善事业只能由慈善基金会等组织进行。实际上，早在 2001 年颁布的《信托法》中，就有公益信托的专章规定（《信托法》第六章）。而根据《基金会管理条例》的规定，以及基金会管理慈善财产的实践，可以推断出信托法原理在其中得到了广泛的运用。在"前慈善法"时代，基金会的资金来源有两部分。一部分类似固有资金，按照基金会的章程进行管理，基金会的理事等管理者承担类似公司"董监高"的信义义务；另一部分类似信托资金，特别是定向接受捐赠的资金，基金会都要按照捐赠协议的约定对资金进行管理，专款专用，单独作账，这大致起到了信托法上分别管理的作用。基金会本身就这一部分财产的管理承担受托人义务（Bogert，1987：205）①。如果仔细观察基金会的年报，也可以看出其资金运用是两个独立的部分，类似于信托公司的固有账目和信托账目。

而且，从法律效果上看，附有特定目的限制的捐赠与信托的区别已不明显。例如，《美国信托法重述》（第三版）区分了一般目的的捐赠和特定目的的捐赠，对于向慈善机构做出的特定目的捐赠，例如，旨在支持针对特定疾病的医学研究，或设立资助特定领域研究的基金，这时则要设立慈善信托，该机构是秉持重述中规定目的和规则的受托人②。基金会等慈善组织在管理附特定目的捐赠财产的时候，同样构成信托关系（玛丽恩、弗莱蒙特–史密斯，2016：111）③。有著作强调，应区分对法人型慈善组织（如基金会）的捐赠是直接捐赠还是附有特别限定目的的捐赠。对基金会直接的捐赠，基金会可以根据自己的章程使用捐赠财产，甚至可以通过变更章程的方式变更这些捐赠财产的使用方式；而附有特定目的的捐赠，则构成了一种信托关系，基金会本身作为受托人，只能按照捐赠文件中约定的特定目的使用该特定财产，基金会及其理事会不能通过变更章程的方式改变对特定财产的使用方式，除非根据近似原则改变捐赠人的目的（Phelan，2018）。

或有人争议说，慈善基金会在管理接受捐赠的善款时如果被认为属于信托，实际上是把信义关系（如公司内部管理关系）直接看成信托，造成信托关系的泛化。笔者不同意这种观点。基金会受托管理事务的行为属于信义关系自无争议，但其与公司法上的信义关系还有不同之处。在公司法中，公司财产形成独立的法律人格，董、监、高等受信人不享有公司财产的财产权；而基金会所管理的受托财产并没有形成法律人格，而仅仅是基金会法人名下的相对独立的特别目的财产，基金会本身成为这些财产的受托人。凡是独立的基金由独立的组织或者个人管理的情形，在法律上都是一种信托关系，这属于信义关系的核心，与

---

① 美国学者博格特（George T. Bogert）教授指出，针对慈善法人（charitable corporation）的捐赠，如果其意图是把财产的产权完全转移给慈善法人，其用途只受该法人章程所规定的慈善目的限制，此时没有设立信托，信托法上关于财产投资和财务规则就不适用。反过来解释是，如果捐赠者对慈善组织的捐赠附特定目的，受赠的慈善法人是一种受托的角色，此时可以认定创设出了一个信托。

② Rest.（third）of trusts §28cm. A.

③ 从英美慈善法律发展的历史来看，有关慈善组织的法律滥觞于英国的衡平法院的信托法，在这个法律部门中，慈善信托是其独立的构成部分。慈善法人作为独立于信托的一种法律形式也逐渐发展起来，但是信托中调整信赖义务的许多原则也能适用于慈善法人。因而，"若要理解慈善法人法，就有必要理解信托原则"。

公司内部的信义关系判然有别，承认其为信托关系不会导致信托概念的泛化。

又或有人会争议说，基金会和捐赠人之间没有缔结明文的信托合同，基金会也不能像信托公司管理信托财产那样对善款进行托管和专业的运作，无法实现善款管理的破产隔离功能。这实际上也是一种误解。根据信托法的要求，信托合同需采用书面形式，但并未要求当事人一定清楚地把合同名称标明为"信托合同"①。另一个更重要的误解来源于"要件论"，认为信托生效一定要实现信托财产的独立性，一定要使信托财产产生破产隔离功能。实际上，信托生效并不意味着信托财产在事实上就能产生破产隔离功能（例如，受托人怠于履行分别管理义务，导致信托财产被第三人强制执行）。信托是一种制度工具，当事人采用了信托制，论证信托财产没有产生独立性的义务就在提出争议的一方；即使法院认定信托财产没有产生独立性，也不能反过来证实信托设立失败。而且，所谓破产隔离功能主要是防止受托人的债权人对慈善财产强制执行，而由于慈善组织一般不能积极地负债（借贷），破产的概率极低，所以慈善机构作为受托人并无障碍。

《慈善法》颁行之后，确立了慈善机构作为慈善信托受托人的地位。但是仍然应当注意到，慈善机构之前一直在扮演受托人的角色，只是未有意识地认知到而已。研读《慈善法》可以看出，其关于慈善组织的行为规则的规定，基本上类似于受托人义务的规定。在整个慈善法体系中引入信托法中关于受托人义务的规则和原理来要求受托人，对于理顺基金会等慈善组织内部的责、权、义关系是非常重要的（玛丽恩、弗莱蒙特-史密斯，2016：177）②。

总之，除了慈善信托明显适用信托法理之外，关于捐赠人和受益人的法

---

① 捐赠者建议基金（Donor-Advised Fund，DAF）就显示了捐赠行为和信托设立行为之间界限的模糊。在美国，捐赠者建议基金是一个由公共慈善组织管理的慈善捐赠工具，创设其的目的是代表组织、家族或个人管理慈善捐赠财产。捐赠人或者捐赠组织开设基金账户，存入现金、证券或者其他金融工具。他们放弃了其存入账户的任何财产的财产权，但是就如何对账户的财产进行投资、如何分配财产投入慈善事业等，保留建议的特权。来源：维基百科 https://en.wikipedia.org/wiki/Donor-advised_fund。最后访问日期，2025年4月2日。

② 《英国2011年慈善法》似乎并未有意识地将慈善事业组织形式区分为慈善信托和慈善法人，而是认为整个慈善事业的法律都运用了信义关系法理。在该法中，出现比较多的是受托人的概念，该术语既可以翻译为"慈善管理人"，也可以翻译为"慈善受托人"。一个机构或者个人在管理善款的时候，不管整个管理结构是否名为"信托"，该机构或个人都是受托人或者管理人。也有美国学者指出，在非法律语境下，"信托"事实上几乎与信赖关系画等号了。虽然大多数慈善组织采用法人形式，但法人理事的职责却来自信托法。尽管美国税法没有直接提及信托形式的慈善，但是美国的法院认为，美国的税法中所规定的"基金"或"基金会"中实际上是包括信托形式的。

律地位，慈善组织的法律地位、义务和职责，慈善财产的法律地位等方面，都应适用或者部分适用信托法理①。慈善信托和慈善组织都不可避免要利用信托的财产独立法理和机制，创设以慈善为目的的独立财产，将这种财产和捐出人、管理人、受益的具体人等主体的风险分离开来，避免这些主体对这些财产的运营和目的的实现进行干涉。独立的财产有助于社会中坚力量的形成。慈善制度在促进慈善事业发展、培育社会组织形成、进行多元化的社会治理，都具有重要的现实意义。也就是说，非政府组织和慈善组织的独立性都应建立在一定的物质基础之上，这种物质基础并非私产，更非公产，具有相对独立性。信托对财产权的虚置和"不定性"正满足这种要求（董保华等，2005）②。信托为这种目的财产的管理解决了机制问题，可以说，信托和非营利组织、慈善事业都具有天然的联系。

四 用信义法理规范高校基金会管理人报酬和行政办公支出

慈善法的核心法理是信托法和信义法理。用信义法理去分析慈善事业的慈善支出和管理费用问题，会有助于现有问题的解决。

（一）慈善组织管理中的费用分类

1.《基金会管理条例》的规定

《基金会管理条例》的第 29 条规定："基金会工作人员工资福利和行政办公支出不超过当年总支出的 10%。"一般认为，该条文不区分公募基金会、非公募基金会，全部适用。旧《慈善法》第 60 条基本沿袭了该条例中的规定，但增加了灵活性，规定：慈善组织应当积极开展慈善活动，充分、高效运用慈善财产，并遵循管理费用最必要原则，厉行节约，减少不必要的开支。慈善组织中具有公开募捐资格的基金会开展慈善活动的年度支出，不得低于上一年总收入的百分之七十或者前三年收入平均数额的百分之七十；年度管理费用不得超过当年总支出的百分之十，特殊情况下，年度管理费用难以符合

---

① 《魁北克民法典》第 1257 条规定：基金会（foundation）的财产要么属于独立于基金会设立人或者其他主体的独立财团（patrimony），要么是属于法人自身的独立财团。在第一种情形，基金会受本章关于社会信托（social trust）条款的调整；在第二种情形，基金会受调整类似法人的法律规则的调整。

② 董保华教授敏锐地揭示了信托和社会保障法这种社会法的联系。

前述规定的，应当报告其登记的民政部门并向社会公开说明情况（第 1 款）。具有公开募捐资格的基金会以外的慈善组织开展慈善活动的年度支出和管理费用的标准，由国务院民政部门会同国务院财政、税务等部门依照前款规定的原则制定（第 2 款）。捐赠协议对单项捐赠财产的慈善活动支出和管理费用有约定的，按照其约定（第 3 款）。这相当于明确，年度管理费用中包括基金会（其他慈善组织）工作人员的工资福利和行政办公支出。

2.《慈善法》的规定

旧《慈善法》第 60 条的规定只适用于具有公募资格的基金会，对具有公募资格的基金会以外的慈善组织（不具公募资格的基金会，社会服务组织），授权国务院民政部门等另行制定规则。《慈善法》增加了"三年分摊"和"特殊情况下说明情况之后特殊解决"的规范。这些都在一定程度上缓和了对慈善组织在财产支出方面的严格监管。

其实，作为调整慈善事业基本法的《慈善法》，原本没有必要规定如此清楚的管制性规范，将其留给监管规章可能更合适一些。监管规章具有灵活性，可以在法律授权的范围内根据实际情况做出调整和修正。

而且，《慈善法》和《基金会管理条例》没有明确"年度支出""年度管理费"的范围和相互关系。

3.《关于慈善组织开展慈善活动年度支出和管理费用的规定》中的规定

2016 年民政部等公布的《关于慈善组织开展慈善活动年度支出和管理费用的规定》（以下简称《规定》），可以理解为根据《慈善法》授权而制定的细则。该规定给出了"慈善活动支出""管理费用"的定义。

慈善活动支出是指慈善组织基于慈善宗旨，在章程规定的业务范围内开展慈善活动，向受益人捐赠财产或提供无偿服务时发生的费用，包括直接或委托其他组织资助给受益人的款物；为提供慈善服务和实施慈善项目发生的人员报酬、志愿者补贴和保险，以及使用房屋、设备、物资发生的相关费用；为管理慈善项目发生的差旅、物流、交通、会议、培训、审计、评估等费用。慈善活动支出在"业务活动成本"项目下核算和归集。慈善组织的业务活动成本包括慈善活动支出和其他业务活动成本。（《规定》第 4 条）

慈善组织的管理费用是指慈善组织按照《民间非营利组织会计制度》规定，为保证本组织正常运转所发生的费用，包括理事会等决策机构的工作经费；行政管理人员的工资、奖金、住房公积金、住房补贴、社会保障费；办公费、水电费、邮电费、物业管理费、差旅费、折旧费、修理费、租赁费、无形资产摊销费、资产盘亏损失、资产减值损失、因预计负债所产生的损失、

聘请中介机构费等。（《规定》第5条）

该规定按是否具有公募资格对基金会、社会团体和社会服务机构，规定了不同的慈善支出要求和管理费用上限。

另外，《规定》第6条还规定了其他业务活动支出的概念。该条规定"慈善组织的某些费用如果属于慈善活动、其他业务活动、管理活动等共同发生，且不能直接归属于某一类活动的，应当将这些费用按照合理的方法在各项活动中进行分配，分别计入慈善活动支出、其他业务活动成本、管理费用"。该条规定至少表明，规则制定者也意识到了分类问题的复杂性。同样一项支出，如果构成慈善活动支出，似乎是支出越多越满足规则的要求；而如果构成管理费用，则要尽量压缩。但是，上面的列举似乎证明了二者的界限并不清晰。

（二）《信托法》中相关费用的分类

第一，信托利益。《信托法》第34条规定，受托人以信托财产为限向受益人承担支付信托利益的义务。受益人实际取得的利益，为信托利益。

第二，受托人报酬。《信托法》第35条规定，受托人有权依照信托文件的约定取得报酬。信托文件未作事先约定的，经信托当事人协商同意，可以作出补充约定；未作事先约定和补充约定的，不得收取报酬。约定的报酬经信托当事人协商同意，可以增减其数额。

第三，受托人因处理信托事务支出的费用和对第三人负债。《信托法》第37条规定，受托人因处理信托事务所支出的费用、对第三人所负债务，以信托财产承担。受托人以其固有财产先行支付的，对信托财产享有优先受偿的权利。受托人违背管理职责或者处理信托事务不当对第三人所负债务或者自己所受到的损失，以其固有财产承担。

目前，《信托法》《慈善法》均未对慈善公益信托的信托报酬和成本债务等做出特别的规定。《信托法》的上述规定也未考虑慈善信托中法律政策的特殊性。

（三）信托法相关原理对高校基金会费用控制方面的启发

虽然慈善组织具有法人资格，与慈善信托在费用支出方面相比存在较大差异，但是慈善信托的相关分类对于理解和分析慈善组织的支出具有很大的启发意义。

第一，在慈善信托中，信托利益归"受益人"。在慈善组织的慈善活动支出中，"直接或委托其他组织资助给受益人的款物"类似于信托利益的支出。

不过，这些规范较多地考虑到慈善事业主要是钱财的支出，如果慈善事业提供服务特别是专业服务（这些服务显然具有价值），这种专业服务可能由慈善组织或者慈善信托受托人自己提供，也可能由慈善组织或者受托人从外部聘请专业人士提供。无论是慈善信托还是慈善组织，都应该更多地考虑人力成本的付出如何计入慈善事业支出。而且，《信托法》和《慈善法》就慈善信托的信托利益支出额度或比例并没有特别的规定，应理解为只受委托人在信托文件中自由约定的限制。正是这一点，在我国被解释为慈善信托相较慈善组织的制度优势。

第二，在慈善信托中，受托人可以根据约定获取固定数额或者比例的信托报酬。在慈善组织中，不存在一种类似信托报酬的制度。但是，慈善组织内部的行政管理人员的工资、奖金、住房公积金、住房补贴、社会保障费等，在一定程度上可与信托报酬作类比，可以适用类似的规则加以规制。《信托法》对于慈善信托受托人报酬的数额并没有特别的规定（2008 年银监会的相关规定只能理解为引导性规定）。从法律解释角度看，似乎仅受委托人自由约定的限制，但仍然有进一步探讨的空间。

第三，慈善信托中的受托人因处理信托事务支出的费用和对第三人负债，与慈善组织的多项费用支出存在对应关系。慈善组织管理费用中的理事会等决策机构的工作经费，以及办公费、水电费、邮电费、物业管理费、差旅费、折旧费、修理费、租赁费、无形资产摊销费、资产盘亏损失、资产减值损失、因预计负债所产生的损失、聘请中介机构费等基本上可以归入此类。而慈善活动支出中的为提供慈善服务和实施慈善项目发生的人员报酬、志愿者补贴和保险，以及使用房屋、设备、物资发生的相关费用；为管理慈善项目发生的差旅、物流、交通、会议、培训、审计、评估等费用也可以归入此类。因慈善信托并不像慈善组织一样存在法人实体，而维持法人实体存在的很多费用，既可以类比信托报酬，也可类比信托成本或负债。所以上面的类比仅供参考。在很多慈善事业并不涉及直接向受益人支付金钱（而是提供服务）的场合，在慈善组织的慈善活动支出中"为提供慈善服务和实施慈善项目发生的人员报酬、志愿者补贴和保险，以及使用房屋、设备、物资发生的相关费用"的部分项目中，有一些提供服务和实施慈善项目的人员可能是慈善组织自己的管理人员，所使用的房屋、设备等可能是慈善组织自己的固有财产，但是将其作为慈善支出并无问题。

第四，现行《慈善法》的相关规则中没有区分信托财产（受托财产）和固有财产，未来需要改进。《慈善法》第 60 条第 3 款规定，捐赠协议对单项捐赠财产的慈善活动支出和管理费用有约定的，按照其约定。这似乎区分了限定捐赠和一般性捐赠，由此让人产生将信托财产和固有财产作区分的联想。但《规定》第 13 条明确规定：慈善组织签订捐赠协议对单项捐赠财产的慈善活动支出和管理费用有约定的，从其约定，但其年度慈善活动支出和年度管理费用不得违反本规定的要求。也就是说，即使尊重捐赠人（解释上应包括信托委托人）的意愿，在总体的支出额度控制上仍然没有变化。参考《慈善法》立法参与者对《慈善法》第 60 条第 3 款的解释就可以看出这一点。全国人大常委会法工委副主任阚珂先生主编的《中华人民共和国慈善法释义》指出，"单笔协议规定的慈善活动支出和管理费标准与慈善活动年度支出和管理费用标准是两个层面的标准，是个别与总体的关系。允许个别不同标准的存在，前提是这些个别标准不能影响到总体标准的实现，即本法赋予捐赠协议自由决定权的前提，是慈善组织的慈善活动年度支出和管理费用不得超出法定标准"。

按照这一原则，慈善组织受托管理的慈善信托的慈善支出和管理费用也要按照同样的标准执行。

（四）根据信托法原理完善高校基金会的费用管理

第一，根据信托法原理，信托利益归"受益人"。信托法一般不对分配信托利益提供法定规则，原则上根据信托文件的约定处理。但在慈善信托中，要更多地考虑反积累原则的要求，不允许慈善信托在不合理的长时间内不分配信托利益。长期不分配信托利益的慈善信托有违其公益性目的，委托人的意思自由也应受公共政策的限制。慈善组织的慈善支出比例要求和信托法反积累规则的要求有着一定的相似之处。

第二，根据《信托法》的一般规定，受托人非经约定不能取得信托报酬。在原理上，这个信托报酬应当是一个固定的数额和比率。至于这个数额的大小和比率的高低，由委托人约定。但是，在慈善信托中，如果放任委托人决定信托报酬，可能会存在受托人以报酬侵蚀信托财产（公共利益）的嫌疑，因此，对受托人报酬进行合理的限制是有其必要性的。同理，《慈善法》、《基金会管理条例》和《规定》对慈善组织工作人员的工资福利限制也就有一定的合理性。但是，对工资福利和行政支出等管理费用做出一体限制就显得不太精细，若限制比例过低，也并不恰当。

第三，在慈善组织管理的慈善财产中，似可参照《信托法》的做法，将其区分为受托财产和固有财产两部分。受托财产包括慈善组织作为慈善信托受托人持有的财产、专项基金财产和其他限定财产，这部分财产和相关的事务管理，受捐赠文件、信托文件的限制（当然也要受法律法规和慈善组织章程的限制）；固有财产包括慈善组织的初始财产及其代位物、一般捐赠财产等，这部分财产的管理只受章程和相关法律法规的限制。对于受托财产的成本和费用，虽要受适当性的限制，不能任由当事人（委托人或者捐赠人）决定，但应给当事人的意思自治留出合理的空间。

第四，《信托法》规定，普通信托的受托人因处理信托事务支出的费用和对第三人负债，理论上除合理性要求外，并无别的要求，受托人报酬更是任由委托人做出约定。但是，在公益慈善领域，管理人报酬和成本费用都要受一定的限制，以避免报酬和成本侵蚀信托财产，违反这种限制的管理人即违反了信义义务。

参考文献

董保华等，2005，《社会保障的法学观》，北京大学出版社。

〔美〕玛丽恩·R.、弗莱蒙特-史密斯，2016，《非营利组织的治理——联邦与州的法律与规制》，金锦萍译，社会科学文献出版社。

赖源河、王志诚，2002，《现代信托法论》（增订三版），中国政法大学出版社。

林诚二，2007，《民法债编各论（上）》，中国人民大学出版社。

能见善久『现代信托法』有斐阁、2004。

谢哲胜，2007，《信托法》，元照出版公司。

张明敏、张龙蛟，2018，《今年上半年我国新设立慈善信托 19 单》，《公益时报》8 月 14 日，第 2 版。

Austin, R. P. 1996. "Moulding the Content of Fiduciary Duties." In *Trends in Contemporary Trust Law* (A. J. Oakley, ed).

Bogert, G. T. 1973. *Handbook of the Law of Trusts*. West Pub. Co.

Bogert, G. T. 1987. *Trusts, Sixth Edition*. West Pub. Co.

Easterbrook, Frank H. & Daniel R. Fischel. 1996. *The Economic Structure of Corporate Law*. Harvard University Press.

Penner, J. E. 2005. *The Law of Trusts, Fourth Edition*. Oxford University Press.

Phelan, Marilyn E. 2018. *Nonprofit: Law and Taxation*, 2d. Thomson Reuters.

Waters, Donovan W. M. 1995. "The Institution of the Trust in Civil and Common Law." *In Collected Courses of the Hague Academy of Institutional Law*. Martinus Nijhoff Publishers.

综合篇

多元视角下的高校基金会筹款人胜任力指标体系建构

林成华　陆维康[*]

人社部于 2022 年 1 月发布了《劝募员国家职业技能标准（征求意见稿）》，该标准规定了筹款人的定义、技能等级、基本要求等[①]。《统筹推进世界一流大学和一流学科建设总体方案》中提到"高校要不断拓宽筹资渠道，积极吸引社会捐赠，扩大社会合作，健全社会支持长效机制，多渠道汇聚资源，增强自我发展能力"[②]。越来越多的杰出企业家、科学家、教育家等向高校捐出大额资金，如企业家雷军向武汉大学捐赠 13 亿元现金[③]。筹款人职业技能标准的出台为高校基金会筹款人队伍建设提供了新的发展契机，培养一批专门从事高等教育筹资工作的筹款人，既是当下亟须解决的问题，也是高校基金会行业长远发展的重要议题。本报告从已有研究、行业协会、一流大学和劳动力市场等多视角出发，总结筹款人的胜任力需求，再结合专家意见对指标进行修正与权重确定，从而构建出高校基金会筹款人胜任力指标体系，以期为我国高校基金会筹款人职业胜任力建设提供有益经验。

一　文献视角：国内外研究的有益经验

总体来说，国内对于高校基金会劝募员的研究并不多，主要有北京师范

---

[*]　林成华，浙江大学中国科教战略研究院研究员、博士生导师；陆维康，浙江大学中国科教战略研究院博士研究生。

[①]　《劝募员国家职业技能标准（征求意见稿）》，https://www.mohrss.gov.cn/wap/zc/zqyj/202201/W020220125580005738916.pdf? innovation=24439，最后访问日期：2025 年 3 月 17 日。

[②]　《国务院关于印发统筹推进世界一流大学和一流学科建设总体方案的通知》，https://www.gov.cn/zhengce/zhengceku/2015-11/05/content_10269.htm，最后访问日期：2025 年 3 月 17 日。

[③]　《雷军校友个人捐赠 13 亿元现金，助力母校发展》，https://news.whu.edu.cn/info/1002/447347.htm，最后访问日期：2025 年 3 月 17 日。

大学洪成文教授等；而国外对于教育领域劝募员的研究较多且较为细致，研究视角也比较多元。中国高校基金会劝募员的研究尚处于中宏观层面，这可能与我国高校基金会的发展现状有关；而美国的研究更加具体，能够以高校基金会劝募员为真实的研究对象进行访谈或调查。现有研究可以分为六大视角。

一是高校基金会劝募员社会角色研究。其核心观点主要包括：在内部组织中，劝募员要认识到筹款活动与非营利项目、人力资源、财务等之间的相互作用（张博林、洪成文，2020）；在外部组织中，劝募员必须要认识到，对外讲述好学校使命与学校故事将会对捐赠者的捐赠意向产生积极影响（Thelin & Trollinger，2014）；劝募员还要清楚地了解捐赠者的捐赠方式和捐赠时的文化差异（Sargeant & Shang，2010）。

二是高校基金会劝募员角色职能研究。其核心观点主要包括：劝募员按照由高到低的角色职能，形成了"校长—首席发展官—发展事务官—志愿者"的专业化职业角色序列（林成华、胡炜，2018）。

三是高校基金会劝募员能力的一般性视角研究。其所研究的能力主要包含专业知识、习得技能和个人特质三个方面。如 Boguch 对高等教育劝募员的专业知识、习得技能和个人特质进行了调查（Boguch，1994）。劝募员具有四种关键特点：灵活的行为和语言（Bhati & Eikenberry，2016）、智力和社会好奇心（Mirablla，2013）、提取信息的能力（Shaker & Nathen，2017）、策略性地吸引潜在捐赠者的技巧（Jones & Daniel，2018）。Croteau 等人建立了一个包含 14 个要素的领导力胜任模型（Croteau & Smith，2011）。筹款者在捐赠过程中扮演联络员、知识中介以及协商者三个重要角色，每个角色都要有一系列的关键活动（Nyman & Pilbeam，2018）。成功的劝募员能够高度信任他人，拥有较高的情商和社交能力（Jones & Castillo，2017），并且将组织的成功置于个人成功之上，劝募员自己更渴求能发展领导力（Breeze，2017）。

四是高校基金会劝募员能力的特殊视角研究。以女性视角最为突出，原因在于女性的性格特征与劝募员应该具备的耐心、亲和力强、表达能力强等形象相符（Dale & Breeze，2022）。从社会学的角度分析，劝募员在关系维护能力上的三种策略（Lesley，2017）。以性别理论为依据，发现筹款依赖于关键的关系建设和组织任务，而这些能力通常被认为是女性的专长，但实际上这会导致非营利部门的可信度下降（Dale，2017）。从"硬技能"和"软技能"角度分析，认为诸如沟通能力、人际交往能力和团队合作能力等"软技能"比技术性的"硬技能"更重要（Smith，2010），像耐心、坚持、灵活等

"软技能"在大学首席劝募员的能力构成中十分重要（Nehls，2008）。

五是劝募员专业培训问题研究。大部分劝募员通过学习同行经验提升自己，而不是参加基于学分的专业培训（Shils，1978）。因此，当前越来越多的机构开始提供非营利管理方面的学术课程和学位（Noah，2006）。尽管当前筹款培训已经逐渐进入了高等教育领域，但相关课程仍然由兼职讲师而非专业的研究人员教授，兼职讲师通常不侧重于进行理论研究（Noel & Danielle，2015）。

六是劝募员专业培训实践研究。主要的研究包括课程类型（John，2015）、课程内容（Marr et al.，2005）、实施形式（Counts & Jones，2019）以及课程学分（Michael，2003）等。还有一些研究从非正规教育角度展开，主要研究劝募员在工作中接受的培训（Hall，2010）。

纵观国内外的已有研究可以发现，对筹款人的能力要求基本集中于"软技能"，如沟通能力、管理能力、合作能力、领导能力等，且缺乏对高校基金会筹款人专业能力的专门研究。如上所述的一些基本能力是高校基金会筹款人胜任力的基础，但也要结合高等教育和大学筹资的特征来进一步详细分析高校基金会筹款人的专业能力。

二　行业协会视角：课程体系下的能力要求

美国是一个慈善事业较为发达的国家，随着美国经济实力的增强、慈善文化和公益组织的发展，筹款人已经成为一个专业化职业。筹款人员培训是专业联合会推动的结果，所以美国形成了众多的行业协会来管理、认证、培养筹款人，如美国筹款人协会（Association of Fundraising Professionals，AFP）、教育促进与支持委员会（Council for Advancement and Support of Education，CASE）、美国学院和大学商务官员协会（National Association of College and University Business Officers，NACUBO）和美国印第安纳大学礼来家族慈善学院（Indiana University Lilly Family School of Philanthropy）。这些组织为筹款人提供专业培训，要想成为专业的筹款人，途径之一就是在这些行业协会学习专业课程来获得证书[①]。从它们提供的课程中可以看出美国筹款人的能力要求（见表 1~4）。

---

① Correcting Fundamental Misunderstandings of College Endowments，https://www.aau.edu/news-room/barbaras-blog/college-endowments，最后访问日期：2025 年 4 月 2 日。

表 1　AFP 课程类型、名称及其能力要求（部分）

课程类型	课程名称	能力要求
基础课程	如何进行综合发展计划	策划能力、整合能力
	营销和沟通的要素	营销能力、沟通能力
	发展并维持潜在的和当前捐赠者	沟通洞察和关系维护能力
	在适当的管理下进行筹款	管理能力、筹款能力
注册筹款执行官	新冠背景下如何维系学生、校友和社区关系	建立关系能力、沟通能力
	合作是如何改变游戏规则的	合作能力
	在捐赠中形成社区文化	策划能力、宣讲能力
	如何应对积极的变化	应变能力、预测能力
	具有抗压性的领导力才能推动筹款前进	抗压能力、领导能力

资料来源：根据 AFP 官网公布的课程整理而来。

表 2　CASE 模块名称及课程内容

模块名称	课程内容
1. 情感智慧	1. 教育环境、当前和新出现的问题、情商
2. 战略思维	2. 变革管理、批判性思维、创新性问题解决
3.1 商业和金融敏锐度 3.2 行业/部门专业知识	3.1 基于数据的决策、财务流通、数据解释和呈现 3.2 特定晋升领域所需的知识和技能
4.1 领导力 4.2 诚信和职业道德	4.1 企业家精神、创新、人才管理、高管形象、持续学习 4.2 道德行为、建立和维护信任、个人责任、有效沟通
5.1 全球和文化能力 5.2 多样性、公平、包容、归属	5.1 倾听和学习、文化智力、理解偏差 5.2 创造归属文化，让所有人都能有所获得和融入
6.1 建立关系 6.2 超越晋升的领导力	6.1 建立共识、协作和团队合作、有效吸引志愿者和利益相关者、管理 6.2 探索区分领导者的能力、经验和品质，实现从行业专家到领导者的转变

资料来源：根据 CASE 官网公布的课程整理而来。

表 3　NACUBO 课程名称及课程内容

课程名称	课程内容
新兴领导人计划	高等教育现状、领导力基础、社会风格、有影响力的商业官员、理解高等教育商业模式、领导的五种实践、领导沟通、有效沟通财务信息、打造你的品牌、讲述你的职业故事、维持专业发展、经验教训和领导的未来
首席商务官的领导能力	在高等教育商务办公室取得成功所需的一些领导技能；成功的校园领导所需的沟通要素；在整个业务办公室建立关系的方法，以营造协作和成功的工作环境

课程名称	课程内容
捐赠基础	捐赠基金如何运作、资产分配、开支政策和实践、筹款、管理

资料来源：根据 NACUBO 官网公布的课程整理而来。

表4　礼来家族慈善学院课程名称及课程内容

课程名称	课程内容
筹款原则和技巧	学习如何针对不同的捐赠者采用不同的筹款方法，学习筹款的道德框架，学习筹款所需的技能、工具，培养信心
发展重大捐赠	学习如何利用已有捐赠者实现重大捐赠，学习"重大捐赠八步法"来识别捐赠者动机、建立关系、制订个性化捐赠计划
计划捐赠：正确的开始	学习不同的计划捐赠方案
管理资本活动	学习资本活动的五个关键阶段，学习如何组织志愿者参与资本活动
发展年度可持续性	学习如何建立年度基金
从基金会和赠款管理机构筹集资金	学习处理筹款流程，学习如何建立关系，学习如何撰写筹款提案，学习管理筹款
有效营销，成功筹资	学习营销策略，学习应对不同经济环境时的信息传递
小型非营利组织筹资	学习"六步框架"，学习利用董事会成员和志愿者来筹款
数字筹款简介	学习数字筹款趋势，学习如何构建受众，学习举办数字筹款活动的策略
数字筹款：超越基础	学习如何建立数字筹款平台，学习如何使用电子邮件营销，学习如何使用社交媒体筹资
领导您的数字筹款	学习如何通过管理预算、人员配置、数字化大额捐赠来提高数字筹款技能
让女性成为捐助者	学习如何让女性成为捐赠者
从商业部门筹集资金	学习如何为企业和慈善组织创造双赢的机会，学习企业领导者的语言体系
目标明确的董事会，强大的筹款	学习如何利用董事会合作制订行动计划，以改善慈善文化，改进董事会招聘和培训
了解慈善事业	学习慈善作为"公益自愿行动"的独特影响力，包括慈善捐赠的自愿行动
筹款的艺术	学习积极倾听、同理心、情商和其他以他人为中心的技能
筹款伦理	学习并应用道德原则，这些原则奠定了与捐赠者建立信任关系的基础
有效领导，成功筹款	学习如何雇佣最好的员工，并在领导上司和董事会的过程中采用行之有效的员工管理方法

续表

课程名称	课程内容
非营利组织领导人的财务分析	学习预算和财务战略、风险和现金流管理、债务收入比以及融资动态
面向21世纪的非营利管理	学习如何确立组织的战略方向，并激励员工和志愿者遵循
任务影响的项目评估	学习如何衡量项目的有效性和相关性，清楚地向捐赠者展示他们的捐赠如何使你的使命成为可能
战略规划和非营利组织领导	学习如何领导一个有效且真正的战略规划过程

资料来源：根据礼来家族慈善学院官网公布的课程整理而来。

这些行业协会提供的课程反映了职业筹款人的能力要求，它们所反映的通用能力包括筹款能力、沟通交流能力、宣讲营销能力、管理能力、合作能力、领导能力等。除了这些"硬技能"，这些课程还强调诸如情感智慧能力、倾听能力、职业道德能力、包容能力、批判性思考能力等一些"软技能"。而礼来家族慈善学院更是关注到了数字筹款这一新型筹款领域，因此数字筹款能力也是现代筹款人应该具备的能力。此外，慈善伦理也是美国行业协会比较关注的重点，因此筹款人个人特征要符合慈善伦理所推行的价值观念。

三 一流大学视角：职业体系下的能力要求

美国许多一流大学都是私立性质，这就决定它们的办学经费不能完全依赖政府，而恰恰越优秀的大学越能吸引到社会捐赠。根据 NACUBO 提供的数据，截至2021财年末，获赠最多的大学前五名分别是哈佛大学、得克萨斯大学系统（综合了多个大学，体量较大，所以这里不予讨论）、耶鲁大学、斯坦福大学和普林斯顿大学。这些大学与筹款有关的部门职位描述反映了筹款人的能力要求（见表5）。

表5 美国一流大学筹款部门职位描述

大学	部门/职位	职位描述
哈佛大学	校友关系和资源发展部门/发展主任	管理捐赠者；制定培养、募捐和管理战略；访问捐赠者，识别潜在捐赠者，评估捐赠潜力；与其他部门合作筹资
	校友事务和发展部门/高级发展主任	管理大额捐赠者；与其他部门合作，维持与大额捐赠者的关系；合作挖掘大额捐赠者的捐赠兴趣；开发大额捐赠策略；开展管理大额捐赠者的活动

大学	部门/职位	职位描述
耶鲁大学	重要捐赠部门/副主任	掌握并理解学校筹款实践,具有捐赠信息追踪能力;既能独立工作也能合作工作;良好的领导能力,包括良好的人际管理能力、口头和书面表达能力;具备强大的分析和决策能力;具有良好的创新能力、问题解决能力、注重细节和组织能力
	重要捐赠部门/区域主任	管理大额捐赠者;与大额捐赠者、志愿者、教员和管理人员积极沟通交流;具有筹办高额筹款活动的能力;具备优秀的书面和口头沟通能力、较强的社交能力;具备优秀的组织和分析能力;具有主动性、创造力,愿意承担个人责任
斯坦福大学	捐赠计划办公室/助理主任	较强的社交和沟通能力;激励捐赠者能力,且能够与他们合作的能力;较强的组织能力、多任务处理能力;使用办公软件的能力;掌握标准和复杂的慈善捐赠技巧
	发展办公室/高级发展主任	管理筹款计划的能力;与大额捐赠人、企业高管和社区领袖合作的能力;处理多任务的能力;优秀的倾听能力;维护捐赠者长期关系的能力;在学术环境中工作的能力
普林斯顿大学	年度捐赠副主任	领导能力,能与不同的人合作;强大的组织能力、独立工作能力、决策能力和项目管理能力;良好的团队合作、项目启动能力,具有批判性思维和判断能力;优秀的书面和口头表达能力;良好的问题解决能力;激励志愿者的能力

资料来源:根据哈佛大学、耶鲁大学、斯坦福大学和普林斯顿大学官网公布的职位要求整理而来。

通过对美国四所一流大学筹款人工作进行分析,可以发现一些共同之处。第一,筹款涉及全校各个部门、各个学院的许多人员,因此沟通能力和团队合作能力十分重要。第二,筹款工作与大学使命和大学发展息息相关,因此,专业的筹款人必须学会"讲好大学故事",具备大学使命的宣介能力。第三,大学强调志愿者的重要性,通过他们的宣传、外联、组织活动等工作能够扩大本校筹款工作的影响力,从而快速吸引到捐赠者,因此,筹款人需要具备领导能力和培训能力。第四,大学强调校友和捐赠者服务,这不仅能够吸引捐赠者再捐赠,也能发展出潜在的新捐赠者,因此,筹款人要具备良好的服务能力、组织能力和人际拓展能力。第五,现代化的管理系统能够精准刻画出捐赠者的肖像特点,并对捐赠者信息进行系统管理,从而使筹款更具针对性和精确性。因此,筹款人需要具备管理能力、现代信息技术操作能力和分析能力。第六,四所大学都强调媒介报道的重要性,因为这是快速推广筹款活动的手段,因此,筹款人要具备良好的书面表达能力和推广能力。第七,四所大学都十分重视基金投资,这也是现代高校基金会得以成功生存的核心。合适的基金投资不仅能让资本发挥出造血作用,更能让捐赠者尤其是大额捐赠者对学校的基金运营产生信心，从而与学校维持稳定的捐赠关系。因此，筹款人还要具备财务规划能力。

四 劳动力市场视角：招聘需求下的能力要求

市场决定需求，劳动力市场最能反映雇主对于筹款人的胜任力要求。本报告收集了国外招聘网站 Mighty Recruiter、LinkedIn、Betterteam 以及专为初创公司筹资服务的 Aquilas 发布的筹款人招聘信息，从招聘信息中可以总结出国际劳动力市场对于筹款人的实际能力要求（见表6）。

表6 不同招聘网站对筹款人职业的职位要求

信息来源	职位要求
Mighty Recruiter	达到或超过筹资目标；研究潜在的捐赠者；筹资方案策划；利用社交媒体促进筹款；协调志愿者和实习生参与活动；制作营销材料；分析绩效以提高效率；管理捐赠者信息记录；建立新的捐赠关系；与其他组织和团体合作
LinkedIn	与捐赠者和志愿者合作；挖掘潜在捐赠者；与利益相关者建立关系；维持捐赠关系；向捐赠者传达使命、愿景和方案；起草筹资申请和捐赠提议；策划并执行筹款活动；组织筹款活动并监督志愿者；管理预算并跟踪目标是否实现
Betterteam	研究潜在捐赠者；撰写筹资提案；创造营销活动；开展捐赠活动；维系捐赠关系；培训志愿者；具有领导能力
Aquilas	实施募捐战略；提供捐赠策略；识别新的筹款机会；计算预算；良好的领导能力；加强公关、营销、社交媒体和网站平台筹款工作；更新数据库；与各部门密切合作，鼓励跨团队工作和主动行动；与合作伙伴及捐赠者互动；发展长期捐赠关系；参加讲习班或其他活动

资料来源：根据 Mighty Recruiter、LinkedIn、Betterteam 以及 Aquilas 官网公布的职位要求整理而来。

基于上述四个招聘网站的信息分析，发现它们对筹款人的能力要求存在共性。第一，筹款人与营销者类似，筹款人基本要拥有营销人员应该具备的能力，如挖掘客户、沟通交流、关系维护、营销和促销、宣传和执行等能力。第二，筹款人的能力要求高于一般营销人员。一般营销人员基本属于"卖方"的角色，但筹款人角色的职责更加立体。筹款人要具备良好的行业洞察力，应该明白本行业的发展前景是什么、什么是值得投资的、什么是捐赠人关注的；筹款人还要具备筹款策划、战略实施、需求评估、项目开发等能力。对捐赠者关系的优化要求筹款人具备信息资源整合、关系建设和发展等能力；对捐赠基金的优化要求筹款人具有一定的财务管理、市场预测等能力。第三，筹款人还要具备利用信息技术的能力、抗压能力、抗风险能力。第四，筹款人角色具有一定的领导属性，需要领导整个团队和志愿者一起协调工作，因此，筹款人还要具备领导能力。

五　高校基金会筹款人胜任力指标体系生成和修正

（一）高校基金会筹款人胜任力指标体系构建流程设计

本报告首先采用三级编码方式对已有文献和资料进行整理，提炼出高校基金会筹款人胜任力指标，从而拟定指标体系；其次采用德尔菲法，通过多位专家的评分和意见来修正胜任力指标体系；最后采用层次分析法对胜任力指标进行权重赋值，形成最终的高校基金会筹款人胜任力指标体系。

（二）高校基金会筹款人胜任力指标体系初步建立

根据扎根理论，编码过程分为开放式编码、主轴式编码和选择式编码三个阶段。在开放式编码阶段，通过对原始资料的整理和理解，按照最大可能性原则进行语句提取。在原始资料中共提取出高校基金会筹款人胜任力原始语句134条，在此基础上将含义相近的原始语句概括为初始概念。例如，将"营销和沟通的要素""发展并维持潜在的和当前捐赠者""新冠背景下如何维系学生、校友和社区关系""学习如何建立关系"等归纳为"良好的沟通交流能力"；将"掌握并理解学校筹款实践，具有捐赠信息追踪能力""识别潜在捐赠者，评估捐赠潜力""学习'重大捐赠八步法'来识别捐赠者动机、建立关系、制订个性化捐赠计划"等归纳为"挖掘潜在捐赠人的能力"等。经过"本土化"概念提炼、整合同类概念后得到"良好的沟通能力""挖掘潜在捐赠人的能力""宣传大学文化的能力""筹备大型筹款活动的能力"等64个初始概念。为检验理论饱和度，本报告在遵循同样的编码原则上进行第二轮开放式编码，结果并无新的编码产生。接着，在得到初始概念的基础上再进行主轴式编码，将64个初始概念进行归类整合，得到"了解大学使命""传播大学使命""解答大学使命""促进使命认同""挖掘客户""维系捐赠关系"等28个基本范畴，并根据基本范畴的初始概念，结合高校基金会实践工作，得出基本范畴的定义（见表7）。最后，进行选择式编码，借助"因果条件—现象—行动策略—结果"的分析工具识别各基本范畴之间的逻辑关系，整合基本范畴，形成主范畴（见表8）。

表 7　主轴式编码结果

基本范畴	基本范畴的含义
了解大学使命	能够掌握大学发展使命、愿景和目标
传播大学使命	能够向捐赠者传播大学的发展使命、前景和目标
解答大学使命	能够解答捐赠者关于大学发展的相关问题
促进使命认同	通过多种方式促进捐赠人对大学使命愿景的理解和认同
挖掘客户	能够挖掘出符合大学发展的潜在捐赠者
维系捐赠关系	能够通过各种形式维护好捐赠者关系
发展策略	能够制定年度关系发展宏观策略
信息管理	能够对捐赠者的信息资料进行分类追踪更新
整合需求	能够整合各学院需求，并向大学发展使命靠拢
项目策划	根据需求策划出完整的捐赠项目
活动组织	能够在学院、学校、社区等不同层次组织筹款活动
劝募能力	能够通过强大的共情能力成功劝募捐赠者捐赠
沟通谈判	能够与捐赠者谈判形成最终捐赠协议
伦理道德	能够遵守高校基金会行业的伦理道德
政策理解	能够掌握一定的捐赠及税收政策
捐赠规划	能够对捐赠人的捐赠提出合理建议
成本控制	能够控制好捐赠活动的成本
质量管控	能够对项目实施质量把好关
跟踪反馈	能够跟进项目实施并向捐赠者反馈项目情况
目标评价	能够对项目的目标达成度进行评价
风险管理	能够应对项目中出现的突发情况
信任文化	能够建立与捐赠者之间的信任文化
慈善文化	能够建立教育慈善文化
参与文化	能够建立捐赠者参与文化
大学文化	能够在筹款过程中传承、创新大学自身文化
部门沟通	能够与校长、副校长、董事会等领导以及其他相关部门就筹款事项有效沟通
团队建设	能够组织建立并领导好自己的高校基金会专业筹款团队
志愿者管理	能够招募并指导学生或社会志愿者

表8　选择式编码结果

主范畴	主范畴内涵	包含的基本范畴
A 使命营销	通过筹集资金来实现大学使命、愿景和目标，因此高校基金会筹款人要具备营销大学使命、愿景和目标的能力	A1 了解大学使命
		A2 传播大学使命
		A3 解答大学使命
		A4 促进使命认同
B 关系培育	学校与捐赠者的关系有两条发展路径，一是挖掘、培育潜在捐赠者，二是维护现有捐赠者	B1 挖掘客户
		B2 维系捐赠关系
		B3 发展策略
		B4 信息管理
C 专业筹款	高校基金会筹款人的核心能力，高校基金会筹款人需要具备从需求整合到筹款落地的专业能力	C1 整合需求
		C2 项目策划
		C3 活动组织
		C4 劝募能力
		C5 沟通谈判
		C6 伦理道德
D 财务规划	财务规划是增强高校基金会运作能力最重要的体现，一方面高校基金会筹款人要帮助捐赠者规划捐赠，另一方面还要控制成本	D1 政策理解
		D2 捐赠规划
		D3 成本控制
E 项目管理	高校基金会筹款人还需要充当项目经理的角色，在成功筹集到资金后，还要对项目进行全程管理	E1 质量管控
		E2 跟踪反馈
		E3 目标评价
		E4 风险管理
F 文化塑造	高校基金会筹款人一方面要塑造社会整体的慈善文化，另一方面还要塑造大学公益文化	F1 信任文化
		F2 慈善文化
		F3 参与文化
		F4 大学文化
G 团队管理	高校基金会筹款人要具备统筹不同部门工作的能力，还要建立自己的工作团队，同时管理学生志愿者	G1 部门沟通
		G2 团队建设
		G3 志愿者管理

通过三级编码，最终构成了原始版的高校基金会筹款人胜任力指标体系，包含7个一级指标（主范畴）和28个二级指标（基本范畴）。

（三）高校基金会筹款人胜任力评价指标体系修正

为了保证通过编码得到的高校基金会筹款人胜任力指标体系的可靠性和科学性，本报告采用德尔菲法对该指标体系进行修正。通过发放问卷的形式邀请专家对于该指标体系中各个指标的必要性、明确性进行评议，并询问专家是否有需要补充的指标。在发放问卷时隐藏各位专家信息，以免专家之间互相影响造成结果误差。

1. 专家选择与判定

根据 Kochtanek 等人的研究，德尔菲法在使用时挑选的专家人数在 15 至 50 名之间效果最好（Kochtanek & Hein，1999），本报告选择 30 名专家作为问卷对象，其中有 6 名教授/研究员、10 名副教授/研究员、14 名高校基金会工作人员。同时，为了保证专家意见的可靠性，对专家权威程度进行检验。在德尔菲法中，影响专家权威程度 C_r 的因素有两个：一是专家对指标做出判断的依据 C_a，另一个是专家对问题的熟悉程度 C_b。计算公式如公式（1）所示，一般认为 $C_r \geq 0.7$ 即表示该专家较为权威（吴扬，2018）。C_a 和 C_b 指标及赋值如表 9 所示。

$$C_r = \frac{C_a + C_b}{2} \tag{1}$$

表 9　专家判断依据和熟悉程度指标及赋值

判断依据	对专家影响			熟悉程度	赋值
	大	中	小	很熟悉	1.0
实践经验	0.8	0.6	0.4	熟悉	0.8
理论分析	0.6	0.4	0.2	比较熟悉	0.4
同行了解	0.4	0.2	0.2	不太熟悉	0.2
直觉	0.1	0.1	0.1	不熟悉	0.0

计算结果表明，有 4 位专家的 C_r 值小于 0.7，分别为 0.65、0.60、0.59 和 0.57，因此排除这 4 位专家的问卷结果，且后续问卷调查只针对另外 26 位专家。

2. 指标修正

（1）指标必要性分析

首先判断指标是否必要，判断标准为"必要性"的百分比和变异系数。将"必要性"分为 5 个等级并进行赋值，从"非常必要"到"不必要"分别为 5 分、4 分、3 分、2 分和 1 分，然后计算每个指标 5 分和 4 分频数占总数的百分比，当"必要性"百分比<60%时即可认为该指标不必要（秦小燕、初景利，2020）。变异系数 V_i 可以反映专家对于同一指标是否必要的一致性，如果 $V_i>0.25$ 则表示专家对于同一个指标必要性的意见并不统一，需要根据专家反馈结果重新修正，其计算公式见公式（2）和公式（3）。在公式（2）和公式（3）中，σ_i 是指标 i 必要性得分的标准差，C_i 是指标 i 必要性得分的算术平方数，n 为参与评分的专家人数，C_{ij} 为专家 j 对指标 i 的必要性评分值。

$$V_i = \frac{\sigma_i}{C_i} \tag{2}$$

$$\sigma_i = \sqrt{\frac{1}{n} \sum_{j=1}^{n} (C_{ij} - C_i)^2} \tag{3}$$

计算结果表明，在对专家评分的初始 28 项二级指标中，A3 指标的"必要性"百分比为 49%，小于 60%，因此予以剔除；B3 指标的"必要性"变异系数为 0.44，大于 0.25，表明专家对于该指标的必要性认可度不一致。根据专家的反馈意见，指标 B3"发展策略"与指标 B2"维系捐赠关系"重合，由于在维系捐赠关系的时候必定会包含制定一系列的关系发展策略，因此将指标 B3 删除。其他指标的"必要性"百分比和变异系数均在可接受范围内。

（2）指标明确性分析

其次判断指标是否明确，判断标准为"明确性"评议组平均值 b_i，见计算公式（4）。当 $b_i>4$ 时，表明该指标较为明确（宋化民、肖佑恩，1990）。将"明确性"分为 5 个等级并进行赋值，从"非常明确"到"不明确"分别记为 5 分、4 分、3 分、2 分和 1 分。在公式（4）中，n 表示参加明确性评分的人数，b_{ij} 表示专家 j 对指标 i 的明确性评分值。

$$b_i = \frac{1}{n} \sum_{j=1}^{n} b_{ij} \tag{4}$$

计算结果表明，专家对于 C5 指标的明确性不够满意（$b_i=5.2$），专家表示沟通谈判能力并不能单独放在某一个一级指标下，因为沟通谈判能力贯穿整个筹款过程。此外，沟通谈判能力属于"软技能"，"拥有良好的沟通谈判能力"这种表述似乎属于个人特质，该指标体系从筹款的具体行动构建而来，因此"沟通谈判"指标并不适合放在这里。在问卷的开放式问题中，有专家认为，随着互联网捐赠的普及，大学筹款也应当拓宽渠道，高校基金会筹款人也要掌握线上筹款的基本技能，因此，"在线筹款"也应当纳入"专业筹款"一级指标中。本报告听取专家意见，并查阅有关文献，发现美国许多一流大学的确在发展"在线筹款"，并且礼来家族慈善学院课程体系中有"数字筹款简介"、"数字筹款：超越基础"以及"领导您的数字筹款"三大课程。因此，本报告增加"数字化筹款"指标。还有专家认为，在"项目管理"一级指标下应当加入"项目规划"二级指标，高校基金会筹款人要能够根据捐赠项目协议制定项目实施规划。本报告纳入专家意见，最终形成修正后的高校基金会筹款人胜任力指标体系（7个一级指标和27个二级指标）（见表10）。

表 10　修正后的高校基金会筹款人胜任力指标体系

一级指标	二级指标	内涵
A 使命营销	A1 了解大学使命	能够熟练掌握大学的使命、愿景和重大发展战略
	A2 讲好大学故事	能够恰当地向捐赠者讲述大学的历史、使命、愿景和战略
	A3 促进使命认同	通过多种方式促进捐赠人对大学使命愿景的理解和认同
B 关系培育	B1 挖掘潜在捐赠人	能够挖掘出符合大学发展需要的潜在捐赠者
	B2 捐赠人关系培育	能够根据捐赠人特点制定关系培养策略并维护好捐赠关系
	B3 捐赠人信息管理	能够对捐赠者的信息资料进行分类管理并追踪更新
C 专业筹款	C1 需求整合	能够有效整合学校和捐赠人的需要
	C2 项目策划	能够根据需求策划合适的捐赠项目
	C3 活动组织	能够在学院、学校、社区等不同层次组织筹款活动
	C4 劝募能力	能够通过强大的共情能力开展劝募及谈判工作
	C5 伦理道德	能够遵守高校基金会行业的伦理道德规范
	C6 数字化筹款	能够利用数字化平台、多媒体平台进行数字化筹款
D 财务规划	D1 政策理解	能够熟练掌握捐赠及税收政策
	D2 捐赠规划	能够对捐赠人的财务规划提出合理建议
	D3 成本控制	能够控制好筹款活动的成本
E 项目管理	E1 项目规划	根据捐赠项目协议制定项目实施规划
	E2 质量管控	能够科学制定项目质量标准并及时把控项目实施质量
	E3 跟踪反馈	能够及时向捐赠者反馈项目执行情况
	E4 风险管理	能够有效管理项目中出现的各种突发情况
	E5 绩效评价	能够对项目的执行绩效进行评价
F 文化塑造	F1 信任文化	能够建立与捐赠者之间的信任文化
	F2 慈善文化	能够建立教育慈善文化
	F3 参与文化	能够建立捐赠者参与文化
	F4 大学文化	能够在筹款过程中传承、创新大学文化

一级指标	二级指标	内涵
G 团队管理	G1 部门沟通	能够与校领导、校友会基金会领导及相关部门有效沟通
	G2 团队建设	能够组织建立并领导好自己的工作团队
	G3 志愿者管理	能够招募并指导学生或志愿者

六 高校基金会筹款人胜任力指标权重确定

本报告选择上述 C_i 值最高的 20 位专家发放调查问卷，借用层次分析法（Analytic Hierarchy Process，AHP）确定指标权重。AHP 是一种系统分析与决策的综合评价方法，它较为合理地解决了定性问题定量化的处理过程。它把复杂问题分解为多个组成因素，又将这些因素按支配关系分别形成递阶层次结构，通过两两比较的方法确定决策方案相对重要度的总排序。AHP 分为三个步骤：一是构建层次结构模型，二是构造判断矩阵并进行一致性检验，三是计算矩阵得分得出权重结果。本报告使用 SPSSPRO 软件进行数据分析。

（一）构建层次结构模型

高校基金会筹款人胜任力指标体系如表 10 所示，目标层为"高校基金会筹款人胜任力指标"，准则层包含 7 个一级指标，测度层包含 27 个二级指标。

（二）构造判断矩阵并进行一致性检验

判断矩阵用于同一层次之间的两两比较，是 AHP 的核心步骤。判断矩阵由专家进行填写，反映了专家对于两两因素比较后的相对重要性，通常采用 Saaty 提出的 1~9 及其倒数标度法（见表 11）。由于判断矩阵只能判断同一层次中的因素，因此本报告需要构造 1 个一级指标判断矩阵和 7 个二级指标判断矩阵。由于篇幅限制，现仅展示 1 位专家构造出的一级指标判断矩阵（见表 12）。

表 11 Saaty 指标相对重要性标度法

标度值	含义
1	两元素相比，同等重要
3	两元素相比，前者稍微重要

续表

标度值	含义
5	两元素相比，前者比较重要
7	两元素相比，前者非常重要
9	两元素相比，前者绝对重要
2, 4, 6, 8	重要程度分别介于上述标度中间值
倒数值	若元素 i 与元素 j 的重要性之比为 m，则元素 j 与元素 i 的重要性之比为 1/m

表 12　1 位专家对一级指标的判断矩阵示例

	使命营销	关系培育	专业筹款	财务规划	项目管理	文化塑造	团队管理
使命营销	1	1/7	1/8	1/7	1/6	2	1/5
关系培育	7	1	1/7	1/5	3	7	2
专业筹款	8	5	1	6	5	9	5
财务规划	7	1/2	1/6	1	1/2	5	1/3
项目管理	6	2	1/5	2	1	7	2
文化塑造	1/2	1/7	1/9	1/5	1/7	1	1/5
团队管理	5	1/2	1/5	3	1/2	5	1

表 12 的判断矩阵结构如下：

$$P = \begin{bmatrix} 1 & 1/7 & 1/8 & 1/7 & 1/6 & 2 & 1/5 \\ 7 & 1 & 1/7 & 1/5 & 3 & 7 & 2 \\ 8 & 5 & 1 & 6 & 5 & 9 & 5 \\ 7 & 1/2 & 1/6 & 1 & 1/2 & 5 & 1/3 \\ 6 & 2 & 1/5 & 2 & 1 & 7 & 2 \\ 1/2 & 1/7 & 1/9 & 1/5 & 1/7 & 1 & 1/5 \\ 5 & 1/2 & 1/5 & 3 & 1/2 & 5 & 1 \end{bmatrix}$$

接着使用方根法计算判断矩阵的特征向量 $\overline{W_i}$，计算公式如公式（5）所示，其中 m 表示矩阵元素数量，a_{ij} 表示元素 i 与元素 j 的重要性比值。在此基础上将特征向量转化为权重向量，计算公式如公式（6）所示。此时完成各元素权重的计算。

$$\overline{W_i} = \sqrt[m]{\Pi_{j=1}^{m} a_{ij}} \tag{5}$$

$$W_i = \frac{\overline{W_i}}{\sum_{j=1}^{m} \overline{W_j}} \tag{6}$$

由于 AHP 是一种主观赋分法，专家在两两比较时可能会产生误差，因此还要进行一致性检验。利用最大特征根 λ_{max} 算出一致性比率 CR 值，若 CR<0.1 则表示矩阵一致性良好（宋化民、肖佑恩，1990）。λ_{max} 和 CR 值计算公式如公式（7）、公式（8）所示。其中，AW 为判断矩阵＊标准化后的权重。

$$\lambda_{max} = \frac{1}{m}\sum_{i=1}^{m}\frac{(AW)_i}{W_i} \tag{7}$$

$$CR = \frac{CI}{RI} \tag{8}$$

$$其中，CI = \frac{\lambda_{max}-m}{m-1} \tag{9}$$

RI 是多阶判断矩阵的平均随机一致性指标，其值随指标数变化而变化，本报告一级指标的指标数为 7，因此 RI 值为 1.32（见表 13）（贺山峰等，2016）。

表 13　多阶判断矩阵 RI 值

阶数 m	1	2	3	4	5	6	7	8	9
RI	0	0	0.58	0.90	1.12	1.24	1.32	1.41	1.45

本报告借助 SPSSPRO 软件计算每位专家所给的权重值和 CR 值，若每位专家每次矩阵判断的 CR 值均小于 0.1，则表示他们的判断有效。结果显示，所有专家的每个矩阵判断 CR 值均小于 0.1。

（三）计算矩阵得分得出权重结果

本报告借助 SPSSPRO 软件计算指标权重，然后求取平均值得出最终的指标权重，详细结果见表 14~21。

表 14　20 位专家对一级指标权重评定结果

	使命营销	关系培育	专业筹款	财务规划	项目管理	文化塑造	团队管理
专家 1	0.0269	0.1425	0.4418	0.0840	0.1699	0.1125	0.0224
专家 2	0.0455	0.1287	0.2111	0.0852	0.2656	0.1912	0.0727
专家 3	0.0471	0.2721	0.3183	0.1538	0.1173	0.0473	0.0441
专家 4	0.0677	0.1422	0.1964	0.0761	0.2919	0.1521	0.0736
专家 5	0.0479	0.2700	0.1319	0.1786	0.2093	0.1037	0.0586

	使命营销	关系培育	专业筹款	财务规划	项目管理	文化塑造	团队管理
专家 6	0.0366	0.2056	0.1742	0.0896	0.2032	0.0243	0.2665
专家 7	0.0498	0.1546	0.2320	0.1267	0.2460	0.0264	0.1645
专家 8	0.0123	0.1234	0.3000	0.1456	0.2567	0.0633	0.0987
专家 9	0.0098	0.1123	0.3101	0.1345	0.2673	0.0761	0.0899
专家 10	0.0156	0.1321	0.2987	0.1564	0.2456	0.0637	0.0879
专家 11	0.0087	0.1098	0.3012	0.1423	0.2701	0.0801	0.0878
专家 12	0.0112	0.1209	0.2998	0.1678	0.2401	0.0803	0.0799
专家 13	0.0078	0.1111	0.3056	0.1321	0.2554	0.0902	0.0978
专家 14	0.0145	0.1356	0.2901	0.1523	0.2478	0.0774	0.0823
专家 15	0.0067	0.1055	0.3114	0.1234	0.2678	0.0954	0.0898
专家 16	0.0132	0.1278	0.2898	0.1765	0.2301	0.0837	0.0789
专家 17	0.0089	0.1198	0.3009	0.1398	0.2501	0.0903	0.0902
专家 18	0.0167	0.1423	0.2876	0.1487	0.2345	0.0904	0.0798
专家 19	0.0056	0.1023	0.3156	0.1123	0.2783	0.0958	0.0901
专家 20	0.0101	0.1256	0.2965	0.1676	0.2232	0.0970	0.0800
平均权重	0.02313	0.14421	0.28065	0.134665	0.23851	0.08706	0.091775

表15　20位专家对"使命营销"下的二级指标权重评定结果

	了解大学使命	讲好大学故事	促进使命认同
专家 1	0.0973	0.3330	0.5695
专家 2	0.1365	0.6250	0.2385
专家 3	0.2000	0.2000	0.6000
专家 4	0.0780	0.2872	0.6348
专家 5	0.1427	0.4286	0.4286
专家 6	0.2345	0.3654	0.4001
专家 7	0.3123	0.3876	0.3001
专家 8	0.1876	0.4213	0.3911
专家 9	0.2789	0.3333	0.3878
专家 10	0.3456	0.2987	0.3557
专家 11	0.2134	0.4012	0.3854
专家 12	0.3012	0.3567	0.3421
专家 13	0.2567	0.3789	0.3644

	了解大学使命	讲好大学故事	促进使命认同
专家 14	0.1987	0.4321	0.3692
专家 15	0.2890	0.3450	0.3660
专家 16	0.3333	0.3000	0.3667
专家 17	0.2456	0.3987	0.3557
专家 18	0.3210	0.3330	0.3460
专家 19	0.2678	0.3678	0.3644
专家 20	0.2011	0.4123	0.3866
平均权重	0.23206	0.37029	0.397635

表 16 20 位专家对"关系培育"下的二级指标权重评定结果

	挖掘潜在捐赠人	捐赠人关系培育	捐赠人信息管理
专家 1	0.2255	0.6738	0.1001
专家 2	0.1919	0.6337	0.1744
专家 3	0.1429	0.4286	0.4286
专家 4	0.1865	0.6870	0.1265
专家 5	0.2247	0.6098	0.1655
专家 6	0.0567	0.6890	0.2543
专家 7	0.0345	0.7213	0.2442
专家 8	0.0789	0.6667	0.2544
专家 9	0.0456	0.7111	0.2433
专家 10	0.0678	0.6778	0.2544
专家 11	0.0234	0.7321	0.2445
专家 12	0.0890	0.6555	0.2555
专家 13	0.0321	0.7222	0.2457
专家 14	0.0912	0.6444	0.2644
专家 15	0.0543	0.6999	0.2458
专家 16	0.0765	0.6666	0.2569
专家 17	0.0432	0.7000	0.2568
专家 18	0.0888	0.6333	0.2779
专家 19	0.0654	0.6888	0.2458
专家 20	0.0222	0.7444	0.2334
平均权重	0.092055	0.6693	0.23862

表 17　20 位专家对"专业筹款"下的二级指标权重评定结果

	需求整合	项目策划	活动组织	劝募能力	伦理道德	数字化筹款
专家 1	0.1352	0.4229	0.2383	0.0911	0.0663	0.0464
专家 2	0.0949	0.2392	0.1932	0.3941	0.0456	0.0330
专家 3	0.0602	0.0971	0.2019	0.1599	0.4172	0.0637
专家 4	0.1085	0.0488	0.0704	0.2296	0.4001	0.1425
专家 5	0.5511	0.1710	0.0466	0.0618	0.0887	0.0808
专家 6	0.1234	0.2345	0.0567	0.3456	0.1678	0.0720
专家 7	0.0876	0.3456	0.1789	0.1234	0.2012	0.0633
专家 8	0.1567	0.0987	0.3123	0.2567	0.0345	0.1411
专家 9	0.2134	0.1678	0.0345	0.3210	0.1890	0.0743
专家 10	0.0567	0.3123	0.2345	0.1456	0.1987	0.0522
专家 11	0.1987	0.0876	0.2890	0.2345	0.1345	0.0557
专家 12	0.0345	0.2567	0.3678	0.1678	0.1023	0.0719
专家 13	0.2345	0.1456	0.0987	0.3012	0.1789	0.0411
专家 14	0.1789	0.3012	0.1234	0.2678	0.0876	0.0411
专家 15	0.0987	0.2890	0.3333	0.1567	0.0678	0.0545
专家 16	0.1456	0.1987	0.2678	0.2134	0.1111	0.0634
专家 17	0.2678	0.0678	0.1890	0.3456	0.0789	0.0509
专家 18	0.0789	0.3333	0.2134	0.1987	0.0987	0.0770
专家 19	0.1111	0.2678	0.3012	0.1890	0.0678	0.0631
专家 20	0.1678	0.1234	0.3456	0.2345	0.0567	0.0720
平均权重	0.15521	0.21045	0.204825	0.2219	0.13967	0.068

表 18　20 位专家对"财务规划"下的二级指标权重评定结果

	政策理解	捐赠规划	成本控制
专家 1	0.1220	0.5584	0.3196
专家 2	0.1220	0.5584	0.3196
专家 3	0.1007	0.2255	0.6738
专家 4	0.0627	0.2851	0.6527
专家 5	0.3333	0.3333	0.3333
专家 6	0.1234	0.3456	0.5310
专家 7	0.3123	0.2345	0.4532

续表

	政策理解	捐赠规划	成本控制
专家 8	0.2567	0.4123	0.3310
专家 9	0.0876	0.5678	0.3446
专家 10	0.4321	0.1234	0.4445
专家 11	0.1987	0.3654	0.4359
专家 12	0.3890	0.2134	0.4976
专家 13	0.0567	0.6321	0.3112
专家 14	0.2890	0.4567	0.2543
专家 15	0.4123	0.3012	0.2865
专家 16	0.1678	0.5012	0.3310
专家 17	0.3333	0.4444	0.2223
专家 18	0.0987	0.6012	0.3001
专家 19	0.2222	0.5555	0.2223
专家 20	0.3654	0.3333	0.3013
平均权重	0.224295	0.402435	0.37829

表 19　20 位专家对"项目管理"下的二级指标权重评定结果

	项目规划	质量管控	跟踪反馈	风险管理	绩效评价
专家 1	0.3485	0.1846	0.0976	0.1846	0.1846
专家 2	0.2142	0.3324	0.1865	0.1046	0.1623
专家 3	0.0308	0.1318	0.2265	0.3287	0.2822
专家 4	0.0891	0.4616	0.0524	0.2666	0.1302
专家 5	0.0635	0.2205	0.3253	0.1874	0.2033
专家 6	0.1234	0.2345	0.1876	0.2012	0.2533
专家 7	0.1567	0.2567	0.1678	0.1987	0.2201
专家 8	0.1023	0.2678	0.1987	0.1890	0.2422
专家 9	0.0876	0.2890	0.2134	0.1789	0.2311
专家 10	0.1345	0.2789	0.1456	0.2012	0.2408
专家 11	0.0987	0.2912	0.2345	0.1678	0.2078
专家 12	0.1789	0.2456	0.1890	0.1567	0.2308
专家 13	0.1111	0.3012	0.1789	0.1345	0.2743
专家 14	0.1678	0.2666	0.2012	0.1234	0.2410
专家 15	0.0567	0.3123	0.2567	0.1023	0.2720

续表

	项目规划	质量管控	跟踪反馈	风险管理	绩效评价
专家 16	0.1987	0.2333	0.1345	0.2134	0.2201
专家 17	0.1456	0.3210	0.1111	0.1890	0.2333
专家 18	0.0789	0.3333	0.2222	0.0987	0.2669
专家 19	0.2134	0.2222	0.1567	0.1987	0.2090
专家 20	0.1890	0.3456	0.0876	0.1678	0.2090
平均权重	0.13947	0.276505	0.17869	0.17966	0.225715

表 20　20 位专家对"文化塑造"下的二级指标权重评定结果

	信任文化	慈善文化	参与文化	大学文化
专家 1	0.5388	0.2474	0.1369	0.0769
专家 2	0.1167	0.4044	0.1388	0.3401
专家 3	0.2039	0.2191	0.4995	0.0775
专家 4	0.2626	0.1803	0.0685	0.4887
专家 5	0.2500	0.2500	0.2500	0.2500
专家 6	0.1234	0.3456	0.2345	0.2965
专家 7	0.2345	0.2456	0.3210	0.1989
专家 8	0.0876	0.4123	0.2012	0.2989
专家 9	0.3123	0.1890	0.3012	0.1975
专家 10	0.1567	0.3654	0.1987	0.2792
专家 11	0.2890	0.2134	0.1678	0.3308
专家 12	0.0567	0.4567	0.2345	0.2521
专家 13	0.3654	0.1456	0.2567	0.2323
专家 14	0.1987	0.3890	0.1789	0.2334
专家 15	0.2678	0.2789	0.1234	0.3309
专家 16	0.1111	0.4321	0.1890	0.2678
专家 17	0.3333	0.1678	0.2222	0.2767
专家 18	0.0987	0.4890	0.1345	0.2778
专家 19	0.2222	0.3012	0.2678	0.2088
专家 20	0.1789	0.3555	0.2012	0.2644
平均权重	0.220415	0.304415	0.216315	0.25896

表 21　20 位专家对"团队管理"下的二级指标权重评定结果

	部门沟通	团队建设	志愿者管理
专家 1	0.5396	0.2970	0.1634
专家 2	0.5396	0.1634	0.2970
专家 3	0.4546	0.9091	0.4546
专家 4	0.2385	0.1365	0.6250
专家 5	0.1429	0.7143	0.1429
专家 6	0.3456	0.1234	0.5310
专家 7	0.2567	0.2345	0.5088
专家 8	0.1890	0.3123	0.5987
专家 9	0.4123	0.0876	0.5001
专家 10	0.4321	0.1567	0.4112
专家 11	0.3654	0.2890	0.3456
专家 12	0.5678	0.0567	0.3755
专家 13	0.3333	0.3654	0.3013
专家 14	0.4567	0.1987	0.3446
专家 15	0.3987	0.2678	0.3335
专家 16	0.5012	0.1111	0.3877
专家 17	0.2987	0.3333	0.3680
专家 18	0.6012	0.0987	0.3001
专家 19	0.4890	0.2222	0.2888
专家 20	0.5321	0.1789	0.2890
平均权重	0.40475	0.26283	0.37834

将各级权重逐层相乘计算全局权重，综合指标权重结果见表 22。

表 22　高校基金会筹款人胜任力指标权重体系

单位：%

一级指标	权重	二级指标	权重
使命营销	2.30	了解大学使命	0.53
		讲好大学故事	0.85
		促进使命认同	0.91
关系培育	14.42	挖掘潜在捐赠人	1.33
		捐赠人关系培育	9.65
		捐赠人信息管理	3.44

续表

一级指标	权重	二级指标	权重
专业筹款	28.07	需求整合	4.36
		项目策划	5.91
		活动组织	5.75
		劝募能力	6.23
		伦理道德	3.92
		数字化筹款	1.91
财务规划	13.47	政策理解	3.02
		捐赠规划	5.42
		成本控制	5.10
项目管理	23.85	项目规划	3.33
		质量管控	6.59
		跟踪反馈	4.26
		风险管理	4.28
		绩效评价	5.38
文化塑造	8.70	信任文化	1.92
		慈善文化	2.65
		参与文化	1.88
		大学文化	2.25
团队管理	9.62	部门沟通	3.72
		团队建设	2.42
		志愿者管理	3.48

七　高校基金会筹款人胜任力指标分析

一级指标按照权重从大到小依次是专业筹款（28.07%）、项目管理（23.85%）、关系培育（14.42%）、财务规划（13.47%）、团队管理（9.20%）、文化塑造（8.70%）和使命营销（2.30%）。《中国社会报》指出，作为财富分配的重要方式，慈善和经济发展水平、人民收入水平密切相关①，而我国尚

① 《营造健康、包容的慈善发展环境》，https://www.mca.gov.cn/article/xw/mtbd/202205/202205 00041822.shtml，最后访问日期：2023年3月4日。

处于发展中国家行列，人均 GDP 尚未达到发达国家水平，因此我国慈善事业还有很长的路要走。

（一）使命营销能力

大学筹款的本质就是通过筹集资金来实现大学使命、愿景和目标，因此高校基金会筹款人要具有使命营销能力。首先，高校基金会筹款人要站在战略的高度清晰地掌握大学的使命、愿景和重大发展规划。其次，高校基金会筹款人要"讲好大学故事"。"大学故事"包括历史、现状、愿景、使命、社会服务和发展战略，筹款人要在大学发展和捐赠者需求之间找到平衡点。筹款人要重点突出大学的社会服务能力，要让捐赠者知道自己的捐赠将为社会带来多大的贡献，通过大学的社会服务宣传来唤起捐赠者的社会责任感。最后，高校基金会筹款人要通过多种方式增进捐赠者对大学使命和愿景的理解和认同，这就要求高校基金会筹款人具有较强的情感共情和情感渲染能力，以及足智多谋的思维，能够组织丰富多彩的宣讲活动，增进捐赠者对大学使命和愿景的理解和认同。

（二）关系培育能力

学校与捐赠者的关系有两条发展路径：一是挖掘、培育潜在捐赠者，二是维护现有捐赠者。在挖掘、培育潜在捐赠者方面，高校基金会筹款人应该与校长、董事长和其他大学发展官员积极参与重要捐赠活动，从而协助他们挖掘新的潜在捐赠者。高校基金会筹款人还要不断收集、更新校友信息，尤其要关注在行业内取得成就的校友，通过邀请校友返校开展研讨、讲座、交流等活动增强与校友的联系，从而培育这些潜在捐赠者。高校基金会筹款人还可以通过现有捐赠者的人际关系网络来发展新的潜在捐赠者。在维护现有捐赠者方面，高校基金会筹款人要做好两方面的工作。一是通过对捐赠者的回访、活动邀请、授予荣誉等途径增强校友对学校的归属感，从而稳定捐赠关系，实现多次捐赠的目标。二是要把初级捐赠者发展成高额捐赠者。从国外一流大学筹资经验来看，高额捐赠拥有单独的管理部门，因此我国高校基金会也要发展出稳定的高额捐赠者，并给予他们较高的荣誉，如名誉院长、发展顾问、楼宇冠名等。高校基金会筹款人要从宏观层面规划出年度关系发展策略，按照捐赠者的捐赠额度确定何时组织活动、组织什么活动、组织谁来参加活动、在哪里组织活动、组织活动的预算等。此外，高校基金会筹款人要对捐赠者信息归类、管理、追踪和更新。捐赠者信息是关系维护的基础，筹款人要利用好信息管理系统，将捐赠者信息按照地域、所属行业、捐赠额度等维度进行分类，并实时更新维护。尤其要注重数据隐私的保护，可以设置网络访问权限，只有利用学校内网才可以查询关键信息。

（三）专业筹款能力

专业筹款能力是高校基金会筹款人的核心能力。第一，高校基金会筹款人需要搜集各学院的筹款需求，然后结合学校的发展愿景形成正式的筹款需求，这也是筹款人"讲好大学故事"的重要保障。同时高校基金筹款人还要了解和收集捐赠者的捐赠需求，然后将学校需求和捐赠者需求互相结合并寻求平衡。第二，高校基金会筹款人需要根据需求规划出详细的筹款项目和长期筹款战略，包括筹款活动的预算与经费、筹款投资计划等。在长期筹款规划上要体现学校长期发展战略和长期投资战略，确定多少款项用于教育发展、多少款项用于投资发展等。高校基金会筹款人要与校友和潜在捐赠者积极联系，确定参会人员，尤其要注意筹款活动的目的和领域与潜在捐赠者的捐赠需求和关注点是否一致。第三，高校基金会筹款人需要能成功组织活动。筹款人并不一定要亲自劝募，但必须为了活动组织相关人员参与，比如在大额捐赠活动中，高校基金会筹款人需要组织校长与大额捐赠者进行会面和交流。第四，高校基金会筹款人需要具有劝募能力，这是专业筹款能力的核心。通过美国行业协会、一流大学、市场招聘以及国外已有研究发现，高情商、共情能力、善于倾听、同理心和积极互动是劝募能力的关键。在成功劝募后还要能与捐赠者谈判形成捐赠协议。捐赠协议是捐赠者和学校之间的法律关系，能够保障捐赠者和学校双方的利益，所以高校基金会筹款人在与捐赠者谈判时应该努力在两种利益之间取得平衡。第五，高校基金会筹款人需要遵守捐赠的伦理道德。正直和专业是对高校基金会筹款人的伦理期望（Kochtanek & Hein, 1999）。高校基金会筹款人要诚实和正直，避免与捐赠者发生冲突；要做到遵守国家法律和学校规章制度，认真审查捐赠来源；要尊重捐赠者隐私，不将捐赠者信息透露给其他机构和个人。第六，高校基金会筹款人需要有数字化筹款能力。数字化捐赠是利用现代信息技术搭建的在线捐赠平台，以此寻找最佳捐赠者，这能大大减少筹款环节和经费，提升筹款效率和匹配度，高校基金会筹款人应将非重点项目逐渐转移至数字化平台。

（四）财务规划能力

从美国一流大学筹款经验来看，财务规划是增强高校基金会运作能力最重要的体现。首先，高校基金会筹款人需要掌握必要的捐赠及税收政策，尤其是大学捐赠方面的法律法规和政策。其次，高校基金会筹款人在了解税收政策的基础上，还要协助捐赠者规划捐赠。例如，根据捐赠者现有的资产情况合理建议捐赠形式和捐赠类型，保证捐赠者能在捐赠中最大限度获利；根据税收政策建议捐赠者的捐赠额度，保证最优的税收抵扣。最后，高校基金会筹款人还要合理控制捐赠活动筹备的成本，利用多种途径控制经费。例如，在场地选择上，可以利用学校大礼堂，也可以发动学生志愿者或者学校外联部拉赞助，总之要把经费用在能提升捐赠者参与幸福感的事项中。

（五）项目管理能力

高校基金会筹款人需要充当项目经理的角色，在成功筹集到资金后，还要对项目全程进行管理。第一，高校基金会筹款人要根据捐赠项目协议制定项目实施规划。实施规划是整个项目的指南与纲领，高校基金筹款人要确定项目目标、实施方案、预算编制、人员组织等，尤其要注意目标是否符合大学和捐赠者的需求。第二，高校基金会筹款人要把控好项目质量。项目质量的高低影响到项目目标能否实现。高校基金会筹款人在制定实施规划时就应该制定好阶段性和最终的项目质量标准，在把控项目质量时，要始终以目标为导向，确保项目既能把控学校发展方向，又能符合捐赠人的预期。第三，高校基金会筹款人要跟踪反馈项目全过程，确保项目的进度、成本、人员、方向等都符合项目方案的计划。在这一过程中，高校基金会筹款人要把握细节，秉持质量为第一要义的理念。高校基金会筹款人要根据项目实施情况，撰写项目进展报告，并及时向领导和捐赠人汇报反馈。第四，高校基金会筹款人要具备风险管理能力，能够应对项目中的突发状况和冲突。因此，高校基金会筹款人要有一定的风险预测能力，在制定项目方案的时候要充分预设到可能出现的风险并做好预案。对于项目中出现的冲突，高校基金会筹款人需要发挥强大的沟通协调能力，做好不同利益相关者的利益调和，把学校和捐赠者作为主要利益相关者，尽量确保学校和捐赠者利益的实现。第五，高校基金会筹款人要对项目进行绩效评价，评估项目达成既定目标的程度。高校基金会筹款人要有多维度评价能力，既要有项目过程评价，也要有项目成果评价，最重要的是判断该项目是否助力大学达成某一发展目标。

（六）文化塑造能力

由于我国大学筹款还未形成风气，社会上也缺乏浓厚的慈善和捐赠文化，高校基金会筹款人还要具备文化塑造能力。首先是信任文化的建立，即建立捐赠人与大学之间的互相信任，这一任务的关键是将高校基金会运作透明化。定期向捐赠者公开工作、披露捐赠资金走向并听取捐赠者建议，以增强捐赠者对大学的信任。其次是慈善文化的建立，高校基金会筹款人要通过各种社交媒体向公众宣传教育慈善的公益性、前景性和福祉性，让社会大众更深入地了解教育筹资的作用。高校基金会筹款人要利用主流媒体宣传卓有成效的教育筹款活动和舍己为人的伟大捐赠者事迹，从而在社会中形成"尚捐"的风气，努力创建一个具有慈善文化的社会。再次是参与文化的建立，即让捐赠者参与高校基金会甚至是大学的管理工作，这样既能增强捐赠者的捐赠信念，又能在大学管理中汇集来自不同领域的意见指导，从而形成良好的参与文化。最后是大学文化的建立，高校基金会筹款人要在筹款过程中传承、创新大学自身文化。大学文化是大学的软实力，也是吸引捐赠者捐赠的重要原因，历史的积淀与现代的传承碰撞出创新的火花，高校基金会筹款人要在筹款过程中大胆创新，使大学文化既能保留特色，又能与时俱进，更能符合捐赠者的捐赠需求。

（七）团队管理能力

高校基金会筹款人需要掌握强大的团队管理能力。首先，高校基金会筹款人要能够进行有效的跨部门沟通。筹款是一个事关校长、副校长等领导，以及董事会、学校发展部、规划部、财务部、校友基金会等多部门的活动，高校基金会筹款人必须能够协调好各部门工作，与领导和同事积极沟通筹款中可能会出现的问题，以细节为支撑、以目标为导向，与其他部门共同做好筹款工作。其次，高校基金会筹款人要建设好一支专业团队。团队凝聚力是团队强大的保障，只有当团队成员都理解并认同自己的工作目标和使命时，团队才能共同前进，因此高校基金会筹款人要将团队目标与大学使命、筹款目标相结合，制定相应的激励机制，鼓励团队成员将自己视作大学目标实现的重要影响者。高校基金会筹款人还要加强对自身团队专业素养、专业能力的培训，定期组织团队成员进修学习，努力为团队成员创造学习机会。最后，高校基金会筹款人在日常工作中还要发挥其高超的情感智慧，多站在团队成员的角度思考问题，在工作中既要显示作为筹款人的专业性，也要显示作为高等教育工作者的包容性。

除了专业团队，志愿者也是大学筹款的重要力量。志愿者按照身份可以分为学生志愿者和社会志愿者。要招募和吸纳富有热情、热爱公益的学生志愿者，将他们作为未来高校基金会筹款人加以培养，让他们在筹款活动中充分借助班级、学院、社团的力量。而社会志愿者是更加有影响力的组织，高校基金会筹款人要充分吸纳知名校友、行业领袖和优秀企业家代表，发挥他们的引领带头作用。当然，高校基金会筹款人要创造条件和机会给予志愿者相应的激励，让他们既能获得一定的物质回报，又能认识具有影响力的捐赠者。

八　结语

本报告运用文献分析、资料编码、德尔菲法和 APH 层次分析法构建了高校基金会筹款人胜任力指标体系，回应了人社部对于筹款人职业技能标准的分类，细分了筹款人的行业种类，有利于进一步深化我国高校基金会筹款人这一群体的职业胜任力标准建设。本报告所构建的高校基金会筹款人胜任力指标体系为测度该职业专业水平提供了较为完整和科学的量化工具，也为高校基金会筹款人培训课程设置提供了思路。

当然，本报告也存在诸多不足。一是未对构建的评价指标进行实证验证。指标主要靠个人编码整合而来，具有一定的主观性，其可靠程度还需要大规模的实际测评检验。二是未从不同性别视角赋予权重。国外的许多研究都是从性别视角入手探讨筹款人相关特质，因此在实践中男性与女性必然会有个人特质的不同，接下来的研究可以进一步从性别视角分析高校基金会筹款人的相关特质。三是在构建判断矩阵时只邀请了 20 位专家进行评分，所得出的指标权重可能并不完全符合实际，后续研究可以通过增加专家数量、运用混合研究方法进一步提高指标权重的科学性。

参考文献

贺山峰等，2016，《河南省城市灾害应急能力评价研究》，《资源开发与市场》第 8 期。

林成华、胡炜，2018，《美国一流大学"筹款人"角色模型与启示》，《中国高等教育》第 C2 期。

秦小燕、初景利，2020，《科学数据素养能力评价指标体系构建研究》，《图书与情报》第 4 期。

宋化民、肖佑恩主编，1990，《科学技术统计学》，中国石化出版社。

吴扬，2018，《融合幼儿班集体教学活动评价指标体系构建——基于德尔菲法的调查研究》，《中国特殊教育》第 10 期。

张博林、洪成文，2020，《美国大学筹款人员专业培训的价值、内容及实施》，《世界教育信息》第 12 期。

Bhati, A. & A. M. Eikenberry. 2016. "Faces of the Needy: The Portrayal of Destitute Children in the Fundraising Campaigns of NGOs in India." *International Journal of Nonprofit and Voluntary Sector Marketing* 21 (1): 31-42.

Boguch, J. 1994. "Organizational Readiness for Successful Fund Development: A Systematic and Holistic Approach." *New Directions for Philanthropic Fundraising* 5: 67-80.

Breeze, B. 2017. *The New Fundraisers: Who Organises Charitable Giving in Contemporary Society.* Bristol: Policy Press.

Counts, T. M. & J. A. Jones. 2019. "Fundraiser Education in the United States: Analysis of Existing University-Based Programs and Unique Training Needs." *The Journal of Nonprofit Education and Leadership* 9 (4): 344-359.

Croteau, J. D. & Z. A. Smith. 2011. *Making the Case for Leadership: Profiles of Chief Advancement Officers in Higher Education.* Lanham: Rowman And Littlefield Publishers.

Dale, E. J. 2017. "Fundraising as Women's Work? Examining the Profession with a Gender Lens." *International Journal of Nonprofit and Voluntary Sector Marketing* 4: 1605.

Dale, E. J. & B. Breeze. 2022. "Making the Tea or Making it to The Top? How Gender Stereotypes Impact Women Fundraisers'Careers." *Voluntary Sector Review* 13 (1): 19-36.

Hall, H. 2010. "Fund-Raising Job Market Starts to Thaw." *Chronicle of Philanthropy* 22: 15.

John, H. 2015. "The Anthropology of Giving: Toward a Cultural Logic of Charity." *Journal of Cultural Economy* 8 (4): 501-520.

Jones, J. A. & D. Daniel. 2018. "A Method for Research and Practice: Using a Developmentally Informed Interview to Increase Donor Engagement." *Journal of Nonprofit Education and Leadership* 8 (2): 182-195.

Jones, J. A. & E. A. Castillo. 2017. "The Fundraiser's Journey: A Developmentally Informed, Grounded Theory Analysis." *International Journal of Nonprofit and Voluntary Sector Marketing* (4): 1584.

Kochtanek, T. R. & K. K. Hein. 1999. "Delphi Study of Digital Libraries." *Information Processing and Management* 35: 245-254.

Lesley, A. 2017. "Lost in Translation: A Sociological Study of the Role of Fundraisers in Mediating Gift Giving in Nonprofit Organisations." *International Journal of Nonprofit and Voluntary Sector Marketing* 22: 1602.

Marr, K., C. Mullin, & J. Siegfried. 2005. "Undergraduate Financial Aid and Subsequent Alumni Giving Behavior." *The Quarterly Review of Economics and Finance* 45: 123-143.

Michael, J. W. 2003. "New Strategies for Educational Fund Raising." *International Journal of Educational Advancement* 4 (2): 209-211.

Mirablla, R. M. 2013. "Toward a More Perfect Nonprofit: The Performance Mindset and the 'Gift'." *Administrative Theory and Praxis* 35 (1): 81-105.

Nehls, K. 2008. "Presidential Transitions During Capital Campaigns." *International Journal of Educational Advancement* 8: 198-218.

Noah, D. 2006. "Recessions and Tax-Cuts: Economic Cycles' Impact on Individual Giving, Philanthropy, and Higher Education." *International Journal of Educational Advancement* 6 (4): 289-305.

Noel, H. & M. Danielle. 2015. "Transparency in Reporting on Charities' Efficiency: A Framework for Analysis." *Nonprofit and Voluntary Sector Quarterly* 3: 137-153.

Nyman, J. & C. Pilbeam. 2018. "Identifying the Roles of University Fundraisers in Securing Transformational Gifts: Lessons from Canada." *Studies in Higher Education* (7): 1-14.

Sargeant, A. & J. Shang. 2010. "Fundraising Principles and Practice." *Sangolqut* 22 (4): 476-478.

Shaker, G. G. & S. K. Nathen. 2017. "Understanding Higher Education Fundraisers in the United States." *Journal of Nonprofit and Voluntary Sector Marketing* 22 (4): 1604.

Shils, E. 1978. "The Academic Ethos." *American Scholar* 47 (2): 165-190.

Smith, Z. A. 2010. "Assessing Educational Fundraisers for Competence and Fit Rather Than Experience: A Challenge to Conventional Hiring Practices." *International Journal of Educational Advancement* 2: 87-97.

Thelin, J. R. & R. W. Trollinger. 2014. *Philanthropy and American Higher Education*. Palgrave Macmillan US: 9-13.

高等教育捐赠文化：全球视野、历史纵深与培育路径

刘旻昊[*]

捐赠不仅是一种资金支持，更是一种社会价值的体现和文化的传承。高等教育捐赠文化综合反映了社会对高等教育公益性质的认知、价值取向以及捐赠行为背后的社会心理和传统习惯等因素。从全球视角来看，不同国家和地区有着丰富多样的捐赠传统与实践，它们受当地文化、社会结构或经济发展水平的影响，展现出多元的面貌。而当我们将目光投向历史纵深，高等教育捐赠文化有着源远流长的发展脉络。它与高等教育机构的兴衰、社会观念的变迁紧密交织，承载着无数慷慨义举和对知识进步的执着追求。在这样的全景画卷下，探讨高等教育捐赠文化的培育路径，不仅有利于高等教育机构自身资源的拓展与优化，也涉及如何营造一个更有利于教育事业蓬勃发展、促进社会公益意识提升的良好环境，为高等教育在全球范围内的持续进步注入源源不断的动力。

一 高等教育捐赠文化概念

（一）相关概念

文化是价值观、信仰、习俗和制度等方面的综合，体现在精神、制度、环境、财务、教化、传承等方面。大学文化是社会文化的重要组成部分，受社会文化、政治制度、经济发展的巨大影响。高等教育捐赠文化是大学文化的新发展和重要组成部分，也是社会捐赠文化的组成部分（朱光钛，2010）。

高等教育捐赠文化，是指高校在面向社会筹集资金的过程中，借助专门

* 刘旻昊，博士，西湖大学校长特别顾问，西湖教育基金会、西湖大学发展基金会理事，西湖大学未来产业研究中心副主任。

的组织机构、制度规范以及管理所形成的一种常态化文化形态，即由社会和校友自愿捐赠其财产以资助高等教育事业。高等教育捐赠文化既涵盖了对于高等教育机构施行捐赠的行为习惯、价值观念以及捐赠态度，也包含了由专门组织机构设置、捐赠制度管理所营造出来的文化氛围（姜明君，2019）。

（二）相关理论基础

1. 社会资本视角下的高等教育捐赠文化

社会资本这个概念最早由法国社会学家 Bourdieu 于 1980 年在其题为《社会资本随笔》中提出。Bourdieu 定义社会资本为"实际或潜在资源的集合"，这些资源与由相互默认的关系所组成的持久网络有关，而这些关系或多或少是制度化的（Bourdieu，1980）。Putnam 对社会资本的构成要素进行研究。他将社会资本界定为实际存在的或具有潜在可能性的资源的集合体。社会资本的内涵涵盖关系网络、信任以及规范与制度这三个层面（Putnam，1993）。

社会资本主要体现为个体或组织所拥有的关系网络。这一网络包含家庭、朋友、同事、合作伙伴等类型各异的节点，这些节点之间凭借各种纽带相互联结。高等教育生态包含大学管理者、教师、学生及与大学有关联的其他个人与社会团体。捐赠群体之间以及捐赠者与高校之间的互动交流，能够传播捐赠文化。

信任是社会资本的关键要素，在一个社区或者群体内部，成员之间的相互信任能够降低交易成本并减少沟通障碍。捐赠者与高校之间的信任关系是开展捐赠活动的重要基石。信任在捐赠决策过程中发挥着关键的筛选作用。捐赠者对高校管理团队、学术声誉以及资金使用透明度等方面的信任程度，决定了他们是否愿意捐赠以及捐赠数额规模的大小。Shaker 等深入分析了美国高等教育捐赠的三十年（1988~2018 年）趋势，捐赠趋势显示，组织捐赠的比例有所增加，其中基金会的捐赠增长尤为显著（Shaker & Borden，2022）。捐赠者的捐赠动机受教育价值观、税收优惠、社会认可和个人利益等多种因素影响。

规范和制度为社会资本提供了保障和约束的框架。在社会活动中，存在一些被广泛认可的行为规范以及正式或非正式的制度。为有效地筹集、管理和使用捐赠资金，实现教育捐赠资金迅速筹集、高效合理使用及增值，高校纷纷成立专门负责管理捐赠基金的组织机构，并制定相应的规章制度。政府为鼓励高等教育捐赠，制定税收优惠政策和财政配比政策，在社会上推崇慈善、重视教育的道德规范（蒙有华、徐辉，2006）。这些政策和制度的制定，使得各界相信捐资高等教育不会被挥霍，从而创造了捐赠的良好条件。

2. 文化认同理论视角下的高等教育捐赠文化

美国心理学家埃里克·埃里克森指出人的生命周期可划分为多个不同阶段，每个阶段皆具备不同的社会任务与心理需求。在成长进程中，个体逐步对所处的文化环境产生认同，进而构建起自我身份认同。文化认同乃是个体塑造自我身份的关键基础。人们经由对特定文化的认知、接纳以及融入，明确自身在社会中的位置和角色。蒋国河（2005）运用文化认同理论，探讨了价值文化对高等教育捐赠行为的影响，认为价值文化是教育捐赠的内驱力。邱洪斌、周文翠（2013）指出了捐赠者对高校价值观和使用的认同是推动捐赠行为的关键因素。

文化认同赋予个体强烈的群体归属感，增强群体的凝聚力。高校捐赠文化作为高校文化的一部分，文化认同有益于捐赠文化的传承。在校学生受到学校捐赠文化的熏陶，以及对学校文化的认同，未来更有可能成为捐赠者。这种传承使得高校的捐赠文化能够延续和发展，营造出良好的捐赠氛围。通过对欧洲研究型大学在经济环境变化下的慈善捐赠情况进行研究，发现高等教育的捐赠动机基于信任、钦佩、忠诚、感激和亲情等价值观。这些价值观反映了人与人之间的情感联系和社会关系，是一种深层次的文化心理因素。慈善捐赠能够为具有创新性和高风险的研究项目提供资金支持。这些项目可能因不确定性或短期内难以见到成果，而难以获得传统资金来源的支持。

就校友而言，在高校求学的经历致使他们受到学校文化的浸润，对母校文化萌生认同。这种文化认同会使校友与母校之间形成深厚的情感联结以及强烈的归属感。当校友认可母校的文化价值和教育理念时，便更乐于通过捐赠的方式回报母校，助力母校的发展。

就社会人士而言，倘若他们对某所高校的文化理念、学术氛围等方面高度认同，也极有可能产生向该校捐赠的意愿。文化认同会对捐赠者关于捐赠方式和捐赠方向的选择产生影响。若捐赠者对高校的学术文化怀有强烈的认同，或许会更倾向于将捐赠资金用于科研项目、学术讲座等方面，以此推动学校的学术发展；若捐赠者对高校的校园文化或体育文化有所认同，则可能会将捐赠资金用于校园建设、体育设施改善等方面。

二 国际高等教育捐赠文化的全球视野

（一）不同国家高校捐赠文化的特点

1. 美国高校捐赠文化：私立大学的捐赠奠基

在美国高等教育的发展进程中，捐赠持续发挥着重要作用，其中最为显著的是高水平私立大学。美国私立大学捐赠历史几乎与大学创校历史同步。许多著名私立大学成立之初多是教会牧师或私人捐赠，如哈佛大学、斯坦福大学、康奈尔大学等。哈佛大学于1636年成立，约翰·哈佛牧师捐赠了自己的藏书和一半财产，这一慷慨之举成为哈佛大学发展的重要基石。耶鲁大学的捐赠基金是大学最大的收入来源之一，捐赠基金始于1890年，最初投资仅为11000美元。随着校友捐赠的增加，到1926年，耶鲁大学校友捐赠的规模已经达到了2000万美元。从1985年到2020年，耶鲁大学捐赠基金从10亿美元增长到312亿美元，增长超过30倍。

一方面，捐赠资金为大学的科研创新提供了经济保障，推动了前沿科学领域的发展，诸如医学、计算机科学等。私立大学依靠捐赠得以建设先进的实验室、引进顶尖科研人才，开展具有开创性的研究项目。另一方面，捐赠促进了校园文化建设以及人才培养模式的多元化。美国常春藤名校在捐赠文化的长期浸润下，逐渐形成了完善的捐赠管理体系、积极的捐赠激励机制以及广泛的捐赠参与群体。校友捐赠成为重要组成部分，校友出于对母校的感恩之情、对教育价值的认可以及对自身社会形象的提升的考量，积极向母校捐赠。企业捐赠同样不可忽视，企业通过与高校合作、捐赠资金和物资等方式，既履行了自身的社会责任，又能从高校获取科研成果转化、人才储备等多方面的利益。美国私立大学的捐赠文化从萌芽到成熟，有力地推动了美国高等教育从精英化走向大众化、从本土走向国际的进程，并且不断塑造着美国高等教育的独特魅力和卓越品质（伍运文，2006；闫虹，2007；高晓清、杨希通，2018；戴科栋、张慧，2013）。

2. 欧洲高校捐赠文化：皇室、贵族的早期捐赠贡献

在欧洲高等教育的发展历程中，皇室、贵族的早期捐赠发挥了不可忽视的重要作用，有力地推动了高等教育的进步，并逐渐形成了独特的慈善制度和文化传统（喻冰峰，2012b；陈叶，2016）。

在资金支持方面，皇室、贵族的早期捐赠为高校奠定了关键的经济基础。

博洛尼亚大学在发展初期，得到了当地贵族的资金注入。将贵族们捐赠的财富用于修建学校的教学楼、购置教学设备以及聘请知名学者任教。这使得博洛尼亚大学能够吸引来自欧洲各地的学生，迅速成为当时的学术中心（樊爱琴，2010）。在巴黎大学，皇室成员的捐赠为学校设立了多个学科的奖学金，资助贫困但有才华的学生完成学业，培养出了众多杰出人才，为学术研究和知识传播奠定了坚实基础。

在资源提供方面，皇室、贵族利用自身的影响力和人脉，为高校争取到各种特殊权益和资源。神圣罗马帝国的一些皇室成员帮助海德堡大学获得了大量的土地，用于建设校园和开展农业研究实验。同时，他们还特许大学拥有独立的司法权，使得学校能够在相对独立、稳定的环境中发展学术（杨平波、朱雅斯，2016）。

在社会慈善风尚引领方面，皇室、贵族的早期捐赠贡献形成了重视教育、尊重知识的文化传统。皇室、贵族的捐赠行为起到了示范引领作用。在中世纪的佛罗伦萨，美第奇家族对当地大学的捐赠成为美谈，激励更多的家族和个人参与到教育捐赠中来。捐赠逐渐形成了一套较为系统的慈善制度。以牛津大学为例，一些贵族家庭设立了专门针对该校的教育基金。这些基金由专业的管理人员进行运作，按照捐赠者的意愿将资金分配到学校的教学、科研等项目中（喻冰峰，2012a）。

3. 日本高校捐赠文化：本土"家"文化与西方慈善思想的融合

日本高等教育捐赠文化既包含本土悠久的传统文化，也包含对外来文化的吸收借鉴。"家"文化是日本文化的重要体现，该文化重视地缘关系和社会关系，也孕育出独特的"有福同享、有难同当"的企业命运共同体思想。如松下集团秉持"产业报国、感恩报国"的企业理念，设立"松下奖学金"，促进日本与亚洲各国的友好关系，并为亚洲培养面向 21 世纪的高科技人才。20 世纪 80 年代之后，众多日本企业家前往美国投资，不仅见识了美国 NPO组织的蓬勃发展，也亲身体验了与 NPO 组织的合作，认识到慈善捐赠为企业发展带来的好处。受到美国慈善思想的启发，他们把美国慈善活动的方式与理念带回日本，日本的经济团体联合会于 1990 年成立了社会贡献委员会与百分之一俱乐部，并创设了企业捐赠协议会。此后，积极援助公益事业，向高等学校和社会公益活动捐款，已成为日本企业的一种普遍现象。2003 年 7 月，日本国会参议院正式通过《国立大学法人法》，日本国立大学身份从政府隶属单位转变为自主运营的法人。日本政府对其国立大学的经费拨款逐年减少（每年按 1% 的额度递减）（伍宸，2013）。这一政策的调整，从根本上引导对教育捐赠态度的变化，并为高等教育捐赠提供根本保障。

与英美国家不同，日本高校捐赠的主要来源是企业法人。以早稻田大学社会捐赠为例，企业法人的社会捐赠占比为 43.6%。日韩大型企业和企业集团在经济发展中占据重要地位。它们对技术创新和人才的需求非常高。与此同时，高校作为科研创新和人才培养的摇篮，拥有丰富的学术资源、专业的科研人才和浓厚的学术氛围，成为企业理想的合作伙伴。为了获取前沿技术成果和优秀人才，企业与高校建立紧密的联系，并通过捐赠等多种形式支持高校的发展，这种互动已成为一种独特且充满活力的捐赠文化的基础（吴思瑶，2019）。这种企业与高校之间的紧密联系和捐赠文化，促成了一个多赢的局面。对企业而言，它们能够汲取高校的科研智慧，提前锁定并培养优秀人才；对高校而言，它们可以获得资金、设备、技术等关键资源，从而提升科研教学水平；对社会而言，这种合作推动了科技进步和人才培养，增强了社会的整体竞争力。

（二）欧美高等教育捐赠文化的成因

1. 宗教慈善传统根基：基督教教义对捐赠行为的鼓励

西方传统的慈善事业起源于基督教教会，基督教教义强调对他人利益和社会公正的集体责任，并且有一套相应的规则和机制来帮助他人，多年以来得到了信徒的认同与支持。教会的慈善机构、现场捐款等深深地影响着现代慈善事业。据 Giving USA Foundation 2023 年报告统计，尽管受到股市波动和通货膨胀的影响，全美仍有 64% 以上的捐赠来自家庭或个人[①]。虽然个人捐赠占可支配个人收入的比例降至 25 年来的最低水平，但美国人仍慷慨捐赠。

基督教教义秉持独特的财富观念：财富是礼物，但人不能独享，要用来侍奉天国和救济同胞，方能获得救赎。《新约》宣扬"罪富意识"（伍运文，2006）。在这种教义的影响下，基督徒将财产权的社会义务和道德责任，明确为通过施舍和减免债务帮助穷人。洛克菲勒将自己从事慈善事业的动力归因于基督教浸礼会的信仰，他的捐赠行为对美国高等教育的发展产生了重要的影响。在世界高等教育史上，现金、支票、汇票、有价证券、股票、人寿保险单、房地产、艺术品、书籍等都曾经被人们作为赠予物捐赠给大学。悉尼大学开展的"巨型光学望远镜项目"和"澳大利亚古生物群落研究"等都获

---

① 《Giving USA 2023 Annual Report on Philanthropy》.

得了大量的私人遗赠。这些在世的财产规划和遗赠不仅为大学开展重大的前沿研究提供了充足的经费，也提升了大学在相关领域的科研实力与科研水平。

2. 慈善制度政策引领：完善的税收、配比资金政策

英国在伊丽莎白一世时期颁布了《济贫法》，慈善行为由此被纳入政府监督范畴，慈善事业受到法律保护，慈善个人及机构能够获得相应的减税优待。高额的遗产税促使富翁愿意将自己的巨额财富投入慈善基金会，如此一来，他们既能博取名声，又可减免税金。美国税法 501（C）规定，若某一机构的运行是为了慈善、教育、宗教和科学事业，且不影响立法、干预选举，运营收入也不纳入私人腰包，那么该机构可不必缴纳销售税、财产税、增值税、关税和其他直接税收。日本的个人捐款者税制优惠政策是指学校法人被视为特定公益人，对于获得证明书的学校法人，可从捐款（以所得金额的 30% 为上限）中扣除 5000 日元，即从个人所得中扣除相应金额。对日本私立学校振兴·共济事业团的学校法人进行的捐款被称为"受赠人指定捐赠"，能够将全部捐款计入损失金额。

配捐制（Matching Gifts Program）（谷贤林、王铄，2011）对英美等地高校教育捐赠的蓬勃发展起到了良好的引导作用。英国政府于 2008 年 8 月 1 日启动了一项为期 3 年的匹配资助计划，该计划由英国专门负责高等教育拨款的机构管理和实施。在执行过程中，依据各高校筹资能力的差异，匹配不同比例的资助。该计划极大地激发了高校自主筹款的积极性。企业的配额捐赠计划（Employee Matching Gifts Program）在美国尤为盛行。企业配额比例不尽相同，一般为 1∶1，部分企业的比例高达 2∶1，甚至是 3∶1。

完善的校内捐赠管理制度也是重要因素。许多高校将募集慈善捐赠作为大学校长的主要任务之一（代蕊华，2000）。欧美、澳大利亚大学校长的主要职责之一便包括筹集社会人士对大学的捐赠，这不仅是大学校长必须完成的工作之一，更被视为校长为促进学校发展所付出努力的程度体现。高校高度重视对捐赠的管理，除设立专门的办公室来统筹管理各类捐赠外，部分学校还根据不同的捐赠类型，设立了相应的机构进行管理，包括捐赠顾问委员会、捐赠事宜发展与外部事务办公室、投资经理、遗赠经理等。其职能包括为校长筹款提供合理建议，对非指定用途的捐赠进行评估并提出使用建议，确保捐赠运作与管理的规范化等。相对完善的管理制度，不仅为大学的慈善捐赠提供了强有力的保障，更是推动其发展的重要力量。

3. 精英阶层的社会责任意识：实用主义文化取向

在快速工业化与城市化的进程中，社会面临诸多复杂的问题和挑战。在这样的环境下，人们更加关注能够解决实际问题、带来实际效益的方法和观念。受杜威的实用主义哲学影响，大学成为弘扬民主、平等和乐观思想的阵地，也成为培养实业和实用精神的平台（胡慧勇，2012）。出于对科学的敬仰和对进步的向往，捐资教育成为实现这些高远目标的最好途径。

精英阶层希望通过捐赠，支持高校开展具有实际应用价值的科研项目、培养符合社会需求的专业人才，从而为社会的发展和进步做出贡献。实用主义文化促使精英阶层在选择捐赠对象时，更倾向于那些在科研创新、社会服务等方面具有突出表现的高校。他们会关注高校的学科实力、师资队伍、科研成果转化等因素，以确保自己的捐赠能够产生最大的社会效益。实用主义文化还催生出合作捐赠模式。捐赠者不仅提供资金支持，还会与高校建立合作关系，共同开展项目研究、人才培养等活动。

实用主义文化强化了精英阶层的社会责任感，他们通过对高校的捐赠来履行自己对社会的责任。这种捐赠文化不仅关注高校的发展，还注重对社会公共利益的贡献。比尔·盖茨和梅琳达将巨额财富投入全球卫生、教育、减贫等公益事业，设立盖茨基金会，鼓励高校打破学科界限，开展跨学科的研究与教学。盖茨基金会长期投入的方式和专业的运作模式，影响精英阶层的思维模式，使他们在进行捐赠时，更倾向于支持那些具有长期影响力的项目和机构，注重捐赠的可持续性和长期效果。

三 我国高等教育捐赠的历史考察

（一）历史上我国高等教育社会捐赠[①]

1. 古代官绅捐赠书院

汉代乃中国历史上由政府明令设立高等教育机制的始创时期，其中央官学里最为关键的是"太学"。书院制度诞生于唐代，由民间人士主导创建及讲学。到宋代，因战乱致使官学停滞，书院便填补了太学的空缺，发挥了讲学、藏书以及供祀等功能，守护着民心道统与文化伦常。据《中国书院史》记载："在明代，地方官员将书院视作教化之地，积极捐献俸禄以助其建设。"书院学堂大多由文人或地方士绅创办并赞助，或者利用私人财产设立，以供周边子弟免费就读，其日常运营接受各类形式的捐赠。书院办学的主要目的并非

---

① 曾晶、李洁，《慈善家办大学》专题案例研究报告。

营利，而是侧重于教化以及为科举做准备，在一定程度上给弱势群体提供了受教育的契机，为寒门子弟开辟了社会上升的通道。

文化层面，儒家思想深深植根于人们心中。官绅深受儒家"修身齐家治国平天下"理念的熏陶，把兴学助教当成实现自身价值以及传承文化的重要途径。范仲淹就是一个典型，他不但自己出资，还积极鼓动同僚资助应天府书院，使得该书院声名大振，培育出众多人才。正如《宋史·范仲淹传》所载："仲淹常以兴学为己任，于应天书院多有建树。"在这样的文化氛围影响下，官绅阶层纷纷效仿，为书院的发展贡献力量，进而形成了我国古代独具特色的书院捐赠文化。

2. 教会大学与民国时期爱国人士办校

鸦片战争之后，西学东渐，"师夷长技以制夷""中学为体、西学为用"等新理念对以儒家学说为根基的旧式教育产生了强烈冲击。在此期间，政府、外国教会、资产阶级改良派以及民间团体纷纷开办具有西方高等学府特点的学校。清政府准许外国人无须注册立案便可在内地开设学堂。1879 年，上海圣约翰书院成立，它是我国最早的现代意义上的教会大学。至 20 世纪 20 年代，已有燕京大学、齐鲁大学、金陵大学、长沙雅礼大学、华西协和大学等10 多所教会大学。日本侵华战争给教会大学带来了严重的冲击。新中国成立后，教会大学成为历史。1951 年 1 月，政府颁布《关于处理接受美国津贴的教会学校及其他教育机关的指示》，要求各教会大学与国外教会脱离关系。此后，教会大学全部被解散、拆分或撤并。教会大学为中国近代大学的学科建设奠定了基础，其先进的办学模式、教学管理以及社会各界的慈善捐赠，也为中国人自己创办大学提供了范例。

20 世纪初，战火纷飞，社会动荡，国家处于内忧外患之中，民办慈善力量举办大学却一往无前。一方面，列强的侵略和不平等条约的签订，使中国面临着严重的民族危机。这激发了许多有识之士的爱国热情，他们希望通过创办学校来培养人才，拯救国家于危亡。另一方面，政府在一定程度上开始重视教育，但由于政局动荡、财政困难等问题，难以全面支撑教育发展。1912 年，时任教育总长蔡元培主持制定《大学令》，明确"私人或私法人亦可设大学"，民间办学的权利从法律层面得到保障和支持，加上当时民族资本主义和工业经济空前发展，民间办大学热情高涨。1924 年，政府颁布《国立大学校条例》，对举办大学的管理进行更为规范的要求。政府还颁布《捐资兴学褒奖条例》，明确对包括华侨、华人社团在内的捐资者进行褒奖，对慈善捐助学校、图书馆等按不同捐赠数额授予不同等级勋章奖励。政府先后公布《遗产税条例》、《遗产税暂行条例》及其施行条例，规定"捐赠教育文化或慈善公益事业之财产未超过五十万元者"予以免纳遗产税，进一步刺激了对大学的大额捐赠，捐赠主体从早期的实业家、大买办商人扩大到社会各阶层（曲铁华、王美，2013）。

1898 年，张伯苓在威海卫亲历"国帜三易"的奇耻大辱，深感国家积弱，自强之道端在教育，遂立育才强国之志。1919 年，在严修和张伯苓的努力下，南开大学正式成立。在经费缺乏的情况下，张伯苓校长多次南下募款，为学校的发展筹集资金。1921 年，爱国华侨陈嘉庚，目睹祖国的贫弱和家乡教育的落后，决心倾资办学，为国家培养人才，在明末郑成功演武场遗址上倾资创办了厦门大学（张善飞，2007；姜明君，2019）。

3. 社会力量举办高等教育

新中国成立之初，高等教育的"管制"特征极其明显。改革开放后，相关政策才逐步放宽，并呈现以市场为导向的转型。《中华人民共和国义务教育法》等一系列法律政策的制定为教育捐赠奠定了坚实基础，从而推动了高等教育社会捐赠的发展。1999 年，我国出台了高等教育扩招政策，并于 2000 年全面推广，高等教育进入了快速发展阶段。同时，教育规模的扩大与财政资源的匮乏之间的矛盾日益突出，我国出台了越来越丰富的与教育捐赠相关的法律政策，不仅从宏观上鼓励捐资助学，而且对相关的税收优惠政策与实施、捐赠方式、捐赠资产的管理与使用、高校筹资机构的管理与运作等方面做出了详细的规定。相关法律制度的完善，提升了我国高等教育社会捐赠的质量。社会捐赠通过校友捐赠、企业捐赠、社会人士捐赠、政府部门引导捐赠等各种方式进行，使我国高等教育社会捐赠总量呈现上升趋势[1]。

2002 年，《中华人民共和国民办教育促进法》颁布。该政策为民间资本参与高等教育提供了合法的途径和规范的管理方式，吸引了企业、社会团体及个人等社会力量投资办学，使民间资本在高等教育领域有了发挥空间，同时也为投资者带来了一定的经济回报和社会影响。2002~2010 年，民办高校进入蓬勃发展时期，2002 年，全国民办高校有 173 所。到 2010 年，全国民办高校达到 676 所，在校生达 476.68 万人，占全国高校在校生 20% 以上。1997~2021 年我国高等教育经费收入变化及社会捐赠收入变化分别如图 1、2 所示。

---

[1]　资料来源：历年《中国教育经费统计年鉴》。

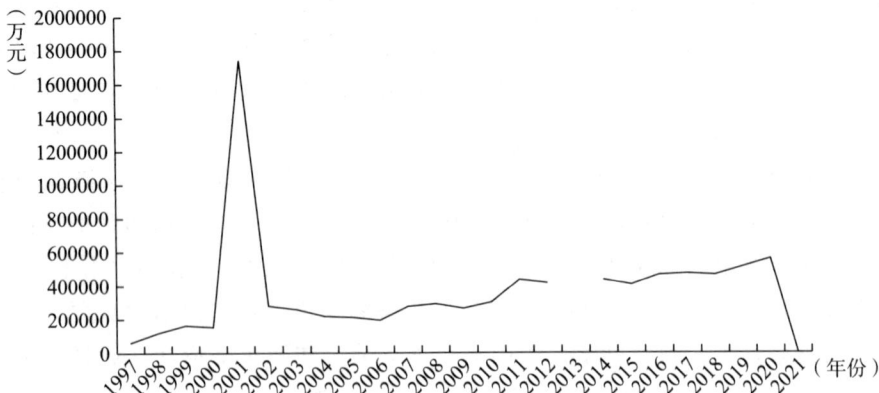

图 1　1997~2021 年我国高等教育经费收入变化

注：因统计年鉴未呈现 2013 年高校捐赠数据，该年数据缺失。

资料来源：历年《中国教育统计年鉴》。

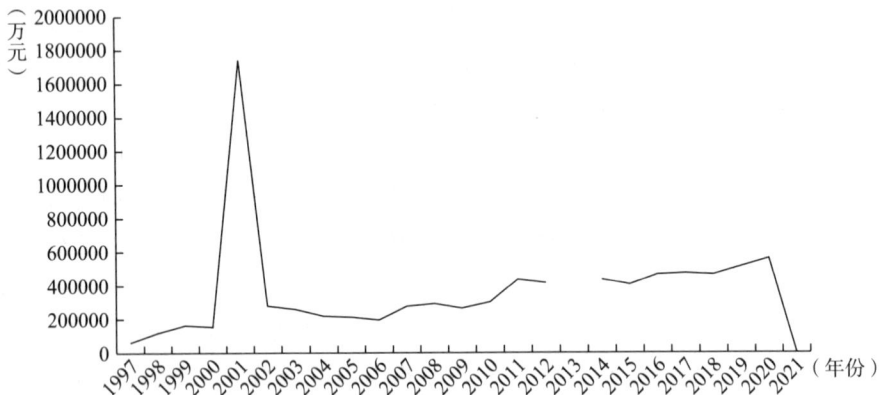

图 2　1997~2021 年我国高等教育社会捐赠收入变化

注：因统计年鉴未呈现 2013 年高校捐赠数据，该年数据缺失。

资料来源：历年《中国教育统计年鉴》。

（二）我国高等教育捐赠的文化底蕴

1. 仁爱慈善的文化传统：尊师重道传统对捐赠行为的推动

仁爱慈善作为我国文化传统的核心内容之一，承载着深厚的人文精神。仁爱倡导推己及人，其关爱之情始于家庭内部的孝悌，而后不断拓展，延伸至对社会大众的广泛关怀。尊师重道则是仁爱在教育领域的生动体现。在古代，当个人于社会中有所成就时，常基于仁爱之心和对师者的敬重，渴望回馈教育。文人墨客与富商巨贾便是典型，他们资助书院建设、为老师修缮居所等行为，完美地将仁爱与尊师融合在一起。这不仅是对师恩的诚挚报答，更是身体力行地践行慈善。这些善举为古代教育的发展提供了重要的物质支持和精神引领，促进了知识的传播与文化的传承，在社会上引领了尊师重教、关爱教育的良好风尚。

进入现代社会，尊师重道传统依然保持着强大的影响力。众多事业有成的校友积极向母校捐赠，这成为一种普遍现象。一方面，他们怀揣对曾经老师教导与培育的感恩之情，将捐赠视为回报师恩的切实方式。例如，不少知名企业家校友为母校设立奖学金、捐赠科研设备等，为母校的教育事业发展贡献力量。另一方面，他们通过实际行动传承尊师重道的优良传统，激励着更多人重视教育、尊重教师。这种积极的捐赠行为还带动了社会各界对高等教育捐赠的关注，吸引了越来越多的人参与其中。与此同时，学校也充分发挥自身作用，积极弘扬尊师重道文化，加强与校友及社会各界的紧密联系，营造出良好的捐赠氛围。在这种文化传统的有力推动下，高等教育捐赠逐步形成一种良性循环，为教育事业的蓬勃发展提供了坚实有力的支持，助力培养更多优秀人才，推动社会不断进步。

2. 教育救国的家国情怀：捐赠助力人才培养报国

自民国建立至新中国成立的这 30 余年，在中国教育史上占据着不容忽视的地位。彼时，中国社会正经由新民主主义走向社会主义，在世界教育发展的大趋势的影响下，中国教育呈现传统旧式教育与西方新式教育相互碰撞、磨合与交融的复杂态势。1900 年，八国联军侵华战争给清政府以沉重打击，不仅在经济领域造成重创，更在文化层面产生了巨大冲击。这一历史事件使得一些具有先进思想的改革派人士深刻认识到教育革新的紧迫性和重要性，他们将教育视为拯救中国的重要途径，"教育救国"的口号在倡导新式教育的人群中应运而生。

这些改革派人士积极行动，不仅在社会各个阶层广泛宣传"教育救国"的思想，还在有着不同党派、不同身份、不同信仰和不同性别的人群中大力传播并鼓动他们参与到教育捐资兴学的伟大事业中来，并且得到了社会各界的广泛支持与积极响应。大夏大学的第一任校长马君武，深刻领悟到教育革新对于国家兴旺的关键作用，他不仅拒绝学校提供的薪资，还抵押自己的房产换取资金，充作学校经费，以实际行动"毁家"，真正诠释了"教育兴国"的坚定信念。著名华侨陈嘉庚更是多次通过演讲大力宣讲"教育救国"的理念，并且身体力行，慷慨捐资创办了厦门大学与集美大学。这些教育捐赠者们在国家危难之际，毅然以国家兴亡为己任，他们所展现出的这种崇高精神，淋漓尽致地体现了强烈的爱国主义情怀，为当时的教育事业发展注入了强大动力，也为后世留下了宝贵的精神财富，激励着一代又一代人为了国家的繁荣富强而不懈努力，让人们更加重视教育在国家发展中的基础性作用，不断推动教育事业在艰难困苦中砥砺前行，为培养国家所需人才奠定了坚实基础，成为中华民族教育发展史上璀璨的篇章。

3. 与社会捐赠文化交融共生

高等教育捐赠文化与社会捐赠文化相互交织、相互影响，共同推动社会文明的进步与发展（见图3）。高校作为文化传承的核心场所，通过对捐赠文化的弘扬和传承，将慈善传统薪火相传，为社会捐赠文化的孕育和形成提供了深厚的历史渊源和坚实的文化基础。许多高校在校园文化建设中，注重讲述历史上的捐赠故事，让师生们深刻感受到慈善精神的力量，进而将这种精神内化为自身的价值追求，并在实践中不断传承和发扬。高等教育捐赠文化鼓励人们积极承担社会责任，关心社会公共利益。捐赠者们的慷慨行为本身就是一种极具影响力的示范，而高校对捐赠文化的广泛宣传更是进一步强化了这种示范效应，促使更多人踊跃参与社会捐赠活动。

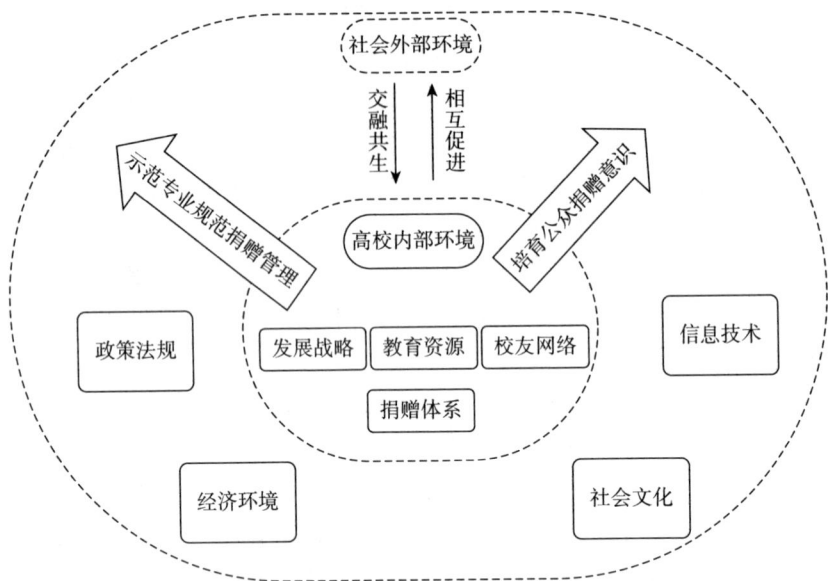

图3　高等教育捐赠文化与社会捐赠文化的互动机制

资料来源：根据西湖教育基金会内部资料提炼总结。

高等教育捐赠文化对社会捐赠文化具有示范作用。高等教育捐赠文化强调对知识、人才培养和学术研究的支持，这种聚焦于特定领域的捐赠行为和理念为社会捐赠文化注入了新的元素，丰富了社会捐赠文化内涵。在高等教育领域，捐赠不仅仅是资金的给予，更是对知识价值的认可和对未来人才的投资。高等教育捐赠文化强调教育对个人成长和社会发展的重要性。这种独特的捐赠文化元素逐渐渗透到社会捐赠文化中，促使社会更加关注教育、科研等领域的发展，推动了社会捐赠文化朝多元化、专业化方向发展。

高等教育机构在传播捐赠文化的过程中，积极向学生和公众传递感恩、责任、奉献等核心价值观。校园作为培养人才的摇篮，是捐赠文化传播的重要阵地。在校园中，学生们身处捐赠文化的浓厚氛围之中，时刻受到这种文化的熏陶。他们见证着校友和社会各界对学校的支持，感受到学校因捐赠而发生的积极变化，从而更容易在内心深处萌生积极的捐赠意识。这种意识将伴随他们成长，不仅在他们未来有能力时可能转化为实际的捐赠行为，更重要的是，会让他们成为捐赠文化的传播者，将这种积极的价值观传递给更多的人。通过教育的力量，将捐赠文化融入学生的思想和行为，培养他们的社会责任感和奉献精神，为社会培育出一代又一代具有公益意识和爱心的公民，进而推动整个社会捐赠意识的提升和捐赠文化的传承与发展。

四　国内高等教育捐赠文化的兴起

（一）头部高校的校友捐赠文化

1. 校友捐赠情况

2015年，国务院发布的《统筹推进世界一流大学和一流学科建设总体方案》明确指出，高校应当持续拓宽经费筹措渠道，积极吸引社会捐赠。2018年的《关于高等学校加快"双一流"建设的指导意见》再度强调，建设高校要构建多元筹资机制。在此背景下，校友捐赠作为学校资金来源的关键组成部分，其重要性日益凸显。

近些年来，中国大学校友捐赠总额呈现整体上升的良好态势，单笔捐赠金额以及校友个人捐赠金额等方面的最高纪录不断被刷新。"亿元级"甚至"十亿元级"的高额校友捐赠持续涌现，成为教育领域备受瞩目的现象。清华大学、北京大学、浙江大学等头部高校凭借其深厚的历史底蕴、强大的学术影响力以及广泛的社会认可度，成功吸引了众多杰出校友的大额捐赠。为了进一步加强与校友的联系，促进校友捐赠的持续增长，许多高校积极采取行动。它们为校友提供交流与合作的平台，建立校友信息库，以便更有效地管理和联络校友。此外，高校还通过举办校庆等重大活动，增强校友对母校的归属感和认同感，为校友捐赠的良好发展奠定了坚实基础。

2. 感恩母校、提升声誉的校友捐赠动机

校园时光往往承载着美好的回忆，校友在校园中度过了人生的重要阶段，从知识的汲取到个人的成长蜕变，都离不开母校及老师的培养。母校是他们青春岁月的见证者。众多校友对曾经谆谆教诲过自己的老师满怀感激之情，对学校所提供的丰富学习资源以及助力成长的广阔平台铭记于心。正是基于这种深沉的感恩之情、浓郁的怀旧情怀以及强烈的归属感，许多校友选择以捐赠的方式来表达自己对母校这个温暖大家庭的深切关心与坚定支持。高校设立校园文化建设项目，吸引校友参与，如南京大学"校友林"项目、上海交通大学"校友文化长廊"建设、中山大学"校友艺术捐赠与展览"项目等。校友们的捐赠美化校园自然景观，展览记录学校传统和精神，提升校园的文化品位和艺术修养。

在社会文化的大环境中，对教育事业的捐赠被广泛视为一种高尚且令人敬仰的行为。校友们通过向母校慷慨捐赠，能够赢得社会的广泛认可与高度赞誉，进而显著提升自己在社会中的形象与声誉。捐赠更是一种实现自我价值的重要途径。如一位专注于科研工作的校友，向母校捐赠资金用于建设实验室，当目睹实验室顺利建成并为学弟学妹们提供了优越的科研条件时，他会由衷地感受到自己为推动教育事业的发展以及开展人才培养工作做出了切实的贡献。在这个过程中，捐赠人收获的不仅仅是成就感，更是一种源自内心深处的满足感。这种满足感源于校友对母校的深情回报以及对教育事业的积极助力，充分体现了校友捐赠背后所蕴含的深刻意义与价值追求。

（二）基金会创办新型大学的社会捐赠文化

1. 基金会创办新型大学的情况

随着科技的飞速发展和社会的不断进步，新型大学对创新型人才的需求日益迫切，传统高校在人才培养模式、科研创新能力等方面逐渐显露出一定的局限性。以西湖大学、宁波东方理工大学、福耀科技大学为代表，由基金会创办的新型大学应运而生，为推动高等教育创新、培养拔尖创新人才注入了新的希望和活力。

举办主体方面，新型大学多由社会力量举办。社会力量包括知名企业家、科学家或由他们成立的基金会等。西湖大学由施一公、陈十一、潘建伟、饶毅、钱颖一、张辉、王坚等七位国内顶尖科学家倡议和筹办，西湖教育基金会作为大学举办方；福耀科技大学由福耀集团董事局主席曹德旺发起，河仁慈善基金会捐资创办；宁波东方理工大学由韦尔股份创始人虞仁荣设立的教育基金会举办。社会力量在学校的创办和发展中发挥了关键作用，提供了资金、资源和理念等多方面的支持。区别于传统公办大学主要由政府财政支持和管理，新型大学的社会力量主体使得其在办学资源筹集、管理模式等方面，具有一定的灵活性和创新性。

创办动机与理念方面，新型大学与传统民办高校"投资办学"的动机存在显著差异。它们均属于典型的非营利性和公益性高校，创办者并非着眼于获取经济回报，而是将创办高校视作培养人才、报效祖国以及奉献社会的重要途径。创办者对教育有着深刻的理解，秉持鲜明的办学特色，选择小而精的发展路径，力求在特定领域形成突出的优势。西湖大学遵循"高起点、小而精、研究型"的办学定位，借鉴世界名校的做法，探索建设中国特色现代大学制度。宁波东方理工大学定位为"高水平、创新型、国际化"的新型研究型大学，旨在培养"宽厚基础、创新能力、家国情怀、国际视野"的拔尖创新人才。福耀科技大学定位为高水平理工科研究型国际化大学，办学层次为本科和研究生教育。非营利性和公益性特征有助于学校更专注于教育质量和社会效益的提升，能够在人才培养和科研创新方面更纯粹地投入资源，不受过多商业利益的干扰。

师资队伍建设和人才培养模式的探索方面，相较于老牌名校，此类由社会力量参与举办的新型大学，由于办学历史较短，在办学资源方面存在一定的短板。故而，它们需要与国内外一流高校建立广泛且紧密的联系，积极汲取先进的办学经验，吸引众多其他社会资源的参与，探索独具一格的师资队伍建设和人才培养模式。西湖大学以博士研究生培养为起点，实行与国际化接轨的长聘、准聘教研人员聘任体系，聘任世界一流科学家，用一流科学研究支撑拔尖人才的培养。注重学科交叉融合，强化基础研究。截至2024年，西湖大学聚焦生命科学、理学、工学、医学，在全球引入一流科学家237位，学校与46所国际一流高校签署协议，支持学生国际交流。宁波东方理工大学在学科设置上，与长三角发展需求的核心技术紧密相连，着重在理工领域创新，尤其是电子信息、先进制造和新能源等领域。福耀科技大学采用"校企融合发展模式"，学校注重实践教学，与企业紧密结合，为学生提供丰富的实习和就业机会。

同时，在学校的建设和发展过程中，新型大学也会得到政府在政策等方面的支持以及与企业在产学研合作等方面的互动，形成了政府、企业、社会等多元主体共同参与的格局，这种多元性有利于整合各方优势资源，为学校的发展提供更丰富的支持。

2. 基金会对高校捐赠文化形成的引导作用——以西湖大学为例

基金会营造捐赠文化的角色、作用与方式如图4所示。

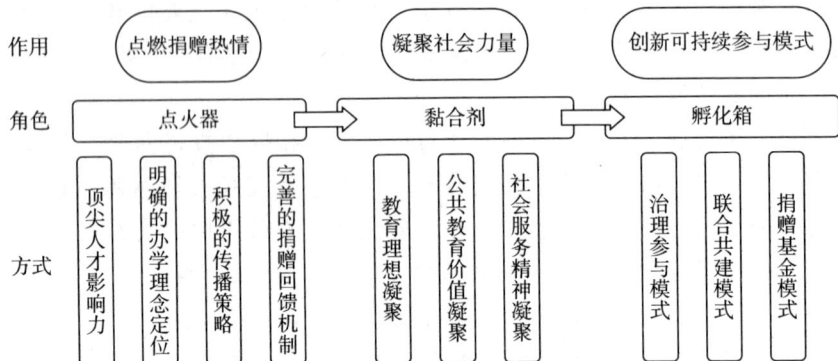

图4 基金会营造捐赠文化的角色、作用与方式

资料来源：根据西湖教育基金会内部资料提炼总结。

2015年3月，西湖教育基金会创办。2016年7月，基金会筹集到第一笔捐赠资金。2017年底，西湖教育基金会协议筹款总额约23亿元人民币，在短短一年多的时间里，基金会从无到有，筹款额及到账金额已经上升到国内教育基金会的前列。根据西湖教育基金会的统计，基金会2016年度的12位捐赠人仅分布在北京和江浙两个地区，而到2017年底，50位签订协议的捐赠人已经分布于苏浙沪、北京、河南、香港、深圳等多个地区。

基金会作为点火器，通过以下几个方面点燃捐赠热情。

一是依托顶尖人才影响力。西湖大学由施一公等著名科学家发起创办，他们在科学界的卓越成就和声誉具有强大的号召力。西湖大学校长施一公积极参与筹资活动，亲自与潜在捐赠者沟通交流。他以自身对教育的深刻理解和热情，生动地讲述西湖大学的办学理念和目标，以及这些理念和目标对中国高等教育及科研的深远意义。这种面对面的交流方式能够让捐赠者更直观地感受到西湖大学的价值和潜力，从而激发他们的捐赠意愿。西湖教育基金会和西湖大学董事会成员包括众多学界、商界等领域的杰出人士，如邓晓峰、张磊、钱颖一、潘建伟等，他们的参与和支持提升了基金会的可信度和吸引力，吸引了更多人关注和参与捐赠。这些知名人士凭借自身在各自领域的影响力和人脉资源，吸引了更多人对基金会的关注，形成了一种积极的示范效应，带动了更多社会力量投身于支持西湖大学的建设发展之中。

二是依靠明确的办学理念定位。西湖大学秉持"高起点、小而精、研究型"办学定位，致力于打造世界一流研究型大学。"高起点"是在学生培养上以博士生培养为起点，注重科研实践能力，招生采取"申请—考核"制，申请者不受现有学位、毕业年限和年龄限制，且从培养方案、师资选配到课程体系、课堂教学都精心设计，让学生早参与科研项目、积累经验。"小而精"坚持发展有限学科，重点布局物理、化学、数学等基础学科，以及生命科学、医学、人工智能、材料、环境等前沿学科，集中优势资源投入关键领域，助力科研团队深入研究、获取高质量成果。"研究型"倡导"教授治学、行政理校"，给予教授充分治学空间与行政支持，强调学科交叉融合，为科研人员搭建交流合作平台，激发创新思维，解决复杂科学问题。对本科生实行"书院制"培养模式，提供一人一策的个性化培养方案、一流导师支持、科研训练，以及海外交流和本硕博连读机会。清晰的办学定位和创新模式，契合捐赠者对高等教育的期望，让其看到西湖大学发展潜力与成就。捐赠者愿支持这所方向明确、潜力巨大的高校，期待其在教育和科研领域取得突破，培养顶尖人才，推动学术进步和社会发展。

三是采取积极的传播策略。基金会定期举办的西湖大学相关论坛，为各界人士提供了一个深入交流和了解学校的优质平台。在这些论坛上，专家学者、企业家、社会名流等齐聚一堂，共同探讨教育、科研等领域的热点问题。同时也深入了解西湖大学的办学特色、科研成果和发展规划。这种交流互动不仅增进了社会各界对学校的认知，还为潜在捐赠者提供了一个近距离感受学校魅力和价值的机会，从而激发他们的捐赠兴趣。基金会借助多渠道广泛宣传以提升学校知名度。利用新闻媒体、社交媒体等多元化渠道，广泛宣传西湖大学的办学理念、建设进展以及捐赠活动等重要信息。通过精心策划的宣传报道，学校的知名度和影响力得到显著提高，吸引了更广泛人群的关注和支持。基金会定期在微信公众号、官网等渠道发布学校的科研突破、校园文化等精彩内容，吸引大量关注教育事业的人士聚焦西湖大学，进而为捐赠活动营造良好的社会氛围。

四是建立完善的捐赠回馈机制。基金会设置创始捐赠人、荣誉董事等荣誉席位，并邀请他们参与学校的重要活动和决策过程。捐赠者能够切实感受到自己的贡献得到了认可和尊重，增强了他们与学校的情感联系和归属感。基金会通过理事会、董事会、官网等平台，定期向捐赠者汇报资金的使用情况和学校的发展成果。通过清晰的财务报表、项目进展报告等方式，让捐赠者清楚了解捐赠资金的合理运用，以及学校在教学、科研、师资建设等方面取得的实际成效。这种透明管理和及时反馈机制，极大地增强了捐赠者对基金会的信任，使他们更愿意持续支持学校的发展。

基金会作为黏合剂，通过以下几个方面凝聚社会力量。

一是以教育理想凝聚。新型大学秉承前沿创新的教育理念，致力于打破高等教育的束缚。基金会在创办大学的过程中，向捐赠人强调新型大学在培养高素质人才、推动科技创新、促进社会经济发展等方面发挥关键作用。西湖大学强调前沿科学研究、跨学科和拔尖创新人才培养。宁波东方理工大学着眼于新工科建设。福耀科技大学以培养产业工匠式领军人才为目标。这些创新的教育理念吸引了众多有识之士的关注和支持，他们看到了这些大学在推动中国高等教育改革和创新方面的巨大潜力。

二是以公共教育价值凝聚。大学作为知识的殿堂和人才的摇篮，在传播公共价值和开展公众科普方面发挥着重要作用。西湖教育基金会成立之初，打造"WE"品牌，将西湖大学拥有的科学资源和研究成果向社会共享，希望在全社会推动形成讲科学、爱科学、学科学、用科学的良好氛围。通过"杭+说"平台，拉近西湖大学与社会的距离，让西湖大学走进大众生活，也让更多人能够接触、了解西湖大学的学术资源和科研动态，进而增进对西湖教育基金会的了解与认同。

为回馈社会各界对西湖大学的关爱，西湖大学设立"西湖大学湖心讲堂"。作为西湖大学首个面向公众的非学历非学位终身教育平台，"西湖大学湖心讲堂"整合并传递富有科学启蒙、人文启迪及前沿探索价值的高纯度学习资源。它以满足公众不断迭代升级的知识需求为己任，通过举办高质量的公开课，涵盖量子力学、生命科学、天文、航空、历史等多个跨界话题，汇聚世界范围内的各界贤达，为公众提供了丰富的知识盛宴和前沿思想研讨空间。湖心讲堂每季度举办1期，每年4期，截至2024年，已经成功举办4年12期活动，充分展示了其持续性和影响力。通过提供"硬核"科学学习资源和全景式的跨界学习体验，"西湖大学湖心讲堂"不仅拓宽了公众的知识视野，也进一步增强了社会对西湖大学和基金会的认可与支持，成为凝聚社会力量的重要知识平台。

三是以社会服务精神凝聚。基金会的公募项目具有重要的双重意义，既为学校筹集资金，也是传递大学理念的重要渠道。在设计公募项目时，西湖教育基金会围绕人才培养精心策划，研发了西湖大学青年人才奖励计划、科学之树播种未来等特色项目。为设计好青年人才奖励计划，基金会扎根到学校的实验室，挖掘、探索具有科研价值的成果。基金会2021年推出的"让AI陪你说说话"项目是西湖大学深度学习实验室的成果转化。这个项目打造了一个可以24小时在线的心理咨询师机器人"小天"。"小天"为世界各地数万名来访者提供了咨询服务，获得了2000多人次的支持。在这个过程中，基金会的推动作用不可或缺，它将学校的科研成果与社会需求相结合，通过科技手段关爱人们的心理健康。同时也让更多人了解到西湖大学的科研创新能力和社会责任感。

"科学之树"项目充分发挥西湖大学高层次人才密集和前沿科技先进的优势，组织博士生科普团定期服务乡村中小学科学教育。该项目走进贵州、新疆、河南、浙江等地，通过传授科学知识、讲述科学故事、捐赠实验器材、辅导科学实验等方式，让乡村孩子们感受到科学的魅力，激发他们对科学的好奇与热爱。博士生们在参与过程中，不仅提升了自己的实践能力和社会责任感，也将西湖大学的教育理念传递到更广泛的地区。截至2024年，该项目已经获得了1万多人次的支持，成为具有西湖大学特色的志愿服务品牌，成功凝聚了学校师生、社会爱心人士以及受助地区的力量，共同推动科学教育的普及和发展，彰显了基金会在促进社会服务和教育公平方面的积极作用。

基金会作为孵化箱，创新可持续参与模式。

一是治理参与模式。新型大学由基金会举办，探索现代大学治理体系，涵盖董事会治理、校长依法行使职权、教授治学、民主管理以及社会参与等各个方面。西湖大学董事会具有多元化特点，其中包含学校师生代表、社会贤达和捐赠人代表。捐赠人代表席位的设置具有重要意义，这让捐赠人能够深度参与大学董事会的决策过程，在大学的发展战略规划、重大项目决策、资源分配等关键事务上拥有发表意见和建议的权利。这种深度参与的方式为捐赠人带来了多方面的积极体验和回报。首先，捐赠人深切感受到自己的贡献不仅仅局限于资金层面的支持，更是对大学未来长远发展的深度参与和共同谋划。他们在参与决策的过程中，能够切实地为大学的发展贡献自己的智慧和经验，从而在社会上获得更高的声誉和认可，这极大地增强了他们的参与感和归属感。其次，通过与理事会、董事会的密切互动，大学能够更加精准地了解捐赠人的需求和期望，进而及时向捐赠人反馈捐赠资金的使用情况以及项目成果，这种双向的沟通机制有效地增强了捐赠人的信任，为双方建立长期稳定的合作关系奠定了坚实基础。

二是联合共建模式。高校与企业共建联合研究院并开展科研捐赠，具有重大价值，它既能增强高校科研实力、优化科研方向、培养高素质人才，又能助力企业技术创新、降低研发成本、提升形象与竞争力，进而推动整个社会的科技进步与经济发展。西湖大学与捐赠企业牧原集团共建了西湖大学牧原集团联合研究院，这是联合共建的一个范例。该研究院聚焦中国农业产业发展中的关键问题，设立跨学科研究项目。西湖大学的科研团队运用合成生物技术，对氨基酸生物生成路线进行了从源头开始的颠覆性设计，成功助力养殖企业在不降低动物生产性能的前提下使用晶体氨基酸实现无豆粕饲养。这一创新技术为牧原集团大幅降低了养殖成本，带来了显著的经济效益。基于此成果，牧原集团在创始捐赠的基础上追加捐赠，推动西湖大学科研教育事业的可持续发展，实现了高校与企业的互利共赢。

三是捐赠基金模式。国际上，耶鲁、哈佛等规模进入百亿俱乐部的高校，其捐赠基金投资收益远远高于年度筹资额，捐赠基金在高校的发展中发挥了重要作用。在当前筹资压力逐渐增大、大额捐赠相对稀缺的背景下，捐赠基金的重要性愈加凸显。国内高校基金会的捐赠基金尚处于积极探索的阶段。西湖教育基金会设立了可持续发展项目，重点关注有利于人类及环境可持续发展的前沿科技类项目，积极引导捐赠人以创投支持科研项目的方式参与其中。目前，新型高校大多还处于创校阶段，捐赠人投入的资金大量用于校园基础建设、人才引进等基础性工作。然而，随着高校办学时间的不断推移，捐赠资金的逐步累积，捐赠基金模式未来将拥有广阔的发展空间和巨大的潜力。可以预见，在未来的发展中，捐赠基金将成为新型高校可持续发展的重要资金来源和创新驱动力，为高校在科研创新、人才培养等方面提供更加坚实的经济保障。

五　国内高等教育捐赠文化培育的困难挑战

（一）政策法规层面

1. 税收优惠政策不完善

我国税收优惠主要集中在现金捐赠和部分实物捐赠上。对于一些特殊形式的捐赠，如专利技术、股权捐赠等，缺少政策和操作细则。尽管近年来政策有所放开，但在评估机制、税收计算方法等关键环节仍不够完善。这导致在实际操作中，这些特殊捐赠方式的税收优惠难以切实有效地落实，给捐赠者带来了诸多不便和不确定性。对于企业来说，税收优惠范围较窄同样限制了其捐赠方式的多元化选择。若企业拥有大量的非现金资产（如闲置设备、专利技术等）并有意用于捐赠，但鉴于税收政策在这些方面的不完善，企业可能会放弃这种捐赠方式，转而选择较为保守的现金捐赠或者减少捐赠量，这不利于多样化捐赠文化的形成和发展。

在税收优惠力度方面，对于个人向符合条件的慈善组织（其中包括高校等教育机构）进行捐赠，部分国家的捐赠额可以从应纳税所得额中进行较高比例的扣除，甚至不设置捐赠扣除的上限。英国在企业捐赠方面有着强有力的激励措施，企业向慈善机构捐赠时，在缴纳公司所得税时可将捐赠款项在税前全额扣除。在我国，个人捐赠在计算应纳税所得额时虽可以扣除，但扣除比例相对较低。通常情况下，个人捐赠额未超过纳税人申报的应纳税所得额 30%的部分，才可以从其应纳税所得额中扣除。在企业捐赠方面，企业发生的公益性捐赠支出，仅在年度利润总额 12%以内的部分，准予在计算应纳税所得额时扣除，超过部分不仅不能在当年扣除，还只能结转以后三年内在计算应纳税所得额时扣除。这种优惠力度较小的政策设置，在一定程度上抑制了个人和企业的捐赠热情，削弱了他们的捐赠能力。

此外，税务部门与接受捐赠的机构之间的数据共享和协同监管机制尚不完善，这使得部分捐赠行为的真实性难以得到准确核实。

2. 财政配比捐赠资金政策区域差异大

为了有效激励社会力量积极参与高校建设，政府推行了财政配比政策，其核心目的在于借助财政的杠杆作用，充分激发社会各界对高校捐赠的积极性，进而拓宽高校的资金渠道，推动高校实现可持续发展。然而，在实施过程中，配比政策在一定程度上引发了高校资源分配不均的现象。

首先是中央高校和地方高校之间存在差异。地方高校资金配比有资金上限，部分地区越是大额筹资，配比所得反而越少。江西省对社会捐赠资金按照不同额度进行分级配比，10 万~1000 万元（含）按 1∶0.5 配比；1000 万~5000 万元（含）按 1∶0.25 配比；5000 万元以上的按 1∶0.15 配比，且每所省属高校年度配比资金总额不超过 3000 万元。在资金使用方面，中央高校配比资金虽有使用规定，但在学科建设、人才培养等框架内，可相对灵活地统筹安排配比资金。相比之下，地方高校的资金使用往往受到更为严格的限制，一些地方明确规定配比资金不得用于偿还债务、支付利息等，这在一定程度上限制了高校对资源的合理调配能力。

其次是区域之间存在差异。经济发达地区的高校在社会捐赠资源方面拥有更为坚实的基础。以沿海发达地区的高校为例，其所处地域经济繁荣，企业数量众多且实力雄厚，校友经济也更为活跃。这些地区的高校更容易从当地企业和校友处获得大额捐赠，进而能够获取更多的财政配比资金。相反，经济欠发达地区的高校，所在地区企业数量较少、规模较小，校友资源的经济实力也相对较弱，难以获得充足的捐赠，相应的财政配比资金也较少。这种区域之间的差异导致高校资源分配在不同地区之间的不平衡，进一步影响了高校的整体发展水平和教育质量的均衡性。

最后是学校类型和学科之间存在差异。社会捐赠者往往更倾向于向重点大学的热门学科领域进行捐赠。在信息技术、金融、医学等热门学科，因其与市场需求紧密相连，就业前景良好，更易获得企业和个人的捐赠。这些学科的高校能够利用大量的捐赠资金和财政配比资金提升学科建设水平，如建设高水平实验室、引进高端人才等。相比之下，冷门学科如哲学、考古学等学科的高校，捐赠资金稀少，难以获取足够的资源来支撑学科发展，导致学科之间资源分配的不平衡。高校自身在资源分配上也会倾向于热门学科。在配比资金的使用上，高校管理者通常会考量学科的发展潜力和对学校整体排名的贡献，将更多的资金分配给热门学科，以期在学科竞争和综合排名中占据优势，从而进一步加剧热门学科和冷门学科之间的资源分配不均。

（二）高校管理层面

1. 专业人才队伍匮乏

首先是数量不足。这一情况在基金会的成立数量上可见一斑。截至 2024 年 6 月，我国高等学校共计 3117 所。其中，普通高等学校 2868 所［含本科学校 1308 所、高职（专科）学校 1560 所］。根据基金会中心网数据，截至 2023 年 12 月，中国高校成立高校基金会的数量为 747 家，其中有近 200 家为最近一到两年成立。一些小型高校只有一两个行政人员兼顾筹款活动，很难形成系统的、规模化的筹款工作局面。这种情况反映出高校在募捐组织建设上起步较晚，且发展进程较为缓慢，尚处于成长的初期阶段。

其次是专业背景缺失和经验不足。筹款工作是一个涉及市场营销、公共关系、财务管理等多领域知识的综合性工作。部分从校内行政人员转岗而来的人员缺乏系统的筹款专业知识和经验。高校筹款在国内发展历史相对较短，大部分从业人员没有足够的实践经验积累，这影响了捐赠理念传播、捐赠关系维护、捐赠项目策划。难以有针对性地阐述资金对学校科研创新、学生培养、校园设施建设等方面的具体价值，不利于形成长期、稳定的捐赠文化。

2. 不完善的捐赠人回馈和服务机制

在我国高等教育事业蓬勃发展的征程中，高校捐赠人回馈和服务机制尚处于相对初级的发展阶段。尽管部分高校已然意识到与捐赠人保持紧密联系的重要性，然而在实际操作中，却暴露出诸多问题。

在信息收集与管理环节，多数高校仅仅侧重于采集捐赠人的一些基本表面信息，如联系方式和捐赠金额等，而对于捐赠人的深层次需求，如其捐赠背后的动机、个人独特的偏好以及对学校未来发展方向的期望等核心要素，缺乏深入探究和精准把握的能力。这种信息收集的不完整性和深度的缺失，直接导致高校难以根据捐赠人的个性化特点和需求量身定制契合的服务方案，从而极大地影响了捐赠人的体验感和满意度。

在捐赠人回馈方式的多样性和创新性方面，国内外高校存在显著差异。国外高校的回馈手段丰富多样且独具创意，善于运用各种方式充分表达对捐赠人的诚挚感谢与高度尊重。其中，冠名权的授予是一种常见且广泛应用的方式，并且其范围不仅仅局限于建筑物，还广泛延伸至学术讲座、科研基金等多个关键领域，这极大地满足了捐赠人对荣誉和社会认可的追求。此外，国外高校还积极为捐赠人创造参与学校核心事务的宝贵机会，如根据捐赠人的兴趣和意愿，量身设立专项研究项目，使捐赠人能够在学术研究的广阔天地中留下属于自己的深刻印记；在捐赠人子女的教育福利方面，国外高校不仅提供入学优惠政策，还设立专门的奖学金，为捐赠人子女的成长和发展提供有力的支持。在学校的决策和管理过程中，也会邀请捐赠人参与其中，让捐赠人真切地感受到自己作为学校发展重要组成部分的价值和地位。然而，我国高校在这方面受到诸多因素限制，导致回馈方式显得较为单一和缺乏活力。在冠名权的使用上，我国高校态度谨慎，除了建筑物的命名外，很少拓展到其他领域。对于捐赠人参与学校决策和管理这一具有深远意义的回馈方式，我国高校的探索还停留在较浅的层面，尚未形成成熟有效的机制。

3. 校园文化建设与捐赠文化建设的脱节

捐赠文化是校园文化的重要组成部分。良好的校园文化如同强大的磁石，能够吸引更多的捐赠资源流入；而捐赠文化的蓬勃发展，又能够极大地丰富校园文化的内涵。

长期以来，国内高校的主要精力集中在教学、科研和人才培养等核心业务上，对捐赠文化建设的重要性认识不够深刻。在许多高校中，捐赠仅仅被视为一种获取资金的单一途径，缺乏对其背后所蕴含的文化价值和社会意义的深入挖掘。并且，在校园文化建设的过程中，众多高校未能将捐赠文化纳入整体规划体系，从而导致捐赠文化建设缺乏系统性与连贯性。

在接受捐赠之后，多数高校仅仅简单地举行一个捐赠仪式。在后续过程中，缺乏对捐赠故事以及捐赠精神的深入传播和弘扬。这种做法使得校园难以形成浓厚的捐赠文化氛围，无法充分发挥捐赠文化对师生的激励和教育作用。英国有许多拥有数百年历史的高校，它们通过精心保护和展示与捐赠相关的历史文物和文献，如古老的学院建筑、珍贵的捐赠契约以及捐赠者的信件等，让师生和公众能够深入了解学校在不同历史时期所得到的捐赠支持，从而有效地传承捐赠文化，为校园文化增添了厚重的历史底蕴和人文价值。这种脱节还体现在捐赠文化与教育理念、人才培养目标的分离上。国内高校鲜少将捐赠文化有机地融入学生的学习和服务过程中。学生往往只是模糊地知晓学校有接受捐赠这一事实，却无法在丰富多彩的校园生活中深刻体会捐赠文化的意义和价值。

（三）社会意识层面

1. 公众对高校捐赠认知不足

多数公众仅仅把高校捐赠片面地看作慈善之举。他们没有认识到高校发展水平提高后，会通过人才输出、科研成果转化等方式间接反哺社会，从而对每个人的生活质量和发展机遇产生作用。在英美等发达国家，高校被视为培养社会精英的摇篮。学校通过校友网络和校友杂志等途径，持续强化这种精英意识，引导校友将向母校捐赠视为维护学校声誉、延续精英传统的责任。同时，高校大力宣传捐赠对于维持学校在学术、文化等领域的领先地位，以及为社会培育更多优秀人才的重要性，让公众认识到这是一项对社会长远发展有益的投资。

社交媒体等新兴渠道在高校捐赠信息传播方面的作用尚未充分发挥。虽然社交媒体具有广泛的传播力，但高校捐赠话题在社交媒体平台上的热度不高，相关讨论和分享较为稀少，导致公众难以通过这些便捷渠道获取足够的认知。公众对多样化的高校捐赠方式知之甚少。除了常见的现金捐赠之外，对于实物捐赠（例如设备、图书等）、股权捐赠、遗产捐赠以及通过参与公益活动间接为高校捐赠等方式，大部分人了解有限，甚至闻所未闻。对于在线捐赠平台、捐赠税收优惠政策等便捷的捐赠途径以及相关激励措施，公众的知晓程度同样较低。这限制了他们参与高校捐赠的可能性与积极性，即便有捐赠意愿，也可能由于不熟悉合适的方式而无法付诸行动。

2. 功利主义观念阻碍基础研究、人才培养等长期项目

功利主义观念促使企业更倾向于和高校开展应用型技术研发合作或者利用高校丰富的学生资源进行市场营销和品牌推广。在这种合作模式下，企业能够更直接地看到成果转化产生的经济利益。以信息技术领域为例，企业与高校计算机专业携手开发全新的软件应用程序，或者对现有算法加以改进，

以满足市场对高效、便捷软件的需求。这些合作项目通常目标明确、周期较短、能够迅速投放市场，为企业创造直接收益。企业可将研发成果转化为极具竞争力的产品或服务，快速占据市场份额，获取利润。

然而，基础研究项目的成果产出周期往往十分漫长，而且有极高的不确定性。受功利主义观念影响，企业对这类短期内难以显现经济效益的项目兴趣寥寥。部分基础理论研究或许需要耗费几十年甚至更长时间才可能在实际应用方面有所突破。企业很难预估这些研究最终能否带来经济回报，也无法确定回报时间，所以不愿意投入资金进行捐赠。对于一般的人才培养捐赠，如针对高校学科建设的捐赠，企业无法确定这些投入能转化为自身所需的人才优势。因此，在功利主义驱使下，企业更倾向于通过招聘等方式直接获取人才，而非对人才培养进行捐赠。

3. 大额捐赠社会舆论氛围有待引导

随着经济的发展与社会公益意识的觉醒，大额捐赠事件逐渐进入媒体和公众视野。部分企业家向高校捐赠巨额款项用于科研设施建设或设立奖学金，这些善举在一定程度上受到了赞扬和广泛传播。然而，当前社会在大额捐赠相关的舆论氛围方面存在诸多问题。部分舆论在报道大额捐赠事件时，过度聚焦于猜测捐赠者的动机以及捐赠金额数字，却忽略了捐赠对社会发展的实际贡献和长远意义。在某些情形下，社会舆论甚至对企业家形成了道德绑架，认为他们有责任进行大额捐赠，并且对捐赠数额抱有过高期望。当重大灾害或公共事件发生时，部分公众通过社交媒体"逼捐"企业家，给他们带来了不必要的舆论压力。这种道德绑架不仅破坏了健康的捐赠氛围，还可能严重挫伤捐赠者的积极性，甚至引发捐赠者与公众之间的对立情绪。

在捐赠资金的使用和管理方面，舆论缺乏深入的跟踪与解读。公众往往并不清楚捐赠资金是否真正投入预定的公益项目，也不了解项目的执行效果。这种信息不对称极易引发公众的质疑与不信任，进而损害大额捐赠在社会中的声誉和公众认可度。

六 高等教育捐赠文化的培育路径

（一）政府层面

1. 弘扬捐赠文化，推广慈善教育

政府应将慈善宣传纳入精神文明建设范畴，并制定完善的宣传规划。通

过电视、广播、报纸、网络等各类媒体平台，常态化推送慈善新闻、深度专题以及富有感染力的公益广告，提升公众对慈善的关注度与认知水平。

积极挖掘并广泛宣传慈善捐赠的先进典型，涉及个人、企业和社会组织等各层面的优秀事迹，发挥榜样引领作用，激发民众的慈善意识与捐赠热情。例如，每年开展"慈善之星""爱心企业"等评选活动，并举办隆重的表彰仪式，营造全社会崇尚慈善的浓厚氛围。

在慈善教育推广方面，借鉴部分国家将慈善教育纳入学校教育体系的经验，从基础教育阶段开始培养学生的慈善意识和公益理念。开设专门的慈善教育课程，编写系统教材。通过课堂教学、社会实践等多种形式，学生深刻了解了慈善的意义、价值和实践方式。针对社会公众，开展多样化慈善培训活动，普及慈善法律法规、捐赠渠道等知识。

政府需要搭建慈善信息公开平台，要求慈善组织定期公开项目实施情况、资金收支明细等，方便公众查询与监督，以此提高慈善公信力，引导捐赠者理性选择。虽然我国已有慈善中国、互联网公募平台等渠道，但仍然存在公众普及度不足、信息解读难度大、缺乏互动反馈渠道等问题。

2. 健全激励和监管政策

我国在股票、证券、不动产遗产、收藏品、成果专利权、算力等方面有巨大的捐赠潜力，但相应政策和操作细则仍有不同程度的缺失。我国政府应进一步完善并细化慈善捐赠的税收优惠政策，扩大免税税种范围，简化税收抵扣流程，保障捐赠者切实享受税收减免福利，进而提升企业和个人参与慈善捐赠的积极性。同时，政府要持续完善并落实相关税收优惠政策，简化申请流程、提高办理效率，确保捐赠者能真正获得政策激励，增强其参与慈善的积极主动性。除税收激励外，还可以借鉴国外的精神激励方式，对有突出贡献的慈善组织和个人给予物质与精神奖励，如颁发荣誉勋章、提供特定的服务或权益等。

政府需建立健全慈善捐赠监督管理机制，明确各监管部门职责，加强对慈善组织和捐赠活动的全方位监管，尤其是对慈善资金的使用、管理和分配等关键环节进行严格监督，确保资金安全与有效运用。

（二）高校层面

1. 加强捐赠文化宣传

一是将捐赠文化融入校园文化建设。通过环境营造打造捐赠文化景观。在校园设置捐赠纪念墙、雕塑、碑刻，展示捐赠者信息与事迹，同时在图书馆、教学楼、食堂等场所张贴海报、标语，播放视频，让这些景观成为校园文化的有机部分，使师生在日常生活中感受捐赠文化氛围。

在课程教育中渗透捐赠文化，将捐赠文化纳入学校课程体系。开设"慈善与捐赠文化"通识课程或专题讲座，系统地介绍捐赠文化的历史渊源、发展现状、社会价值以及高校捐赠的重要意义和案例。在经济、管理、人文社科等专业课程中融入相关内容，从不同专业角度深化学生对捐赠文化的理解，如在市场营销课分析企业捐赠对品牌形象的影响，在伦理学课程讨论捐赠的道德考量。课堂教学，让学生深入了解捐赠在推动教育事业和社会进步中的作用，培养学生的慈善意识和社会责任感。

二是开展多样化捐赠宣传活动。对于重大的捐赠项目，举行隆重的捐赠仪式。定期开展捐赠庆典活动，如在校庆期间举办捐赠表彰大会，回顾捐赠情况、展示成果并表彰优秀捐赠者，通过文艺表演、校友分享等形式，营造欢乐、感恩的氛围。利用新媒体平台提升传播触达度。建立高校捐赠官方网站和社交媒体账号，定期发布捐赠新闻、捐赠项目进展和捐赠者风采，搭建宣传平台。利用新媒体互动性开展线上捐赠互动活动，增强与受众的互动和黏性。制作短视频、动画等新媒体作品，以生动有趣的形式介绍捐赠文化知识、项目和成果。

三是联合媒体宣传。加强与社会媒体的合作，积极向媒体推荐高校的捐赠项目和故事。与各类媒体建立长期合作，定期发布新闻稿和专题报道。高校积极参与社会公益活动，与公益组织合作开展联合捐赠项目。组织师生志愿者参与社区服务、环保、文化教育等公益活动，宣传高校的捐赠文化和公益理念，增进社会公众对高校公益贡献的了解。

2. 优化捐赠服务体系

一是构建专业且高效的捐赠管理团队，优化捐赠流程。高校需积极吸纳具备慈善管理、市场营销、财务、法律等多领域知识的专业人员。为捐赠者开辟多样化咨询渠道，依据其类型与需求提供个性化咨询服务。从长期合作的角度，深入挖掘合作定位与策略，制定合作方案。

二是简化捐赠手续，实现捐赠操作透明化。制作简洁明了的捐赠指南，明确标注捐赠所需文件、步骤和时间节点。建立捐赠后定期报告制度，向捐赠者反馈捐赠资金的使用情况。可按季度或年度向捐赠者发送详细的财务报告和项目进展报告。对于大型捐赠项目，组织专门的项目汇报会议，邀请捐赠者现场交流，开展科学全面的项目效果评估，收集捐赠者的反馈意见。通过问卷调查、访谈等方式，了解捐赠者对项目实施的满意度、对资金使用的建议，并据此及时调整项目实施计划，确保捐赠资金发挥最大的效益。

三是增强捐赠者体验，为捐赠者提供定制化的服务和体验。为捐赠者提供参与捐赠项目实施的机会，邀请他们参加奖学金评选过程、参与捐赠设施的奠基或启用仪式等。加强与捐赠者的情感联络，通过寄送感谢信、节日贺卡、学校纪念品等方式表达对捐赠者的感激之情。如在每年校庆之际，为所有捐赠者寄送带有学校标志的精美纪念品，附上校长的感谢信，回顾捐赠者对学校的贡献。建立完善的捐赠者荣誉体系，依据捐赠金额、捐赠方式、捐赠持续时间等因素设立不同等级的荣誉称号，并在学校官网、校友杂志、校内捐赠荣誉墙等多个渠道进行展示和宣传。

（三）社会层面

1. 营造高等教育捐赠文化氛围

媒体作为信息传播的重要力量，在营造社会捐赠文化方面发挥着至关重要的作用。在宣传大额捐赠时，媒体应强调这一捐赠对高校科研水平提升、人才培养环境改善的积极影响。邀请教育专家、高校管理者等进行访谈或撰写评论文章，阐述捐赠资金如何支持高校开展前沿科研项目、吸引优秀师资、改善教学设施，以及这些举措对培养高素质人才的重要性。

除了大额捐赠以外，媒体也应关注那些来自普通校友、社会人士的小额捐赠。通过讲述他们与高校的故事以及捐赠背后的动机，展现捐赠行为的多样性和普遍性，让更多人觉得自己也可以为高等教育事业贡献力量。媒体可设立专门的慈善栏目或频道，开展捐赠文化系列专题报道，内容涵盖捐赠的历史渊源、文化内涵、国际比较等维度。介绍不同国家和地区的捐赠文化传统和特色，拓宽公众的视野，使其领略公益慈善的多样性，并丰富其内涵。

民间社会组织则需充分发挥其专业性与灵活性，积极开展各类高等教育相关慈善活动和项目。一方面，基金会的资助领域除传统慈善外，还可以关注基础科研和高等教育。确定重点支持的科研领域，如生命科学领域中人类重大疾病相关的基础研究、物理学领域中前沿理论探索（如量子物理的基础理论拓展）、化学领域中新材料基础研发等。通过共同策划和实施互动感强、影响力大的战略慈善项目，提高公众的感知度，提高慈善投入的效率。另一方面，社会组织可以与高校志愿团队合作，深入社区、学校、企业等场所，开展慈善宣传和科普教育，向公众普及捐赠知识，培养公众的慈善意识和社会责任感。

2. 行业自律规范捐赠市场秩序

在国际上，行业组织如美国教育促进与支持委员会（CASE）等发挥了关键作用。它们制定了详细的筹款伦理准则和行业标准，涵盖了从筹款活动的策划、执行到捐赠资金管理等各个环节。其成熟的模式和实践可以为我们提供有益的借鉴。

我国高校可通过高校筹资联盟等行业平台，积极推动高校之间、筹款人员之间以及高校与其他利益相关者之间的交流。倡导高校筹款伦理准则和行业标准，包括对捐赠者信息的保密、捐赠资金的合理使用和管理、筹款宣传的真实性等。通过组织国际会议、专题研讨、行业论坛等活动，高校可以分享筹款案例、展示筹款成果、交流筹款过程中遇到的伦理问题和解决方案。同时，行业组织可以利用网络平台，建立在线社区和资源库，方便高校筹款人员随时获取信息、交流经验，促进高校捐赠文化的健康发展。

参考文献

陈叶，2016，《近代早期英国教育慈善捐赠研究（1500~1660）》，硕士学位论文，华中师范大学。

代蕊华，2000，《筹资者：大学校长新角色》，《高等教育研究》第 3 期，第 62~64 页。

戴科栋、张慧，2013，《美国高校社会捐赠制度浅析——以哈佛大学为例》，《中国校外教育》第 7 期，第 21 页。

樊爱琴，2010，《美、英两国高等教育社会捐赠机制对我国的借鉴与启示》，硕士学位论文，陕西师范大学。

高晓清、杨希通，2018，《捐赠与美国研究型大学发展：历程、现状与启示》，《当代教育论坛》第 4 期，第 1~9 页。

谷贤林、王铄，2011，《英国高等教育捐赠主体、制度保障与回馈方式分析》，《比较教育研究》第 10 期，第 60~65 页。

胡慧勇，2012，《美国高等教育捐赠文化透视》，《华北电力大学学报》（社会科学版）第 4 期，第 126~131 页。

姜明君，2019，《民国时期我国高等教育捐赠实践的文化透视》，硕士学位论文，哈尔滨师范大学。

蒋国河，2005，《推进高等教育捐赠事业：价值传承和制度创新》，《江苏高教》第 6 期，第 33~36 页。

蒙有华、徐辉，2006，《美国高校教育捐赠制度探析》，《高教探索》第 6 期，第 41~43 页。

邱洪斌、周文翠，2013，《论高校捐赠文化建设中的价值认同》，《学术交流》第 11 期，第 196~199 页。

曲铁华、王美，2013，《民国时期高等教育政策的历史演进及特点探析》，《现代大学教育》

第 4 期，第 78~83 页。

吴思瑶，2019，《文化视域下日本高等教育捐赠研究》，硕士学位论文，哈尔滨师范大学。

伍宸，2013，《日本国立大学非政府办学经费拓展研究》，博士学位论文，北京师范大学。

伍运文，2006，《美国高等教育捐赠的动因考察——宗教与文化的视角》，《湖南师范大学
教育科学学报》第 5 期，第 54~58 页。

闫虹，2007，《美国高等教育捐赠的文化因素探析》，《辽宁教育行政学院学报》第 5 期，
第 55~56 页。

杨平波、朱雅斯，2016，《英国高等教育经费筹措方式及启示》，《财会月刊》第 36 期，第
100~104 页。

喻冰峰，2012a，《近代初期英国慈善捐赠兴起的原因探析》，《经济研究导刊》第 1 期，第
81~82 页。

喻冰峰，2012b，《近代早期英国的教育捐赠》，《江西社会科学》第 7 期，第 127~132 页。

张善飞，2007，《民国时期大学校长的筹资特点及启示——以南开大学、燕京大学、东南
大学为例》，《医学教育探索》第 8 期，第 677~678、725 页。

朱光钛，2010，《大学捐赠文化建设研究——以集美大学为例》，《集美大学学报》（哲学
社会科学版）第 3 期，第 110~115 页。

Bourdieu，P. 1980. "Le Capital Social." in *Actes de la Rechercheen Sciences Sociales*，*ARSS* 31
(1)：2-3.

Putnam，R. D. 1993. *Making Demorcracy Work*：*Civic Traditions in Modern Italy*. Princeton：Pri-
cetion University Press.

Shaker，Genevieve G. & V. M. H. Borden. 2022. "Analyzing Three Decades of Philanthropic Giv-
ing to U. S. Higher Education（1988-2018）." *Philanthropy & Education* 4：1-42.

我国高校教育基金会内部控制建设现状分析与建议

雷　蕾[*]

一　高校教育基金会内部控制的意义

（一）有利于完善高校内控体系建设

高校教育基金会是由高校主办的具有公益性质的民间非营利组织。《教育部直属高校经济活动内部控制指南（试行）》将基金会明确纳入高校经济活动内部控制架构中。此外，《内部控制应用指南》第 1 号第 14 条指出高校应对现有治理结构和内部机构设置进行全面梳理，并对内部机构设置的合理性和运行的效率性等定期进行评估，及时进行调整，消除存在的缺陷。因此，教育基金会作为高校发起设立的经济实体，是高校内部控制体系中不可缺少的重要环节，必须维护其所有经济行为的合法性与合规性。

（二）有利于提高高校教育基金会的管理水平

完善的内部控制机制有助于提升高校教育基金会的运营效率。高校教育基金会通过对自身组织架构、资产管理、财务管理、授权审批等内部控制流程进行反思并不断完善，能够有效提高管理水平，实现高效运作。这不仅能优化资源配置和管理，有效提高捐赠资金的使用效益，提升整体运营效率，而且高效的运营与科学决策离不开合理的管理体系。因此，高效健全的内部控制体系也有助于促进基金会的健康、良性、可持续发展。

（三）有利于促进高校教育基金会提高公信力、获取社会资源

良好的内部控制建设，同时也包括在有效监管下实现高质量信息公开，

---

* 雷蕾，四川电子科技大学教育发展基金会副秘书长。

以此树立良好的社会公信力。一个社会组织最大的财富是公众的信任。公众的信任是一种无形资产，更是一种重要的竞争优势，它可以转化为有形资产。基金会想要得到更多的资金和资源，必须要赢得公众的信任。近年来，基金会等慈善组织丑闻频发，严重影响公众对于慈善组织的信任。通过内部控制的建设完善，建立规范的管理体系，形成能体现基金会的高质量信息，借助信息公开平台进行披露，让公众也可以更加直观、透明地了解基金会的运作效果，这有助于恢复和增强公众对于基金会的信心，从而更容易获得社会资源。

二　高校教育基金会内部控制现状存在的问题及成因分析

（一）存在的问题

1. 缺乏良好的内控环境

从国内高校教育基金会的内部管理现状来看，多数基金会对内部控制的重要性和必要性认识不足，内控基础较为薄弱。很少有高校教育基金会建立内部控制体系。在本报告研究过程中，通过查阅国内对于高校教育基金会的研究资料发现，关于内控建设的研究极少，研究更偏重探讨高校教育基金会如何拓展筹资渠道。此外，不少高校教育基金会的理事会都形同虚设，基金会重大事项和活动并未按照规范流程通过理事会决议，召开理事会议主要为应付民政检查，理事们对事项内容缺乏深入思考和讨论。在大多数高校，基金会都是作为支撑保障部门，不在学校主流业务范围内，学校对基金会重视程度不够。大多数高校教育基金会人员投入明显不足，有限的人员精力主要集中在筹资方面，没有专业的人员负责内部控制建设，影响了内部控制责任的落实。

2. 内部控制制度不健全

根据各高校教育基金会年度工作报告中披露的信息，部分高校教育基金会未制定专门的内部控制制度，也未编制内部控制手册。有的基金会在经济领域虽然出台了业务制度，但业务制度并不等同于内部控制制度。不少基金会的业务制度比较粗放，没有对业务进行细化和分类管理，导致难以实施风险控制，弱化了制度的约束力。并且，由于没有经过系统规划和设计，基金会的经济业务相关制度比较零散，缺乏科学性和连贯性，难以形成比较系统的整体性内控制度。

3. 缺乏内部控制的风险评估和应对机制

如前所述，基于认识的局限性，多数高校教育基金会虽然作为独立法人和经济实体，却未建立风险评估机制。由于缺乏对潜在和已存在风险进行认真分析，基金会无法制定有针对性的程序和采取有效的措施防范和控制风险。公开资料显示，中央巡视组在对中管高校进行巡视时发现了不少问题，包括要严格审核捐赠来源，加强源头风险防控；严格审核捐赠方背景和用途，加强审核流程控制；要完善校内单位募集捐赠监管制度，统一由教育基金会与捐赠方签署协议，与部院系签署项目执行协议；要加强投资风险管控，加强风险控制力量，完善风险控制机制；要规范人员经费发放，形成管理科学、标准统一、程序规范的管理体系等。风险评估机制的缺失，导致高校教育基金会容易陷于被动的局面，制约其发展。

4. 内部控制的业务流程控制不到位

在流程管理方面，多数高校教育基金会未将控制融入管理流程，未进行制度和流程的全面整合。在基金会的业务方面，公益项目运作、资产管理、资金管理、财务管理、合同管理等过多依赖学校制度管理。对于业务中涉及很少或者没有涉及的环节甚至直接缺乏流程设计，比如大多数高校教育基金会没有采购业务的招投标制度和流程。由于未建立风险评估机制，高校教育基金会经济业务存在不少内控死角。当业务活动流程的内部控制关键点、风险点未能完全明确时，就无法保证业务活动过程的合规性、可控性，最终导致业务活动结果出现问题。

5. 缺乏完善的监督机制

在内部监督方面，高校教育基金会的监事大多来自高校其他行政部门且为兼职人员，对基金会的相关法规并不了解，在基金会的日常运营中并未行使真正的监督职能。监事们参与基金会管理的方式，一般为出席理事会议和按照民政部门要求在年度工作报告上签字。他们不具备基金会的相关专业知识，无法对基金会的业务活动开展、重要决策制定进行有效监督。在这种监督模式下，基金会存在的问题往往很难被识别。在外部监督方面，民政部门和社会公众主要通过年度审计、年检工作以及在慈善中国公布信息等方式获取基金会的运作信息。然而，年度审计一般为基金会聘请的会计师事务所执行，由于双方存在依存关系，很多问题被淡化处理。同时，民政部门等行政机关对高校教育基金会的监督力度较弱，关注度低，且对于部分违法违纪行为缺乏严厉的法律制裁，进而削弱了内控效果。

（二）成因分析

1. 法律主体认识不清晰，基金会缺乏完整的独立性

高校教育基金会在民政部门注册登记，是独立法人实体。从法律角度看，应按照独立法人的运营模式进行管理。但高校教育基金会主要由高校发起设立，注册资金一般来自校友或校董的捐赠。高校教育基金会的宗旨和业务范围都局限于自己所在的学校，主要是为本校的建设发展筹集资金、提供支持。因此，高校教育基金会在实际运营中，都是由高校行政职能部门进行管理，从属于高校行政体系，在学校的筹款活动中扮演着核心的行政角色。理事会以落实学校校长办公会或党委会会议精神要求为主，学校决定基金会的一切。高校的全面管理、全权控制使基金会缺乏独立运作的空间。高校未能充分认识到基金会作为独立法人实体，应该依法独立享有民事权利并承担法律责任的性质，而主要把基金会作为学校接受捐赠的平台，这是导致高校教育基金会内部控制问题的根本原因。

2. 管理制度不健全，内部运营缺乏科学性

基金会的理事会成员和工作人员大部分来自学校，与校友会、校董会等机构共享工作人员和办公空间，其运作和决策在很大程度上受到学校政策和管理的约束。管理层习惯性地依据高校的规章制度进行内部运营管理，而常常忽略了制定基金会自身的管理制度。这样直接导致学校的行政行为、事业行为取代基金会慈善活动的决策、执行、监督行为；间接导致高校教育事业单位管理思想代替基金会公益慈善事业管理思想。由此，基金会内控无章可循的事情偶有发生，高校事业单位属性与基金会社会组织属性之间的矛盾非常突出，进而引发基金会慈善活动决策失误、执行难、效率低等内控问题。基金会缺乏完整的制度体系，内部运营缺乏科学性是导致内控问题的主要原因。

3. 人力资源保障不到位，慈善活动缺乏专业性

高校教育基金会秘书处的设置一般按照学校行政机构的规则，秘书长为机关职能部门处级干部，工作人员从校内其他岗位直接调任。基金会理事、监事等关键岗位人员以学校行政领导为主，项目执行单位是学校下属的院系或职能部门。一方面，基金会普遍缺乏公益慈善组织专业人员，比如核心的财务管理岗位，大多数高校教育基金会由学校财务处人员兼任。事实上，熟悉学校事业单位会计制度的财务处人员，基本都不了解社会组织实行的民间非营利组织会计制度。另一方面，由于基金会在高校不属于学校主流业务单位，工作人员人数的配置也明显不足。人员配备并非基于健全的基金会职能需求，一人兼任多职是常见情况，难以保障工作人员在各项具体工作中都能具备充沛的精力。

4. 内控法治不到位，管理缺乏客观性

2011 年，《民政部关于印发各类社会组织评估指标的通知》为基金会内部控制的管理指明了方向、明确了目标、提供了依据，但未对社会组织实现"评估达优"的重要途径——内部控制，设置统一规范和配套指引。基金会在内控方面缺少依法依规性，导致基金会轻视内控建设，单位层面控制和业务层面控制存在诸多缺陷，内控设计与运行的有效性极其弱化。基金会内控缺少依法依规性是导致内控问题的客观原因。

5. 信息公开不及时，外部监督缺乏有效性

高校教育基金会由于有高校的行政事业单位背景，且大多为非公募基金会，因此成为基金会中的一个特殊群体，民政部门对其监管力度较弱。在信息公开透明度上，高校教育基金会的项目运营和资金使用情况并未完全按照相关制度规范向公众披露。部分高校教育基金会没有独立网站，已经具有独立官网的高校教育基金会公开信息也并不全面。因此，高校教育基金会的项目运作、财务管理在很大程度上依赖自身严格自律，这就导致即使存在内控问题，也不容易暴露在社会大众眼前。内部控制建设对于高校教育基金会而言，并不是迫切需求，也就没有改善和加强的动力。

三　加强高校教育基金会内部控制建设的思路

（一）充分理解高校教育基金会的特殊性

高校教育基金会同时具有公益性社会组织和行政事业单位的双重属性。第一，高校教育基金会的设立背景，决定了其与高校之间必然存在共同控制、重大影响的关联关系。基金会与高校共享资源平台，互利互补。基金会以支持学校建设发展、弥补教育经费不足为目的，捐赠方以校友捐赠为主，项目执行依靠校内各院系和职能部门来完成。第二，高校教育基金会作为社会组织必须遵守民政等主管部门的管理要求。基金会属于社会组织法人，大部分高校教育基金会还申请成为慈善组织，按照法律规定，独立法人在进行筹资、运营等业务活动时必须以法人名义独立开展，并承担相应的法律责任。因此，高校教育基金会要接受登记主管部门民政部的监管，遵守社会组织和慈善组织的相关规定。包括《基金会管理条例》《民间非营利组织会计制度》《中华人民共和国慈善法》以及相关的税收优惠政策等。只有依规开展业务活动，才能每年顺利通过民政部年检年审，持续获得基金会运营资格。第三，高校教育基金会作为高校实际运营实体也需要遵守高校的管理要求。如前所述，高校教育基金会的行政管理模式几乎在所有高校中占据主导地位，高校教育基金会在校内被视作职能科室的一部分，从具体工作人员到理事长都是高校管理人员。因此，基金会的运营决策无法脱离高校的政策约束，仍受高校的管理。其管理运营必须严格遵守高校的相关规章制度，包括重大事项报告、项目管理、货币资金管理、非货币资金捐赠管理、预算管理、财务监督、固定资产管控、招采与资产管理等规定。

（二）高校教育基金会的内控控制理论依据

1. 内部控制的内涵及要素

内部控制是指组织机构为加强内部控制所采用的一系列办法、举措、流程。组织机构通过一系列规范性的程序，形成完善、切实可行的控制体系，有助于规避内部风险，实现对各项经营管理活动、业务活动等的全面监督。在实施内控活动时，组织机构还需明确风险控制点，有效防控风险，利用内控规范各项业务活动、业务流程。简而言之，内控的实施能够保障组织良好运行，实现社会效益最大化。

内部控制主要包含控制环境、风险评估、控制活动、信息与沟通、内控监督等五要素。一是控制环境。控制环境是实施内控的基础，要求治理层、管理层具备较强的综合能力，且对组织架构、权责分配有明确的界定。二是风险评估。风险评估旨在帮助组织及时发现潜在风险，并制定相应的解决措施，确保各类风险控制在可接受的范围内。三是控制活动。控制活动是实施内控的核心，它基于风险评估的结果，帮助组织制定切实可行的控制措施，确保将各项活动潜在风险的影响降到最低或直接消除风险。四是信息与沟通。内控的有效实施离不开内部各项信息的实时共享与精准搜集，确保组织所有信息的快速传递，推动各部门的高效沟通。五是内控监督。内控监督是对内控活动的实施过程、实施情况进行有效监督，便于组织及时了解内控实施情况，记录其中存在的问题，为后期完善内控体系提供有力依据。

2. 高校内部控制规范

2012 年，财政部公布《行政事业单位内部控制规范（试行）》，该规范适用于包含高校在内的各类行政事业单位，并为其内部控制建设提供明确的指导方针。该规范为行政事业单位内部控制提供了清晰定义，即通过制定制度、实施措施及执行程序，对经济活动的风险进行防范和管控。其涉及的风险控制范围广泛，覆盖了预算管理、收支流程、政府采购、资产管理、建设项目管理以及合同管理等多个关键经济领域。此外，该规范还对内部控制进行了分类，即分为单位整体层面和具体业务层面，同时要求每个单位根据该规范并结合自身实际情况，构建并实施一套行之有效的内部控制系统。关于实施内部控制的具体方法与风险管理操作流程，该规范也做出了详尽说明，包含梳理各类经济活动的具体业务流程、明确各个环节、对风险点进行系统分析以及选择恰当的应对策略等内容。最后，该规范要求各单位必须在国家相关法律法规的基础上，建立完善的内部管理制度，并监督员工严格遵守执行。

《教育部直属高校经济活动内部控制指南（试行）》第 14 号——教育基金会管理，规定了教育基金会的内控范围，包括组织机构及运行、筹资业务、投资业务、信息公开与监督等方面。

《关于进一步加强高等学校内部控制建设的指导意见》多次提及基金会的内控管理，指出要"强化高等学校重点经济活动和相关业务活动的风险评估。在开展单位层面风险评估的基础上，加强对科研、采购、工程项目、资金管理、资产管理、对外办学、基金会、附属单位、信息化建设等资金规模较大或廉政风险较高领域的风险评估工作""加强教育基金会管理。规范设置教育基金会组织机构与权力运行机制，强化学校和理事会对基金会的双重领导，规范教育基金会与高等学校之间开展的经济业务活动及资金往来，规范基金会的筹资与投资行为，各类收入及时足额纳入账户核算，捐赠冠名需符合相关规定，避免形成变相摊派。建立投资决策议事规则，重大投资项目履行审批手续，加强对投资项目过程跟踪管理"。

（三）高校教育基金会内部控制的原则

1. 兼顾原则

对于高校教育基金会的内部管理，应当兼顾决策、运作、实施的全过程，应涵盖基金组织下属单位的负责事宜以及运作事项。内控管理是一个环环相扣的过程，任一环节出现疏漏，都可能造成整个作用链失效，产生无用功。

2. 关键原则

高等院校的基金管理在整体控制的前提下，更应当对高风险的业务范围进行重点关注，切实防范重大风险。由于行业性质不同、市场环境不同、地域以及经济环境不同，风险产生的途径与表现形式也不尽相同。虽然内控制度不能全面消除风险，但是在关键环节以及高风险领域，能够发挥显著的预警以及防御作用。

3. 平衡原则

对于高校教育基金会的内部管理，应当注重其内部构成、业务渠道、责权配置等方面的制约与监督作用，同时也要对基金组织的运营效率做出保障。

由于基金组织的业务渠道、规模不同，在内部管理上，应当以实际需求为基础，建立不同的分管部门，将监督管理责任细化分解，落实到人，建立监督管理问责制。在人员配置上，要根据不同人员的才能表现，安排不同的管理岗位，使基金组织的工作效率得以提升。内控监督的核心是实现内部发展的平衡，使管理结构更为合理。如果内控管理体制过于烦琐，就会增加运作风险，所以要将风险管理置于重要位置，在此基础上对运营效率进行优化。

4. 适用原则

高校教育基金会由于学校的起点不同、所处区域不同，高校环境差异明显，这种差异化表现主要集中在机构设置、管理环境、活动标准、整体目标等多个层面。对于不同的实现目标、组织管理框架以及活动方式，不同院校所采取的管理措施也各不相同。但是，在与学校的内部管理相一致、有效规避运营风险等方面，高校教育基金会具有高度一致性。内控管理应当随环境变化进行调整，不能生搬硬套现有经验。在外部环境、自身发展环境发生变化的同时，应当对战略目标进行全面调整，管理体制也要相应地发生变化，制度的建设也需要在实践中逐渐完善。

5. 成本控制原则

高校教育基金会的内部管理应当对运营成本进行预期，并对未来收益进行规划。在实施过程中，要密切关注成本变化，采用有效手段进行成本控制。在成本与效益之间力求平衡，由于该组织具有公益特点，不能仅以营利为衡量标准，还需考量收益的公众范围与公益价值。

（四）高校教育基金会内部控制的目标

1. 促进基金会的可持续发展

基金会应着眼于把握国内外形势和时代热点，不断加强战略研究，明确发展定位、规划发展路径。根据基金会自身的实际情况研究和制定发展规划，为教育基金会的可持续发展做好部署。围绕基金会的宗旨和业务范围，制定与高校战略目标相一致的战略规划，为高校发展争取社会资源，在促进高校教育事业发展的同时，也为基金会的可持续发展奠定扎实的基础。

2. 确保运营的规范性

这一目标的设定与法律条例制约有密切关系，主要强调了基金运作必须在合法范围内，杜绝违法行为以及违规操作。合法目标是高校教育基金会正常运行的必要基础，是后续目标实现的前提依据。高校教育基金会严格按照《基金会管理条例》《民间非营利组织会计制度》《中华人民共和国慈善法》

等法律法规和文件规定，明确岗位职责，规范管理流程。

3. 保证资金和资产的安全性

基金会资产来源的特殊性，使得高校教育基金会的货币资金和其他资产在管理和使用上必须加强控制，确保资产的安全完整，杜绝资产被挪用、贪污、盗窃等情况发生；同时需解决资产配置不合理、资产损失浪费、使用效率低下等问题。内部控制的建立，应为资产的安全和有效利用提供制度化的保障。

4. 保证关键信息的真实完整性

按照《慈善组织信息公开办法》，高校教育基金会的信息披露有很高的要求。只有及时、准确、真实地反映基金会的内部治理、业务活动、资金收支等信息，才能确保基金会的公信力不受影响，对外展示基金会的内部管理水平，为基金会赢得社会资源、公众信任奠定良好的基础。

5. 提高资金使用的有效性

高校教育基金会的善款来自社会爱心捐赠，资金使用情况、项目实施效果，承载着捐赠方的期望。高校教育基金会应以提高资金的使用效率和效果为重要目标，通过健全内部控制体系建设，加强资金使用过程监督，推动公益项目按照计划执行，产出符合项目设计目标、捐赠方期望的实施结果，从而提升高校教育基金会的公共服务水平，真正体现高校教育基金会在助力高等教育建设中发挥的重要作用。

（五）高校内部控制的特点

1. 内部控制是制度与机制建设

高校的内部控制意味着在遵守学校规章制度的基础上，通过持续循环、优化内部环境，调整内部结构，实现预期效果。在现代企业中，内部控制被视为一个系统过程，它具有整体性、动态性以及系统性的特征。这揭示了高等教育机构内部控制的两大特性，即静态的制度设计和动态的内部管理活动。静态的制度设计旨在确保经济行为的安全性，它由内部控制环境、风险评定、风险管理以及内部控制的评估、监控和优化等多个部分构成。其中内部控制环境是高校内部控制系统中最基本、最重要的构成部分。动态的内部管理活动指的是高校对潜在风险进行的预防、管理、监控和修正的全过程。

首先，高校的内部控制建设实质上是一种管理体制的建立。目前，我国各类型高校内部控制体系均不同程度地出现了缺陷或不健全现象。行政事业单位的核心任务是为社会大众提供各种公共服务，同时更加重视社会的利益和内部控制的平衡与监控。高校在组织构架、组织结构、员工培训和任命以及文化氛围等多个方面与企业存在明显的不同。这就要求行政事业单位必须加强内控制度建设，以保证其各项工作能够顺利进行。因此，行政事业单位在构建内部控制体系时，应根据其独特的实际状况进行调整。

其次，高校的内部控制建设实质上是一种制度机制的构建。因此，内部控制机制在高校管理中是非常重要的一个环节，它能有效地约束和规范各类人员的行为，提高工作效率，保证学校各项工作顺利开展。单位的内部控制不只是对某一活动的暂时安排，更是通过有序的流程控制明确任务内容、执行方式以及综合评估方向。这一机制在各个部门间实现了互相制衡，并在各种经济活动的日常管理和执行监督中发挥关键作用，有效降低了权力失控和效率低下的风险。

最后，高校的内部控制建设应着重于强调组织的责任和进行有效的监督与评估。目前，我国高校普遍存在重视外部审计而轻视内部控制建设的现象，缺乏完善的内部会计监督机制。考虑到高等教育机构的领导和员工对内部控制的认识可能较为模糊，仅仅依赖建立内部控制制度不足以完全保证单位目标得以实现。因此，必须将内部控制建设作为一项重要任务来抓。为了增强内部控制的执行能力和优化单位的内部控制体系，除了单位自身需要建立有效的监督和评估机制之外，财政部门也应当担负起相应的责任，在定期的督导和检查过程中，对单位内部控制的建立和执行情况进行全面审查，并要求对发现的问题进行及时的整改。

2. 流程化和相互牵制是内部控制建设的理念与原则

流程化和相互牵制是内部控制建设的理念与原则，行政事业单位在内部管理中遵循一套制度安排并不断优化完善机制。其特点是通过静态制度安排和动态内部管理活动实现单位经济活动的流程化和权力平衡。静态制度安排指的是各项内部管理规定及其执行所需的控制措施和程序，而动态内部管理活动则指为达到内控目标而进行自我约束和规范的过程。将制衡机制融入内控建设，有助于确保体系的合理性、可执行性，并加强单位的内部控制建设。

首先，建立和执行内部控制的核心思想是相互制衡。在企业管理实践中，由于各个业务环节之间存在错综复杂的联系，不同职能部门所承担的责任不尽相同，因此产生了相互制约的问题。在组织内部，所有部门都是一个不可分割的整体，在面对决策或政策制定时，不能仅仅依靠某一特定个体或部门来完成全部流程。因此，必须将所有部门都纳入共同目标之下。反之，我们需要通过有效的协调和合作来确保每个部门都明确自己的职责和权限，并有效地区分不兼容的岗位职责，以在经济活动中保持各部门的独立思考，同时也促进各部门之间的合作和监督。

其次，流程化在实现制衡理念中发挥着重要作用。流程化不仅是一种高效的手段，更是确保该理念得以实际应用的可靠保障。为了更深入地理解这一点，我们可以从目标管理和流程管理的对比分析入手。目标管理侧重于构建一个系统的目标体系，这些目标从上至下逐级明确。这种管理方式关注的是目标的设定和实现。然而，在内部控制环境下，我们还需要关注流程管理。流程管理由主管人员负责综合性管理，依靠执行者完成任务。在此过程中，还需要设立部门追踪监督实施过程，及时发现问题并采取补救措施，定期和不定期对完成结果进行检查评价，反馈结果并据此进行修订和改进，推动目标管理进入下一轮循环。

最后，高校应该建立相互制约和相互监督的工作机制，以确保岗位设置、职责分工和业务流程等方面的有效管理。在高校的内部控制管理中，我们必须重视其内部结构、业务路径以及权责分配等多个维度所带来的制约和监管效果，保障基金组织的运作效率。从目前来看，我国各高校教育基金会主要通过财务审计、项目申报、捐赠资金监管、基金资产管理以及风险控制四个环节实现内部管理，涉及众多工作人员。鉴于不同的基金组织在其业务路径和规模上有所区别，内部管理应根据具体的需求设立各自的管理部门，并将监督和管理的职责明确地下放到个人，从而建立一个有效的监督和问责机制。另外，还应明确岗位职责，加强组织机构建设，为基金管理人员创造良好的工作环境。在进行人员配置时，我们需要充分考虑各种人才所展现的才能，并为他们安排合适的管理职位，从而提高基金组织的工作效益。通过构建合理有效的管理机制，优化资金分配和使用，实现组织整体运行效果的最优化。我们的主要目标是推动组织内部的均衡发展，并使管理体系更为合理。在风险管理过程中，重新设计风险管理流程，完善相关制度，从而使组织内部控制体系能够有效运行。为防止复杂的内部控制管理系统增加运营风险，需优先考虑风险管理，并在此基础上进一步提高运营的效率。

四　加强高校教育基金会内部控制建设的建议

（一）营造良好的内部控制实施环境

1. 合理设置决策体系，兼顾独立和监管

高校教育基金会的首要任务是处理好自身组织建设，以及与所依附组织间的关系。既要体现其独立性，又不能忽视高校对基金会的监管。高校教育基金会作为相对独立的社会公益组织，应该与所在高校在平等、互利的基础上进行通力合作，将基金会的决策高层与学校的领导高层相对"分离"，确保决策权的稳定性，避免高层权力出现"断电"，充分彰显基金会的主体性地位，最大限度地调动独立性和主动性。鉴于基金会和高校之间的紧密依存关系，为落实教育部和财政部提出的进一步加强基金会"双重管理"的要求，基金会应在重大事项方面接受学校的监管，着重梳理涉及基金会重要决策、重要活动以及产生重大影响的各类事项，制定或完善重大事项报告制度，明确具体的报告事项和要素，设定"双重管理"的审批权限和流程。

2. 强化全体员工的内部控制意识

加强对基金会全体员工的内部控制培训，提高相关人员对内部控制工作各环节的理解，加快内控建设进程，减少推进阻力。基金会的组织文化建设要促进诚信、道德价值的提升，为内部控制的完善夯实人文基础。积极营造遵纪守法、诚实守信、爱岗敬业、团结协作、奋发向上的文化氛围。

3. 建立科学有效的职责分工

应明确界定各岗位的职责，并规范管理流程。针对重大决策、关键事项、人事变动以及大额资金支付等关键环节，应采取集体审议或联合签批的机制。此外，务必严格执行不相容岗位的分离原则，确保决策审批与前期研究、监督检查与具体执行、决策审批与执行等环节的相互独立，从而有效防范各类潜在风险。充分考量学校在职人员在基金会中担任理事、监事或其他职务的工作实绩，并将其作为评估的重要参考。基金会应当借鉴高校绩效评价体系的相关指标，对这些人员的绩效进行全面而客观的评价。

4. 健全内部审计机制

据国际审计定义标准，内部审计是开展独立咨询和鉴定，为提升运营效益而提出改进措施的机构，是各企业单位进行内部管理的基础环节。卓有成效的内审机制，能够有效避免基金运营风险，并将风险保持在可控范围内，以期实现各级企业单位的既定目标。国际内部审计师协会（IIA）对内部审计的最新定义为："内部审计是一种独立、客观的保证与咨询活动，它的目的是改进单位工作质量和提高效益。它通过系统化、规范化的方法，评价和改进单位的风险管理、控制和管理的效率，从而实现其经营目标。"高校教育基金会的内部控制应以合理的审计制度为依托，纳入学校的审计监管体系，保持其审计的独立性，才能更好地发挥审计作用。另外，在实际运作过程中，内部审计监管还应与管理评价相结合，使两者之间的互补作用得以进一步发挥。

在审计监督过程中，明确管理中出现的不足和存在的问题，提出可行性建议，切实发挥管理流程中的内部审计作用。

（二）建立风险评估和应对机制

1. 建立风险评估机制

风险评估是每个独立法人组织开展经营活动的必要手段。高校教育基金会应建立风险评估机制，及时识别、分析并发出预警，将风险和危机遏制在萌芽阶段。并且，对预见和识别出的风险进行分析，查找风险产生的原因并采取有效的措施加以控制，将风险降低到基金会所能承受的范围内。同时要根据内外部环境的变化及时调整和改进风险防控的方法和措施，不断提升基金会的风险管理水平。

2. 运用风险评估控制方法

具体的风险评估控制方法可从五个方面入手：第一，建立一个风险评估组织体系，其中包括基金会领导层、财务人员、专业人员、审计人员等；第二，对风险进行识别，包括风险的来源和类别；第三，确定可能发生的和潜在的风险，对可能造成的损失进行分析；第四，根据识别的风险制定风险应对策略，包括规避风险、降低风险以及利用风险创造机会；第五，建立风险动态机制，进行监督、控制和跟踪，形成风险评估控制文档。

（三）完善经济业务内部控制建设

高校内部控制的特点中已经提到流程化和相互牵制是内部控制建设的理念与原则。因此，在完善基金会经济业务内部控制建设方面，应重点加强对经济业务内部控制流程的控制，包括明确基金会各项经济业务的内部控制目标；梳理各项业务活动的流程，充分运用风险评估的结果补充和完善原来未明确的业务流程，分析各个业务环节中可能存在的风险；判断业务环节中的风险点和关键控制点；采取对应措施来控制风险。

1. 完善筹资流程，促进资源拓展

首先，要建立长效筹资机制。围绕学校发展战略，根据学校发展需求策划筹资项目，使筹资目标与学校发展相契合。其次，在接受捐赠过程中，应严格审核捐赠来源，加强源头风险防控。对捐赠方的背景进行尽职调查，确保捐赠资金来源合法。加强审核流程控制，确保重大资金募捐项目报学校党委常委会、民政主管部门审核批准。提高境外捐赠风险管控水平，严格按照法规要求，对境外非政府组织捐赠活动到民政部门及公安机关履行备案手续。

最后，要完善筹资评价制度，定期对筹资工作进行评估。主要对基金会本阶段筹款过程中出现的问题、取得的成绩进行分析，通过对筹资工作的评估分析，不断优化筹资工作的流程，推动筹资工作的可持续发展。

2. 健全项目实施流程，确保项目执行效果

在民政部社会组织等级评估指标"工作绩效"板块，明确提出公益项目的实施应包括实施前论证、制定详细的实施方案、跟踪监督实施过程、结项审查评估、捐赠方反馈等流程，这为基金会健全项目实施流程提供了标准化的参考。第一，在项目实施前，应对项目进行充分论证，说明该项目设立的必要性。项目部对此进行综合评估并及时反馈，避免捐赠资金到账后无法执行项目的情况。第二，建立项目全过程管理机制。为所有捐赠项目均设立项目负责单位或项目负责人，以确保项目按照捐赠协议依法依规实施；加强项目资金的预算管理，制定完整的项目实施方案。第三，在实施过程中建立项目跟踪机制，对项目实施情况进行不定期检查和指导，一旦发现项目实施偏离计划方案，应及时予以纠正。对于长期项目，应要求提交中期报告，以确保项目执行进度。第四，完善项目总结和评价程序，要求项目负责人在项目结束后向基金会提交经费使用和项目报告，由基金会组织相关领域专家进行评价，重大项目还需委托第三方会计师事务所进行专项审计。第五，与捐赠方保持信息畅通，邀请捐赠方参与项目实施。项目完成后，及时将执行情况报告反馈给捐赠方，听取并记录捐赠方意见，以便在以后项目中改进。

3. 实施"业财融合"，提高财务管理效率

财政部在《管理会计基本指引》中提出"业财融合"的概念，文件中指出"管理会计应嵌入单位相关领域、层次、环节，以业务流程为基础，利用管理会计工具方法，将财务和业务等有机融合"。其核心是通过信息化技术手段将财务与业务有机融合，财务管理深入科研、采购招标、资产等各业务领域，实现业财一体化管理，形成从事前规划、事中控制到事后评估的管理闭环。本报告提出的"业财融合"，不仅涉及信息化技术方面，还包括相关人员的融合。

"业财融合"需要培养具有复合型能力的专业人才。社会组织财务管理的最显著特点，就是财务管理项目化。基金会作为社会组织的一个类型，绝大部分财务支出都是以项目形式发生的。因此，基金会的财务管理不是单纯的会计核算，而更多融入了项目业务。在这个前提下，基金会需要培养既具备财务技能，又了解业务需求和信息技术的复合型人才。根据不同高校教育基金会的情况，可采取两种方式。一是加强财务人员与业务人员的相互交流，定期开展内部轮岗，通过不同岗位的历练，互相了解彼此的业务知识。财务人员到业务一线去调研，有利于从业务角度制定各项财务制度和报销规则；对业务人员开展财务培训和指导，拓宽业务人员的财务知识视野，培养各类财务助理，以增强业务部门的财务管理能力。二是直接培养财务人员成为业务人员，财务人员不仅负责财务管理，还参与项目管理，深入资源拓展和项目实施过程，财务人员运用财务知识可指导项目按计划和预算规范执行。

"业财融合"需要搭建一体化平台。实现全过程"业财融合"的关键是财务管理贯穿每个业务环节，打破原有系统间相互孤立的格局，搭建业务和财务相互联结的一体化服务平台。建立集项目申请、立项审批、项目管理、来款查询、票据开具、网上报账、经费查询、财务管理等功能于一体的统一管理平台，既能满足财务需求也能满足非财务需求。推动财务部门与业务部门之间的跨部门合作，由单一部门的独立管理变为多部门的共同管理。财务人员可以实时了解业务进度，结合业务情况进行财务数据的分析与决策，并将分析结果反馈给业务部门。业务部门根据财务动态和分析结果调整工作进度和状态，从而实现财务管理职能融入业务流程的全过程。

重视预算编制与执行是"业财融合"的保障。项目立项时，项目负责人在编制预算的过程中多与财务人员沟通，充分考虑资金需求和用途，从而有效控制业务流程中的资金流向。对于限定性项目，在立项阶段就要明确项目执行期限，按年度编制预算。对于非限定性项目，需要编制详细的预算支出明细，并报理事会通过后方可执行。在预算执行中，将业务活动限制在预算范围内，并定期向业务部门提供财务数据，便于业务部门实时掌握任务目标完成进度与财务进度之间的偏差，以调整经费活动的资金需求。

4. 规范投资流程，提高保值增值安全性

根据《慈善组织保值增值投资活动管理暂行办法》，基金会应完善投资流程设计，规避投资风险。建立合理的投资审批层级体系，从专业层面设立投资顾问咨询委员会，充分发挥自身优势，依托高校金融、经济、管理、法律等相关领域专家和优秀校友组建投资顾问团队，从专业角度评估投资方案。从决策层面设立投资决策委员会，由基金会主要负责人及学校审计财务负责人担任委员，在理事会授权下，从组织风险角度决定是否执行投资方案。重大投资项目按照重大事项报告制度，及时上报理事会决策。在考虑投资项目时，必须进行详尽且严谨的可行性调研与深入剖析，制定详尽的基金会投资项目规划，并进行投资方案可行性论证。在执行投资项目决策审批的过程中，必须严格遵循既定权限和程序，实行分层分级的审批制度，并强调集体决策，同时确保决策权与方案设计权的合理分离，以保证决策的公正与有效性。在审阅投资提案时，首要关注其实际操作的可行性，考察投资项目是否与学校的整体投资策略目标及规划相契合。要注重投资风险控制，审慎购买与本组织风险识别能力和风险承担能力相匹配的产品。严格落实基金会投资决策程序，明确单个项目投资上限，同时将长期和短期投资相结合，采取多品种的组合投资方式，分散投资风险。如遇项目实施周期长的投资项目，基金会应考虑委派专业的第三方机构或配备专门的管理人员，进行全程动态监控和管理，以最大限度地保障项目的顺利进行和效益实现。同时，需密切关注不断演变的市场环境与政策动态，及时识别投资风险，适时止损。

5. 完善监督与信息管理体系，增强公信力

完善监督与信息管理体系是基金会实现透明、规范和可持续发展的关键。通过内外监督相结合，并建立全面的信息公开机制，能有效提升机构的合规性和透明度。

在内部监督方面，理事会和监事会发挥着重要作用。理事会作为基金会的最高决策机构，应定期审查基金会的运作情况、重要决策和财务状况。对项目资金的募集、管理、使用，以及机构重大投资、重大关联方交易、重大资产减值损失等情况进行重点监督。监事会作为基金会的独立监管机构，承担着对基金会运作的监督职责，应当对工作报告、财务报告、审计报告等财务相关资料的公允性和披露的完整性进行审查并发表意见。

通过外部审查机制，由第三方机构对基金会的财务合规性提供客观评价和监督。外部监督重点关注公益项目的实质性，判断项目资金是否得到有效利用。考察公益项目受益人和执行方的选择，避免利益输送行为，防止侵占、私分、挪用基金会资产等违规行为的发生。

信息公开是提升透明度、建立信任、促进公众参与的重要手段。通过官网和相关公益平台展示基金会工作成果，公开机构财务状况，有助于捐赠者了解项目运作情况，维护组织公信力，增强社会公众对基金会的信任感，吸引更多合作伙伴，进一步推动基金会可持续发展。

参考文献

陈天睿，2019，《高校教育基金会内部控制问题探讨》，《会计师》第11期。

宫严慧，2016，《公益基金会组织治理与内部控制关系研究》，《财会月刊》第18期。

乔春华，2015，《行政事务控制是行政单位内部控制的主要部分——再评〈行政事业单位内部控制规范（试行）〉》，《会计之友》第 17 期。

〔美〕罗伯特·穆勒，2019，《新版 COSO 内部控制实施指南》，秦荣生、张庆龙、韩菲译，电子工业出版社。

任悦，2020，《"业财融合"视角下我国高校内部控制运行机制与优化路径》，《现代审计与会计》第 2 期。

阮月梅，2013，《新行政事业单位内部控制规范解读与操作指南》，《会计师》第 10 期。

王晴，2021，《业财融合背景下高校内部控制体系构建研究》，《会计师》第 19 期。

徐本亮，2021，《社会组织管理精要十五讲》（修订版），上海社会科学院出版社。

张瑾，2022，《论加强非营利组织内部控制的意义与对策》，《财会学习》第 26 期。

图书在版编目（CIP）数据

中国高校教育基金会年度发展报告 . 2025 /《中国
高校教育基金会年度发展报告》编写组编著 . -- 北京：
社会科学文献出版社，2025.5. -- ISBN 978-7-5228
-5242-3

Ⅰ . G649.2

中国国家版本馆 CIP 数据核字第 20250P30H4 号

中国高校教育基金会年度发展报告（2025）

编　　著 /《中国高校教育基金会年度发展报告》编写组

出 版 人 / 冀祥德
责任编辑 / 孟宁宁
文稿编辑 / 王翠芳
责任印制 / 岳　阳

出　　版 / 社会科学文献出版社 · 群学分社（010）59367002
　　　　　地址：北京市北三环中路甲 29 号院华龙大厦　邮编：100029
　　　　　网址：www.ssap.com.cn
发　　行 / 社会科学文献出版社（010）59367028
印　　装 / 三河市尚艺印装有限公司

规　　格 / 开本：787mm×1092mm　1/16
　　　　　印 张：22.5 字 数：398 千字
版　　次 / 2025 年 5 月第 1 版　2025 年 5 月第 1 次印刷
书　　号 / ISBN 978-7-5228-5242-3
定　　价 / 149.00 元